U0100929

中国近代史上的关键人物

上

苏同炳 著

上海三联书店

图书在版编目（CIP）数据

中国近代史上的关键人物 / 苏同炳著 . —上海：
上海三联书店，2023.11
ISBN 978-7-5426-8218-5

Ⅰ.①中… Ⅱ.①苏… Ⅲ.①历史人物－列传－中国
－近代 Ⅳ.①K820.5

中国国家版本馆 CIP 数据核字（2023）第 159282 号

本书中文简体字版权由秀威资讯科技股份有限公司授权出版发行

中国近代史上的关键人物

著　　者／苏同炳
责任编辑／王　　建
特约编辑／苑浩泰
装帧设计／鹏飞艺术
监　　制／姚　　军
出版发行／上海三联书店
　　　　　（200030）中国上海市漕溪北路331号A座6楼
邮购电话／021-22895540
印　　刷／天津丰富彩艺印刷有限公司
版　　次／2023 年11月第 1 版
印　　次／2023 年11月第 1 次印刷
开　　本／640×960　1/16
字　　数／572千字
印　　张／54

ISBN 978-7-5426-8218-5/K · 733
定　价：118.00元（上下册）

序

◆

历史是人事活动的积累。手握国家军政大权的人物，他们的思想言行，更直接与国家命运的休戚荣辱息息相关。所以，为历史人物作传记及撰写评传，早就成了历史研究工作的一个项目。准此而言，为某一特定时期的当政人物分别作传，借以觇见此一时期的历史演变道路，当然也是可做的事了。

19世纪时的中国，正当西方势力剧烈冲击，内忧外患纷至沓来，其影响及于今日者，尚且十分重大。咸丰、同治之间，内则有太平天国及捻、回之乱，外则有英法联军之入侵，当时不但东南半壁糜烂不堪，即使广大的华北平原亦充满了战乱，而自新疆、甘肃、陕西以至云南，又复为叛回所据，所谓完善之区，充其量不过全国省区的二分之一。此时，幸有恭亲王奕䜣及军机大臣文祥主持于内，曾、胡、左、李等一班中兴将帅效命于外，同心匡济，竭力擘拄，卒能内靖大难，外拒强敌，弭成同治、光绪之间的小康局面。这一些重要人物的文治武功，拯救中华民族的国运于至危垂绝之时，他们的功勋必将在历史上永著声光。但不幸的是，国家最上层的当权人物接二连三地发生变故，咸丰不寿，同治夭折，慈安暴崩，光绪柔懦，这一切的一切，都只造成了慈禧太后以一介女流而独揽国家政柄达数十年。到了后来，她的好尚货贿与耽于享乐，更导致清末政治日益走向贪污腐化的道路。清政之不纲，从此遂如江河之日下，而"同光中兴"的小康局面，从此永成历史之陈迹矣。看了这些兴衰变化与贤不肖人物之进退情形，怎不令人瞿然了悟人事因素在历史上的重要影响。所以，要了解晚清末年的历史何以如此灾晦否塞，国事蜩螗，研究其时当政人物的言行思想，更不失为一种可行的方法。

这一本小书，题为"中国近代史上的关键人物"，目的就在选择当时具有关键性的某些人物，借他们的行事施为来显示：晚清历史上许多重大事件之肇生，其原因究竟为何？坊间所刊行的中国近代史，佳作如林。但这些著作因体裁所限，其叙述总是全书性，详于此必略于彼，对于当时若干重要人物的言行思想与他们的实际影响，反而不能详为叙述。对于渴欲知道清末历史演变何以如此而不能如彼原因的读者，总未能破其疑团而餍其所欲。本书之作，即希望以人事活动的经纬来补足通史叙述的缺略，从而使读者得以深一层窥见历史演变的趋向。有关中国近代史的资料汗牛充栋，本书亦不过酌取若干，尝鼎一脔而已。由于人事方面的活动总比较富于趣味，所以也比较能引起读者的兴味。假如借此而能使读者诸君对近代历史的研究发生兴趣，那就是更好不过的事了。

照笔者个人的估计，够得上在中国近代历史上称为关键人物的帝王君臣，为数不过二十人左右。如果把这些重要人物每一人都以三四万字的篇幅勾画出一幅大致的轮廓，就其关键性的思想做一简单而明白的交代，对于近代史的研究了解必定可有相当的帮助。

苏同炳

一九七七年十二月八日序于南港寓庐

目 录 ◆

第一章

曾国藩

　　曾国藩是一位崇尚经世致
用的学者，编练湘军，是平定
太平天国的主要功臣。经由他
一手拯救得生的清王朝，在同
治、光绪年间一度出现振衰起
敝的中兴景象。

曾国藩

◆

在中国近百年的历史上，曾国藩是一个极其重要的关键人物。假如没有曾国藩出来力任艰巨，则太平天国之乱事必难平定，清王朝的命运，也不必等到辛亥革命，就会提早五十年结束。也因为他善于识拔人才，引用贤能，更时时以转移社会风气及建立廉能政治为己任，所以经由他一手拯救得生的清王朝，才会在同治、光绪之间，一度出现振衰起敝的中兴气象。这一个在中国近百年史上居有如此重要地位的人物，自清末以至民国，自中国以至外国，凡是对他有所了解的人，几乎无不深致钦仰景佩之诚。唯一的例外，只是清末革命运动蜂起之时，革命党人对他所加的苛刻评论。

勃兴于清末的革命运动，首先揭橥其排满反清的民族主义革命思想。基于此一革命主张，为满族所建立的清王朝当然是必须推翻的革命对象。至于那些在清王朝中做官的汉人，如果他们曾经出力镇压过汉人的革命运动，亦必被视为替异族效劳的功狗，诋之为汉奸，斥之为民贼。曾国藩生当清朝末年，适逢太平天国的反清革命之会，而他又是在平定太平天国之乱中出力最多的人，于是也就不免被詈为帮助清政府镇压汉人革命的刽子手，与胡林翼、左宗棠等人同被画成人首兽身的畜类，口诛笔伐。实在说来，自明朝亡国，经过清王朝一百多年来的高压统治与怀柔收买，中国人固有的民族思想，大都已经泯灭无存。曾国藩生当此一时代，他所接受的教育，使他的伦理道德观念与政治思想局限在一定的范畴之内——除了忠君爱国之外，就只知道如何砥砺品德，进修学问，以及一旦得官入仕，如何为社会民生谋求福祉。这种伦理道德观念与政治思想，在他的家书中可以很明白地看得出来。《曾国藩家书》卷一，道光二十二年十月二十六日《致弟书》云：

> 君子之立志也，有民胞物与之量，有内圣外王之业，而后不忝于父母之所生，不愧为天地之完人。故其为忧也，以不如舜、不如周公为忧也，以德不修、学不讲为忧也。是故顽民梗化则忧之，蛮夷猾夏则忧之，小人在位、贤才否闭则忧之，匹夫匹妇不被己泽则忧之，所谓悲天命而悯人穷，此君子之所忧也。若夫一身之屈伸，一家之饥饱，世俗之荣辱得失、贵贱毁誉，君子固不暇忧及此也。

这正是中国的标准儒家思想——只有以社会民生为重的天下思想，而没有狭隘的种族主义观念。在这种情形之下，我们如果责备曾国藩何以在太平天国革命时不知赞助革命，以便乘机恢复汉人的政权，反而要为清王朝出力镇压此一民族革命运动，就未免昧于时代环境，对曾国藩持论过苛了。所以，自革命成功以后，自政府首要以至政论家、历史家，都已以新的观点对曾国藩重做评价。以新的观点来看曾国藩的一生事业，便会觉得，曾国藩不但在他所生存的时代中是一个出类拔萃的人物，即在今日，他的思想、言行与功业，也依然是我们所不能企及的。伟大人物之所以成其伟大，只有在这些地方可以明白地看出来。

曾国藩虽然是清代末年的伟大人物，但他不是天才。他的成功，得力于他的勤学不懈与终生笃实履践。他的朋辈与僚属受到他的感化，人人以进德修业及负责尽职自期，所以才能团结众心，群策群力，夷平大难，转移风气。除此之外，则他的命运在他的一生事业中也曾有过重大的关系。清人朱克敬所撰的《瞑庵杂识》中有一条说：

> 曾文正公尝语吴敏树、郭嵩焘曰："我身后碑铭，必属两君。他任揎饰，铭辞结句，吾自有之。曰：'不信书，信运气。公之言，告万世。'"

这所谓"不信书，信运气"之说，并非空言泛论，而确实系有感而发之言。综观曾国藩之一生，如果不是命运之神有意要成全他的话，即使他终生砥砺品德，笃实履践，始终不懈，恐怕充其量也只能成为一个硁硁自守的君子，绝不能在国家民族面临极大危难的重要关头让他出来领袖群伦，创下如此惊天动地的不朽大业。凡此种种，在他的一生传记之中，都有明显的事迹可以稽考，不能斥之为无稽谰言。

曾国藩是湖南湘乡县人。他家世代业农，到他父亲麟书时，方才因读书而成为县学中的一名"生员"——秀才。曾国藩在六岁时开始从师入学，十四岁开始到长沙省城应童子试，先后考过七次，直到道光十三年，亦即曾国藩二十三岁的那一年，方才成为生员。翌年，领乡荐，中湖南乡试第三十六名举人。道光十八年，亦即曾国藩二十八岁的那一年，会试亦捷，中第三甲第四十二名进士。照一般情形来说，读书人能够在一连串的科举考试中先后得捷，取得了做官入仕的资格，从此功名得遂，衣食无忧，应该是踌躇满志了。但若就事实而言，则又不尽然。因为，在进士之上，还有更高一层，即俗语所说的"点翰林"。中了进士，不一定能做大官；点了翰林，那才真正具备了做大官的资格——不但是资格好，而且升迁也快。但点翰林必须进士的名次考得高。一甲进士三名，俗称状元、榜眼、探花，榜发之后即授职翰林院的修撰、编修等官，立刻成为名实相副的"翰林"。至于二、三甲的进士要想成为翰林，还得经过一次朝考，被取中庶吉士之后在翰林院教习三年，期满后再经过一次散馆考试，成绩优良的，二甲进士授编修，三甲进士授检讨，正式成为翰林院中的一员，其余或改官部属，或授职知县，从此与翰林绝缘。而进士参加朝考，取中的又以二甲为多，三甲者寥寥无几。所以，曾国藩如果不是运气好，他在中了三甲进士之后就很难被点为庶吉士。点不了庶吉士，当然更成不了翰林，这对于他以后的官职升迁，影响就大了。

曾国藩在取中进士之后参加朝考，成绩非常好，列一等第三名。试卷进呈御览之后，道光皇帝又特别将他拔置为一等第二名。就这样，曾国藩才幸运地被点中了庶吉士。到了道光二十年，庶吉士散馆，曾国藩考列二等第十九名，名次仍然很高。因此，他被授职检讨，留在翰林院供职。曾国藩能够先中进士后再成翰林，对于他的一生事业前途，关系甚大。《曾国藩家书》卷二，载有道光二十四年五月十二日的《致弟书》，云：

> 吾谓六弟今年入泮固佳，万一不入，即当尽弃前功，一志从事于先辈大家之文。年过二十，不为少矣，若再扶墙摩壁，役役于考卷截搭卜题之中，将来时过而业仍不精，必有悔恨于失计者，不可不早图也。余当日实见不到此，幸而早得科名，未受其害。向使至今未尝入泮，则数十年从事于吊渡映带之间，岂不腆颜也哉？此中误人终身多矣！

所谓"入泮"，即中秀才之意。而由秀才至翰林，路还远得很。由他所说"幸而早得科名，未受其害"，及"此中误人终身多矣"的话，可以知道曾国藩假如不是早中进士入翰林，此时必然仍在无用的八股时艺之中奋斗挣扎，绝无如许闲暇可以容他读有用之书，储备学问，以为他日救时匡难之用。这是他自己所说"不信书，信运气"的第一步证验。至于第二步的证验，则是他在做了翰林院检讨之后的历次考试情形。

清代的翰林院官，有所谓不定时举行的"大考"，到时由皇帝命题考试诗文策论，以为升迁降黜的依据。大考成绩好的，升迁特别快，否则立予降黜，绝不容情。故而清代俗语，有所谓"秀才怕岁考，翰林怕大考"的话，正是针对那些侥幸得售而不肯努力上进的读书人而说的。曾国藩在翰林七年，由于他向来用功不懈，历次考试的成绩都很好，因此，屡蒙超擢，不过七年的工夫，就由从七品的翰林院检讨一直升到从二品的内阁学士，具备了他此后出当大任的官阶与资格。若非命运的安排，他怎能有如此良好的机遇呢？清人王定安所撰的《曾文正公大事记》叙此，云：

> 道光二十年庚子，散馆二等第十九名，授检讨，旋派顺天乡试磨勘。道光二十一年十月，充国史馆协修官，道光二十三年三月，大考翰詹，列二等第一名，奉旨以翰林院侍讲升用。六月，诏以公为四川正考官，赵楫副之。七月，补翰林院侍讲。十一月回京，充文渊阁校理。道光二十四年五月，充翰林院教习庶吉士。十二月，转翰林院侍读。道光二十五年五月，升授詹事府右春坊右庶子。九月，擢翰林院侍讲学士。道光二十七年大考翰詹，列二等，奉旨记名，遇缺题奏。六月，升授内阁学士，兼礼部侍郎衔。

翰林院的侍讲与侍读，秩从五品；詹事府左右庶子，秩正五品；翰林院侍讲学士，秩从四品；至于内阁学士，则从二品。清代官制，满汉并用。翰林院官的升迁途径有二：一是考试，二是考绩，而考试成绩优良者，较考绩的升迁尤快。至于翰詹以外的京官与外官，则升迁之途只有三年一次的考绩。清代末年，仕途冗滥，参加考绩，须先占得实缺。而进士出身以部属官及知县用者，往往数年不能补得一官，既不能补官，自更不能由考绩升官。所以，即使同是一科考中的进士，由于翰林与非翰林及大考成绩优劣不同的关系，很可能在短时间之内就菀枯各异，云泥有别。如曾国藩在中进士之后的第二年，还不过只是一个从七品的翰林院检讨，三年之后就升为从五品的翰林院侍讲，两年后又升从四品的翰林院侍讲学士，又过两年，就再升为从二品的内阁学士了。像这样每隔二三年就超升一二阶的情形，在翰林中虽是常有的事，若是翰林院以外的一般京官，就没有这么好的机遇了。京官以外的外省官员，升迁较京官更难，自更不能有这么好的运道了。他不必论，即以同为翰林出身的胡林翼而言，情形就大不一样。

胡林翼是道光十六年的二甲进士，科第要比曾国藩早两年，名次也比曾国藩高。朝考入选之后，改翰林院庶吉士，散馆授编修。道光十九年大考翰詹，列二等。在这一段经历上，他的资格与成绩和曾国藩一样。只是，他在道光二十年的江南乡试副主考任内出了毛病，被降一级外调，从此蹭蹬仕途，直到咸丰三年，曾国藩已经做到了正二品的侍郎，胡林翼还在贵州黎平府做从四品的知府。后来，虽然由于自己的干练，胡林翼声誉日起，也还需要曾国藩的全力推荐，才使他有机会到湖北战场上去大展身手，由按察使、布政使，而一直升到巡抚，官位与曾国藩相等。在这一段经历上，胡林翼的升迁，足足比曾国藩迟了七年。而论到出身，胡林翼还是曾国藩的翰林前辈呢！曾国藩的宦途得意，对于太平天国的成败得失及清王朝的存亡，关系甚大。假如曾国藩在咸丰初年还只是一个没有功名的读书人，纵使有通天的本领，他也没有出头的机会。又假如曾国藩与胡林翼一样，在那时还只是一个地位不高的中级官员，那也轮不到由他出来领袖群伦，成就他此后的回天事业。所以说，曾国藩能够在太平天国崛起之后，以一个在籍的侍郎出来组织湘军，夷平大难，其中实在杂有很多机缘巧合的因素。曾国藩平生不信书而信运气，在这里就有了很明显的证验。至于他之能够在翰林院中读书进修，当然更是再好不过的机遇了。明、清时代的翰林院，乃是新科进士"读书养望"的好地方。

能够进得了翰林院的进士，既不必为实际政务所劳扰，又可以从容阅读翰林院中的丰富典籍，尽量在经史、文学、政经、军事等方面充实自己的学问。《曾国藩家书》卷二，收有道光二十三年正月十七日的《致弟书》，云：

> 兄少年天分不甚低，厥后日与庸鄙者处，全无所闻，窃被茅塞久矣。及乙未到京后，始有志学诗、古文并作字之法，亦苦无良友。近年得一二良友，知有所谓经学者、经济者，有所谓躬行实践者，始知范、韩可学而至也，马迁、韩愈亦可学而至也。慨然思尽涤前日之污，以为更生之人，以为父母之肖子，以为诸弟之先导。

所谓"范、韩"，即宋朝有名的贤相范仲淹与韩琦；所谓"马迁、韩愈"，即是有名的史学大家司马迁与古文名家韩愈。由此可知，曾国藩在未进翰林院之前，不但对学问之道未得门径，而且卑无大志，只是一个庸庸碌碌的陋儒而已。而在他中进士做翰林之后，日与良朋益友相往还，方得窥学问之门径，而有志于圣贤之学。黎庶昌撰《曾文正公年谱》亦说：

> 公少时器宇卓荦，不随流俗。既入词垣，遂毅然有效法前贤，澄清天下之志。读书自为课程，编摩纪注，分为五门，曰茶余偶谈，曰过隙影，曰馈我粮，曰诗文钞，曰诗文草。

由此可知，曾国藩一生仕以成功的志行与学问，都是在此时奠定基础的。所以然之故，一方面固然是因为得有良好的读书环境，二方面亦有与良朋益友的切磋。他在此一时期所交的朋友，计有倭仁、吴廷栋、何桂珍、窦垿、邵懿辰、陈源兖等，逐日相与讨论问难，得益极多。至于他在治学方法上的导师，则是时任太常寺卿的唐鉴。由于唐鉴邃于义理之学，亦即宋史所谓之道学，曾国藩常向请益，遂以朱子之《近思录》及濂、洛、关、闽诸子之书为日课，肆力于宋儒之学。这对于他的伦理道德思想及克己省复功夫，影响尤大。曾国藩后来从事于对太平天国的战争，经常在困难拂逆的环境中艰苦支撑，若不是靠着坚忍强毅的意志力周旋到底，恐怕也不能得到最后的胜利。而这种坚忍强毅的意志力，就得力于他此一时期中的陶镕范铸。至于他在做翰林时期因致力于经世实用之学而对政治、军事、经济等实用方面的学问都大有所得，而在此后对太平天国之战中发挥其实用，更是有目共睹之事，不必多作赘述。

清朝的政治风气，在嘉庆、道光以后日见泄沓萎靡，人才亦日见寥落。这与皇帝的好尚及执政者之逢迎谄谀，都有密切的关系。《暝庵杂识》中曾有一条说：

> 曹文正公晚年恩遇益隆，声名俱泰。门生某请其故，曹曰："无他，但多磕头，少说话耳。"道光以来，世风柔靡，实本于此。近更加以浮滑，稍质直，即不容矣。有无名子赋《一剪梅》云："仕途钻刺要精工，京信常通，炭敬常丰。莫谈时事逞英雄，一味圆融，一味谦恭。"其二云："大臣经济在从容，莫显奇功，莫说精忠。万般人事要朦胧，驳也无庸，议也无庸。"其三云："八方无事岁年丰，国运方隆，官运方通。大家赞襄要和衷，好也弥缝，歹也弥缝。"其四曰："无灾无难到三公，妻受荣封，子荫郎中。流芳身后更无穷，不谥文忠，也谥文恭。"

曹文正即曹振镛，是道光一朝最得皇帝倚信的重臣。曹振镛之琐鄙无能，养成了道光一朝政治风气之柔靡泄沓，所以，他实际上乃是道光皇帝的罪人。在他所养成的风气之下，官吏以不负责任之圆滑弥缝为做官之能事，不但有用的人才因之而消磨殆尽，国事亦因之而不堪闻问。太平天国之乱，主要原因固然由于民生凋敝，灾变相乘，而贪污官吏之侵渔迫害，亦是造成官逼民反的重要原因。等到太平天国在广西起事之后，清政府调兵遣将，企图将之迅速扑灭。不料兵不能战，官不能守，前方传来的军报，但见溃败相继，多年训练的几十万大军，竟然抵敌不了一些初起的草茅之寇！道光皇帝这时恰好在危疑震撼的动乱时代中崩了驾，咸丰皇帝继位，派大学士赛尚阿到广西去督师，也仍然阻止不了太平军的燎原之势。曾国藩这时已由内阁学士升为礼部右侍郎署兵部左侍郎，目睹时局危急而政风颓靡，遂因皇帝之下诏求言而先后上了几道条陈时务的奏疏。第一道是《应诏陈言疏》，谓："今日所当讲求者，惟在用人。人才不乏，欲作育而激扬之，则赖皇上之妙用。"接着，他提出激励振作之法："有转移之道，有培养之方，有考察之法，三者不可废一。"在这一道奏疏中，我们可以看出，曾国藩对于人才之何以销沉泪没，有其透彻的认识，而对于人才之培养作育，更有其独到之看法。

其余各疏，如《条陈日讲事宜疏》《议汰兵疏》《备陈民间疾苦疏》《平银价疏》，对于当时的政治、军事、社会、经济等切要的问题，也都能详细指出受病之因及治理之方，足可看出，他对当时的时弊，都有全面深入的了解。在这些奏疏之中，最具有重要性的，还是他在咸丰元年四月间所上的一道《敬陈圣德三端预防流弊疏》。他率直指出，要转移政治风气，培养有用人才，全在皇帝个人的态度。这一道奏疏不但足以看出曾国藩忠君爱国及有作为、有担当的耿直风格，也对他此后的平乱事业发生了重大的影响。正因为此疏的重要性如此之大，所以我们有必要加以重视。

曾国藩在《敬陈圣德三端预防流弊疏》中所指出的皇帝"圣德"，一是敬慎。谓皇帝每当祭祀之时，"对越肃雍，跬步必谨。而寻常莅事，亦推求精到，此敬慎之美德也。而辨之不早，其流弊为琐碎，是不可不预防"。琐碎之弊，在见小而遗大，谨其所不必谨，而于国计之远者、大者，反略而不问。"诚使我皇上豁达远观，罔苛细节，则为大臣者不敢以小廉曲谨自恃，不敢以寻行数墨自取竭蹶，必且穆然深思求所以弘济于艰难者。"这对于当时自皇帝以至宰相、百僚之避重就轻、涂饰细行以求容悦取宠的作风，不啻无情棒喝，可谓痛切之至。至于皇帝的"圣德"，则是好古。谓皇帝于"万机之暇，颐情典籍，游艺之末，亦法前贤，此好古之美德也。而辨之不细，其弊徒尚文饰，亦不可不预防"。文饰之弊，在上虚文而不务实际。"自道光中叶以来，朝士风气，专尚浮华。小楷则工益求工，诗律则巧益求巧。翰詹最优之途，莫如两书房行走。而保荐之时，但求工于小楷者。阁部最优之途，莫如军机处行走。而保送之时，但求工于小楷者。""今日之翰詹，即异日之督抚司道也。甫脱乎小楷、诗律之间，即与以兵刑、钱谷之任，又岂可观其举止便捷、语言圆妙，而不深究其真学真识乎？"道光、咸丰以来的所谓"人才"如此，如之何不使政风败坏、盗贼纵横呢？至于曾国藩疏中的第三项"圣德"，则是"广大"。谓皇帝"娱神淡远，恭己自怡，旷然若有天下而不与焉者，此广大之美德也。然辨之不精，亦恐厌薄恒俗，而长骄矜之气，尤不可不防"。广大之弊，在自以为公正开明而不自知已蹈拒谏饰非之误。以致"军务警报，运筹于一人，取决于俄顷，皇上独任其劳，而臣等莫分其忧。使广西而不遽平，固中外所同虑也。然使广西遽平，而皇上意中，或遂谓天下无难办之事，眼前无助我之人，此则一念骄矜之萌，尤微臣区区所大惧也"。专制政治的最大弊病，莫如皇帝予智自雄，视天下臣民如无物。其最后所至，必将是"直言日觉其可憎，佞谀日觉其可亲，流弊将靡所底止"。然而这些话却不是自矜才智的专制皇帝所乐意听闻的。而且在积威之下，大多数的人为了自保功名富贵，也绝不肯把这种逆耳之言向皇帝直说，以免皇帝一旦发怒，自己将顿罹不测之祸。即以曾国藩当时的情形来说，除了他，也不曾有人上过这样激切忧直的谏疏。曾国藩之风骨劲健，在这里也就充分显示出来。

曾国藩所上的《敬陈圣德三端预防流弊疏》，对当时的政治风尚及皇帝个性，可说是痛下针砭。如果皇帝果真因此发怒，曾国藩的命运真在不可知之数。据说，咸丰皇帝在初次见到此疏时，确曾大为震怒，将原疏掷于地上，并欲将曾国藩重加惩治。但在经过一番深思熟虑之后，他终于为曾国藩忠君爱国的本意所感动，不仅不予加罪，且降旨褒奖曾国藩之敢言，命兼署刑部侍郎。《曾国藩家书》中有此时所写的《致弟书》，云：

> 余受恩深重，若于此时再不尽忠直言，更待何时乃可进言？是以趁此元年新政，即将此骄矜之机关说破，使圣心日就兢业，而觉自是之萌，此余区区之本意也。现在人才不振，皆谨于小而忽于大，人人皆习脂韦唯阿之风，欲以此疏稍挽风气，冀在廷皆趋于骨鲠而遇事不敢退缩，此余区区之余意也。

政治家的远见和抱负，在这些话中已经透露得很清楚明白了。曾国藩之必能成就其不朽的事业，于此亦可窥见其端倪。金梁所撰的《四朝佚闻》叙此谓：

> 曾文正公国藩，以上《圣德疏》为文宗所特知，谕祁寯藻曰："敢言必能负重。"故其后遂倚以平乱。

由此说来，曾国藩在此疏中固然表现了他的耿耿忠诚，而咸丰皇帝也在此疏中看出了曾国藩之有担当、有抱负，可委重任。太平天国乱事之平，在这里已经伏下了契机。此一奏疏对于曾国藩个人前途以至清王朝的前途居有何等的重要性，也就不言而喻。

清咸丰二年三月，赛尚阿在广西讨剿太平天国失利，大股太平军由永安扑攻桂林，攻陷全州，由此入湖南省境，大掠民船，将浮湘江而北出长江。其时曾国藩被派充江西乡试正考官，七月二十五日行至安徽太和县境，接得家中讣闻，知生母江太夫人已于六月十二日病逝，立即改服奔丧，由黄梅县渡江至九江，雇船至湖南。尚未到达长沙，得知太平军已至长沙城外，遂由岳州取道湘阴抵家。其年十月，太平军以长沙无法攻克，解围北去，陷岳州，陷汉阳，从此日见其燎原莫救。就在这年的十一月，湖南巡抚张亮基奉到皇帝的上谕，云：

> 前任丁忧侍郎曾国藩籍隶湘乡，闻其在籍，其于湖南地
> 方人情，自必熟悉。着该抚传旨令其帮同办理本省团练乡民，
> 搜查土匪诸事，伊必尽力不负委任。

由于皇帝的这一道上谕，曾国藩就以丁忧在籍侍郎的身份，在湖南开始办起团练来了。这以后的事情，就是他以所训练的本地乡兵——湘军，东征鄂、赣、皖、苏诸省，转战十年，终于底定全局的往事了。关于这一段历史，《清史》曾国藩本传及《曾国藩年谱》等书记述甚详，不须在此复述，以免浪费篇幅。值得在这里加以讨论的，倒是曾国藩所赖以成功的练兵方法，与他那种不畏困难、不避艰危、努力坚持到底、终于克成大功的强毅精神。

咸丰皇帝在咸丰四年降旨命曾国藩在籍办理团练，这并不是湖南所特有的事。自太平天国事起，大江南北的十数个省都先后被兵，政府的经制官兵绿营兵征讨无功，战祸迁延不解，各地的土寇盗匪亦乘机蜂起。为了确保后方地区的安全，于是各省都先后办理了团练——训练本地的乡勇民兵，协助官兵维持本地的治安。但各省所办的团练虽多，却只有湖南一省所办的成绩特别好，不仅如此，经由曾国藩所创办的湖南乡勇——湘军，最后成为平定太平天国之乱的主力部队！这其中的差别所在，便与主事者的练兵方法有密切关系了。

关于这方面的情形，可以先看一看清人王定安所撰《湘军记·水陆营制篇》中对清代经制官兵的批评：

> 国家养绿营兵五十余万，岁糜二千万金。遇寇发，征调四出，率用本辖营弁统之。其部卒众寡不齐，少或百人，多至千余人，绾以提督镇将，而皆隶于专征之钦差、将军、都统、督抚。将不必由帅选，一营士卒，视调发多少无定额。二百年来，行之久矣。自洪杨倡乱，大吏不习兵，绿营皆呰窳骄惰，闻羽檄征调，则举室惊号，以为趋死地无生还理。比至前敌，秦越楚燕之士，杂糅并进，将与将不相习，兵与兵不相知，胜则相妒，败不相救，钦差、疆帅复时相龃龉，号令歧出，褊裨各分畛域。征兵日繁，迄不得一兵之用。

绿营官兵不能用于作战，《曾国藩书札》中亦言之。如书札卷四，《致李少荃书》曰：

> 今日兵事最堪痛哭者，莫大于"败不相救"四字。当其调兵之时，东抽一百，西拨五十，或此兵而管以彼弁，或楚弁而辖以黔镇。虽此军大败奔北，流血成渊，彼军袖手而旁观，哆口而微笑。此种积习，深入膏肓，牢不可破。

绿营兵之所以不能战，不仅由于战力薄弱，更重要的原因还是上面所说的毫无团结之心。曾国藩深知绿营之弊所在，所以，他心目中的军队，一方面固然要战斗力强韧，一方面更须团结一心，万众一志。他在写给王璞山的信中说：

> 仆之愚见，以为今日将欲灭贼，必先诸将一心，万象一

气,而后可以言战。而以今日营伍之习气,与今日调遣之成法,虽圣者不能使之一心一气。自非别树一帜,改弦更张,断不能办此贼也。鄙意欲练乡勇万人,概求吾党质直而晓军事之君子将之,以忠义之气为主,而补之以训练之勤,相激相劘,以庶几于所谓诸将一心、万众一气者。或可驰驱中原,渐望澄清。

如之何而可以使诸将一心、万众一气呢?由将领而言,是需要他们也与曾国藩自己一样具有服务桑梓、救民水火的仁爱精神与爱国情操。具备这些条件而兼有治军作战之才,斯为将才之选。《曾国藩书札》卷三,《与曾香海彭筱房书》云:

> 带勇之人,第一要才堪治民,第二要不怕死,第三要不汲汲名利,第四要耐受辛苦。治民之才,不外"公明勤"三字。不公不明,则诸勇必不悦服。不勤则营务细巨,皆废弛不治。故第一要务在此。不怕死则临阵当先,士卒乃可效命。故次之。为名利而出者,保举稍迟则怨,稍不如意则怨,与同辈争薪水,与士卒争毫厘,故又次之。身体羸弱者,过劳则病,精神乏短者,久用则散,故又次之。四者似过于求备……大抵有忠义血性则四者相从以俱至,无忠义血性,则貌似四者,终不可恃。

由士兵而言,则需要为将领之人视之如子弟,感之以恩信,如此必可使上下之间感情融洽,亲如家人。这在曾国藩日记及书札中亦屡屡言之。如日记己未八月三日云:

> 带勇之法,用恩莫如用仁,用威莫如用礼。仁者,即所谓欲立立人,欲达达人也。待弁勇如待子弟之心,常望其成

立，望其发达，则人知恩矣。礼者，即所谓无众寡，无小大，无敢慢，泰而不骄也。正其衣冠，尊其瞻视，俨然人望而畏之，威而不猛也。持之以敬，临之以庄，无形无声之际，常有凛然难犯之象，则人知威矣。守斯二者，虽蛮貊之邦行矣，何兵勇之不可治哉？

又，书札卷十七，《与朱云盛书》云：

吾辈带兵勇，如父兄带子弟一般。无银钱、无保举尚是小事，切不可使他因扰民而坏品行，因嫖、赌、洋烟而坏身体。个个学好，人人成材，则兵勇感恩，兵勇之父母、妻子亦感恩矣。

由于曾国藩带兵简直是以父兄教导子弟一般地诚信感孚，恩礼有加，湘军士兵自然亦视长官如父兄，能做到上下一心、同仇敌忾。王定安《湘军记》说：

于是陇亩愚氓，人人乐从军。闻招募则争出效命，无复绿营征调离别可怜之色。其后湘军战功遍天下，从戎者日益众。或募千人，则万人应之，募万人，则数万人应之；势不能尽收，甚至丐书干请而后得入。其随营待补客死他乡者，不可胜数，而湘人士迄无怨心。所谓有勇知方者耶？

士气民心高旺如此，可以知道这必然是一支战必胜而攻必克的好部队。然而，其成功的契机则完全属于人为之因素。这都是曾国藩以儒家的精神教育灌输进去之后所发生的效果。其他各省，虽然也办团练，也募乡兵，但因他们并不知道注重教育与训练，而长官与士兵之间又缺乏亲爱精诚的感情基础，所以终归仍是无用的赘疣而已。明了这一点之后，我们当可知道，湘军之成功实应归功于曾国藩的精诚感召与正确领导。后人推崇他军事方面的成就，亦即是由此而来的。

曾国藩虽然成功地创立了湘军，但他却并不是一个成功的指挥官。王闿运撰《湘军志》，说他"以惧教士，以惧行军，用将则胜，自将则败"。意思说曾国藩虽然以戒慎、戒惧的心情领导湘军从事训练及作战，但他自己并不适于直接领兵打仗。他的成功完全得力于善于识拔将才并给予充分的信任。这些话确是事实。湘军在平定太平天国之乱中所打的几次败仗，差不多都是曾国藩自己担任指挥官时的结果。如咸丰四年四月靖港之败，同年十二月水师湖口之败，以及咸丰十年六月祁门之困等，皆是。只因他知人善任及善于识拔人才，遂能弥补他这方面的缺失而有余。薛福成《庸庵文编》中载有他替李鸿章所撰的《代李白相拟陈督臣忠勋事实疏》，在缕陈曾国藩的生平事功外，曾说：

> 自昔多事之秋，无不以贤才之众寡，判功效之广狭。曾国藩知人之鉴，超轶古今。或邂近于风尘之中，一见以为伟器；或物色于形迹之表，确然许为异材。平日持议，常谓天下至大，事变至殷，绝非一手一足之所能维持，故其振拔幽滞，宏奖人杰，尤属不遗余力。尝闻江忠源未达时，以公车入都谒见，款语移时，曾国藩目送之曰："此人必立名天下，然当以节烈称。"后乃专疏保荐，以应求贤之诏。胡林翼以枲司济兵，隶曾国藩部下，即奏称其才胜己十倍。二人皆不次擢用，卓著忠勤，曾国藩经营军事，卒赖其助。其在籍办团之始，若塔齐布、罗泽南、李续宾、李续宜、王鑫、杨岳斌、彭玉麟，或聘自诸生，或拔自陇亩，或招自营伍，均以至诚相与，俾获各尽所长。内而幕僚，外而台局，均极一时之选。其余部下将士，或立功既久而浸至大显，或以血战成名，临敌死绥者，尤未易以悉数。

曰"未易以悉数",当然是为数甚多,这话不错。湘军将士及幕僚人才之中,由于曾国藩之拔擢,后来浸假而成为封疆大吏及专阃大帅者,多至难以悉数,前述塔、罗、李、王、杨、彭等人,不过是最著名的而已。其他如李鸿章,亦出自曾国藩的幕府,因曾国藩之保荐而出任江苏巡抚,最后,其勋业与名位且与曾国藩相埒,即最显著的事例。这篇文章由薛福成代笔而以李鸿章的名义出奏,以这二人与曾国藩关系之深,经由他们所说出来的这一番话,自更具有特别的意义。而曾国藩在与太平军作战的军事贡献方面,除此之外,尚有更重要的两点:其一是他在湘军训练规制等方面的擘画经营,其二是他对于当前作战情势的正确判断,都是值得特别推崇的。

湘军之兴,是由于曾国藩深切了解绿营军队兵将不相习,及将不知兵、兵不用命等积弊,所以要以招募乡农加以训练的办法来代替不可用的绿营兵。他所规定的湘军营制,大致仿效明朝平倭名将戚继光的成法,募兵必须挑选朴实诚笃的乡农,不用市井浮滑之人。凡大帅欲新立一军,则先拣定统领数人,檄令自行招募若干营。其营官即由统领挑选,一营以五百人为额,营分四哨,哨官由营官挑补。哨辖八队,每队十人,其队长亦由哨官挑补。在这种制度之下,勇丁由队长挑选,队长由哨官挑选,哨官由营官挑选,营官由统领挑选,兵由将招,彼此之间都有着同乡同里或相同的宗族关系,自必能团结一致,乐于接受其主将之领导统驭,临敌争先,虽死不相弃。他所定的营规,一是重纪律,二是培养士兵的良好人格,三是严训练,四是熟技艺,其办法简单扼要而切实有效。经由这种方法训练出来的军队,言忠勇则慷慨赴战,之死靡他,其英风浩气,迥非寻常意度可及。言勤俭,则士兵于战守的余暇尚且利用时间养猪种菜,一方面增加收入,一方面不脱乡间农夫本色。言朴诚,则菲衣恶食,屏绝浮华,但讲实际而不事虚文。古来名将之治军,大都只做到精操练、明节制、倡勇敢等能事而已,很少能像曾国藩那样,既把士兵训练成一个善战的勇士,更把他们养成一个堂堂正正的人。就这些方面而言,曾国藩的成就足以超越常人了。

以上所说,乃是曾国藩在湘军营制、训练等方面的卓越贡献;至于他在作战情势方面的正确判断,有时往往足以使卓越的军事大家亦自叹弗如。例如他在太平天国之乱时所部署的战略原则,就是十分令人心折的。

咸丰十年闰三月,太平军的忠王李秀成以围魏救赵之法,由宁国、广德疾趋浙西,突然攻占了清军江南大营的后路粮饷重地杭州,江南大营的督师钦差大臣和春急命提督张玉良分兵前往救援。甫抵杭州,李秀成已以全师取道湖州,迅速攻抵江南大营的后路。此时,南京城中的太平军亦以全力出兵夹击,在东西夹攻之下,江南大营顿时崩溃,围困南京数年的三百余营清兵,全部瓦解,苏常精华之地亦尽皆失陷于太平军之手,战局顿时逆转。曾国藩于此时奉皇帝之命,受任为两江总督,责令务必不避艰险,迅速前进,以收复失陷地方,重整军威。于是,曾国藩奏上《通筹全局并办理大概情形》一折,提出了他对挽回局势的全面战略部署。他说:

> 窃以为苏常未失,即宜提兵赴援,冀保完善之区;苏常既失,则须通筹各路全局,择下手之要着,求立脚之根本。自古平江南之贼,必踞上源之势,建瓴而下,乃能成功。自咸丰三年金陵被陷,向荣、和春皆督军由东面进攻,原欲屏蔽苏、浙,因时制宜。而屡进屡挫,迄不能克金陵而转失苏常,非兵力之尚单,实形势之未得也。今东南决裂,贼焰益张,欲复苏常,南军须从浙江而入,北军须从金陵而入。欲复金陵,北岸则须先克安庆、和州,南岸则须先克池州、芜湖,庶得以上制下之势。若仍从东路入手,内外主客,形势全失,必至仍蹈覆辙,终无了期。

自从曾国藩受任为两江总督，奉命总制苏、皖、浙、赣四省军务之后，平定太平天国之乱的主帅一职，就开始落在他的头上。而他从这一时期起，着着展开，十道分进，对太平天国实行全面围堵防剿的大包围战略，即是此一奏疏之引申。他能够在受任主帅之初，便确定了全面围剿的战略原则，已经很不容易。而太平天国方面的领军主帅忠王李秀成与英王陈玉成二人亦非弱者，他们在知悉了曾国藩所部署的战略原则后，立即采取大规模的迂回进击，以求打破曾国藩策划的战略部署。于是，一方面是力求保持合围形势之完整，一方面则力求牵制突破，自咸丰十年至十一年，双方的战事十分激烈。太平军凭借人数众多，分路向清兵猛攻，着着获胜。曾国藩身为总制四省军务的主帅，自然有责任及时救援。但成问题的是，曾国藩所赖以向太平天国进攻的湘军兵力，只有数万之众，而且大部分都被放在对安庆城的围攻及牵制的位置上。如果安庆之围一撤，分进合围的战略部署立将瓦解，但如不撤安庆之围，对于流突各省的太平军又将如何应付？这就是极大的难题了。也正因为此时的局势面临祸机四伏的重要关头，何去何从，取舍为难，在这里乃显出了曾国藩的非凡睿智与毅力。

薛福成《庸庵文编·书陈玉成、苗沛霖伏诛事》记苏常既陷之后，双方的军事情势云：

> 苏常诸郡皆陷，于是道员今威毅伯宫保曾公以兵万人急围安庆，多公（多隆阿）率万人围桐城御援贼，李勇毅公续宜以万人驻青草堰为两军援，鲍公（鲍超）以万人为游军，东西驰剿，水师将杨岳斌扼驻滨江要隘，并助守围军内外长壕，集厚力，张远势以待敌。（陈）玉成自江南扫境而至，与多公、李公鏖战于挂车河，大败，进薄围军，不克。玉成私念：湖北、江西乃楚军根本，冲其腹心，必撤围自救。乃从英霍间道入犯湖北，连陷黄州、德安、随州，武汉、襄樊皆

大震。嗉悍酋李世贤、黄文金各挟其全部，蹂徽、饶、信三府，李秀成纠贼十余万围抚州，攻建昌，进陷吉安、瑞州，以逼南昌、九江，皆援安庆也。曾公、胡公分遣诸军，且防且战，竟不撤围军。玉成乃分党踞所陷城，自率悍贼东援安庆。多公邀击于高河铺，于挂车河，皆大败之。玉成之党入自集贤关，筑垒菱湖赤冈岭以围我围军。曾公凭壕拒贼，与鲍公军夹击，破贼四垒。贼将刘玱林跳而逸，水师擒磔之。复展外壕，环贼十八垒于围内，俘斩无脱者。玱林，玉成部下骁将也。既失之，军势遂不振，告急金陵。金陵贼益纵，玉成复率杨辅清等三伪王分援安庆、桐城，昼夜疾斗，屡进屡北，贼众崩溃。其江西贼则左文襄（左宗棠）公以一军突起，鲍公亦以全军驰往，连与贼遘，大败之于乐平，于景德镇，于丰城，于河口。群贼失势东遁，官军遂拔安庆、桐城，徇瀕江郡县，皆下之。

这一段文字，概述咸丰十年、十一年之间，太平军与清军两方为解安庆之围及坚围不去而激烈进行的包围与反包围战，虽称简明扼要，而对于当时曾国藩自己所处的情势如何，则并未述及，仍须参看薛福成代李鸿章所拟的《奏陈督臣忠勋事实》一疏中所述的这方面情形，以为补充。薛文叙此云：

当此之时，贼势如飙风疾雨，蹂躏大江南北，几无完土，苏、皖二省，糜烂尤甚。曾国藩于无可筹措之时，多方布置，奏荐左宗棠襄助军务，募勇湖南，征鲍超于皖北，调蒋益沣于广西，定计不撤安庆之围，自率所部万人，驰入祁门。甫接皖防，而徽、宁复陷，诸路悍贼，麋集祁门左右，迭进环攻，几有应接不暇之势。曾国藩示以镇静，激励诸将，昼夜苦战，相持数月之久，群贼望风授馘，丧胆宵遁。自是军威大振，而时局遂有转机矣。

这里所云曾国藩"定计不撤安庆之围"，及"自率所部万人，驰入祁门"，就是他在祁门受困的那一段事了。祁门之困，最能看出曾国藩临危不乱与坚韧强毅的性格。江苏巡抚何璟于曾国藩逝世后奏陈其生平功绩，述及曾国藩受困祁门时的情形：

> 逮咸丰十年，初膺江督，进驻祁门。正值苏常新陷，浙省再沦，皖南、皖北，十室九空，人烟稀少。军粮则半菽难求，转运则一夫难雇。自金陵以至徽州八百余里，无处无贼，无日无战。徽州之方陷也，休祁大震，江楚皆惊。或劝移营江西省城，以保饷源，或劝移营江干州县，以通粮路，而仍不出江督辖境。曾国藩曰："吾初次进兵，遇险即退，后事何可言？吾去此一步无死所也！"群贼既至，昼夜环攻，飞炮雨集。曾国藩手书遗嘱，帐悬佩刀，犹复从容布置，不改常度。死守兼旬，直待鲍超率霆军自山外来，始以一战驱贼出岭。

曾国藩以祁门为统帅大营的所在地，本是极大的错误。因为祁门不但位于群山之中，粮运不便，而且其地形如处釜底，极为不利。曾国藩在此受困而居然不被太平军所破，实在是一项奇迹。若说此战之所以终能扭转局势，便是由于曾国藩之坚守不屈，未免迹涉夸张。此时，若不是有鲍超一军适时来援，曾国藩的大营是否终能免于太平军的毒手，谁也没有这个把握。于此，我们除了佩服曾国藩坚韧不拔的强毅精神外，还得再度赞同曾国藩自己所说的话——"不信书，信运气。"而曾国藩在如此重要的危急存亡关头，不但坚守不屈，而且神定气闲，不改常度，这种迥出寻常的定性与耐力，便不能不使人由衷地敬佩了。

曾国藩在祁门被困，亦正是曾国荃围攻安庆之役受到严重考验的时候。兄弟二人同处危地，彼此悬念，在曾国藩手书日记及家信中时常可以看见这方面的记载。由于曾国荃一再劝请移营，以策安全，曾国藩亦觉得必须抽调鲍超一军前往增援安庆方面的围师，因此，方于咸丰十一年的三月二十六日，将大营由祁门移驻东流，鲍超一军，亦因之而渡江北调，协助曾国荃攻剿来援安庆的英王陈玉成。鲍超与多隆阿乃是当时清军中最著名的战将，素有"多龙鲍虎"之称。多隆阿守在庐州牵制陈玉成的行动，已使陈玉成头痛万分，如今再加上这骁悍鸷猛的"鲍癫狗"，自然更使陈玉成无所施其手足。在遭遇了一连串的败衄之后，陈玉成所部的数十万太平军崩溃瓦解，安庆亦于咸丰十一年的八月间为清军所攻克。一场惊心动魄的包围与反包围之战，总算在曾国藩兄弟坚守战略部署，绝不因情势危急而动摇决心的情况之下，得到了最后的胜利。安庆既克，清军分水陆两途沿长江而下，直抵南京城外的雨花台，开始另一场围攻南京之战。这一场战争的艰险困难，比之围攻安庆之役，有过之而无不及。江苏巡抚何璟疏中叙此云：

咸丰十一年八月，克复安庆。同治元年，水陆两军，并江而下，沿江三千里名城要隘，皆为我有。其弟国荃统得胜之师，直抵雨花台以瞰金陵。左宗棠统楚军以达浙境，李鸿章统淮军以达沪上，皆深入虎穴，捷报频闻。夏秋之间，兵机遂大顺矣。乃攻剿甫利，而疾疫流行。上自芜湖，下至上海，无营不病，不但守垒无勇，几于炊爨无夫。杨岳斌、曾国荃、鲍超诸统将，各抱重病。昔之劲兵，皆变屝卒。苏、浙贼酋方以此时大举以援金陵，围攻雨花台四十六昼夜，更番不歇。南岸则宁国、旌德同时吃紧，北岸则颍宿、蒙亳捻匪出巢，正阳、寿州苗捻复叛，发贼又由浦江上窜，滁和、巢含亦复岌岌可危。数年以来，辛苦战争之土地，由尺寸而扩至数百里者，深恐一旦溃裂，尽隳全功，援浙、救苏、保江三者又复兼顾，时危势亟，军情反复，异议环生。有谓金陵进兵太早，必致师老饷竭者；有谓宜撤金陵之围，以退各路援贼者。曾国藩于群言淆乱之际，有三军不夺之志，枕戈卧薪，坚忍卓绝，卒能以寡御众，出生入死……

安庆克复，左宗棠、李鸿章分别在浙江、江苏二省连获胜捷，曾国荃又在南京城下扎下大营，清军对太平天国的三路合围形势实际上已经完成，太平天国的命运，此时亦将要到达尽头了。但话虽如此，自洪秀全以下的太平天国大小兵将，并没有人甘心坐以待毙。在太平天国后期名将忠王李秀成的统率之下，仍有战兵数十万可供最后的生死搏斗。于是就出现了何璟疏中所说的情形——李秀成调集了江浙各地的劲兵勇将，大举围攻扎营于雨花台的曾国荃军，历时四十六日不休。此时的情况是各路情势同时告急，与上一年间太平军英王陈玉成为解安庆之围而发动全面攻势时差相仿佛。曾国荃在雨花台凭垒而守，浴血抵挡太平军的猛烈进攻，无论在局中人或局外人来看，这都是一场惨烈无比的大屠杀。曾国藩身为曾国荃的亲兄，兼为总制四省军务的主帅，公谊私情，都分外关切，自必更为围城之师的安危问题感到焦心忧虑。最后，李秀成的攻势虽然失败，曾国荃部亦伤亡惨重，筋疲力尽。而南京城大而坚，曾国荃一时难以攻克。顿兵坚城，师老无功，大为兵家之忌，曾国藩因此而更感忧心忡忡。近年所发现的曾国藩未刊家书原件中，有此时写给曾国荃的三封信，主张将业已攻克苏常而顿兵不进的李鸿章所部淮军，调到南京来与曾国荃协同进攻。这是因为曾国藩知道曾国荃军中缺乏攻城用的西洋大炮，徒恃围困及开地道之法，一时决难收功，所以打算将拥有西洋大炮甚多的淮军调来协助，以期一举而克。但如此一来，势必要令淮军分享攻克金陵的大功，这是曾国荃所极不愿意的。而李鸿章在苏常大胜之后，气焰甚高，如再分享克复南京之功，势必使曾国荃的声名受到挫抑。为了顾及这方面的种种关系，曾国藩必须在征得曾国荃的同意之后，才可将淮军调来。在这几封信中，我们乃可看出曾国藩为了协调双方关系所费的苦心。如同治三年五月十六日信云：

> 夜来细思，少泉（李鸿章）会剿金陵，好处甚多，其不好处不过分占美名而已。后之论者曰："润（胡润芝，即胡林翼）克鄂省，迪（李迪庵，即李续宾）克九江，沅（曾沅甫，即曾国荃）克安庆，少泉克苏州，季高（左宗棠）克杭州，金陵一城，沅与泉各克其半而已。"此亦非甚坏之名也，何必全克而后为美名哉？人又何必占天下之第一美名哉？如弟必不求助于人，迁延日久，肝愈燥，脾愈弱，必成内伤，兄弟二人皆将后悔。不如及今决计，不着痕迹。

由此信可以知道，曾国荃因南京久攻不下之故，此时已因急躁而致肝病。曾国藩一方面顾及其弟之病势或致增剧，一方面又因舆论之责难而必须设法早日收功。于是乃多方劝譬，希望曾国荃能够接纳他的意见，同意将淮军调来协攻。就当时情势而言，苏常既下，南京以东已无劲敌，则以械精兵强的淮军调来协攻南京，一方面可以使曾国荃的疲惫之师得以少纾责任，一方面亦可提早结束旷日持久的南京围城之战，实为事理之当。但曾国荃是他亲弟，李鸿章是他的门生，如果未经双方同意，遽以统帅的名义下达命令，一旦造成嫌隙，其后果亦甚严重。所以他要以私信谆谆劝说，譬之以个人利害，重之以兄弟感情，务期曾国荃不以个人功名为重，同意淮军协攻，其立场之公正与筹划之明白，十分令人佩服。此事虽因曾国荃之坚决反对，以及曾国藩不愿过分坚持，以致并未成为事实，但由此可见曾国藩兄弟两人对于事业及功名的想法显然不同。我们若回溯曾国藩自创办团练以来时刻萦绕在念的戒慎、戒惧心理，便可以更多地了解曾国藩与曾国荃之不同。

《曾国藩年谱》卷一，叙曾国藩在咸丰二年于湖南湘乡原籍接获上谕，受命与巡抚张亮基同办本省团练事宜时的情形，说：

> 公奉到寄谕，草疏恳请在家终制，并具呈请巡抚张公代奏。缮就未发，适张公以专弁函致公，告武汉失守，人心惶恐，恳公一出。郭公嵩焘至公家，力劝出保桑梓。公乃毁前疏，于十七日启行，二十一日抵长沙，与张公亮基筹商，一以查办匪徒为急务。

咸丰二年十二月，曾国藩奏上《遵旨帮办团练查匪事务，敬陈现办大概规模》一疏，另附"办团稍有规模即乞守制片"云：

> 今回籍未满四月，遽弃庭闱而出莅事，不特臣心万分不忍，即臣父亦慈爱难离。而以武昌警急，宵旰忧劳之时，又不敢不出而分任其责。再四思维，以墨绖而保护桑梓则可，若遂因此而夺情出仕，或因此而仰邀恩叙则万不可。区区愚衷，不得不预陈于圣主之前。一俟贼氛稍息，团防之事办有头绪，即当专折陈请回籍守制。乌鸟之情，伏乞圣上矜全。

由这两条记载可以知道，曾国藩之所以出山，实在是为了保护桑梓起见。所以，他不但事先奏明不肯接受恩叙，并且希望在事情稍有头绪之后，仍能回籍为亡母守丧终制。其后，曾国藩在靖港兵败，被革去侍郎之职。湘潭之捷，再奉旨赏给三品顶戴。曾国藩于此时上奏谢恩，顺便再申前请：

嗣后湖南一军或得克复城池，再立功绩，无论何项褒荣，何项议叙，微臣概不敢受。伏求皇上俯鉴愚忱，使居忧之人与在任者显示区别，不得一例希荣，是即圣朝教孝之意，而皇上所以成全微臣者更大也。

此奏所奉的皇帝朱批是：

知道了，殊不必如此固执。汝能国尔忘家鞠躬尽瘁，正可慰汝亡亲之志，尽孝之道，莫大于是。酬庸褒绩，国家政令所在，断不能因汝之请，稍有参差。汝之隐衷，朕知之，天下无不知也。

这是说皇帝并不接受他的请求，同意即有功绩亦不予以恩叙。所以，到了武汉克复，皇帝降旨令曾国藩署理湖北巡抚之后，旋又降旨撤回前旨，改命以兵部侍郎职称督师东下。然而，曾国藩已有请辞署抚之奏，皇帝批曰：

朕料汝必辞，又念及整师东下，署抚空有其名，故又降旨令汝毋庸署理湖北巡抚，赏给兵部侍郎衔。汝此奏虽不尽属固执，然官衔竟不书署抚，好名之过尚小，违旨之罪甚大，着严行申饬。

尽管皇帝责备他存有"好名"之心，在曾国藩自己，仍然有我行我素的决心。咸丰七年正月，曾国藩方在江西南昌军次，他的父亲麟书在湘乡原籍病故了。他接到这一信息之后，立即报请丁忧，并且不待奏准，拜疏即行。旋奉皇帝上谕云：

该侍郎现在江西督师，军务正当吃紧。古人墨绖从戎，原可夺情不令回籍。惟念该侍郎素性拘谨，前因母丧未终，授以官职，具疏力辞。今丁父忧，若不令其奔丧回籍，非所以遂其孝思。曾国藩着赏假三个月回籍治丧，俟假满后再赴江西督办军务，以示体恤。

虽然皇帝只准他请三个月的丧假而不准他在家中守制终丧，曾国藩仍然坚持前请，不肯在三个月假满之后回到江西去督师。皇帝素知曾国藩拘谨，竟亦不能强。直到咸丰八年五月，因浙江军务紧急，皇帝再降谕旨，令曾国藩前往督办浙江军务。谕旨中说：

该侍郎前此墨绖从戎，不辞劳瘁，朕所深悉。现当浙江军务吃紧之时，谅能仰体朕意，毋负委任。

在这种情形之下，曾国藩不得不勉遵谕旨，出任浙江军务。皇帝之所以一再不允令曾国藩在籍终制，在咸丰二年时是因为除了曾国藩之外更无可以倚信的忠心之人；到了咸丰八年，则浙江、江西方面的前敌将领均是曾国藩的部属，若无曾国藩的统率，势难收同心协力之效。至咸丰十年闰三月，江南大营兵溃，南京以东，已无可用之兵，而除了湘军之外，亦更无其他有用之兵，非由曾国藩出来担任进讨太平天国的主帅不可了。由这些地方可以知道，曾国藩之所以由文人而当领兵之大任，又被皇帝特任为兼辖四省的领军大帅兼两江总督，完全是由于当时的情势所迫。而曾国藩自己，非但对这样的高官显宦并无希慕之心，对于自己的权位日隆，反而频添戒慎、戒惧之心。这在曾国藩的家书中多有记载，可以明显地看得出来。凡此俱可以使我们了解曾国藩、曾国荃兄弟之不同，亦可以知道曾国藩之所以为曾国藩。如同治元年六月二十日《致沅弟书》云：

阿兄忝窃高位，又窃虚名，时时有颠坠之虞。吾通阅古今人物，似此名位权势，能保全善终者极少。深恐吾全盛之时，不克荫庇弟等；吾颠坠之际，或致连累弟等。惟于无事时常以危词苦语互相劝诫，庶几免于大戾耳。

又，同治二年正月十七日《致沅弟书》云：

处大位大权而兼享大名，自古曾有几人能善其末路者？总须设法将"权位"二字推让少许，减去几成，则晚节可以渐渐收场耳。

又，同月十八日《致沅弟书》云：

弟之志事，颇近春夏发舒之气；余之志事，颇近秋冬收穑之气。弟意以发舒而生机仍旺，余意以收穑而生机乃厚。平日最好昔人"花未全开月未圆"七字，以为惜福之道、保泰之法，莫精于此。曾屡次以此七字教诫春霆，不知与弟道及否？

又，同治二年四月二十七日《致沅弟书》云：

来信"乱世功名之际颇为难处"十字，实获我心。本日余有一片，亦请将钦篆、督篆二者分出一席，另简大员。吾兄弟常存兢兢业业之心，将来遇有机缘，即便抽身引退，庶几善始善终，免蹈大戾乎？

曾国荃在功名事业渐臻全盛的时候，犹存有百尺竿头更进一步的心念，这与曾国藩之忧谗畏讥、时惧盈满的想法，恰成强烈的对比。所以曾国藩在写给曾国荃的信中，告诫要时时以此为戒，他自己更是身体力行，切实履践，足可令人相信，曾国藩确是志在救国救民而不愿做大官的人物。所以，他才在这些地方勘得破，认得清。若是他在一开始便存有图功名、谋富贵的想法，此时就绝没有这种如临深渊、如履薄冰的戒惧心情了。

他在削太平天国之乱，湘军声威达于极盛之时，毅然以"湘军作战年久，暮气已深"为理由，奏请将湘军裁遣归里，明确表示他无意挟军权以自重的态度，固然令人觉得他不免有忧畏过甚之处，而他这种脱屣权力与漠视富贵的光明磊落态度，毕竟是令人万分钦敬的。至于说，他在领军作战时何以一再请求为父母服丧终制，而在战事终了之后何以又不再重申请呢？这一点，仍然与他当时的忧畏态度有密切关系。

曾国藩在削平太平天国之乱后，皇帝封他为一等毅勇侯，世袭罔替。他是事实上的湘军领袖，凡是湘军出身的将领，无论是执掌兵权抑或出任疆圻，都视他为精神上、思想上的领导者。而湘军在裁遣之后，被裁者多至数万，功名路断，难免有很多人感到心怀不满。曾国藩如果在此时请求解官回籍终制，皇帝当然不能不接受他的要求。但如他在回到乡间之后，以一个在籍乡绅的地位，忽然为一群图谋不逞之人所挟制，并奉之为领袖人物，即使曾国藩知所自处，而对清朝政府来说，也仍然不是保全功臣之道。如果清政府怀有过分的恐惧，以为曾国藩之辞卸官职，正表示他有不愿继续为朝廷效力的意愿，那就更容易发生不必要的猜忌了。所以，曾国藩在此时一方面自动解除兵柄，一方面更留在两江总督任上继续为清政府效力，绝不轻言去留，毋宁正是使清政府感觉放心的最好办法。试看他在两江总督任内因奉旨剿捻而不以劳苦为辞，逢到军事失利，立即乘机推荐李鸿章自代，亦无非仍是远权势而避嫌疑的做法，不过在表面上不太显露痕迹而已。至此，我们当然要相信曾国藩之功成不居与远嫌避位，正是他的一贯作风了。

曾国藩说："处大位大权而兼享大名，自古曾有几人能善其末路者？"这确是帝王专制时代的残酷现实。曾国藩熟读历史，所以他能在历史事实上看出这明白的教训。除此之外，则他在儒家思想中所陶冶出来的立身态度，对此亦甚有关系。《曾国藩家书》卷一，道光二十年九月十八日《致诸弟书》云：

> 吾辈读书，只有两事。一者进德之事，讲求乎诚正修齐之道，以图无忝所生。一者修业之事，操习乎记诵词章之术，以图自卫其身。

在这番话中可以看出，曾国藩在功名事业之外，极其重视进德修业之事，以为如此方能无忝所生。这还是他在初为翰林时的思想。及至晚年，功业已成，身名俱泰，他所时切在念的仍是他自己的德行与学问。如同治八年八月日记云：

> 日月如流，倏已秋分。学业既一无所成，而德行不修，尤悔丛集，自顾竟无涤除改徙之时，忧愧曷已！
>
> 念生平所做事，错谬甚多。久居高位，而德行、学问一无可取，后世将讥议交加，愧悔无及。

曾国藩的道德、文章，即使不能说是千古以来所罕有，至少在清代是第一流的。尤其是在道光、咸丰以后，世风日下，人心日偷，整个国家社会都有分崩离析之危险的时候，竟然能有曾国藩这样一个节行、文章俱属卓荦不凡的人出来挽救国家危亡，转移社会风气，实在可说是国家与人民的福分，曾国藩如此地过分谦抑自咎，适足以使人觉得他的成就太不平凡，他的伟大太难以企及。《曾国藩全集》卷四《湘乡昭忠祠记》中的一段话，颇可以看出他的抱负。文曰：

> 君子之道，莫大乎以忠诚为天下倡。世之乱也，上下纵于亡等之欲，奸伪相吞，变诈相角，自图其安而予人以至危，畏难避害，曾不肯捐丝粟之力以拯天下。得忠诚者起而矫之，克己而爱人，去伪而崇拙，躬履诸艰而不责人以同患，浩然捐生，如远游之还乡而无所顾悸。由是众人效其所为，亦皆以苟活为羞，以避事为耻。呜呼！吾乡数君子所以鼓舞群伦，历九载而勘大乱，非拙且诚者之效欤？

他在这一段文字中所提出的"诚""拙"二字，正是他自己所用来鼓舞人心与转移风气的特性。薛福成所撰《代李伯相拟陈督臣忠勋事实疏》中亦曾说到这点，而且特别加以强调云：

> 曾国藩自通籍后服官侍从，即与大学士倭仁、前侍郎吴廷栋、故太常寺卿唐鉴、故道员何桂珍，讲求先儒之书，剖析义理，宗旨极为纯正，其清修亮节，已震一时。平时制行甚严，而不事表襮于外，立身甚恕，而不务求备于人，故其道大而能容，通而不迂，无前人讲学之流弊。继乃不轻立说，专务躬行，进德尤猛。其在军、在官，勤以率下，则无间昕宵，俭以奉身，则不殊寒素，久为众所共见。其素所自勖而勖人者，尤以畏难取巧为深戒，虽祸患在前，谤议在后，亦毅然赴之而不顾。与人共事，论功则推以让人，任劳则引为己责。盛德所感，始而部曲化之，继而同僚谅之，终则各省从而慕效之。所以转移风气者在此，所以宏济艰难者亦在此！

看了这一番话，我们对于曾国藩何以能在天下大乱之时倡导群伦，创下这一番回天事业的原因所在，亦可以得到一个明确的概念了。

近人黄濬所撰《花随人圣庵摭忆》中有一条说：

> 当道、咸之间，外人已有疑中国必亡者。劼刚《中国先睡后醒论》中有一节云："国与人无异，人有幼年、壮年、老年、一息待尽之年，国亦有之。欧洲之谓中国即一陵夷衰微终至败亡之国，盖彼见中国古所疏凿之洪流巨川，四通八达者，今多湮塞，昔所传金石土木之工，坚致巨丽，今日只有遗迹，剥落损坏，无复完美，且做法多有失传者。中国古昔之盛，与近今之衰，判若霄壤，遂疑中国精力业已销铄殆尽，将近末造，难支他国争胜之势。道光十九年，有英国著名之使臣，深知中国之时事及古今之典籍，一时未能或之先者。其言以为：'中国虽疆围广阔，外无异国蚕食，内无土寇鸱张，然其中实有溃败决裂之象，不过略迟而已。'其意见如是。而彼时意见相同者，不乏其人。大抵欧洲皆以道光末年为中国危险之时，苟易新君、新政，略有缺失，即恐灾害并至。纵使幸而无事，终多变故之迭生。盖当时睨国者，已极为中国危。所谓溃败决裂者，已不能不谓为知微之论。然道光以来，中国虽大乱而未尝亡，所以不亡之理由，正在于别有曾、左、李、沈诸贤，明白而刚强者，力为支拄之。有如此之人，国自不易亡。及其后不修内政，但如昌言挞伐，而祸变愈深。盖明白人愈少，则国始易亡也。"

黄濬以为中国当道光、咸丰之际已有溃败决裂之象，赖有曾国藩等一班明白事理之人出来支撑大局，始能转危为安，这话并未完全说对。我们研究曾国藩的传记可以知道，曾国藩之所以能够在国家大乱时挽狂澜于既倒，第一个原因是他有儒家的伦理思想为精神上的中心凭借，第二个原因是他能以道德与精神之力感召他人与之群策群力。外国人观察道光末年的时局，只看到表面上的分崩离析现象，而不知道儒家的伦理道德思想久已成为中国社会的维系力量，只是在人心陷溺、道德沦丧的恶劣环境中暂时被大多数人所忽视而已。而一旦到了社会动乱、国家将亡的重要关头，能有曾国藩这样朴实诚拙的人出来力为天下人之倡，就能够使道德与人心重新涤垢磨光，再度成为精神上的主宰。这是儒家思想的伟大之处，也是曾国藩所赖以成功的主要原因。外国人不能了解儒家思想，自更不懂得儒家思想对于中国社会所发生的影响力量之大。读曾国藩的传记与他平定太平天国之乱的历史，我们身为中国人者，应当对此多所留意。

以上所说，乃是曾国藩平定太平天国而使中国历史在咸丰、同治以后为之完全改观的影响。至于在平定太平天国之外，曾国藩在中国近代历史上还有哪一些其他的影响，则可以简单地述说如下：

第一，是他在当时目击西方轮船、大炮之厉害，深知欲图抵御外侮，非整顿海陆军不可；欲整顿海陆军，又非学习外国军制及改用洋枪、大炮及轮船不可。但洋枪、大炮及轮船都是外国制造的东西，绝不可专恃金钱购买，则欲图自强，尤非学习科技知识及培养人才不可。由于此一思想，所以他在同治四年奏设江南制造局，以为自制兵械及机器之入手；更于局中附设学堂，以西方的格致算学之类教授生徒，是为中国科学教育之萌芽。其后又以此为未足，于是又有考选学生出国留学之举。凡此俱是同光以来自强维新运动之张本，而由曾国藩肇其端倪，对于中国的西化运动影响不小。

第二，是由于他朴实诚拙的美德完全出于至性流露，其勤劳节俭的高尚品格又终生躬行不懈，故而在他的领导统率之下，僚友属吏，均为他的精诚感召所同化。一时之间，蔚成勤朴廉俭的政风。同治、光绪年间，大乱初平，政治上颇曾出现一股返淳归朴的清新气象，即由于此种影响所致。

说到这里，我们还可以再举出一些曾国藩的节俭美德来，在此附带一述。曾国藩的季女曾纪芬所撰的《崇德老人八十自定义年谱》中有记述曾国藩生平行事之处，云：

> 文正官京师时，俸入无多，每年节啬以奉重堂甘旨，为数甚微。治军之日，亦仅年寄十金、二十金至家。及功成位显，而丽亭公已薨，故尤不肯付家中以巨资。至直督任时，始积俸银二万金。比及薨逝，惠敏秉承遗志，谢却赙赠，仅收门生故吏所醵集之刻全集费，略有余裕，合以俸余，粗得略置田宅。

> 文正手谕，嫁女奁资不得逾二百金。欧阳夫人遗嫁四姐时，犹恪遵成法。忠襄公（曾国荃）闻而异之，曰："乌有此事？"发箱奁而验之，果信。再三嗟叹，以为实难敷用，因更赠四百金。

官居一品，位至爵相，而所积之财产戋戋如此，嫁女之奁资又微薄如此，实在大可励习俗而风末世。何况他的一生，学问、事功俱至极致，德行之美又足可与之鼎足而三。然则，清人李元度之要赞他为三不朽之伟人，亦可谓之差堪庶几。此外的赞誉尚多，限于篇幅，不缕举。

曾国藩死于清同治十一年，享寿止六十二岁。照他临死时的情形看，他大概是由于心脏衰弱而突然致死。至于致病之因，还是由于他在带兵作战时期过分劳瘁及忧急，所以晚年常有舌蹇心悸之症，终致后来心脏衰弱，猝然不起。在曾国藩的同辈诸人中，除了胡林翼因患肺病而早死外，左宗棠寿至七十三，彭玉麟、骆秉章俱寿七十五，杨岳斌亦逾七十。自古忧能伤人，看曾国藩日记，每当前方军事紧急及时局危殆，常有忧惧不胜的记载。可知曾国藩之不能克享大年，正坐此故。曾国藩之伟大，仅此一点，就不是他人所能及的了。

第二章

胡林翼

　　他与曾国藩、左宗棠并称
"咸同中兴"三大名臣。他知人
善任，海内交推，才具过人，
谦退为怀，处处推功让贤，调
和将帅，是故人心归附，士乐
为用，是位成功的政治领袖。

胡林翼

◆

在没有进入本题之前，我想先引述一段与本题颇有关联的文字。黄濬撰《花随人圣庵摭忆》中有一条说：

> 一代之风尚兴衰，肇端至远，而造因甚微。读书论世，正贵穷源竟委。清至乾隆末年，政治已坏，识者早知其必大乱。然迹其间拨乱之才亦相踵俱出，渊源倚伏，殆甚辽远。例如金田之役由于嘉、道秕政所激成，而二三老辈，所以牖成培助曾、左诸人者，亦正在此时。湘军虽起自曾、左，而砥砺贤才，则始自贺耦耕（贺长龄）、陶文毅（陶澍）、林文忠（林则徐）等，相与提倡，耦耕刊《经世文编》一书，三湘学人，诵习成风，士皆有用世之志。左季高（左宗棠）、罗罗山（罗泽南）等，所由兴起，而左之读书，皆贺回里长书院时所资助。胡文忠为陶文毅之婿，曾文正亦敬事耦耕。而文毅言左文襄（左宗棠）之才于林文忠，文忠自两广交卸，特纤道长沙访左。时文襄尚为举人，文忠于岳麓倾谈竟晓，许为异日济时之才，订交而别，事见文襄年谱。于此皆可见老成诱掖，豪俊景从，而皆难能可贵。虽其纳交初心，未必便为拨乱计，按之事实，却可谓医济之储、党援之雅也。

这一段话叙述曾国藩、左宗棠之所以能在国家大乱时出任艰巨、戡定大难，是因为得力于贺长龄之提倡经世实用之学于先，陶澍、林则徐等人奖借扶掖于后，诚然极有道理，但在陶澍、林则徐和左宗棠的关系之间，还漏掉了一个极为重要的居间推荐引见之人，即本文所要介绍的胡林翼，亦即前文中所称述的"胡文忠"。陶澍和林则徐在左宗棠还只是一名落第举人时，就预见其人将来必为济世之长才，在黄濬看来已是极为难能可贵；而胡林翼在陶、林二人尚未发现左宗棠的才干之前，便已知道他的才具卓越，更亟亟为之誉扬汲引，这种识英雄于未遇的眼光，岂不更令人佩服吗？胡林翼之所以被誉为清代"咸同中兴"的三大名臣之一，在这里已可看出其端倪。更何况他本人的功名事业，又足以与曾国藩、左宗棠相伯仲！

胡林翼，字贶生，一字润芝，湖南益阳县长冈村人。清仁宗嘉庆十七年生。在曾、左、胡中，曾国藩嘉庆十六年生，胡林翼嘉庆十七年六月生，左宗棠嘉庆十七年十月生。"咸同中兴"的三大名臣，不但同为湖南人，而且同生于嘉庆十六、十七年之间，真合上"山川毓秀，灵气所钟"的那句古话。在三人之中，胡林翼家显达最早，其父达源，以嘉庆二十四年的探花仕至詹事府少詹事，在三家之中最称贵显。胡林翼自己，中道光十五年湖南乡试举人，道光十六年会试连捷成进士。朝考入选第九名，改庶吉士。道光十八年庶吉士散馆，考列一等第八名，授职翰林院编修。这一年，曾国藩刚中进士，左宗棠则在道光十二年中举之后屡试春官不第，始终还只是一个落第举人的身份。比较起来，在三人之中，又以胡林翼之显达为最早。

清宣宗道光十九年大考翰詹，胡林翼考在二等。翌年三月，充会试同考官。六月，充江南乡试副考官。清代的翰林官，有所谓红翰林、黑翰林之分。"红""黑"之别，就看他是否能常得差使，如点派各省学政、乡试考官，以及国史馆、实录馆、方略馆等处的纂修等。差使多的，不但收入多，而且其姓名简在帝心，升迁自然也快，这就是所谓"红翰林"了。反过来说，数年不得一差，考试又常居中等以下，不但升转无望，而且贫寒彻骨，即所谓"黑翰林"了。胡林翼成了翰林之后，一参加大考就列为二等，翌年又两次被点派差使，其为红翰林可知。曾国藩在当年，也是红翰林，所以能在七年之中，就由从七品的翰林院检讨直升至从二品的内阁学士。胡林翼同为红翰林，其前途之光明远大，理应如曾国藩。但事实上却大谬不然。因为，他在江南乡试副考官的任上出了毛病，回京之后，就奉旨降一级调用，由待升的红翰林降为内阁中书。

不久他又因丁父忧开缺回籍。等到他丁忧期满可以复补官职时，他的一班同年，有的已经升得很高，比他晚中进士的曾国藩，此时亦已升为翰林院侍讲，高出内阁中书很多了。因此，他觉得心灰意懒，自感宦途蹭蹬，功名无望，颇有终老家居之想了。在此一时期之前，胡林翼以一个功名得意的官家贵公子，生活豪奢，纵情声色，很像是俗语所说的"纨绔阔少"。而经历了这一番颠踬挫折之后，他在生活与思想方面，都有了很大的转变。昔日的浮夸奢靡，一变而为此后的沉着稳重、笃实老练。所以，我们很可以这么说，胡林翼的一生事业，并不始于他的中进士、点翰林，而是始于他丁忧复起之后。

胡林翼在丁忧之前的原官是内阁中书，忧满起复，如果仍旧到吏部去候缺补官，当然也只能补内阁中书。清代的内阁中书，秩从七品，其职掌只是撰拟诏书、敕谕的文字。如果要由此循序升迁至可当大任的京卿大员，其间的困难实在太多，道路也实在太远。胡林翼最初之所以迟迟不肯复出，这也是主要的顾虑。及至后来，由于座师潘世恩、王植及林则徐等人的一再劝令复出，又有另一种力量从旁援手，遂使胡林翼决定改从他途发展。此事不但在胡林翼的一生事业中有决定性的影响，对清朝中国的前途，影响亦甚大。近人徐一士等所撰《曾胡谈荟》中有一段说：

道光庚子，林翼以编修分校春闱。是年秋，复充江南副考官。正考官文庆，以携人入闱阅卷被劾，由侍郎降为员外郎。林翼亦获失察处分，降一级调用，逐出玉堂，改官内阁中书，甚佗傺无聊。其江南门生某氏，于会试时约集同年之有力者，谓我辈受两座师之知遇，不宜恝然。文老师为国家大臣，帝心简在，且系旗籍，升途较远，不久当复柄用。胡老师以新进骤遭诖误，恐将一蹶不振。而其才气过人，苟为外吏，必能有所建树。惟家非素封，我辈幸有以助之，众以为然，遂醵资为林翼捐知府。

这一段话，就是胡林翼在道光二十年援陕西捐输例报捐知府分发贵州一事之所本了。梅英杰撰《胡林翼年谱》，引述胡林翼是年六月上其二叔之书叙此云：

闰五月十九日到京，住郑小珊宅中。京官所降之缺，年内可补，而升途甚迟，无以为傫养计。现拟以知府发贵州，而陕西捐例甚贵，承师友许贷万五千金。

一万五千两银子在当时不是一个小数目，而且文中尚有"承师友许贷"的话，想来这一笔捐官的银子，也不是他在江南考官任内取中的那几个举人门生所能负担得了的。胡林翼出身正途，曾官清华，其身份极高贵。只因不幸而遭诖误，以致不得已而必须从捐官途上另求发展，实在是很难堪之事。但亦正因为有这一番刺激，才使他对于做官出仕的观念有了全新的看法，这对于他此后的功名事业前途，倒正是一个很好的转变。

流传在清代末年的很多野史，都说胡林翼在青年时代曾是一个放浪不羁的风流人物。相传在结婚以后，他的岳父陶澍在南京做两江总督，胡林翼陪送岳母前往南京督署，顺便就在岳家做客。目睹南京城中的六朝金粉、纸醉金迷，顿时使他的游兴大发，也忘记了他在南京是总督大人的娇客身份，竟然在秦淮河、钓鱼巷等处的歌榭灯船中流连忘返起来。督署的幕友中，有人将此情形告知陶澍，意欲请陶澍加以督教制止。然而，陶澍却说："润芝之才，他日为国勤劳，将十倍于我。后此当无暇行乐。此时姑纵之，以预偿其日后之劳也。"竟不加干涉。此事的真实性不知究竟如何，但《花随人圣庵摭忆》的作者黄濬曾引述其友人所告的胡林翼逸事说，相传胡林翼在中进士、点翰林之后，仍然性好冶游。一夕，方与周荇农同就某娼家，逻卒忽至，荇农机警，急避入厨房，易服为庖人，得免被执。林翼与其他诸人不及走避者，皆被絷缚送兵马司讯处。以系现任翰林故，恐受处分，不敢言真姓名，因是颇受辱。及释归，即与荇农绝交，谓其临难相弃，友道不终故也。荇农系湖南善化人，其后胡林翼治军作战，其军中绝不用善化籍之人，即此之故云。这些传说彼此并不抵触，当可使人相信，胡林翼从读书时代以至做官入仕，始终都是放荡不羁而性好冶游的。而从他捐资出任知府之后，就有了显著的转变，亦当可使人相信，是由于他丁忧家居时期思想性行有了变化而生的结果。

盛行于清代末期的捐官办法，造成了制度之败坏与吏治之贪浊，最为清代政治上的大弊。然而，亦正因为有此一种办法的存在，才可以使胡林翼由一个待补缺的七品内阁中书，一下子超擢为四品的知府。如其不然，胡林翼在仕途中淹蹇沉滞，真不知要到哪一年才有出头之日呢！

胡林翼在陕西赈灾案内援例捐纳为知府，照例可以自行指定前往候补的省份。当时胡林翼所自行指定的，是贵州省。贵州素称"地瘠民贫"，服官者视为畏途，而胡林翼居然自请指分贵州，在当时人看来，自不免大感意外。清人严树森所撰《胡林翼年谱》叙及此事云：

时龙山友人李如昆留都门，问曰："今有司之法，输金为吏者得自择地，君何独取于黔？"公曰："天下官方，独贵州州县吏奉上以礼不以货。某之出，资用皆他人助成之。窃念两世受国恩遇，黔又先人持节地（胡林翼之父达源，曾于道光八年至十二年以翰林院侍讲提督贵州学政），习闻其风俗。某初为政，此邦贫瘠，或可以保清白之风，而不致负良友厚意。"李公为之起敬。

　　另外，则梅英杰所撰的《胡林翼年谱》中亦曾说到，胡林翼于道光二十七将往贵州候补之先，"遍谒先茔，誓不取官中一钱自肥，以贻前人羞"。可见胡林翼之所以选贵州，正是希望借贵州之贫瘠困穷及政多盘错来磨炼自己的志节。由于他的这种抱负，到贵州之后不久，他的声誉就蒸蒸日上了。

　　发生在道光二十至二十一年的中英"鸦片战争"，暴露了中国之积弱不振。当时中国虽然惨遭战败之痛，在位的道光皇帝却并不知道中国之所以战败，正是由于吏治窳败及兵不能战之故。他认为"鸦片战争"之所以发生，乃是两广总督林则徐贪功生事，酿成战衅。所以，他后来对于广东省屡次发生的仇英抗外事件极为畏惧，屡诫疆臣不可生事，以免再生外祸。流风所被，各省大吏承望风旨，唯以安静不生事为尚，于地方之祸机潜伏，盗贼滋蔓，多置不问。胡林翼于道光二十七年前往贵州候补，当时的贵州地方情形就是如此。清人郭嵩焘所撰的《胡文忠公行状》曾说：

　　　　旋捐知府，分发贵州，署安顺府事。道光之季，寇乱渐萌，岭峤以南，骆、越、滇、黔诸山中，奸宄亡命，狐嗥枭啸，四出劫掠，勾结营兵胥役为党羽，无敢捕治。安顺，宋之普里部也，当云南驿路，向有冒顶、大五、小五诸匪，聚众为奸暴。……调署镇远府，府境跨有抚、沅，所属皆苗、猺，其台拱、清江、黄平，皆盗薮，势尤横。……咸丰元年，补黎平府。府境毗连湖南、粤西，山深箐密，盗出没剽夺，捕之辄越境窜匿。

胡林翼自道光二十七年至贵州，历署安顺、镇远、思南三府知府，继补黎平府知府，升贵东道，至咸丰三年冬间，始奉旨率带黔勇前往湖北，协助总督吴文镕征讨太平天国之乱，在贵州的时间共计七年，凡四握郡篆。他之所以会在七年之中被贵州当局调来调去，是因为他一到安顺，就显出剿匪才能十分出众，所以才被贵州当局倚重，哪一处地方寇乱严重，就把胡林翼调去抵挡。而不管那个地方的寇乱严重到如何程度，只要胡林翼一去，无不在最短期间之内敉平。由是他愈为本省巡抚所重视，不但屡次被奏保，而且在数年之内，由候补知府而补为实缺知府，更升为贵东道。此皆由于他在历任知府任内对于捕盗安民及绥靖地方，确实有其卓越不凡的贡献之故。

胡林翼何以能以一介书生而对捕盗安民有其卓越不凡的贡献？我们在他的文集与年谱中就可寻得很多的资料。

《胡文忠公遗集》卷五十三，道光二十七年《致但云湖丈书》云：

治盗之法，与其用捕，不如用民。捕利盗之源，则匿之惟恐不深。民恶盗之害，则去之惟恐不尽。然民恨盗而每畏盗，非畏盗也，畏官耳——送盗需费，官不即理，苛求细故，问拟擅杀、擅伤、制缚诸法，民惧盗诬攀、事后报复，则惟有忍气吞声而已矣。

这一段话说出了官府、捕役、人民及盗匪之间的矛盾心理及奇异立场。唯其如此，所以才会造成盗贼如毛而人民生活痛苦的现象。胡林翼洞见其中的症结所在，以官府的身份支持人民的利害关系，更撇开与盗贼勾结为利的捕役不用，自不难因民心之所向而得民力之助。当时他所用的办法，一是延访士绅，寄以耳目，以便得悉盗匪之姓名、状貌及道里远近等情况。二是自练民壮百名，仿照明代名将沈希仪及清代贵州按察使傅鼐的雕剿之法，出其不意，一举而加以掩袭。三是严保甲、立乡团，使外来的盗匪不能立足。至于他自己，更是短衣芒鞋，躬率健儿出入巉崄，废寝忘食，不辞艰辛。所以，他在安顺一年之间，就"前后擒巨盗二百余名，一郡肃然，盗贼衰息"。道光二十九年调署镇远，"受印十五日，即破获前守所移盗案十一人，置重典，境赖以肃"。黄平"苗匪"猖獗，大为地方之害。林翼奉檄往剿，会集营兵、屯兵及苗兵一万余人，分路进捣匪穴，一举而毁著名匪窝十数处，生禽匪首三百，斩馘无算，积年匪患，立告荡平。黎平境内盗贼纵横，林翼调黎平半年，获盗三百余人，盗首黄浪子等次第剪除，数十年暗无天日之地，一朝而顿庆更生。由于他的治绩如此卓荦不凡，所以连远在北京的皇帝也知道了他的才干。至于邻近诸省督府大吏对他的器重，更不在话下了。

胡林翼在贵州十年，由于治绩卓著而致政声大起，既得上司之倚重，又承皇帝之垂注，理应一本初衷，继续留在贵州服务才是。但是，他在奉调为贵东道之后，却向本省当局一再禀辞，请求体念老母年高及自己因心劳力绌而百病丛生，恳允放归故里，这又是为什么呢？《胡林翼遗集》卷五，载有他在此时所上与贵州当局的一件《论东路事宜启》，沥陈他在贵州历官四府时所见到的地方情形，计有可虑者十五事，大约不外吏治腐败、兵无一用，欲谋练兵讨贼，则困于饷乏民穷，万难措手，必须从练兵、求才、察吏、筹饷四端切实整顿，方能有济。"然而，言易行难，病多药少，非一手一足之力所能挽回，亦非空言剿说所能补救。""已乱易治也，未乱易治也，而将乱难治。林翼之愚陋，即使殚精竭虑，亦无补于万一。况一人之精力几何？一人之才识又几何？如石填海，如蚊负山，因自知其不堪矣。"胡林翼在后来出任湖北巡抚，大乱之后残破不堪的湖北经由他一手整顿，不过数年之间就奠定了富强的基础，凡所措治，亦无非他在此时所提出的"练兵""求才""察吏""筹饷"四事。可知他此时之不愿再留在贵州，并非是他没有心愿与能力把贵州治理好，实在是因为他此时不过是一个道员，没有充分的权力可以容他从容展布，而贵州省的地方大吏又多阘茸庸懦，非旦夕所能整顿挽救。重以母老思归，遂意倦而求去。恰在此时，太平天国运动已在湖北、湖南等地掀起了轩然大波，清军所向溃败，湖广总督吴文镕指名奏调胡林翼前往湖北带兵剿贼，已奉皇帝允准。于是，胡林翼就在咸丰三年的十二月，率领他自己所训练的黔勇六百人，奉母汤太夫人自贵州回湖南，加入了征讨太平天国的行列。自此以后，他的事业迈向了另一个新的开始。

胡林翼在服官翰林时，还是一个放荡不羁而性喜冶游的花花少爷；在经过了一番挫折之后再起服官，就变成了一个勤于吏事而极为吃苦耐劳、畅晓兵事的贤能地方官，这种转变实在太大了。在这种不寻常的转变之中，我们当不难看出，胡林翼实在是一个有才具、有抱负、有识见的干练政治家，他日如能假以事权，必定能有极不平凡的建树。郭嵩焘撰《胡文忠公行状》，说他"自为湖北巡抚，念国家多难而身负重任，刻自砥砺，益务绳检其身，较其尺寸毫厘。而待人一秉大公，推诚相与，无粉饰周旋"。由此可以看出，胡林翼的官位愈高，责任愈重，他对自己的约束检点亦愈严。至其砥砺德行、学问，以求日有进益，更其余事。然则他此前的不拘小节、好为逸乐，正是因为他当时所担任的只是皇帝的文学侍从之臣，未曾身负政治军事大责之故了。一个人的立身处世与服官任事，能像他这样区画分明的，倒很少见。然而，此正是胡林翼之所以为胡林翼。郭嵩焘说："呜呼！此岂今之人哉？"在我们今日看来，郭嵩焘的话，实在很有道理。

自咸丰三年至咸丰四年，太平天国与清政府两方在湖北方面的军事情势有很大的变化。太平军本来在咸丰二年的十二月间就攻占了武汉三镇，至咸丰三年正月，又舍武汉而东下南京，旋复攻占南京，以之作为首都，而武汉仍为清军所复。咸丰三年夏间，南京形势已固，太平军复分道北向直隶，西向长江上游。北伐之师，旋因孤进无援而为僧格林沁所败。西进之师，则在攻陷安庆、九江、南昌等重要城市之后节节西上，进兵极为顺利。其年十二月，安徽巡抚江忠源战殁庐州，桐城、舒城等要地亦失，湖北省东边的门户大开，情势十分危急。咸丰四年正月，湖广总督吴文镕兵败黄州，死之，太平军尾随清军的溃军溯江而上，再陷武汉，更南向湖南之岳州及湘阴。幸而曾国藩新练成的湘军水陆两军在湘潭打了一个胜仗，总算阻遏了太平军进窥湖南之意图，而湖北方面的情势则仍然糜烂不堪。胡林翼由贵州回到湖南，开始加入征讨太平天国的战事，亦正在这个危急困难的重要时刻。《胡林翼年谱》卷二叙次此事云：

> 咸丰四年正月己未，行至簰洲，闻吴文节（文镕）战殁黄州，寇上窜汉口，湖北按察使唐公树义方治水军金口，遂往会师。公见唐军无纪，亟移军上流。癸亥，唐公军溃，发愤赴水死。公往经纪其丧，买舟遣其子护榇还黔，亟登陆列阵拒寇，寇不敢逼。退屯嘉鱼。是时，花县骆秉章复抚湖南，曾公国藩方治水师衡州，亦以吴公之招，发水陆军万七千人浮湘东下。次长沙，以公军无所属，而寇自宁乡、湘阴败退后，湖南境内解严，遂乞骆公资以饷械，请暂驻岳州会师。寻密疏论荐，谓"其才胜臣十倍，可倚平寇"。三月辛丑，曾公至岳州，闻崇阳、通城相继失，乃檄公自平江往剿，令副将塔齐布暨平江知县林源恩率所部继之。乙巳，公败寇于上塔市，塔齐布亦克江南桥。王公鑫既复岳州，亦拟率师往攻。前队进羊楼司失利，寇复上陷岳州，大军乃退保长沙。

胡林翼最初以贵州贵东道的官职奉旨率带黔勇，前往湖北归湖广总督吴文镕调遣剿贼，至此乃变成了曾国藩的部属，留在湖南协助湘军抵御侵入湖南的太平军，其原因如此。这之后的发展，便是胡林翼在曾国藩及骆秉章的指挥之下，先与湘军各路协力逐退入侵的太平军，然后随同东征的湘军规取武汉。咸丰四年九月，湘军再克武昌，胡林翼亦奉旨由贵东道调升湖北按察使。十月，湘军有田家镇之捷，水师乘胜进薄江西之湖口及九江，胡林翼奉曾国藩之檄调，带兵二千，由咸宁东出瑞昌往援。曾国藩的水师旋为太平军所阻截，分为外江与内湖二支。曾国藩被困内湖，太平军则在英王陈玉成的率领之下，由皖西再侵入湖北东部的黄梅、广济，总督杨霈一退汉口，再退德安，武昌大震。曾国藩急遣外江水师回救湖北，胡林翼亦以身系湖北按察使，有守土之责，自请回援武昌。自有此一转变，胡林翼方脱离曾国藩的湘军，开拓他自己在湖北的局面。此时，他已由湖北按察使擢升江苏布政使，复调湖北布政使，在湖北省内，已是仅次于总督杨霈及巡抚陶恩培的监司大员了。

　　胡林翼由九江前线率军回湖北时，汉阳已经失守，武昌亦复岌岌。武昌城中的守军虽有将近一万人之多，无奈都是一些吃粮而不能打仗的无用之兵。咸丰五年二月庚戌，胡林翼方与李孟群在武昌城外的沌口地方与太平军交战，汉阳方面的太平军忽然由背后来攻武昌。来攻的太平军不过只有三千，城中的一万守军遥见敌人来攻，纷纷缒城逃走，没有一个人肯出力抵抗。太平军到了城下，看见城上缒着许多条绳子，亦用绳子缒上城墙，武昌就此失陷，可谓兵不血刃。这时，巡抚陶恩培尚在城中，闻变自到而死。胡林翼与李孟群远在沌口，还救不及，只好收集武昌城中逃出的溃军，退屯金口以自保。在太平天国之乱中，武昌曾三次失陷，但以这最后一次的失陷最为容易，也最为可笑。清庭绿营兵的衰暮在这里可以洞察无遗。亦正因为有这接踵而来的一再溃败，迫使胡林翼不得不从另募新军、重创局面入手，湖北情势自此方有转机。如其不然，即使以胡林翼的干练有为，事实上也仍是很难有所振作的。

自武昌第三次失陷之后，胡林翼即由湖北布政使奉旨署理湖北巡抚。由此时以至武昌三次收复，胡林翼率军苦战，历时一年有半，始将湖北境内的太平军全部肃清，随之而收复武昌。这一次的武昌争夺战历时甚久，作战经过亦甚为艰苦，但其效果却极其彻底而且圆满。原因是前两次的武昌失而复得，都是由于太平军旋来旋去，并无久踞之意，故而失陷虽易，收复却也不难。而这一次的情形却不然。因为自从曾国藩由湖南率领湘军东征，太平军已经开始遇到真正的劲敌。湘军之出，声势既已不凡，其所采取的进攻态势亦极为厉害，一克武汉，再攻九江，大有扼吭搤喉，一举置太平天国于死地之光景。武昌、九江与安庆乃是长江中下游的形胜要地，得此三地，即足以控扼南京而倾覆之。自九江被围，太平天国就觉得必须先攻武昌，方能解九江之围。而武昌既陷，曾国藩不肯撤九江之围，太平军自必须力守武昌，以求占据形势。由于这一缘故，武汉三镇，亦就成了太平军与清军双方竭力争夺的战略要地，胡林翼欲求收复武昌，自然倍感困难。面对此一困难情势，胡林翼所采取的应对措施是这样的：

一、他将水师偏裨鲍超拔置为一军之主将，除原有部属外，更命他往湖南增募新军三千人，作为湖北的基本部队。

二、商请曾国藩从南昌方面的湘军中抽调一支回援湖北。曾国藩深知武昌如不能收复，大局难有可为。因此，虽然曾国藩自己所处的情势亦甚为恶劣，仍然将罗泽南所统的五千人调回湖北来帮助他。

三、罗泽南所带的五千湘军到达湖北后，胡林翼将他们酌量分入湖北军中，即以湘军的营制部勒训练。不久之后，湖北军亦逐渐转弱为强。

四、武昌城大而坚，围城之师苦于兵少，不能采用围点打援的有效战法。因此他先借重湘军的水师控制长江水面的交通，以求封锁武昌城中太平军的粮饷接济，又逐渐剪灭武昌以东各地据城而守的太平军，使武昌城中的太平军陷于孤立，然后逐渐加强对武昌的进攻。

五、协调新被改任湖广总督的荆州将军官文及满军副都统都兴阿，以所部防守汉水以北之线，一方面加强南岸军的声势，一方面维护水师的安全。

六、整饬吏治，抚绥残黎，并多方筹措粮饷接济，使境内的一切作战军队无饷需匮乏之虞。不足之数，则以各种方式请求邻省协济。

由于胡林翼的周密部署及苦心经营，不久之后，湖北境内的清军情势即逐渐稳定。咸丰五年十一月，湖北南境的咸宁、蒲圻等太平军重要据点悉被清军克复，武昌以南无敌踪。是月，太平军翼王石达开谋解武昌之围，自皖南深入江西内地，以谋牵制。十二月，胡林翼、罗泽南督率围师三路攻城，城中亦大出兵来攻，苦战兼旬，力挫其焰。由是武昌城中的太平军夺气，婴城待援，不敢复出与清军战。咸丰六年正月，石达开蹂躏江西五十余城，南昌形势孤危，曾国藩亟欲罗泽南回师相救，而武昌垂克，万不能舍之而去。于是，罗泽南不避艰危，不顾伤亡惨重，竭力向武昌进攻，清军因之死伤枕藉，而城卒不克。三月，九江方面的太平军大举来援，武昌城中亦出兵夹击，俱为清军所败。罗泽南于此役中受重伤，数日后不治而卒，李续宾代领其军。四月，杨载福所统水师大破太平军水师于汉阳，太平军战船二百余艘尽被烧毁，长江江面肃清，援军路断，汉阳、武昌二城始坐困。七月，石达开自江西回师南京，踏破向荣的江南大营，然后拥众上援武昌，号称十万，旋为胡林翼、李续宾以宽壕高垒之法败于青山，于是武昌援绝。十月，胡林翼益募陆师五千，水师十营，对武昌采取长围久困之计。城中太平军食尽，于十一月间开门突走，为围城诸军所分途追歼，殄灭无遗，武昌遂复。同日，汉阳城中的太平军亦突围东走，汉阳亦复。李续宾部署各军，进复黄州、兴国、蕲州、广济等地。至此年的十二月，湖北全省俱已收复。进行了一年有余的武昌争夺战，至此始告结束。

武汉克复、湖北全境肃清之后，胡林翼可以用湖北的力量支持东征之师，太平军所处的情势，便日见不利了。

胡林翼之前在贵州做知府时，目睹贵州的吏治废弛，民生疾苦，盗贼纵横而官吏相与勾结，治安岌岌可危，兵不能战，以为欲图整顿，非从察吏、求才、练兵、筹饷四者切实着手，不足以言振起。而湖北新经大乱，疮痍满目，如何方能使残余的黔黎得有再生之乐，如何方能使新复的地方治安巩固，这也就回到了他从前提出的老课题——非从察吏、求才、练兵、筹饷四者着手不可了。察吏所以安民，求才所以改善实际政治，练兵所以固圉，筹饷所以养兵，四者互为连锁，缺一不可。武汉既复，湖北肃清以后，清政府为酬庸有功人员，已将胡林翼补授为湖北巡抚，加赏头品顶戴。所以，胡林翼此时已是实缺的巡抚大吏，实权在握，可以容他从容展布，不比他从前在贵州做知府的时候，空有满腹经纶，却无展布之地的光景了。但巡抚虽为一省的最高行政长官，而按照清朝的政治制度，地方上的最高行政长官，巡抚之外，尚有总督。定例，总督管军事而巡抚治民政。但若在一省之中，同时设有总督、巡抚两官，二人恰又同城而治的话，往往互相牵制，迭生龃龉。湖北巡抚驻武昌，而兼辖湖南、湖北二省的湖广总督亦驻武昌。胡林翼在湖北做巡抚的时候，担任湖广总督一职的是满人官文。清朝的惯例，常以满人监视汉人，故而满人常见倚信而汉人则易受排挤。胡林翼在湖北巡抚任内，虽有满腹经纶亟待展布，却必须先要取得总督官文的合作，方能免其掣肘。关于这一层，清代末年的各家野史中颇有若干记述，可以使我们了解，胡林翼之推诚待人、辑睦同官尽有其巧妙之处。

薛福成《庸庵文编》有《书益阳胡文忠公与辽阳官文恭公交欢事》云：

> 咸丰五、六年间，粤贼陷踞武昌、汉阳，蔓及旁郡，蹂

蹢数千里。是时文恭由荆州将军改总督，凡上游荆宜、襄郧诸郡兵事、饷事悉主之。文忠驻军金口，凡下游武汉、黄德诸郡兵事、饷事悉主之。二公值湖北全境糜烂之余，皆竭蹶经营，各顾分地，文忠尤崎岖险阻，与劲寇相持，独为其难。督抚相隔远，往往以征兵调饷，互有违言，僚吏意向，显分彼此，抵牾益甚，文恭于巨细事不甚究心，多假手幕友、家丁，诸所措注，文忠尤不谓然。既克武昌，威望日益隆，文恭亦欲倚以为重。比由荆州移驻武昌，三往拜而文忠谢不见也。或为文恭说文忠曰："公不欲削平巨寇耶！天下未有督抚不和而能办大事者。且总督为人易良坦中，从善如流，公若善与之交，必能左右之，是公翅兼为总督也。合督抚之权以办贼，谁能御我？"文忠亟往见文恭，推诚相结纳，谢不敏焉。文恭有宠妾，拜胡太夫人为义母，两家往来益密，馈问无虚日，二公之交益固。文忠于是察吏筹饷，选将练兵，孳孳不少倦。文恭画诺仰成而已，未尝有异议。每遇收城克敌，及保荐贤才，文忠辄阴主其政，而推文恭首尸其名。朝廷以文恭督湖广多年，内靖寇氛，外援邻省，厥功甚伟，累晋大学士，授为钦差大臣，宠眷隆洽。文恭心感文忠之力，而文忠亦益得发舒。凡东南各省疆吏将帅之贤否进退，与大局一切布置，每有所见，必进密疏，或与文恭会衔入告。文忠所引嫌不能言者，亦竟劝文恭独言之。吁谋所定，志行计从。人谓文忠有旋转乾坤之功，不仅泽在湖北也。

这一段话，概述胡林翼为求减除不必要的掣肘而屈意结欢总督官文的情形，历历如绘。文中虽未指出这个"或为文恭说文忠"的说客是何姓名，而据徐宗亮的《归庐谈往录》所记，其人盖即当时的宝庆府知府满人魁联。由薛福成所记，胡林翼因交欢官文而屈意下之，甚至一切报功奏疏亦推官文列名出奏，官文因此累得晋擢，官至大学士，具见胡林翼为了要达成他救国救民的伟大抱负，只要有利于国，无不多方为之，即使不利于他个人的功名利禄，亦无所顾惜。这种公忠无私的伟大志节，不但在当时罕有其比，即是求之于往史，亦罕见其人。胡林翼之卓荦不凡，此为其一端。

胡林翼能借金钱与名位满足总督官文的愿望，使得官文感激而事事信从，于是胡林翼真的变成了以一人而兼总督、巡抚二职，握军政大权于一身，事事都可按照自己的计划与想法一一推行，而不虞他人之掣肘。梅英杰撰《胡林翼年谱》记述此事，曾引述当时人的舆论，说：“金谓湖北军政、吏治，巡抚主藁，总督画行。”督抚同心而胡林翼又实操其柄，自然事事皆易于推行。最显著的成效，一是用人行政方面，皆能依照胡林翼的主张，用贤黜邪，使湖北吏治日有起色；二是在军事作战方面，亦能依照胡林翼守在境外的办法，分遣湖北之军出援湖南、安徽等省。在这种情况之下，胡林翼所做的虽然只是湖北一省的巡抚，实际上却是在以湖北一省之力，进而为规复长江下游的宏谋远猷了。

郭嵩焘撰《胡文忠公行状》，叙述胡林翼在收复武汉以后的一应兴革措施说：

> 当是时，官私庐舍焚毁几尽，诸事草创，民物凋残。公一意振兴，裁通省浮勇以节糜费，设武汉重兵以固根本，严查保甲以除奸匪，慎选贤员以资苏息。设清查局，查被贼及州县仓库钱粮交代。设节义局，表章历年殉难官绅士女。设军需局，筹备东征军士器械饷糈。挈提纲维，巨细毕举。尤以乱事之生，由法度废弛，吏敝民偷，因循苟且，以有今日，不务讨贼则乱之流不塞，不务察吏则乱之源不清，劾参镇道府厅以下数十员，与属吏更始。禁应酬，严奔竞，崇朴实，黜浮华，于是，在官者稍稍推廉尚能，知吏事矣。今大学士

官公总督两湖，司军事，公推诚委心，咨商筹度，官公亦深相倚重无疑忌，得尽所为。今将军都兴阿公、多隆阿公，都统舒保公，皆领马队兵，隶官公，号骁勇善战。公见即倾身与之接交，无不乐为用者。其筹饷有三，曰钱粮，曰盐课，曰货税。湖北漕政久敝，官民交困，道光中叶以还，征收常不满半。公三次奏减章程，民以是输将足额。湖、广两省自淮盐阻绝，率食川盐。公分置盐课局于宜昌、沙市，又推行于武穴、老河口等处，视向来额课过之。用故侍郎雷公以诚奏行厘税之议，设局各府县市镇，仿刘晏用士人之法严杜中饱，收支核实，自是湖北兵与饷强天下。

在上文所述的种种兴革措施中，察吏、安民、清税、筹饷等，俱是巡抚的职掌，至于军事，则权归总督。胡林翼在巡抚职掌之外，居然亦能左右总督所司的军柄，并进而出兵分援邻省，官文亦任其所为，这种情形实在使人感觉惊奇。就中分援邻省一事，在当时颇为湖北省内的官吏士绅所反对，而胡林翼一切不顾，毅然行之，这种抱负与识见是时人所万难企及的。

自武汉克复、湖北肃清，清政府及太平天国双方的军事重心逐渐下移至江西、安徽之境。九江与湖口控扼蕲黄以南的长江水域，且为封锁鄱阳湖水路的出口，曾国藩所统率的湘军在这里与太平天国军对垒数年，迄无重大进展。湖北既平，胡林翼可以湖北全省的人力与财力支持湘军，曾国藩所处的形势逐渐好转，太平天国方面亦必须厚集兵力，以与曾国藩争此形胜之地。九江之北，隔着一道长江，北岸便是湖北的黄梅与安徽的宿松。此地自昔为北来驿路之孔道，由安徽取道九江前往湖北者，莫不经由此路，亦是双方大军进出安徽、湖北的重要通衢。形势如此，战事的重心自然亦萃聚于此。咸丰七年，胡林翼分遣李续宾、都兴阿诸军，会同杨载福所统率的水师，由湖北的蕲黄、广济出境，先夺取九江北岸的小池口要隘，旋又规复长江两岸的湖口、彭泽、东流各地，与曾国藩的湘军合力进围九江。咸丰八年四月，李续宾以地雷轰破九江城垣，克之。九江既复，长江中游的险要之地仅余安庆一处。胡林翼因又与曾国藩商定，分兵四路向安庆进攻。所以，自咸丰八年至十一年，清政府与太平天国之间的重大战役，便在围绕安庆前后上下的各地进行，而胡林翼所派遣的湖北各军，也始终在这一战役中担任着重要的角色。郭嵩焘所撰《胡文忠公行状》叙次其事云：

> 公以九江既复，贼所扼长江险要，独有安庆，奏请数路进攻。提督杨公以水师出江面，将军都公由宿松望江逼安庆城，为围师，李忠武公（李续宾）归复太湖、潜山、桐城，与都公犄角。会庐州失陷，北路请援急。李忠武公奉朝旨催促，遂分营留守舒桐，自提五千人赴援，军次三河，贼四面麇集，力竭战没，全军陷覆。公时丁母汤太夫人忧回籍，恳请终制。将军都公以三河之败由公去军无调度，应急起复公督师。总督官公亦疏请。公闻命，痛哭启行，径次黄州。时各军退保黄梅，人心惶惶，闻公至，皆以手加额自壮。九年二月，进营上巴河，与今巡抚李公（续宜）整饬部伍，日夜训练，谋大举。会石达开自江西南赣犯湖南，掠郴桂而西趋宝庆，号称六十万，湖南告急。公命李公率所部往援，而以都统舒保公马队三百佐之，又以水师二营佐湖南水师分扼诸河道，湖北精兵援湖南者几半，宝庆之围速解，公之力也。已而协揆曾公由江西奉入川之命，总督官公奏请与公并力图皖，乃定四路进兵之策，曾公循江而下为第一路，多公（多隆阿）与今提督鲍公超攻取潜山、太湖为第二路，公出英山、霍山为第三路，李公由松子关出商城固始为第四路。议者以鄂抚应

驻黄州，不宜出境。公谓："我夺情起复，不赴前敌讨贼，则此出为无名。"十月，移营英山。

这以下的情形，乃是胡林翼与曾国藩互相配合，一再力却太平天国英王陈玉成谋解太湖之围的攻势，并进而合围安庆的艰苦作战，留在后面再做论述。而由上文的叙述可知，胡林翼在规复湖北全省之后，不但以进攻九江、安庆为己任，每遇河南、安徽、湖南等邻省有警，亦复能不分畛域，全力相救。这就是上文所曾说到的，胡林翼不顾湖北本省官吏士绅的反对，分兵四出、援助邻省的事了。自太平天国之乱起，清朝政府最初一直倚恃向荣、和春等钦差大臣所统率的绿营兵为征讨太平军的主力，悉索敝赋，以所能筹集到的兵饷悉数投注其中，竟一无功效可言。至于各省地方所发展起来的自卫武力，则因中央政府无力支持粮饷之故，必须由本省当局自为设处，其结果则是各省皆以本身利益为重，但求自固疆圉而不肯以余力助人。湖北在大乱初平之后，元气大伤，疮痍未复，论理只能力求自保，何能有足够的力量分援邻省？而胡林翼之所以要这样做，正是因为有他的正当理由在。清人方宗诚所撰《柏堂师友言行记》卷二云：

先是，官保（指胡林翼，胡于咸丰八年因九江克复之功奉旨加太子少保衔，俗称官保）肃清楚境，将议围皖，同事多不欲行，公独任之。及发逆上窜，或议退师，或且怪官保当日围皖之非计。公曰："皖楚毗连，袤斜五百余里，犬牙相错，从何处设防？且防兵久不见贼，则筋不束骨，弛懈成痹，心不畏敌，技艺生涩，乍闻鼓鼙，不能战亦并不能守矣。况皖省八年涂炭，无人过问，有过而问者，则又群起而议之、排之，窃所不解。故不能保楚，实我罪也，围皖，非我罪也。"公日夜调度，病甚，犹静坐筹划。是年七月，楚境肃清。八月初，安庆、桐城皆克复。江南得安庆为根本，遂于两年之内南北肃清，公之功也，盖公之识远矣哉！

近代军事学家每以为，进攻是最好的防御。曾国藩亦说，讨窃号之贼，与讨流贼异，对付流贼"当预防以待其至，坚守以挫其锐"。至于对付太平天国这样的"窃号之贼"，则当"剪除枝叶，攻所必救"，使其备多力分，然后可以根本倾覆之。曾国藩的想法，事实上正是胡林翼的想法。作战犹如弈棋，最不堪的棋手亦知道，退守的战略就是自取败亡，唯有向敌人着着进攻，方是制胜之道。胡林翼与曾国藩一样，他们以文人身份出来领兵打仗，其终极的目标在求戡平大乱，奠安民生，所以，即使是力所不及之事，亦无不竭蹶以赴，一方面在求自尽职责，一方面希望借此鼓舞人心，共赴事功。这番话虽然不曾由胡林翼亲口说出，我们却可以从他的行事中体认出来。前文所说，虽是饰词，却也言之成理，别人不易将他驳倒。至于咸丰九年太平天国的翼王石达开由江西进犯湖南，骎骎乎有西入四川之意时，胡林翼不遑寝处，忧思忡忡，在百无办法之中仍旧设法令李续宜统兵往援，我们若能了解这中间的复杂曲折之情，当更能体认胡林翼公忠体国、力顾大局的伟大襟怀。关于这一方面的情形，我们可以先抄录一些胡林翼自己的话，借以了解其意向之所在。

《胡文忠公遗集》卷六十四《致官揆帅书》云：

> 石达开扰郴、桂，向宝庆、常德，隐隐有入蜀之势。入蜀则湖北上游为人所制，十年、二十年不得安枕。谓应亟请涤帅入蜀，以资统帅湘将。

涤帅，即曾国藩。这一段话说明胡林翼从战略形势的角度，极其重视石达开入湘以后的动向。由于石达开可能西向入蜀，为确保湖北之上游安全计，他有必要及时救止。所以，他认为湖北有援湘之必要，而援湘实亦湖北自保之计也。

《胡文忠公遗集》卷六十三，《致罗澹村方伯书》云：

> 希庵已到武昌否？何日西上？弟前说恐公议仍以为不妥（原注：初九日所上条陈分兵援湘之说也），弟亦不敢自信其是。……林翼之日夜忧思，夜不能寐，畏湖南之以邻为壑也。

此信中所说的"希庵"，即李续宜，此时正因母病请假，由安徽回湖南省视，尚未行抵武昌。所谓"畏湖南之以邻为壑"，意指湖北如不能援湘，湖南不能独力败之，则为湖南之计，唯有驱之出境为上，无论向鄂、向蜀，均非所愿。而湖北既不利其入川，复不利其向鄂，为避免这种情势发生，除了由湖北派遣劲旅入湘合力剿除之外，别无他法。所以，胡林翼之计，援湘亦仍是救人而兼自保之计。

《胡文忠公遗集》卷六十三，《致官揆帅书》云：

> 初八日得湖南军报，大局虽无溃败情状，而备多力分，左支右绌之情形，已在语言之外。细心体察，窃恐其力不能胜。……若贼志必拊鄂之背，窥蜀之藩，则现在兵力，惟贵州六千人可御一路，而武昌、岳州、荆宜五府地面，防不胜防矣，况又有皖贼之牵缀于前也哉？湖南去冬以来，库有所余，约逾百万。湖北每月供支东征之饷，必亏数万以外。设湖南果不支，祸必及于鄂省，地势与兵力、饷力尚不及湖南，则鄂事必不堪设想矣——大抵贼若拊鄂之背，必在夏秋之间，其大枝另由西路窥向巴蜀，则尚未可知也。湖北御此大股，必须另添两万人，饷力固不能任，将才又不能多，日夜筹思，安得有一二万人以为鄂用乎？且恐湘人之惊魂未定，则从军

之士必少。湘中鉴于前此之空虚，非全境肃清，三五月后必无援师出境，亦必无追兵到鄂也，则鄂之士民岂堪再罹奇祸也耶？愚见欲自守于境内，不如助剿于境外；助剿则兵少而功倍，自守则备多而势分。有一愚下之策，不如及希庵假归之便，即派湘军抚标精锐五千人，从岳州、湘阴、益阳取道邵阳，以剿宝庆一路之贼。救邻，美名也。湖南横逞意气，不应争者必忿争，而以厚道待之，大度处之，盛德也。如能剿除一股，则湖南之受赐不必说，即湖北、江西亦可免十年之忧，大功也。一心奉公，人未乞师而予以精兵，一意保民，不忍使胁从之众久陷贼中，变为戾种，消东南数省之隐忧，此又阴德之尤大者也。

　　此书反复陈说，以各种理由加以劝譬，务求使对方了解援湘即所以保鄂，自守不如救人之得美名而有实利，其中的利害得失阐述得非常透彻。推原胡林翼之本心，出兵援湘，与他之出境讨贼原无二义，其目的皆在为国家尽力除此大患而已。只因与他同时之人并无此高尚理想，于是始不得不以利害得失之说歆动之，揆其初意，何尝有此想法哉？亦正因为胡林翼能说得出这许多冠冕堂皇的理由，使得鄂中僚友士绅等人无词以对，而总督官文又素来唯胡林翼马首是瞻，这才使援湘之举成为定局，而胡林翼为此，亦舌敝颖脱，煞费周章了。我们历观胡林翼这种不以畛域之见自限，但就力之所及分兵四援的事实看来，可知清朝政府之所以终能将太平天国之乱事戡平，是因为胡林翼的居中协调之功，实在具有极大的影响。如果不是胡林翼统筹全局，调和将帅，还不知有多少阻力横梗其间。至于他以湖北省的饷源，全力支持曾国藩的东征之师，使曾国藩得以无后顾之忧，更是彰彰在人耳目之事，在此不须再做更多的赘述了。

　　湖北以其财力、物力充分支持曾国藩的东征之师，由胡林翼来说，并不是一件轻而易举的事。这理由在前面亦曾约略述及——湖北在丧乱之余，地方残破，民力凋敝。若不是胡林翼多方从事抚绥安辑、兴利除弊，还真不容易一时恢复到小康安定的局面。这中间所费的经营布置之心，如察吏安民、惩贪任贤、整顿税收、广辟利源等，正复屈指难数。但即使如此苦心孤诣地经营布置，胡林翼所感到最为焦心的事，仍不外乎兵与饷两事。

《胡文忠公遗集》卷三十三，收有胡林翼在咸丰九年二月十一日所上的《遵旨覆奏行军机宜疏》一道，梅英杰撰《胡林翼年谱》曾加以摘录引叙云：

> 军兴九载，鄂之谋皖，亦已二年，而迄未能得势者，无他，备一路而虚一路，贼乃得乘间抵隙，狡焉思逞也。即如七年，官军并规宿松，贼从蕲州张家塝伺隙窜入。八年，力扼太湖，于张家塝驻重兵，贼又从商霍上陷黄麻各县。是官军注重于前，贼必转袭其后，官军每仰攻挫锐，贼转以余力乘虚，往事已然，前车可鉴。臣愚以为必保鄂然后能谋皖，必谋皖然后能平吴。然谋皖非三道进兵不可，鄂中防剿江皖，水陆马步，已五万余人，又协济侍郎曾国藩、水师彭玉麟各营，通计月需饷三十六万。除本省自筹外，仍月欠十余万两。欲添兵则饷糈难继，欲分兵则统将乏人。亟宜访求延揽，以图贤才辈出，共济时艰。

由此疏可知，湖北除养兵五万外，再加上负担东征湘军的协济饷项，共计月需银三十六万，已远超出湖北所能征得的税收总额。不添兵则奏功难期，欲添兵则饷糈不继，这真是一个无法解决的难题。

自古以来，理财之法不外乎开源与节流二道。湖北时当军兴，援皖、援赣与援湘之兵，诸道并出，省内尚须有防守及番替之兵，故而五万之数，实在无法裁减。而曾国藩的东征之师，仰给于湖南与湖北之协饷，在二省均义不容辞。这是湖北财政的大宗支出。大宗支出不能裁减，节流之道实在太难了。胡林翼这时就从京中奏调来一位理财能手，即是后升户部尚书，时官户部主事的阎敬铭，由他专管湖北全省的总粮台。此人清强而有执，于一应支费，事事务求节省，严杜浮滥，乃是胡林翼的一个得力帮手。《胡文忠公遗集》卷七十五，有《与严渭春书》云：

> 丹初（阎敬铭之字）能节小物，而不能节其大浪费，总在兵多，弟之罪也。丹初能司出而不能司入，司入者，弟与兄之责也。

严渭春即严树森，在胡林翼死后继任湖北巡抚，当时则在湖北担任布政使，理财裕饷，正其专责，故而胡林翼要说："司入者，弟与兄之责也。"流无可节，则裕饷之道自然只有设法增加收入之一法了。但无论是增田赋、增盐课，或增商税，都是病民之害政，贤者所不乐为，胡林翼只是实逼处此，不得不然耳。权衡利害，三者之中又以盐课与商税二项，对于社会民生的危害较小，所以胡林翼所注重的亦在此二项。但胡林翼之重视盐课、商税，亦并非多设关卡，严查商旅，使无偷漏之意。他以为商人所缴付的税款并不少，征额之所以不丰，其弊乃在经手人与书吏胥役之中饱侵盗。所以，他认为欲求增加税课收入，正当杜绝中饱，严防侵盗，否则徒然只是病商厉民的害政而已。《胡文忠公遗集》卷六十一，有《致牙厘总局李香雪太守书》云：

> 饷事以厘金、盐课为可大可久之谋，然此二事在人不在法。此番力请寿山回省，欲与老兄细商分局人才，预防中饱也。所有应办之事，乞老兄直言无隐。弟处本无丝毫饰徇之情，

闻善言、见善行，无不即时遵奉者。此情早在洞鉴之中。

此一段话，盖即《胡林翼年谱》中所谓"益务推广厘金于各府县市镇，仿刘晏引用士流之意，招致朴干士绅佐官董理，综核精密，严杜中饱，一除税关衙署痼习"之张本了。后来胡林翼招致前来担任税关征收事宜的主事者，都是能实心任事而廉介有为的朴干士绅，对于所经收的税款，涓滴归公，弊绝风清，于是湖北的财政乃大有起色。但胡林翼为此却已费尽心血，焦劳不堪。为了发泄他心中的苦恼，他曾在写给李续宜的信中说：

> 天下惟筹饷是贱役。筹得尚不算账，况实无可筹耶？（《胡文忠公遗集》卷六十六，《致李希庵书》）

又有《与粮台书》云：

> 为今日计，须为鄂中速思筹饷之法。筹饷无盛德，无令闻，无美誉，千古皆然。以一人为藁荐，任人溲溺其上，或可补救于万一。（《胡文忠公遗集》卷七十三）

这真是慨乎言之的话，不但可以使我们看出胡林翼当时苦心筹饷之困难艰辛，亦可以让我们体认胡林翼的器识与抱负是何等不凡！自古以来，有办法筹饷之人，都被后世目为聚敛之臣。最著名的事例，莫如唐代之刘晏。刘晏正人，尚且被此恶名，等而下之者，自更不必说了。筹饷之所以要被人目为聚敛，大致由于国家的政治浊乱，赋税日减而军费日增，故不得不设为补苴之法，多方谋求增加收入，以应付日益增加的支出。而因当时这些司国计之人只有筹饷之责而并不能致力于革新政治，故而即使税收日增，而国家仍然不免于覆灭，徒增人民之困苦而无补于危亡，老百姓的怨气无法发泄，就要把他们视为聚敛之臣了。胡林翼在当时虽然亦汲汲于增税裕饷，但因他手握全省官吏的进退黜陟之权，同时更将全副精力用于讨平太平天国的乱事方面，所以湖北省老百姓的负担虽重，湖北省的吏治民生却蒸蒸日上，不久之后，且能夷平大难，不啻将老百姓救出水火而登之衽席。所以，即使胡林翼在当时曾经使湖北老百姓增加很多负担，权衡得失，老百姓还是觉得应该感谢他的苦心筹划。所以，胡林翼虽说筹饷是贱役、筹饷无美誉，而千年万世之后的历史记载，对此必有公正之评价，必不以聚敛相视也。

胡林翼为了筹饷赡军，以便早日戡定太平天国之乱，至于不惜身被恶名，甘为天下人之藁荐而任人溲溺其上，这种舍己救世的崇高襟怀是何等的伟大光明而难以企及。但只此一端，尚不足以充分表现胡林翼的伟大之处。方宗诚撰《柏堂师友言行记》曾有关于胡林翼的逸事数则：

> 胡文忠公忠体国，其调和诸将，刻刻为国求才，出于至诚。时彭雪琴侍郎（彭玉麟）、杨厚庵提督（杨载福）分带长江、内湖水师，偶因事不和。文忠知之，乃致书杨公、彭公，请其会商要事。杨公先至欢谈，而彭公至，杨公即欲出，文忠强止之。彭公见杨公在座，亦欲出，文忠又强止之。二人相对无语。文忠乃命设席，酌酒三斗，自捧一斗，跪而请曰："天下糜烂至此，实赖公等协力支撑，公等今自生隙，又何能佐治中兴之业邪？"因泣下沾襟。于是彭、杨二公皆相呼谓曰："吾辈负官保矣，如再有参差，上无以对皇上，下无以对官保。"遂和好如初。
>
> 鲍春霆提督（鲍超）在安徽告假回籍三月，曾相方在祁门，以檄促之。文忠则手书二十六封，令速反。春霆至望江，

又禀请曾相发二千金寄家。曾相斥之，谓时事孔急，毋得迟迟其行，今且未立一功而自谋家室，将何以服前敌军心？文忠闻其事，即自寄三千金赠之。春霆感激，致死力焉。

曾相尝奏荐沈幼丹（沈葆桢），幼丹久不至，曾相有怨意。文忠因致书解之，曰："天下糜烂，恃吾辈二三人撑持。吾辈不低首求人才以自助，可乎？"其苦心维持大局盖如此。

除以上诸事以外，更有一事。咸丰九年的太湖、潜山战役发生前，太平天国的英王陈玉成纠众来攻，驻防前敌的湖北军分归多隆阿、鲍超、唐训方三人统率，权分势均，各不相下。其时，胡林翼意欲以多隆阿为总统，使鲍、唐两军均归节制，以统一兵权而便利指挥。只因鲍、唐二人均有不愿，胡林翼调协其间，遂煞费苦心。他在此时写给曾国藩的信中说："克己以待人，屈我以伸人，惟林翼当为其忍、为其难，非如此则事必不济。"这几句话与前面所说的："天下糜烂，恃吾辈二三人撑持。吾辈不低首求人才以自助，可乎？"正是前后一辙，聆其言如见其人。曾国藩虽是湘军的主帅与平定太平天国之乱的领导人，但在这些地方却不能如胡林翼之公忠体国，胸中不存任何芥蒂。"咸同中兴"的三大名臣，向来以曾国藩居首。在这些地方，曾国藩事实上是要比胡林翼逊色一些的。

胡林翼早年在贵州做知府时，屡次剿平匿藏深山中的积年盗患，由此可知他在军事指挥方面极有才具。他做了湖北巡抚之后，亲自领兵从事武昌的争夺战，屡经历练，对于临阵对敌增加了许多经验。因此，他后来协同曾国藩出师安徽时，便常常有极其正确的战略观点，对于战事的全局具有极为深远的影响。例如，他在咸丰九年至十年对太湖、潜山战役的看法，便是最明显不过的例证。

太湖与潜山位于安徽省的西南隅、大别山脉的南麓，为湖北省向东通往安徽的驿路所经之地。太平军由安徽进入湖北，胡林翼由湖北进规安庆，这两处地方都是必争的战略要地。咸丰九年十一月，曾国藩由湖北移营安徽之宿松，其地在太湖之南，向西即入鄂境，与湖北之黄梅县接壤。在此以前，多隆阿曾大破太平军于太湖以东之石牌，太平军萃聚太湖城中，婴城而守，湖北入皖诸军进而围之，久不能克。及胡林翼定四路进攻之策，安徽方面的太平军闻讯，急乞援于英王陈玉成。就在曾国藩进驻宿松的同时，陈玉成已调集了十多万大军，由江苏进入安徽，向庐江、桐城一带蔽地而来，其目的不仅求解太湖之围，亦欲乘机击破清军，以解除安庆所受的威胁。由于陈玉成来势太凶，而清军由湖北四路出师，兵力分散，看来势难抵敌。其时，太湖尚在清军围守之中。如果撤围师而厚集诸军以待敌，则多时以来的围守之功归于白费，未免可惜；如果不撤太湖之围，又未免有腹背受敌之虞。何去何从，实费周章。在这种情形之下，很多人认为撤围势将使太湖之敌与陈玉成之军相合，其势益不可当，曾国藩亦因此而迟疑不能决。胡林翼反复筹议，以为不然。他在此时与曾国藩一日一信，互相讨论当前的军事问题。在十一月十五日写给曾国藩的信中，他提出了很明白的看法：

> 太湖兵力，应专打援贼，即放走城贼，亦甚无妨。援贼破，则所得不止太湖；援贼得逞，则即得太湖犹获石田也。

同月十七日，他在写给李申甫祠部的信中，对此一观点解释得更为明白，云：

> 得书，敬悉军事不了，恐为三河之覆败、为宝庆之被围，日夜苦思，呻吟不已。十七日三更定计，奋然兴起，坐以待旦。以地势贼情而论，已拊其背而扼其吭，官渡摧袁，虎牢擒窦，至计深机，亦不过如是。若迟迟不决，则步军必被围

困，马队攻垒非所长，求野战不得，其祸败仍累及涤丈弥缝补救耳。或疑阙东面是纵贼，不知贼所恃者城，官军所困者，株守之城贼，纵之使战，可胜也；若待援贼外围、城贼内变，是官军有内外夹攻之病，其败无疑。或又疑太湖功败垂成，不知得空城不如破贼。去冬曾得太、潜、舒、桐矣，弃之如遗，则得城不如破贼之功，不待再计而决矣。况破援贼则可连下五六城，而太湖仍在吾掌握之中，仍釜中游魂耳。舍大围不谋，而小围是好，智者不为也。

胡林翼决计如此，不顾曾国藩的反对，将部署在太湖附近的鲍超、唐训方、蒋凝学、多隆阿各军合而为一，以多隆阿为统帅，责令统一指挥，合力御敌。十二月，陈玉成的大军由潜山而至太湖，连营百数，与多隆阿各军大战六日，清军以兵少而陷入苦战。此时，曾国藩及胡林翼乃抽调各路援军陆续投入战场，互相形成了包围与反包围的巧妙形势，血战兼旬，终将陈玉成的主力击溃。王闿运《湘军志》卷三《湖北篇》所记的此役战果是：

寇弃屯走二十里，军械委积。烧屯馆、栅垒数百，俘寇三百人，斩馘以万数。其夜，太湖寇遁走。甲午，潜山寇遁走。

至于这一战役的直接影响，则是安徽方面的太平军再没有力量可以阻止清军的全面推进，而安庆亦终于在不久之后被围。自安庆攻克之后，太平天国所处的形势更如江河日下，然则潜山、太湖战役对于全盘情势的影响便不可说不大了。

我国古代的兵学思想认为作战当谋制敌而不为敌人所制。盖敌人如能为我所制，则我可先占有利的战场形势而预为部署，自可握有极大的胜算；反之，则胜算在敌，我必遭败绩矣。咸丰九年十二月至十年正月的潜山、太湖之战中，胡林翼的部署正是此一策略之实际运用。如果不是在此一战役中予陈玉成野战军主力以重大的打击，则清军在安徽的作战，恐怕尚需经过一段很长时间的艰苦奋斗。这就正合了胡林翼此时的想法——如不能大破来援之太平军主力，虽得城、得地何益？胡林翼非军事专家，在这里却表现了非凡的军事思想与领导才能，其识见之高卓与判断之正确，实在令人钦佩。至于曾国藩在受任两江总督以后所拟定的十道并进计划，在胡林翼文集中亦早已有其端倪。《胡文忠公遗集》卷七十二，咸丰十年《致曾国藩书》曰：

> 昨夜沉思，总是放胆放手大踏步乃可救人。救不得吴、越，仍损武惠之名，不如力一救也。兵势须布远势，忌近谋。丈所言之三略，应并为内三路小三枝，另筹两大枝，一出杭州，一出扬州。其内三路小三枝，则大帅之中权也。沈、李饶所办广信一路，竟须驰入杭州，以为平吴根本，保越人之命，取越人之财，事乃有济，拘守广信，无当也。应即请幼丹为报豫章藩司，奏补次青（李元度）浙江藩臬。次青应驻杭州；杭州危，驻衢州；杭州存，移湖州，投袂即行；此为先着。江督之履，已连齐鲁，应以知兵任战之李少荃（鸿章）、刘霞仙（蓉）等募各路步兵一万五六千人，开幕府于清江浦，而以多、都两公专司马队。又少荃、小泉（李瀚章）可奏补江宁、江苏实缺，即是江北筹饷之本。失守后，前人已死未死，后人已放未放，均不嫌更正察看。杨廷和乘时革弊政，一笔勾销之法，可敏决之。此两枝定妥，布局宏远，丈从徽、宁鼓行而东，东吴公事，应即如此勾当。急脉缓受，大题小做，恐或不济。饷事不怕无钱，只怕无人，丈毋专取丞相谨慎为也。

此信写时，正当太平天国的忠王李秀成再破江南大营，苏常失陷，而杭州尚为清有。胡林翼为曾国藩借箸代筹，以为竟当苏省残破，旧有文武官吏下落不明之时，直接以能干任事之李元度、沈葆桢、李鸿章、刘蓉、李瀚章等分布苏、赣、浙三省的藩臬要缺，就地筹饷治军，分南、北、西三路向南京展开包围形势。形势既得，事情自然顺手，必不可急病缓治，但事补苴小处而忽略全局。信中所提到的杨廷和，乃是明朝有名的贤相，在明武宗驾崩、新君未立之时，假借遗诏名义，尽革正德一朝的弊政，历史上称为美谈。以胡林翼的胆识魄力和他的明快作风，如果曾国藩的两江总督换成胡林翼来做，苏常沦陷以后的江南大局，必不致要在三年以后方能逐渐改观。因为曾国藩后来所倚以成功的，即李鸿章的上海军与左宗棠的浙江军，与此时胡林翼所筹议大致无异。只因时日迁延，以致奏功迟缓，若能如胡林翼之当机立断，必可减少甚多的无形困难。胡林翼劝曾国藩不可专学诸葛亮之谨慎小心，在其他的许多信件中，又一再敦劝曾国藩要有不怕包揽把持、放手去干的勇气，凡此特性正是曾国藩所缺乏而胡林翼所具备的。比较两人的异同，即可知道，胡林翼所以能在极短时间之内，将残破不堪的湖北省收拾整顿，一变而为后来的富强安定，即因为他有胆有识，以及凡事但求有利于国计民生而不辞包揽把持之名。在这些地方，胡林翼的治事之才与卓识之见，似乎要比曾国藩高出一等。

说到曾国藩之出任两江总督，有一件事亦可以在此附带一述。薛福成《庸庵笔记》"肃顺推服楚贤"一条说：

> 肃顺于咸丰年开始为御前大臣，贵宠用事。后遂入直军机，屡兴大狱，窃弄威福，大小臣工，被其贼害，怨毒繁兴。卒以骄横僭傺，获罪伏法，其人故无足论矣。然是时粤贼势甚张，而讨贼将帅之有功者皆在湖南，朝臣如祁公文端、彭文敬公，尚懵焉不察，惟肃顺知之深，颇能倾心推服。平时与座客谈论，常心折曾文正公之识量、胡文忠公之才略。苏常既陷，

何桂清以弃城获咎，文宗欲用胡公总督两江。肃顺曰："胡林翼在湖北措注尽善，未可挪动，不如用曾国藩督两江，则上下游俱得人矣。"上曰："善。"遂如其议，卒有成功。

照此说来，胡林翼在当时本来很有可能由湖北巡抚调任两江总督，只因他在湖北的一切措施作为事事妥帖，皇帝觉得仍须多加倚畀，才将两江总督一席改派曾国藩出任。胡林翼与曾国藩二人的抱负与志趣大致相似，其公忠体国的精神亦复无异，两江总督一职，无论由曾国藩或胡林翼来做，最后都可以达到戡定大局之结果。但胡林翼拮据经营数年之久，曾国藩赖其全力支持，始得以克成大功，而胡林翼始终只能官至巡抚，且因劳瘁不起而卒于湖北巡抚之任，就酬庸报功之义而言，胡林翼所得到的，总不免令人觉得太不公平了一点。

曾、胡二人同为"咸同中兴"的名臣，就学识、德行、志业、抱负而言，两人都相为轩轾，难分上下。然而，在性格与行事方面，两个人的差异就大了。大致曾谨慎而胡明敏，曾拘执而胡爽朗。因此之故，二人的造就亦复不同。除此之外，如果还有什么差异，就见于收揽人才方面了。

方宗诚撰《柏堂师友言行记》，盛称曾、胡二人之能礼贤下士，说："自道光以来，公卿不下士久矣。近惟曾相国及润芝宫保开此风气耳。"薛福成《庸庵笔记》中亦有一条，极夸曾国藩幕府人才之盛。但即使如此，王闿运却曾很不客气地批评曾国藩与左宗棠，以为曾国藩只能收人才而不求人才，左宗棠只能用人才而不知人才。他对于胡林翼没有批评，想来是胡林翼在这方面并没有可资批评的地方。而揆之事实，胡林翼不同于曾、左的地方，正是他能多方咨访、广求人才而用之。这篇文章既然是胡林翼的评传，自然值得提出一说。

《柏堂师友言行记》说："胡宫保尝言'欲平乱须博求人才，欲富国须修明政事'。此二语可为天下万事法。"胡林翼对于人才的看法，在他写给阎敬铭的信中说得很清楚。《胡文忠公遗集》卷六十三，《与阎丹初农部书》云：

> 弟才学至劣，而好善之诚，殆过时人，如怜其愚而教益
> 之，则事犹可为也。天下之患，不独在盗贼，患在人心不转，
> 人才不出耳。人才随时而生，患在人之不求耳。

胡林翼深知政治借贤才而治的道理，更知道必须广求贤才以为佐理。所以，他不但随时随地留意访求人才，对于所得到的人才，更是多方爱养照顾，无微不至。徐宗亮《归庐谈往录》中有一条说：

> 文忠公晚年，专以荐贤为务，知人善任，海内交推。

又有一条记述其访求人才之法，云：

> 文忠公关心时事，遇四方之使，虽小吏末弁，引坐与谈，
> 举所述闻见，随笔记之以为参考。若稍有志意者，则必问所
> 见人才，所学何方，已效安在，且令指实事一二证之，兼注
> 考语。故几席所在，手折数十，诸如此类。或不知其故，以
> 为公何厚我而殷勤若是，则愚也。文忠荐人才，往往非宿昔
> 相知。盖由博采慎取，默具权衡，信乎大臣之用心也。

胡林翼广求人才而大半由于访问而得，这在他的文集中亦有证据可凭。如卷六十一，《覆李次青观察书》云：

> 奏调林镜帆、林听孙、阎丹铭、卫荣光、张建基、童子
> 木六君子者，惟林镜帆尚识面，余皆不知，盖访求而得也。

从言语访询中求得人才往往并不确实可靠，胡林翼亦常以亲自观察的方法以求证验。近人海虞老渔所撰《说曾涤生论字》一文，附述胡林翼的逸闻一则云：

> 中兴诸老，益阳、湘乡、湘阴、合肥诸公，于见客之后必修报诣礼，躬入其室。文忠恒谓："凡客之请谒者，必有所备而来。若报诣径入其室，观其所读书，即可知其所学，观其衣服起居，即可知其人之奢俭，设有嗜好，亦可周知。"其后合肥于同治朝初领封圻，报诣而不入室，寝失益阳意旨。至晚年，并报诣而无之矣。

文中所说的"益阳"即胡林翼，"湘乡"即曾国藩，"湘阴"即左宗棠，"合肥"则李鸿章也。这一条记载不但写出了胡林翼的谦恭与李鸿章的骄蹇，也写出了胡林翼如何借晋谒报诣之礼，来观察宾客僚吏的生活与言行，以此证验外间对其人的誉扬或贬抑究竟如何，自不难得到清楚明白的具体了解。亦正因为胡林翼能用这种眼耳并用的方法勤求人才，所以，他所收揽的人才亦最为可观。咸丰十一年八月，胡林翼因劳瘁不起，卒于湖北武昌节署，曾国藩上疏奏陈胡林翼的生前功绩，除了备陈其忠勤事实以外，更屡述其推贤让能及爱护人才的盛德，云：

> 大凡良将相聚，则意见纷歧，或道义自高，而不免气矜之过，或功能自负，而不免器识之褊，一言不合，动成水火。近世将才，推湖北为最多。如塔齐布、罗泽南、李续宾、都兴阿、李续宜、杨载福、彭玉麟、鲍超等，胡林翼均以国士相待，倾身结纳，人人皆有布衣昆弟之欢。或分私财以惠其

家室，寄珍药以慰其父母。前敌诸军，求饷求援，竭蹶经营，夜以继日，书问馈遗，不绝于道。自七年以来，每遇捷报之疏，胡林翼皆不具奏，恒推官文与臣处主稿。偶一出奏，则盛称诸将之功，而己不与焉。其心兢兢以推让僚友，扶植忠良为务。外省盛传楚师协和，亲如骨肉，而于胡林翼之苦心调护，或不尽知。此臣所自愧昔时之不逮，而又忧后此之难继者也。

又，曾国藩在《覆李续宜书》中更说：

润帅近日扶持善类，力挽颓风，于人之邪正，事之是非，剖判入微，不少假借。有权衡而不屑用，有才智而不自用，皆大过人处。

曾国藩对胡林翼之推崇，不但心出至诚，而且自愧不如，正可知道胡林翼在"咸同中兴"三大名臣之中的地位，正应与曾国藩相伯仲，而高出左宗棠之上。只可惜他死得太早，来不及有更多的展布，便遽尔因病不起，未免是国家民族的重大损失。

胡林翼之死，主要由于忧劳过甚。这在他的文集中有很多具体的记述。如文集卷七十九《覆左宗棠书》云："林翼积劳六七年，忧思成痾，病势日增。"又，文集卷六十五《覆钱萍矼书》云："林翼积年戎帐，精力已颓。若再迟延一二年，英华销歇，即再鞭策，亦无能为役。"这还是咸丰八、九年间的情形。其时，胡林翼丁母忧，适逢李续宾三河丧师，胡林翼力疾起复，亲赴黄州收拾整顿，力挽危局。至太湖、潜山之战发生，陈玉成挟十余万众来攻，清军形势危殆，胡林翼苦思对策，深夜不寐，虽终获胜捷，而精力益形不支。至咸丰十年，还常有气喘、吐血及精神恍惚的现象。即使如此，他在安庆之围方急，陈玉成竭力向安徽、湖北四处窜突的时候，仍复不顾病体安危，力疾批阅军报，每至夜分。于是，咳血的情形愈见严重。这是肺结核因劳瘁过度而日益恶化的征象。胡林翼亦自知长此以往，势将一瞑不起，但他仍竭力振作，要拼出最后一分精力支持到底。他在此时写给曾国藩的信中说："贱恙桐城王医与作梅均言，心肺脉模糊，此是最重之症，用一份心即增一分病，用一日心即增十日病。然愿即军中以毕此生，无他念也。"又一信云："迩日并军报亦废阁不阅，夜则五心如焚，已十余日。生死之际，如倦极思得一睡，睡着便安，即殁吾宁也之义。"果然，他终于因劳瘁不堪而致咯血愈剧，于咸丰十一年之八月二十六日卒于武昌，享年止五十岁。比较起来，曾国藩与左宗棠与他的生年相近，胡林翼是死得最早的一个。他之早死，劳瘁过度固是主因，而早年生活之放荡不羁，或不免因斫伤过甚而种下体弱易病的远因。

综述胡林翼的一生事迹，我们大致可以得到一些如下的概念：胡林翼出身翰林，科名早显，由于自恃才智过人而疏狂不羁，在早年颇有花花少爷的模样。但在经过一番挫折之后，事业前途蹭蹬，使他幡然悔悟，于是在捐官知府之后就一改早年所为，立志要为国家民族做一番事业。七年知府，声誉鹊起，其后屡经危难，更能竭力支撑，终于借着过人的才智与能力，在平定太平天国之乱的长期战争中大展宏猷，为曾国藩的平吴大功做好基础工作。胡林翼初到湖北之时，所带的兵数少而质差，屡经挫衄，在湘军各部中最弱。但在经过一番战火的历练及参用湘军营制加以训练之后，居然壁垒一新，屡有胜捷。自此之后，湖北之军，遂以善战著称。这自然都是胡林翼的收拾整顿之功。其后湖北虽经克复，而大乱之后，百事俱废，也靠了胡林翼的竭蹶经营，方在数年之间奠立富强之基。但他仍然不以此为满足，于分兵四援邻省之外，更全力支持曾国藩的东征之师，使无后顾之忧。东南大局之终能底定，至此已具备了先决的条件。"咸同中兴"，素来以曾胡并称，而胡林翼的才具实胜于曾国藩，只是他谦退为怀，不肯自言功绩而已。亦正因为他处处能推功让贤，调和将帅，以故人心归附，士乐为用。凡此施为，充分显示出一个成功的政治领袖所发挥的作用。一个国家能有这样的政治领袖，自然可以改造时势，戡定大难。这样的人物在历史上并不多见，而清政府在当时居然能够得到，实在是太幸运了。

第三章

左宗棠

　　光绪初年，新疆回乱幸赖左宗棠得以救平，举西北数百万方里已失之疆土还之清政府，得了"自唐太宗以后，对国家主权领土功劳最大的第一人"的雅称。

左宗棠

> "自唐太宗以后，左宗棠是对国家主权领土功劳最大的第
> 一人。"

——缪凤林

　　上面所引的这段话，见于李少陵先生所撰的《左宗棠故事新编》。历史学家缪凤林先生于 1942 年考察西北归来，对左宗棠经营西北做出这一结论。在《左宗棠故事新编》中尚有引述，举此一端，以略见民国以来国人对左宗棠推崇敬仰之一斑。

　　清朝的"咸同三大中兴名臣"，曾、左、胡并称。试将曾、左、胡三人略做比较，曾国藩无疑是最成功的领袖人物，他的德行、器识和学问，在三人中应居第一。胡林翼才具恢宏，胸怀远大，只可惜死得太早。至于左宗棠，则人称之有霸才，假如生当乱世，必可图王称霸，自成一番事业。而他之所以崛起，亦正因为清朝末年纷至沓来的各种变乱，使清政府穷于应付，不得不破除资格，用人唯才，因此才能使他以一个不第进士的举人身份，由巡抚、总督一直做到入阁拜相、封侯赐爵。亦因为他具有图王定霸的卓荦才略，所以才能在清朝末年内忧外患相互煎迫的情形之下，力排一切困难，举西北数百万方里已失之疆土还之清政府，博得了"自唐太宗以后，对国家主权领土功劳最大的第一人"之美誉。从这些地方我们可以看出，左宗棠的军事学识

与政治眼光，亦应当在三人之中居于第一。然则，所谓"咸同中兴三大名臣"，究竟孰高孰低、孰优孰劣，很难下一断语！

前文已曾介绍过曾国藩与胡林翼的生平，这里且来谈谈左宗棠。

左宗棠是湖南湘阴县人，世居县东乡之左家塅。父名观澜，乃是县学中的一名秀才。左宗棠兄弟三人：长宗栻，早卒。次宗植，曾与左宗棠同榜中举，官至内阁中书，有文名。宗棠行三，字季高，自称湘上农人，生于清仁宗嘉庆十七年。左宗棠二十九岁时在长沙处馆，曾作诗八首，中有一首述及其父母当年里居食贫之状，有四句云：

> 研田终岁营儿脯，糠屑经时当夕餐。
> 乾坤忧痛何时毕？忍嘱儿孙咬菜根。

此诗后附自注，"研田"句下注云："父授徒长沙，先后二十余年，非修脯无从得食。""糠屑"句下注云："嘉庆十二年吾乡大旱，母屑糠为饼食之，仅乃得活。后长姊为余言也，伤哉！"由这些地方可以知道，左宗棠的父亲乃是一个以教读为生的穷儒，家中的经济情况并不宽裕。不宽裕的人家而仍令子弟读书，无非希望他们能够中举人、中进士，由此可以入仕做官，得功名，建事业。左宗棠兄弟三人，在他父亲观澜先生的教导之下，所走的正是此一道路。宗棠长兄宗栻，于嘉庆二十四年中秀才，入县学。次兄宗植，更于嘉庆二十一年即入县学，时年甫十五岁。宗棠自己，于五岁时开始从二兄入学读书，九岁时即开始学作八股文，十五岁应童试。到了二十一岁那年，与次兄宗植同时应湖南乡试，宗植中是科之解元，宗棠则中第十八名举人。既中举人，距进士只差一阶，以宗棠兄弟之才学，理应到手取来。但因科举考试所重的是八股时文，所讲究的是经义纯熟，与经国济世的真才实学并无相干。所以，虽然左宗植的文才优美，左宗棠亦满腹经纶，仍然不能入时文之彀，屡试屡黜，迫得左宗棠只好与他父亲观澜先生一样，以教书处馆作为谋生的方法。因此，他早年的生活也是很清寒困苦的。

左宗棠之子孝同所撰《先考事略》，有一段说：

> 府君尝言：吾十八九岁时，于书肆购得顾氏《方舆纪要》一书，潜心玩索，喜其所载山川险要、战守机宜，了如指掌。兼得亭林《郡国利病书》及齐氏《水道提纲》等书，于可见诸施行者，另编存录之。于时承平日久，士人但知有举业，见吾好此等书，莫不窃笑，以为无所用之。

上文所说的"顾氏《方舆纪要》"，即清人顾祖禹所撰的《读史方舆纪要》；"亭林《郡国利病书》"，即顾亭林所撰的《天下郡国利病书》；"齐氏《水道提纲》"，即清人齐道南所撰的《水道提纲》。这几部书都是地理学方面的有名著作，尤其是《读史方舆纪要》与《天下郡国利病书》，是顾祖禹与顾亭林先生寝馈史地之学多年之后，以历史与地理相为印证而写成的兵要地理与政治地理，极富经国济世的大学问。左宗棠对这些著作大感兴趣，按年谱所记，他对于这几部书"昕夕稽究，有所证发，辄手自条记"。然而，当时人均认为他所做的乃是无用之事，实在是太使人泄气了。在科举考试时代，读书人为了从科举考试中弋取功名富贵，往往以全副精力去从事八股时文的钻研揣摩，而置一切与八股文无关之书于不顾。清人徐大椿曾作《道情诗》加以讥刺云：

> 读书人，最不济，读时文，烂如泥。国家本为求才计，谁知变作了欺人计。三句承题，两句破题，摆尾摇头，便是圣门高弟。可知三通四通是何等文章，汉祖高宗是哪朝皇帝？案上放高头讲章，店里买新科利器，读得来肩背高低，口角嘘唏。甘蔗渣儿嚼了又嚼，有何滋味？辜负光阴，白白昏迷一世。就教他骗得高官，也只是百姓朝廷的晦气！

这首诗讽刺清代读书人只知背诵八股时文，而懵然不知此外一切的学问文章，虽不免嘲骂过甚，却也正是当时大多数读书人的真实写照。在这样的社会风气之下，读书人以应试中举为人生最大之鹄的，除了致力于八股时文之揣摩学习，实在也没有足够的精力，可以从事于与科举考试无关的经世实用之学了。在前面所写的《曾国藩》一文中，笔者曾经指出，由于曾国藩科名早达，他才可以在中了进士之后把八股时文一起丢开，专心去阅读有用之书，储备学问，以为他日匡时救世之用。如其不然，他势必亦要在科举考试中蹭蹬一世，无学问、事功之可言了。左宗棠开始对《天下郡国利病书》及《读史方舆纪要》等书发生兴趣，还是他十八九岁时的事。那时他不但不曾中举，甚至连秀才都不曾挣得一个。而他居然不去钻研专为弋取功名富贵的八股时文，却要对这些与功名富贵无关的学问发生兴趣，自不免要使一般庸庸碌碌的人为之十分奇怪了。

说到左宗棠对这些无关科举的书发生兴趣，也是十分偶然的事。原因是左宗棠甫于十五岁那年初应童子试，翌年参加府试，得获第二名，还没有来得及等到学院按临时参加考试（旧时制度，各县童生须经学政考试及格，始得取为县学生员，名为院试），他的母亲余太夫人就在这年十月间得病去世了。依照从前的礼制，遭父母之丧，例须丁忧守制二十七个月。在丁忧期间，服官者须解职回籍守制，应试者亦不得参加考试。左宗棠既然不能在这段时间内参加考试，自可不必多费心思去钻研八股文。恰在此时，他买得《方舆纪要》等书，读了之后大感兴趣，遂使他的思想、学识都由此而进入了一个新境界。到了道光十年，左宗棠十九岁时，母忧未满，他的父亲观澜先生亦卒，又须再丁父忧。这一年，湖南善化籍的江宁布政使贺长龄因母老乞归养亲，由南京回到长沙，遇到了左宗棠。晤谈之下，得知左宗棠对于兵要地理及全国山川形势与社会情状很有研究，大为倾倒，于是在鼓励与嘉勉之外，更将他自己所收藏的甚多官私图史都拿出来，任左宗棠取阅。每当左宗棠读毕一书而向贺长龄另借他书时，贺长龄必定向他详细询问阅读所得，相互讨论研究，使左宗棠得益极多。贺长龄是清朝最先提倡经世实用之学的人。由于他的启牖与奖励，左宗棠的生平学问在此时乃奠定了良好的基础。而贺长龄之弟贺熙龄此时以御史家居，主讲长沙城南书院，左宗棠在院中读书，从学十年，所得于贺熙龄的教诲诱掖亦极多。

道光十二年，左宗棠丁忧期满服阕。这一年，他已经二十一岁。由于他在丁忧以前还未曾中过秀才，而道光十二年适逢三年乡试之期，如果要等中了秀才之后再来考举人，势必又要再等三年。好在那时有所谓"捐监"的办法，就是说，未曾中秀才而希望参加乡试，可以出钱捐一个监生，一样可以参考。为了争取时间，左宗棠就采取此一办法，捐了一个监生，与他的次兄宗植一同入场应试。这一年的湖南乡试主考官，是礼科掌印给事中徐法绩。左宗棠的考卷本来已被阅卷官所摈斥，并无取中希望。而这一年的乡试，道光皇帝曾经特别降旨，要各主考官注意搜阅未被取中的"遗卷"，以避免人才或有遗落。徐法绩独阅遗卷五千余卷，搜遗得六人，而以左宗棠居首。榜发，左宗棠次兄宗植荣获第一，左宗棠亦中第十八名举人。这是左宗棠在科举考试中所得到的最高功名。自此以后，他曾三次赴京参加会试，都未得中进士。之后，他绝意科举，就此以举人的资格终其一生。

以左宗棠与曾国藩相比，曾国藩是在中了进士之后才读书，这自然无碍于他的功名富贵。左宗棠还没有得中进士，就以他的大部分精力专致经世实用之学，自不免要影响到他在功名之途上的发展。所以，他三赴会试而三遭黜落，说起来也就不足为奇。唯一值得欣慰的是，左宗棠在科举考试方面虽然屡屡不能得意，他的学问与器识，却已深为当时的有识之人所知。如胡林翼，即是其中之一。由于胡林翼之誉扬推荐，左宗棠得以结识了当时的一些重要人物，如陶澍、林则徐、张亮基等，这几个人在左宗棠的一生事业上，都是有着很大影响力量的。

陶澍是湖南省安化县人，道光时官至两江总督。道光十七年，左宗棠正主讲于醴陵县的渌江书院时，适值陶澍趁阅兵江西之便请假回湖南省墓，道出醴陵。醴陵知县为这位总督大人治馆舍，请左宗棠代撰楹联。左宗棠写了如下一副对联：

> 春殿语从容，廿载家山，印心石在。
> 大江流日夜，八州子弟，翘首公归。

这一副对联虽然不脱誉扬性质，但措辞甚为大方得体。联中所说的"印心石"，即陶澍家中所建的一所堂屋，曾蒙道光皇帝御赐匾额，题曰"印心石屋"。以此衬托陶澍之眷念先人与道光皇帝之垂爱臣下，十分适当。所以，陶澍一见此联即大为激赏，访知是渌江书院的山长左宗棠所作，立刻请醴陵知县邀来晤谈。一见之下，目为奇才，竟夕倾谈，相与订交而别。以一个官居一品的现任总督，竟折节下交一个只有举人功名的书院山长，未免使人感到十分奇特，而更奇特的事情还在后面呢。徐宗亮《归庐谈往录》中有如下一段记载说：

> 文襄（左宗棠）长女，为陶文毅（陶澍）公子妇。其缔姻时，文襄年少而贫，与胡文忠公（胡林翼）夙故。文忠，文毅婿也，省文毅江南督署，文襄与偕，文毅奇赏之。一日，传优人治盛席堂上，文襄为宾，文忠为介，而文毅为主，凡三人。众莫测其故。酒酣，文毅命子桄出拜，指谓文襄曰："吾一子，无可托者。观君志意出吾上，愿乞贤女配之，俾成立。"文襄慨然允诺。文毅薨，桄始八岁，文襄乃就文毅家主持内外，岁修三百金。如是十年。文毅多藏书，清代掌故之类尤备。文襄日夕讨论，学遂大进。文毅家号巨富，文襄佐湖南抚幕时，

饷事有急，辄令陶氏输重金为倡，不少顾惜。其长女极贤干，有父风，能任家政焉。

左宗棠在三赴会试不第之后绝意仕进，就在安化陶氏家中处馆，一方面教育他的未来女婿陶桄，一方面勤研朝章典故及经世实用之学，他的生平学问由此更上一层楼。胡林翼与左宗棠同年而早生四月，其年岁较左宗棠为差长，中进士亦早。胡林翼早已是陶澍的女婿，而左宗棠后来却成了陶澍的亲家，胡林翼反而要倒过来称呼左宗棠为"姻丈"，这样的变化看来未免滑稽。而陶澍之所以要这样做，正是因为他深知左宗棠器宇宏远，志行坚毅，不但其前途未可限量，亦可托以大事。虽然我们不能确定，其间有没有胡林翼誉扬推荐的因素在内，而在左宗棠与林则徐、张亮基二人的关系中，胡林翼的居中荐举之功，应为明确之事实。《胡文忠公遗集》卷五十三，咸丰二年《致湖广总督程裔采书》云：

> 湘阴孝廉左君宗棠，有异才，品学为湘中士类第一。林翼曾荐于林文忠（林则徐），因文忠引疾，故未果行。文忠至湖上时，招至舟中，谈论竟夕，称为不凡之才。

又，遗集卷五十四，咸丰二年《致湖南巡抚张亮基书》云：

> 前举衡、湘之士七人，闻其有才，未曾面晤，必可罗而致之，量才驱策。内有左子季高，则深知其才品超冠群伦。曾三次荐呈夹袋中，未蒙招致。此人廉介刚方，秉性良实，忠肝义胆，与时俗迥异。其胸罗古今地图、兵法、本朝典章，切实讲求，精通时务。访问之余，定蒙赏鉴。

胡林翼之所以要竭力为左宗棠推毂，无非深知左宗棠才具开展，学识过人，如果长为乡野之人，实为国家社会之重大损失。所以，他每次遇到机会，总要将左宗棠介绍给他所熟识的长官僚友，期望左宗棠能够出山，为国家社会做一番事业。但在当时的政治风气之下，人人重视科举考试，以为唯有进士、翰林之类才是有学问的人才。左宗棠不过是一名举人，很难为人所重视，自很难在科举考试之外另觅发展的道路。所以，即使胡林翼努力为左宗棠推毂，除了陶澍和林则徐对左宗棠十分器重之外，如程矞采等，不过以等闲视之而已。倒是张亮基，平素深受林则徐的提掖熏陶，曾耳闻左宗棠之名。及至他到湖南来做巡抚之时，正值太平天国军围攻长沙，军情抢攘，国事如麻。他深知非常之时需要非常之才来匡扶救正，而左宗棠正是他最需要的得力帮手。于是，经由胡林翼的推荐与张亮基之敦聘，仅有一个举人功名的左宗棠，终于也参加了实际政治，开始创建他此后的事业了。

　　左宗棠于道光十八年第三次北上会试，落第南归之后，就决计不再参加会试。这一年，也就是陶澍与他结为儿女亲家的那一年。翌年，陶澍卒于两江总督任上。丧归湖南，贺熙龄致书于左宗棠，要去教育陶澍之子，亦即左宗棠自己的未来女婿陶桄。自此以后，左宗棠即在安化陶家处馆，前后历时凡八年。据《左宗棠年谱》所记，左宗棠在这段时间所从事的学问，大致如下：

　　第一：遍览文毅公所藏本朝宪章，重订往岁所绘舆图。

　　第二：因中英"鸦片战争"发生，遂详究唐宋以来一切公私载籍中有关外国事宜之掌故，以求了解古代从事洋务及海防之情形。

　　第三：因读书益多而洞察世事所以败坏不振之故。更因学问日散，人才日衰，而颇以为农家乃生人之第一要务，遂积多时之力，撰成农书一种，名曰《朴存阁农书》。

第四：在湘阴县东乡之柳庄买田一区，移家居之，即以他所研究的古代区种之法，在柳庄实地试验。并作《广区田图说》，以介绍区田种法的利益。

既然左宗棠将全部精力都放在教书、读书、研究与著作方面，他昔年所从事的八股时文，自然已经弃去不为。假如不是清朝中国在此时发生了惊天动地的大变局，他很可能就以读书、耕田的方式终老此生了。然而，太平天国运动发生了，湖南与广西隔邻，首当其冲。新调来的湖南巡抚张亮基深知左宗棠其人，由于胡林翼之推荐，及江忠源、郭嵩焘等人的敦促，左宗棠终于加入了张亮基的幕府，成为张亮基的幕后捉刀之人。《左宗棠年谱》卷一，叙述左宗棠入张亮基幕府的经过情形说：

咸丰二年壬子，公四十一岁。四月，粤寇陷全州，掠船数百，将顺流趋长沙。新宁江忠烈公忠源率楚勇过蓑衣渡，大败之，寇遂东趋永州，还陷道州，分扰江华、永明、嘉禾、蓝山县境。七月，陷桂阳州。庚戌，进陷郴州。巡抚骆文忠公秉章奉诏来京，张公亮基自云南移抚湖南。未至，骆候代居城中，与帮办军务罗公绕典议防守。丙子，寇酋萧朝贵遽率死党，取间道掠安仁、攸县、醴陵，犯长沙。八月，公自柳州徙居湘东白水洞，诛茅筑屋，亲党多从避难。丁酉，张亮基至长沙。先是，胡文忠公数以书荐公于张公，张公行抵常德，发急足至山中延请公，公覆书辞谢。是时，江忠烈公已追寇壁城南，书来促公行。景乔先生（左宗植）与郭公嵩焘亦皆劝公出，乃应聘。至则张公一以兵事任之。

张亮基曾为林则徐之部属，林则徐甚为赏识他的才能，曾以张亮基与胡林翼并称，比之为自己的左右手，由此可知林则徐对张亮基的倚信程度。张亮基一到湖南，便把左宗棠请入他的幕府。左宗棠与他相见之下，也即刻发现张亮基是一个明爽果断、极有作为之人。二人气味相投，左宗棠当然也就愿意留在张亮基幕中，为之运筹帷幄，抵御太平天国军对长沙的攻击行动。《张亮基年谱》叙次左宗棠协助张亮基办理长沙城守事宜的情形说：

> 调发兵食，于省城设立军需总局支应一切。檄在籍知县黄冕专任南城防守。自是清监狱、稽保甲、筑月城、开内壕、制兵械，增守具，诸务毕举。

长沙的攻防战前后历时三月。由于太平军少而长沙城大，事实上太平军所攻围的只是长沙南城一面，因此，城中的守军亦得以集中全力应付。不久，城外的各路援军大集，而长沙城防坚固，不能破，太平军乃舍长沙而西向益阳，掠船只出洞庭湖，连陷岳州、汉阳、汉口及武昌，浸浸乎成为难制的大敌。此时，湖广总督徐广缙因畏敌逗留被逮，朝旨以张亮基署湖广总督，左宗棠亦与之偕行。又不久，张亮基亦因田家镇兵败，降调为山东巡抚，左宗棠仍回湖南。这以后，左宗棠入参继任湖南巡抚骆秉章之幕府，开始他"内定湖南，外援五省"的事业。

张亮基由湖南巡抚调署湖广总督以后，皇帝仍命调任湖北巡抚的前任湖南巡抚骆秉章回来担任湖南巡抚一职。骆秉章于咸丰三年三月再任湖南巡抚，至咸丰十年九月调升四川总督，共计担任第二度的湖南巡抚七年有半。有关史传颇夸张他在此一段时间之内的实际功绩，《清史·骆秉章传》的文字太繁，无法转引，且摘引一些文字较简的其他传记文字如下，以略见其一斑。

朱孔彰撰《中兴以来将帅别传》卷十《骆秉章传》云：

诏署湖北巡抚。明年，复命巡抚湖南。当是时，安庆、江宁并陷贼，粤东西土寇接踵起，贵州教匪复结逆苗为乱，环湖南边境游氛四逼。又自承平久，官吏习于苟且粉饰之计，下情否隔，民困无由上达。公至，求人才，作士气，察民隐，祛壅蔽，力挽积习。曾文正公时以侍郎治团练，公与同心勠力。及文正治师东征，糗粮、船炮、军械，公悉力资给焉。左文襄公方为举人，公欲罗致之而不肯出，乃假捐输事拘陶文毅公之子入署。文襄遽出争辩，公笑曰："正欲公出耳，陶公子岂敢加以非礼？"于是谈笑甚相得，文襄遂出佐戎，知无不言，言无不行，湖南之强由此始。由是天下不多左公之才，而多骆公之能用人也。五年，武昌三陷。胡文忠公林翼已为鄂抚，飞书告急，公悉力资给，如所以资文正者。会粤寇何禄、陈金刚等分道犯湖南，而武冈、邵阳、淑浦诸土寇时时窃发，公皆遣将讨平之。自援鄂外，复以余力援黔、援粤、援江西，征调无虚岁。而江西之役尤伟，筹饷三百余万，不分畛域。

这一段文字叙次骆秉章在湖南巡抚任内的安内攘外功绩，颇为简单扼要，但在开头部分的前后次序，颇有错乱。因为，左宗棠入骆秉章幕，乃是咸丰三年三月骆秉章到任不久之后的事，而曾国藩在咸丰三年七月始往衡阳创建水师，咸丰四年七月始率湘军水陆之师东征，其时间均在左宗棠入骆秉章幕府之后甚久。然则，所谓骆秉章与曾国藩同心勠力，以及资给湘军糗粮、船炮、军械等，当然也都是在左宗棠参赞骆幕之后的事了。这些史事之需要加以辨明，乃是因为清代以来的很多野史都曾说到，骆秉章第二度出任湖南巡抚，凡事俱皆仰成于左宗棠，骆秉章本人不过坐啸画诺，拱手受成而已。例如清人徐宗亮所撰的《归庐谈往录》中就说：

左文襄公初以举人居骆文忠公幕府，事无大小，专决不顾。文忠日与诸姬宴饮为乐，文襄尝面嘲之曰："公犹傀儡，无物以牵之，何能动耶？"文忠干笑而已。尝夜半创一奏章，叩文忠内室大呼。文忠起读叫绝，更命酒对饮而去。监司以下白事，辄报请左三先生可否。

左宗棠行三，所谓"左三先生"，便是骆秉章对左宗棠的称呼。薛福成《庸庵笔记》中亦有一条说：

大学士恪靖侯左公以在籍举人居骆公前任张石卿中丞之幕，张公既去，骆公复宾礼之。左公练习兵事，智略辐辏，骆公专任以军谋，集饷练兵，选用贤将，屡却悍贼，两败石达开数十万之众，复分兵援黔、援粤、援鄂、援江西，丰采几与曾、胡两公相并，则左公帷幄之功也。骆公每公暇适幕府，左公与幕宾二三人慷慨论事，证据古今，谈辩风生，骆公不置可否，静听而已。世传骆公一日闻辕门举炮，顾问："何事？"左右对曰："左师爷发军报折也。"骆公颔之，徐曰："盖取折稿来一阅。"此虽或告者之过，然其专任左公可知。惟时楚人皆戏称左公曰"左都御史"，盖以骆公官衔不过右副都御史，而左公权尚过之也。

凡此记述，俱可知左宗棠虽以幕宾身份居湖南巡抚之幕府，实际上却是操持湖南政柄之人。然则，《骆秉章传》中所说骆秉章在湖南巡抚任内的各种安攘政绩，岂不正就是左宗棠的政绩吗？所以，后来的人为左宗棠编纂全集，直接就将骆秉章任湖南巡抚七年半之间所上的奏折，亦编入《左宗棠全集》之内，名之为《骆大司马奏稿》，作为《左宗棠全集》的附篇，其目的即在使人知道此亦是左宗棠所撰的奏稿，不过假骆秉章之名奏上皇帝而已。

骆秉章称左宗棠为"左三先生",湖南人则称左宗棠为"左都御史",而监司以下向巡抚拜事,骆秉章又要他们直接去向左宗棠请示,"公可亦可,公否亦否"。像这样一个在籍举人身份的师爷,岂不就等于是实际上的湖南巡抚吗?然而,实际上的巡抚与真正的巡抚,毕竟是有差别的。真正的巡抚出自皇帝的特简,由于名分与职权的关系,凡是巡抚以下的文武官吏,都必须奉事唯谨,即使他刻薄少恩,人们也只有隐忍含容,不敢相较。但如并无巡抚身份而操巡抚之权,那情形就大不相同了。尤其是巡抚以下的监司大员,差巡抚不过一阶,较之左宗棠的在籍举人身份,则不知高出多少。若在平时,举人见了本省的监司大员,应该是趋奉承应之不暇。现在只因巡抚的过分倚信,却要使监司等官事事去向被巡抚所倚信的举人去请示,事幕宾如事巡抚,其间就难免发生不愉快的芥蒂了。如果左宗棠在此时不顾及幕宾的身份,俨然以巡抚的姿态颐指气使,其间的问题当然更多。咸丰九年,左宗棠掌掴永州镇被革总兵樊燮,被樊燮控告于都察院及湖广总督官文之处,随之引起轩然大波,究其事实,是当时的湖南布政使文格平素对左宗棠多有不满,乘机推波助澜所造成的结果。

《骆秉章年谱》叙述左宗棠被樊燮控告一事,曾说:"闻有人唆耸樊燮在湖广递禀,又在都察院呈控……"而未曾说明此唆怂之人究竟是谁。朱孔彰撰《中兴将帅别传》,在《左宗棠传》中亦曾提及此事,则说:"布政使亦阴助燮。"此布政使,即文格。考之《左宗棠年谱》,左宗棠于咸丰十年三月因樊案自长沙避至襄阳所写与郭嵩焘的信中曾说:"抵襄阳后,毛寄耘观察出示润公密函,言含沙者意犹未慊,网罗四布,足为寒心。"

又,他在此年中寄给李续宜的书信中亦说:

　　未至英山以前,窃自忖度,如夫己氏必不相舍,山北山南,网罗密布，即匿影深山，亦将为金丸所拟。

由这两封信可以知道，这个隐身幕后唆怂樊燮出面呈控，又在总督官文那里广为布置，必欲将左宗棠逮捕归案的人物，不但官位甚高，而且与湖广总督官文的关系亦甚密切。又，胡林翼于咸丰九年写与左宗棠的信中曾说：

> 间公者湘人，非鄂人。此沛公司马之类也，何足介意。

综合这些信息，可以相信当时的湖南布政使文格实为适当之人。因为文格是湖南的官而非湖北的官，合于胡林翼信中所说的情形。而文格不但官高，且与总督官文同为满人，彼此之间的关系密切，又合于左宗棠信中所说的情形。再则，文格此时与骆秉章之间的关系不好，如能借此将骆秉章挤掉，他自己便有希望升为巡抚。一石两鸟，也与胡林翼信中所说的"沛公司马"相合。由于这种情形，我们可以知道，左宗棠之所以会在当时惹下这一番大祸，正是因为他以幕宾身份而隐操湖南之政柄，招怨树敌太多。至于他因气性刚强而致开罪多方，则在胡林翼此时所写与官文的信中，描述得更为清楚。胡信原文，不见于《胡林翼全集》，但却载于梅英杰所编的《胡林翼年谱》，谓是得之于长沙张氏所藏。摘叙如下：

> 湖南左生季高，性秉刚烈矫强，历年与鄂省交涉之事，其失礼处久在山海包容之中。涤帅所谓宰相之度量，亦深服中堂之德大，冠绝中外百僚也。来谕言湖南之案，其案外之左生，实系林翼私亲，自幼相处，其近年僻气不好，林翼无如之何。如此案有牵连左生之处，敬求中堂老兄格外垂念，免提左生之名。此系林翼一人私情，并无道理可说，惟有烧

香拜佛，一意诚求，必望老兄俯允而已。

此信中一再说到左宗棠之"性秉刚烈"与"僻气不好"，可知左宗棠最为人所诟病的"使气好骂"之病，在此时已见端倪。亦正因为他连布政使文格那样的监司大员也得罪了，而文格与骆秉章之间的关系又并不很好，所以文格才要唆使樊燮，在控告永州知府黄文琛的案内将左宗棠亦牵连入内，意图陷害报复。关于此一案件的后来发展情形，薛福成《庸庵文集·肃顺推服楚贤》一节中曾有记载，引叙如下：

> 左文襄公之在湖南巡抚幕府也，已革永州镇樊燮控之都察院，而官文恭公督湖广，复严劾之。廷旨敕下文恭密查，如左宗棠果有不法情事，可即就地正法。肃顺告其幕客湖口高心夔，心夔告衡阳王闿运，闿运告翰林院编修郭嵩焘。郭公因与左公同县，又素佩其经济，倾倒备至。闻之大惊，遣闿运往求救于肃顺。肃顺曰："必候内外臣工有疏保荐，余方能启齿。"郭公方与京卿潘公祖荫同值南书房，乃浼潘公疏荐文襄。而胡文忠公上《敬举贤才力图补救》一疏，亦荐文襄才可大用，有"名满天下，谤亦随之"之语。上果问肃顺曰："方今天下多事，左宗棠果长军旅，自当弃瑕录用。"肃顺奏曰："闻左宗棠在湖南巡抚骆秉章幕中，赞画军谋，迭着成效，骆秉章之功，皆其功也。人才难得，自当爱惜。请再密寄官文，录中外保荐各疏，令其察酌情形办理。"从之。官公知朝廷意欲用文襄，遂与僚属别商具奏结案，而文襄竟未对簿。俄而曾文正公奏荐文襄，以四品京堂襄办军务，勋望遂日隆焉。

左宗棠因樊燮之控案而转祸为福，虽是他命运中的丕变契机，毕竟得力于郭嵩焘、潘祖荫、胡林翼之竭力营救，而肃顺的推挽之功尤不可没。如其不然，即使左宗棠能逃出阴谋陷害者毒手，他此后的功名事业亦绝不能如此顺利。造化弄人，欲害之而反成全之，世界上的事实在很难预料其结局。当樊案未了之时，左宗棠为了逃避陷害的网罗而投身于胡林翼的湖北巡抚衙门，要求胡林翼或曾国藩给他一个营官的位置，以求杀贼自效。不料事情发展到后来，皇帝却令他自募一军，随同曾国藩襄办军务，从此开始了他后半生的辉煌事业，真是意想不到之事。在此以前，左宗棠自以为年逾四十而功名无望，每自嗟叹，说："除非梦卜夐求，此生殆无幸矣。"所谓梦卜，即殷高宗之因梦而得傅说，周文王之以卜而得吕尚的往事;夐求，则是远求之意。照他的意思，若不是皇帝会因梦赉良弼而致远道前来寻求，他当已没有建功立业的希望。不料梦卜未来而机遇忽至，实在大出于左宗棠的意料。左宗棠初入张亮基幕府，已因长沙城守之功，由张亮基保荐为知县。至骆秉章任巡抚，更由知县职衔屡次保升至同知、直隶州、郎中，再加至四品卿衔。至此奉旨募军从征，所带的职衔亦就是四品京卿。后人不察，以为左宗棠由举人而径授四品京卿，乃是清朝不以资格用人的开始，其实是不对的。

左宗棠于咸丰十年秋提军一旅，转战于赣东、皖南之间。当时他所担负的任务，乃作为曾国藩祁门大营的右翼，并负责维护祁门大营的补给线安全。因为曾国藩当时将大营扎在祁门，本打算东出徽州，应援浙江，及东北向宁国、广德，规取金陵。而祁门虽处皖南，却与赣东北之浮梁、乐平相毗连，由此通向饶州、南昌，不但路程甚近，而且正是赣东的产米之地，运输便利，乃是曾军的补给线与生命线。左宗棠到达赣东不久，即逢皖南大战。太平军的忠王李秀成及侍王李世贤，为了协助英王陈玉成谋解安庆之围发动皖、鄂边境大战，策动大军流突赣东、皖南，进攻曾国藩的祁门大营，以为南北呼应之计。左宗棠在此时以一旅孤军奋战而前，屡破太平军侍王李世贤的大军，不但确保曾军的后路安全，也打破了太平军围攻祁门大营的计划，可谓厥功甚伟。朱孔彰所撰的《中兴将帅别传·左宗棠传》叙次此事，略云：

> 十年秋，公提五千人由江西转战而前，所向克捷。曾公进兵皖南，驻祁门。伪侍王李世贤、伪忠王李秀成纠数十万贼众围绕祁门西路，直趋浮梁景德镇，断祁门饷道。公出奇兵，与鲍提督（鲍超）夹击，大破贼于洋塘，退入浙境。明年三月，公进军婺源。贼犯景德镇，陈总兵大富屯守，战殁，景德镇复失。公回军，大破贼于范家邨，八战八克，斩贼逾万，遂收浮梁、乐平、鄱阳、建德，曾军粮路乃畅通。曾公奏公迭破巨寇，振江皖全局，勋绩甚伟。擢三品京堂，补太常寺卿。

这一段话历叙左宗棠迭破巨寇的情形，看来似甚容易。但我们若能注意到当时双方兵力的对比，就知道左宗棠在此时所打的，实在是一场非常艰苦的硬仗。因为左宗棠由湖南招募而去的"楚勇"总共只有五千，而他所面临的敌军，却常达十数万人之众。以五千敌十万，比数悬殊，若不是左宗棠谋猷素著，指挥若定，即使湘军再强，亦不能如此容易地克敌制胜。于此，我们可以抄录一段《左宗棠年谱》中叙述乐平之战的情形，以略征其一斑。

《左宗棠年谱》卷二，叙咸丰十一年三月的乐平之战云：

> 庚子，曾公攻徽州，军溃，退屯休宁，檄鲍超军援景镇。未至，李世贤悉引众来攻乐平。乐平城小坍坏，公调围兵入守，令各营筑壕，城东南引长畈水塞堰陷贼骑。已，寇前锋逼外壕，团勇夜悉遁归，乃调一军入城，而部分各军守外壕。辛丑，寇大至。时官军在壕内五千人，寇众号十余万，围乐平数十里，分起扑壕。军士寂然，凭壕屹立，俟寇逼近，乃击之。寇屡

前屡却，相持至夜深不退，公与王开化益治军。壬寅，寇自东北渐趋西城，仰攻益急。守壕军士伤亡相继，前者僵，蹶后者上。于是王开化率队趋西路，王开琳趋东路，各持短兵，视寇聚散分合。鼓声起，越壕并出，大呼杀贼。寇大惊扰乱，军士锋刃争下，无不以一当百。游击史聿舟炮穿右胁死。各路乘势冲击，寇大奔败，僵尸十数里。会天大风雨，畈水骤涨，寇人马相蹈藉，溺死者尤众。李世贤易服潜遁。是役杀贼凡五千人，寇悉众东窜。

以五千之众战十数万之敌，最好的办法是选择有利的形势，把握战机，诱致敌军的主力而加以致命的打击。乐平之战的情形即是如此。然而，乐平城小而且坍坏，左军力守三日，屡次击败敌军的猛烈进攻，并且最后把握敌军攻击力竭而士气消沉的有利时机，一举加以击溃。此不但可以看出左宗棠之部署正确，指挥若定，亦可看出左军之强劲善战，临危不惧。以这样的指挥官与军队，自足可进而独当一面，与太平军争衡一方了。咸丰十一年十一月，浙江省的省城杭州，在太平军长久围困之下力竭被破，浙江全省除了衢州府城及少数几个属县尚在清军守御之下，其余悉数被太平军攻陷。浙江巡抚王有龄亦在杭州失陷时自杀殉职。朝命初以左宗棠督办浙江军务，继命之为浙江巡抚。他于此时上疏奏报督办军务之计划曰：

> 浙江全省自金华、严州、处州失守，绍兴、宁波、台州相继沦陷，局势全非。自江西入浙之道，遍地贼氛，势非节节攻剿，不能深入。节节攻剿，又恐旷日持久，饷竭兵疲，先已自困，势非蹈虚乘瑕，诱贼野战不可。以东南大局见在言之，湖北、江西一律肃清，皖北逆氛渐熄，群贼悉萃江、浙二省。如各路统兵诸臣声势联络，力保完善之区，以规进取，

从此渐逼渐进，庶可作士气而扫贼氛，利戎机而速戡定。以江浙见在局势言之，皖南守徽池以攻宁国、广德，浙江守衢州以规严州，闽军严遏其由浙窜闽以绕犯江西之路，然后饷道疏通，一意进取，得尺则尺，虽程功迂远，实效可期。此一定之局也。

之后，朝命以左宗棠奉命赴浙，迟迟其行，降旨促令速入衢州，以谋进规金华、严州。左宗棠因再上一奏，曰：

臣前奉谕旨督办浙江军务，甫三日即接徽防将杨辅清犯徽之禀。臣深恐徽婺疏虞，则江西饶、广腹地，防不胜防，而衢州又成孤注。不得已派马步三千交刘典，为固婺援徽之计。拟此军即由徽入浙，臣由玉山入浙。旋贼众数万，已由遂安踞开化，逼婺东，与徽郡贼相首尾，其势又出官军之后。频年东南贼踪，每遇坚城，必取远势包围，待自困而后陷之。办贼之法，必避长围，防后路，先为自固之计，乃可以制贼而不为贼所制。臣若先入衢州，无论不能固江、皖边围，亦且不能壮衢城声援，一入逆贼长围诡谋，又成粮尽援绝之局。故决计由婺入浙，先攻开化，以清徽郡后路，分军由白沙关扼华埠、收遂安，俾饶、广两郡相庇以安，然后由遂安以援衢州，目前固不能舍衢前进也。

左宗棠在这两个奏疏中提出了他规复浙江的战略观点：第一，由于沦陷的地区太广大，而左宗棠的兵力又少，若不能"乘虚蹈瑕，诱贼野战"，以相机击破浙省太平军的主力，左宗棠必不能以微少的兵力节节攻剿，转战深入。否则即使不致陷于粮竭兵疲，亦将因攻坚不下而消耗元气，无法达到预期之作战目的。第二，由于太平军惯采远势包围、截敌后路的战术，左军进取浙江，亦当避长围、防后路，先为自固之计，然后乃可以制敌而不为敌人所制。基于此一观点，左宗棠必须将他的野战兵力小心运用，以期适时捕捉敌军的主力而加以歼灭，绝不可贪得攻城略地之利，而反陷入敌军的包围诡计。我们从左宗棠率军入浙以后的作战情形看，可以发现他后来所恃以规复浙江全省的战法，就是前面所述两大战略观点的引申。只是因为后来清政府逐渐增加他所统率的兵力至三万余人，使他有足够的兵力巩固业已收复的地区，由此得以放胆前进，无虞后顾。而兵力既厚，亦可以使他有力量从事于余杭、富阳等城的攻坚之战。即使太平军坚守不出，亦可以将他们围之于一城一地而加以歼灭。所以，看起来好像是他在后期的战略部署与前期颇有不同，其实仍与他最初所构想的战略观点并无二致。

于此，我们当可知道，左宗棠之规取浙江，胜算在握，可以计日程功。他在军事学方面的素养极为深厚，一旦施诸实用，便可立见成功。左宗棠在骆案发生时尝欲在曾国藩或胡林翼部下任一营官，以求杀敌自效。当时他在写给李续宜的信中说：

> 八年戎幕坐啸，未克亲履行间，实为阙事。欲借此自励，少解白面之嘲。

照他信中的意思看，他当年在骆秉章的幕中，虽然能手握兵符，运筹帷幄，指挥湖南全省的兵将内剿土寇，外援邻省，终究不免要被人讥为只能坐而言而不能起而行的白面书生，很希望能适时实验一番，以证实他在书本上学得的战略、战术原则究竟是否真正有用。而自他亲率一军转战于皖、赣、浙三省以来的实际表现，我们已可知道，左宗棠的兵学造诣，不但可用于幕僚作业，亦可用于自任指挥。由此可知，在曾、左、胡三人之中，左宗棠的军事才能应居第一。故而，此后的西北平回之役，左宗棠是最适当的统帅人选。

由咸丰十一年至同治二年十一月，浙江全省的太平军渐次肃清，只余下杭州尚在太平军的坚守之中；杭州以北，由武康、德清、湖州通往江苏的水路，亦尚在太平军的控制中。至于杭州东北的海宁，太平军守将意志动摇而正有降清之议，与江苏毗连的嘉善亦已为李鸿章所部的淮军攻克。此时左宗棠所部的蒋益澧一军，正以万人之众围攻杭州，李鸿章的淮军正由苏州进攻常州，曾国荃在南京城外的围城之军亦正逐渐缩小对南京的包围。太平天国的形势日蹙，其覆败似已可预见。但左宗棠以为，各路进军如但知集中全力进攻名城大邑，对于太平天国残余军力的可能窜突之路不知预先注意防范，实为可虑。因此在此时奏上一折，提出他对此事的意见：

> 金陵寇势已蹙，句容、溧阳、广德均为贼据，其必由此逃窜，殆无可疑。臣三次函商曾国藩，远防不如近剿，请其注意广德。设寇由广德窜入皖南腹地，昼夜疾驰，不数日即可出险，恐守城各将，来弗击，去弗追，终成不了之局也。曾国藩所虑，以无大支游击之师。臣窃以为贼势实穷，官军兵力亦未为薄，如权缓急应之，苏州既克，杭州之围正急，海宁、嘉兴之贼，不足为苏州之患也。常州陈坤书，李鸿章言其不甚耐战，暂舍不攻，金陵破，常州必应手而下。惟溧阳守贼李世贤狡悍著闻，贼窜必假道于此。李鸿章如暂缓嘉兴不攻，由无锡移军急攻宜兴、溧阳，西北与曾国藩溧水守军联络，纵未能即拔，较空此一路任贼窜过，自为胜之。曾国藩力持坚守之议，见正布置皖南、江西防兵，固为老成之见。然贼知我以坚守为主，必不攻，各将以坚守为事，必不战，倘贼舍城不攻，从间道疾驰而过，恐调拨尾追亦有所不及，何如厚集兵力，扼广德、建平、东坝，与李鸿章一军联络之为得乎？臣思虑所及，敢毕献其愚。

这一奏疏明白说出了江浙各地太平军残余势力被肃清之前的可能疏漏以及应采取何种防范措施。照他的看法,金陵、杭州、嘉兴等地目前虽仍在太平军固守之中,但早晚必克,绝无疑问;所成问题的是,太平军在苏、浙、皖毗连的溧阳、广德等地仍保有大部军力,假使曾国藩的苏、皖之军,不能与李鸿章的上海军东西联成一气,在南京与苏州之间建立一条有力的封锁线,万一此寇向皖南、赣东一带流突,即使金陵已破,仍将成为不了之局。左宗棠的顾虑事后证明极有先见之明。南京城破之后,小天王洪福瑱从南京城中逃出,在溧阳、广德一带得到了李世贤与汪海洋的接应,仍有数万之众,由皖南向赣东逃窜,流突于赣、闽、粤三省边界之间。其后洪福瑱虽被江西的清军捕获,李世贤、汪海洋则在沿途裹胁民众,又发展成一支庞大的叛乱力量,最后仍须由清政府调集数省大军,费了一年多的时间实行围剿,方将他们在广东嘉应一带完全消灭。若是早依左宗棠的意见预做防范,何至出此重大纰漏?所以,左宗棠的顾虑可谓洞瞩先机,甚有远见。但曾国藩在当时既无游击之师可以布置调度,李鸿章又借口常州尚未攻下,他的军队不能越常州而远攻溧阳,所以左宗棠的建议虽然高人一等,却未能为当时之人所重视。左宗棠与曾国藩,后来因为奏报南京城寇逸出之事发生龃龉,至于彼此交恶终身,是否也与此事有关就不得而知了。

杭州、常州、南京等重要根据地先后为清军克复之后,太平天国的革命运动在表面上算是已经全部平定。为了酬庸功臣,曾国藩和曾国荃兄弟,一封侯一封伯;左宗棠与李鸿章,也都得到了伯爵的封赐。左宗棠先已于同治三年四月由浙江巡抚升为闽浙总督,至是更蒙诏旨加太子少保衔,赏穿黄马褂。距他因樊燮控案而仆仆于湘鄂道上,饱受虚惊之时,不过三年多的时间而已。一个举人身份的巡抚幕宾,在三年多的时间之内就做到了兼辖二省的总督,左宗棠的成就看来实在不凡。由此亦可知道,非常之才如能值非常之时,而又得到非常的知遇,必定在很短时间之内就会振翅直上，一飞冲天。左宗棠就是极明显的例子。不过，左宗棠的才学毕竟不凡，他的成就尚不能局限于此。因为，当时的清朝政府，内忧外患正方兴未艾。太平天国之乱虽平，而北方的捻乱、西北的回乱，还正如野火烧山一般地燎原未已。至于外国列强之眈眈而视，更不知祸在何日。欲图攘外，必先安内；欲图御侮，必先自强。这正是当时的朝野上下所感到亟须解决的严重课题。左宗棠此时既已由在野变为在朝，并且跻位通显，隐隐然成为朝廷与百姓众望所归之人，自当殚精竭虑，克尽忠贞，以挽救国家民族所面临的大难。所以，我们在此后所看到的，正是他如何收拾整顿及发奋图强的种种事迹。

左宗棠一生的重大功勋有三——平浙、平捻及平回。平浙的功绩局在一隅，平捻亦不过在全部剿捻战史中略占一部，两者俱不是丰盛宏伟的不朽勋业；而平回则不然。后人追论左宗棠对国家民族的最大贡献，就是他能够把中国自陕西、甘肃以至新疆的一大片广袤土地夺取回来，仍旧置于中国版图之中，使得业已破碎的金瓯仍归完整，这一伟大的功绩就远非他人之所能及。

宗教纠纷与民族纠纷及政治纠纷结合在一起，最容易发生大规模的动乱。在这种情况之下，如果中央政府的力量足以镇压防范，自然可以勉强相安一时。但政府的统治力量如果动摇不稳，情势就不一样了。清同治年间的陕甘回变就是在这样的情势下发生，并且最后由陕甘蔓延至新疆。

新疆与西北其他各省相比，情况又自不同。原因是新疆于雍正、乾隆以后方始正式收入中国版图。当时的清政府为了自私自利之目的，借口新疆的地位重要、情势特殊，并不在新疆设立地方行政机构，而只以满人之亲贵派充将军、参赞与办事大臣、领队大臣等职，将新疆长时期置于军事统治之下。被派到新疆去做将军、大臣等官的满人，也知道这是皇帝对他们的"调剂"，一到新疆，无不视之为发财之利薮，贪污作弊，营私肥己，无所不用其极。更不堪的，还纵使所属的兵丁胥役任意鱼肉百姓。这就使得新疆的民族纠纷、宗教纠纷与政治纠纷更形尖锐，由外国力量为之支持的野心分子也更容易萌生觊觎不轨之心。发生在道光年间的张格尔之乱，就是张格尔借口南路参赞大臣斌静无理压迫，得了布鲁特的军事力量为支持，希望在新疆制造独立，并将清政府的势力逐出新疆的叛乱运动。在那一次的变乱中，南疆的西四城沦陷，事情几乎闹得不可收拾。其时虽经清政府调派大军将之迅速敉平，酿乱的因素却始终未能改善。到了同治年间，清政府因内忧外患而东支西绌，民穷财尽，在陕甘等地又先后发生了规模庞大的回民叛乱，于是新疆的回民也勾结了安集延部的酋长阿古柏，带兵侵入喀什噶尔，拥立张格尔之子布土尔克为王。其后，西宁方面的一个回教领袖妥得璘，也在迪化僭号称王。南疆与北疆的叛乱不久便逐渐扩大，新疆全部沦陷。这时，布土尔克做不成傀儡王了，阿古柏自践王位，又打败了妥得璘，囊括了新疆的绝大部分领土，称毕修勒特汗，其目的显然是要将新疆变成一个独立的回教王国。清政府对付陕甘方面的回乱，已经感到饷绌兵单，敉平无力，对于这个远隔在数千里外的新疆，更加觉得心余力少，无法可施。若不是左宗棠在这时力任艰巨，收拾整顿，眼看这广袤数百万方里的大片土地，就要从此沦为外人所有了。

左宗棠奉朝命移督陕甘，是同治五年九月间的事。这一年，他五十五岁。在此以前，当他还在福建做闽浙总督的时候，清政府曾因陕甘回变连年不能平定之事，降旨向他询问平定方略。他以为剿寇并无困难，无论是骑战、步战，只要训练熟习，装备充足，自足以克敌制胜。所成问题的是，陕甘经回乱之后，人民被杀戮殆尽，田地抛荒，物产凋耗，不但军饷筹措困难，而且有钱无处买米，这才是最须妥筹对策的重大难题。所以，在进兵之外，仍应同时举行屯田之法，冲要地区用军屯，偏僻地区用民屯，虽然耗费较多，总要比无粮可觅、悬军待哺的情形好得多。他当时并没有料到朝廷会将平定陕甘回乱的重担交付给他，只是就事论事，据实敷陈关于此事的意见而已。殊不料当时的朝中，正因陕甘乱事了结无期，难觅可以任事之人而焦虑无策。论到善于知兵之督抚大臣，在平定太平天国的战争中不乏战功卓著之人。清政府在富有作战经验的湘军将领中寻觅，先找到了在四川做布政使的刘蓉，擢升他做陕西巡抚，命他带湘川之军入陕剿回。其后因对太平天国的作战行动将近结束，又将督办江西军务的钦差大臣杨岳斌调为陕甘总督，命带所部湘军西征。刘蓉在陕西仅能勉强应付流突入陕的太平军与"捻匪"。至于杨岳斌，则因急于成功之故，把军队全都开入甘肃，结果弄得后路被截，饷道中断，甘肃本身又无饷可措，于是军队溃变，他自己则困处兰州，一筹莫展。除此之外，李鸿章虽然很有干才，此时正负责剿捻，无法更动。而左宗棠恰在此时侃侃陈奏陕甘回乱不难平定，于是，平回的大任便自然而然地落在他的身上了。于是，他在三个多月之后奉旨调为陕甘总督。

同治年间的陕甘回乱在酿变之初，原本是性质比较单纯的种族纠纷与宗教歧异，倘能妥善疏导，剿抚并施，并不难于平定。但渐到后来，由于战乱之延长而使情势变得复杂，便愈来愈不容易解决，而若干野心分子也很想利用这种混乱情势来施展他们的政治阴谋。如盘踞甘肃金积堡的叛回首领马化漋便是一个显著的例子。

关于马化漋与金积堡的情形，我们可以先看《左宗棠年谱》中有关此事的叙述：

> 马化漋所居金积堡，当秦、汉两渠间，扼黄河之要，地形绝险。贸易通西北各省及蒙古诸部，擅有盐、茶、马之利。马化漋始以新教煽惑回民，西宁、河狄口外之回，皆崇奉之，遂潜图雄长诸回部。环金积堡堡寨五百有奇，屯聚党众，占取汉民产业、妇女，宁、灵数百里间并被其害。董志原回久

与通市，马化漋助使入扰，而收其所掠财物。又阴嗾所部，出掠蒙古藩部。穆图善署总督，马化漋阳输银米归诚，穆图善遂任以招抚之事。乃益修筑堡寨、购马、造军械，与陕回相首尾。陕回败，则资以粮、械、战马，往往为公军所捕觉。而穆图善始终信之，数为奏请，至赏加提督衔。

宁夏的金积堡就是古代的灵州。宋代元昊曾在此地建西夏国，割据僭号，历时二百数十年。宋朝政府始终无法讨平，不得已，只好每年给予岁币、岁帛，以免西夏人抄掠。至于董志原，则地在甘、陕接壤，当时乃是叛回在甘肃的主要根据地。马化漋据有金积，富甲一方，兵强马壮，又得新教回民的倾心归附，在陕甘回乱中见历任的总督将军都是一些怯懦无能之辈，便很有乘时崛起、割据一方的野心。他一方面借名归顺玩弄清朝官吏，一方面在暗中支持董志原的叛回，其目的无非希望将陕甘二省的混乱局势无限期地延长下去，一旦羽翼丰满，便亦可如西夏一般地立国称王了。陕甘回乱之历久难平，虽说官吏无能与兵不能战亦是重要的原因，而其中的主要症结，还是在于马化漋之阴谋策动，与穆图善之流的人物为其所愚，反而对征剿行动多所掣肘之故。马化漋之外，西宁方面的马朵三，河州方面的马占鳌，大致情形亦相仿佛，不过在诸人之中以马化漋之势力最强，为害亦最大。所以，表面上看来似乎只是汉回仇杀与新旧教的斗争，而演变到后来，却已隐藏着僭号割据的潜在危机，情势极为复杂，处理起来亦极为困难。

仇杀与械斗本不难由官府的力量加以制止；僭逆与谋叛亦尽有国家宪典在，不难依法处置。成问题的是，明明知道其中存有僭逆割据的阴谋，而偏偏有官吏为之袒护，竭力反对一切公开的讨伐。这种夹入了政治是非的纠纷，便不是单纯的军事力量所能解决的了。何况陕甘的动乱历时数年，人民被戮，地亩抛荒，物产凋耗，无论是征讨或招抚，都互相牵掣，不易解决。面对这种情势，庸劣无能之人固然一筹莫展，才干敏练之人也一样踌躇却顾。左宗棠家书中有《寄诸子书》云：

> 吾移督陕、甘，有代为忧者，有快心者，有料其必了此事者，有怪其迟久无功者，吾概不介意。天下事总要人干，国家不可无陕、甘，陕、甘不可无总督，一介书生，数年任兼圻，岂可避难就易哉！

看了这样的话，我们不能不佩服左宗棠勇于任事与不避艰危的精神。事实上，当时并没有别人更有如此伟大的抱负与胸襟，也并无其他人更有如他的才具，足以担当此一艰巨的任务。左宗棠之所以要这样不避艰危，一方面是他公忠为国的精神使然，一方面也因为他自认有此把握可以胜任此事，故而毅然引为己任，立志要为国家消此隐忧。左宗棠书牍中有与友人夏小涛之书云：

> 西事大类养痈，失今不图，西陲恐非复朝廷所有。弟不自忖量，引为己任。

又有与浙江巡抚杨昌浚书云：

> 西事大类养痈，当事知其不了，欲以不了了之。

由这些话中我们很可以看出，左宗棠之所以毅然要以西事为己任，正是因为他目击西事危急，而当事者犹复颠顼畏葸，势必要将陕、甘、青、宁这大片土地完全断送不止。因此，他不得不挺身而出，要竭尽一身之力，为国家民族保存此一块土地。至于他当时何以有此把握，敢于挺身而出呢？我们只要看他以后的施为次第，便可知道他本自成算在胸、丘壑分明的。

《左宗棠奏稿》卷二十一，同治六年正月由闽赴陕，行次汉口时所上《敬陈筹办情形》一折，其中屡陈他对于剿捻、剿回的计划说：

> 今所患者，捻匪回逆耳。以地形论，中原为重，关陇为轻。以平贼论，剿捻宜急，剿回宜缓。以用兵次第论，欲靖西陲，必先清腹地，然后客军无后顾之忧，饷道无中梗之患。……甘省回多于汉，兰州虽为省会，形势孑然孤立，非驻重兵不能守；驻重兵则由东路分剿各路之兵，又以分见单，不克挟全力与偕，一气扫荡。将来臣军入甘，应先分两大枝，由东路廓清各路，分别剿抚，俟大局戡定，然后入驻省城，方合机局。是故进兵陕西，必先清关外之贼；进兵甘肃，必先清陕西之贼；驻兵兰州，必先清各路之贼。然后饷道常通，师行无梗，得以一意进剿，可免牵掣之虞。亦犹之江、皖布置周妥然后入浙，浙江肃清然后入闽，闽疆清然后入粤。已复之地，不令再被贼扰，当进战时即预收善后之效，民志克定，兵力常盈。事前计之虽似迟延，事后观之反为妥速。自古边塞战争，屯田最要，臣已屡陈其利矣。汉宣帝时，先零羌反，赵充国锐以自任，所上屯田三疏，皆主持久之议。宣帝屡诏诮责，充国持议如初，卒收底定成效。可知兵事利钝，受其事者固当身任其责，至于进止久速，则非熟悉彼己长短之形、饥饱劳逸之势，随机立断不能，此盖未可臆度而遥决者也。臣频年转战东南，于西北兵事，未曾经历，所部南方健卒，于捻、回伎俩并无闻见，若不慎之机先，加以迫促，诚恐所事无成，时局亦难设想。伏恳皇上假臣便宜，宽其岁月，责臣以西陲讨贼之效，不效则治臣之罪，以明军令。臣惟勉

竭驽钝，次第规画，以要其成。剿捻、剿回，均惟事机所在。若兵力未集，马队未练，屯务未举，车营未成，则无所措手以报君父，虽身任咎责，无补时艰。此则耿耿愚忱，有不能不预为披沥者。

这一道奏疏，大致已经勾绘出他此后在陕、甘剿捻、剿回的具体情形。而他从同治六年十二月因追剿西捻而驰驱于山西、河北诸省，至西捻剿平后入京陛见，皇帝及太后询问他平回需时几年，他对以需时五年。及后他于同治七年十月回抵西安，由此节节展开攻剿，由陕西而甘肃，由甘肃而宁夏，由宁夏而青海，至同治十二年九月关、陇、宁、灵全部肃清，前后时间，恰为五年，适符前言之期，说来也实在是很凑巧的。其中的实际作战经过，亦正与他在此疏中所说的一样——先逐步肃清后路，然后节节向前推进，不贪近功，不求速效，收复一处地方，即办妥一地之难民赈济及善后复员工作，所以战事甫经结束，地方已有欣欣向荣的生机。自古以来，料理兵事与民事能够像左宗棠这样有条有理、一丝不紊的，实在少见。然而，这一切似乎在一开始左宗棠即已了然于其胸中，这一种大经济、大学问，太不容易了。

回顾左宗棠在同治七年至十二年用兵关、陇所遭遇的实际困难，我们当可体会到他为了平定陕甘回乱，是何等的耗费心血、劳瘁艰难。

首先需要提出来的，乃是筹措粮饷及运输方面的困难。这一困难在关陇用兵所遭遇的各种困难之中，应为最大的一种。为了解决此一困难，所耗费的心血也最多。下面先摘录左宗棠奏疏及书牍中的一些文字，以略见一斑。

书牍卷十七页四十六《答吴子健书》曰：

> 弟自出山以来，备尝艰苦，由湘入闽，均未尝请拨部款。盖东南诸省，尚可于捐款厘务设法，比调督陕、甘，则逼入窄乡，

一筹莫展矣。陇之苦瘠，甲于天下，通省地丁钱粮征收额仅二十七万两有奇。变乱以来，征收十不及一。所恃以支持数年者，专在省关协济。其仰面求人，良非得已。

这一段文字说出了甘肃本省筹措兵饷之困难。为了养兵，为了购办粮秣、器械与军火，这一切费用之所出，都来自各省的协济，也就是户部分拨的所谓"协饷"。为了求讨协饷，左宗棠必须运用各种关系软求硬讨，然而仍然有解有不解，以致军饷奇绌，困苦万状。如《光绪东华录》中就有一条说到西征之饷：

> 各省拨解之数，有过半者，有不及一半者，惟湖南止解三分之一，河南拨解不及十分之一，广东、福建、四川，欠解亦多。

又，《光绪东华录》引《左宗棠奏疏》云：

> 臣二次督师入关渡陇，各省每年解到协饷约五百万两。合捐输入款，极力撙节支销，截长补短，挪东掩西，每年亏挪勇饷百数十万两。

各省协饷解不足额，影响所及，一是军士及官长的月饷不能依时发放，不免影响士气。但这还是小事，较此更为重要的，则是因此而使粮秣的采购及运输都发生延误，军士无米果腹，势将无法打仗，这问题就大了。

《左宗棠奏稿》卷三十二，同治八年五月十九日《奏请敕各省力筹协饷折》云：

臣军饷事短绌，蒙天恩谕各省，除每年原协臣军饷银三百三十万两，署督臣穆图善军饷银一百二十万两，署抚臣刘典军饷银六十万两，又添拨厘金三百万两。各省如果遵旨分拨起解，臣自可一意驰驱。乃函牍频催，自正月起截至四月底，计各省应解银二百三十万两，除穆图善提解不计外，其解到并起解在途者，止七十余万两，臣与刘典军积欠已久。而自董志原平后，令各营前进，就近垦荒布种，招辑流亡，所需经费，不得不于正饷内通融挪注。五月节前，各军仅求一月足饷，迄不可得。秦、陇用兵，筹粮难于筹饷，筹转运又难于筹粮，古今不易之局。而采粮、转运二者，尤非实饷到手，无从筹措。虽有良将，不能点铁而成金；虽有神兵，不能煮沙以当粥。迨军士因饥致溃，伍籍空存，搜括民粮以为食而民亡，强募游手以充兵而兵废，卒致战不能战，守不能守，杨岳斌之急赴陇西趋战而溃，穆图善之急保兰垣竭蹶而危，足为前鉴。臣奉命出师，岂敢逗留不进。然不预将后路稍为布置，饷道概予疏通，而贸然前行，再蹈覆辙，其必贻朝廷异日之忧也决矣。臣才智、技能与阅事之久，无以加于杨岳斌、穆图善，而责任之重，时局之艰，无以异。此后师行愈远，得饷愈艰。应恳天恩敕下各督抚臣，于协拨陕甘各款，按日如数解到西征粮台，毋有短缺，俾得预为布置，速复戎机，大局幸甚。

然而，即使有左宗棠的力疾声呼，以及皇帝的煌煌谕旨，各省协饷之依时如数解到者，仍是寥寥。大部分的情形是解八成而欠二成，或者指东抵西，设法抵赖不解。在无法可施的情形之下，一般所用的应急办法是：

于饷银解到时，先尽购运粮食、草料、军装、军械、军火之需，每月每营仅给盐菜柴薪银六七百两，俾勇丁长夫聊资糊口。至疾病之药饵，伤亡之恤养，与夫统领、营哨、官弁之薪水办公银两，概停不发。以故将领虽极窘乏，而士卒尚免饥疲。

由于官长与士卒的生活同样地艰苦，所以士兵的欠饷虽多，生活虽苦，全军上下始终斗志坚强，士气不隳。相传左宗棠驻兵安定时，岁暮天寒，雪压行帐，帐篷中的温度极低，左宗棠仍是照样穿着他的老羊皮袍子，手披图籍，据案批阅军报不少懈。兰州道蒋凝学劝他移住兰州督署，他批覆云：

该道禀请移节省垣，自是体念衰躯之意。惟念前敌诸军冒寒履冰，袒臂鏖战，本爵大臣斗帐虽寒，犹愈于士卒之苦也。所请应作罢论。

又，《左宗棠奏稿》卷四十七，光绪元年九月《奏请以杨昌浚来甘相助》一折，中云：

臣之驭军，别无才能权智，所恃者诚信不欺，丝毫不苟，不敢以一时爱憎稍作威福，致失人心。行之既久，湖湘子弟习而安之，虽欠饷积多，尤无异说。

凡此俱可以说明，左宗棠与士卒同甘共苦，诚信不欺；西征士兵深知欠饷是由于协饷不解所致，虽处于至困极苦之境地，始终能含容隐忍，奋战到底，而全无怨言。由这些地方，我们看到了左宗棠公忠为国、白首行边、勤劳刻苦、精诚感孚、与士兵生活打成一片的实际情形。

粮饷之外，与之同样困难的问题是购粮。俗话说："大军未发，粮草先行。"意思是说军队的补给要在行军之先就准备妥当。作战而缺乏粮秣的供应，虽猛将锐卒亦将因饥疲而致溃败。但陕甘的情形如何呢？《左宗棠书牍》卷十，《答蒋之纯书》云：

> 秦陇兵燹连年，各处千里无人。陕之延榆、绥鄜，甘之平凉、泾固，一望黄茅白骨，蒿目心伤。

大乱之后，人民死亡，流徙殆尽，地亩抛荒，一片榛莽，根本没有粮食生产，所以征西大军所需的粮食，必须先从外地购运。但西北地区山岭崎岖，转运困难，从湖北、河南等地购买粮米运达陕甘前线，不但运费奇昂，而且运输工具也极难觅致，筹购、筹运，劳费万状。所以，左宗棠说："秦陇用兵，筹粮难于筹饷，筹转运又难于筹粮。"为了解决这些困难，左宗棠向来主张屯田。一可供官兵食用之需，二可省转运之费，三可为善后工作奠定基础，凡一举而三得。所以，凡是西征大军所收复的地方，左宗棠都要命令那些距前敌较远的队伍，利用职守之闲暇，在附近从事耕作。所收获的粮食和蔬菜，即由营中作价收买。这样做法也有几项好处：第一，兵士不致习逸成惰；第二，多种则多获，可以增加士兵的收入；第三，耕熟之地准由原主认领，可使逃荒的地主闻风而趋，自然而然地发生招徕的作用。至于百姓有愿垦荒的，左宗棠不但发给耕牛及种子，并且按丁口大小，逐日给米，以为糊口活命之计。《左宗棠奏稿》卷四十，同治十年八月奏曰：

> 陕、甘频年兵燹，孑遗仅存，往往百数十里人烟断绝。新复之地，非俵给牛种赈粮，则垂毙之民，殆将尽填沟壑。各省克复一郡县，收一处丁粮厘税；甘肃收复一郡县，即发

一处牛种赈粮。非如是则有土无民，朝廷亦安用此疆土也。

百姓垦荒所获粮食，也由军队照市价购买。乱后粮价高昂，麦一石至值银四五两，自然更足以发生鼓励招徕的作用。对于甘肃境内作战力极差而极须淘汰的部队，左宗棠也以劝导屯田的办法令他们从事屯垦，给予荒田使之耕种，一方面免其流落为匪，一方面转兵为民，无形中办好遣散余兵的善后工作。如此，凡是征西大军所收复的地区，不久便有粮食生产，可以补充前方军队的需要，而收复区内的善后复员工作，也逐渐地走上了轨道。在事后看来，这样的做法当然极其正确；而在实施之当时，却不知费了多少心血。更因各省协饷不继而致军费短绌，凡此牛种、赈粮等复员所需，亦必须从军费内抽拨匀支，在调度上便更不免捉襟见肘，困难重重了。

在粮饷与转运问题之外的第二种重大困难，乃是来自朝中和同僚的掣肘。这种困难足以影响到左宗棠原定的军事计划，使之无法依时实施。为了克服这种困难，又不知费尽了多少周章。

盘踞金积堡的叛回首领马化漋，左宗棠早知他便是陕甘回乱的幕后领导之人，所以一开始就以他为目标，以为如能拔此根株，即可收正本清源之效。殊不知当时署理陕甘总督的宁夏将军穆图善，对此抱着不同的看法。一切的阻挠和掣肘，便都由此人而生。

穆图善是满洲人。清朝末年，满洲人靠着他们世家的身份，养尊处优，盘踞要津，一向最善于作威作福，贪污舞弊，但是却最没有能力领兵作战，应对困难。遇到地方发生叛乱，他们唯一能拿得出来的办法，便是招抚。穆图善署理陕甘总督，辖下的兵力多至一百四十营，年耗兵饷一百二十万，却应付不了境内的回乱。马化漋看准了穆图善的贪庸无能，因此假名求抚，借此玩弄穆图善于股掌之中。左宗棠家书中有一信述及此事，云：

甘肃官兵事，均不可问，整理最难。以前署督庸妄太甚，而枢廷袒之也。马化漋夜郎自大，封授伪官，自称大总戎，称官军为敌人。穆将军三年前办此不了，遂以抚局羁縻之，并劾主剿之都将军以误国。其实中外无不知马化漋之终为异患也。穆又自陈得马化漋粮数千石，其实纳贿亦不少。阿拉善王上书于我，痛詈穆将军。穆曾奏马化漋为良回，隐以我为激变也。与旗员闹口舌，是吃亏事，与前任争是非，非厚道。然事关君国，兼涉中外，不能将就了局，且索性干去而已。

由于穆图善得马化漋之厚贿而处处为之包庇，故当左宗棠的大军肃清陕西，又攻下甘南董志原的巢窟，兵锋渐向金积堡时，穆图善就奏请朝庭，以河州总兵胡昌会率同马化漋安抚回众，及以南路河狄之回阻梗兰州饷道为言，请旨饬下左宗棠移兵南向秦州，以阻挠左军进剿金积。左宗棠覆奏，以为驻军当求居中调度，而秦州地偏南路，不能兼顾北路、中路，又其地无贼，亦不可避劳而就逸。朝旨以为是，于是命刘松山由董志原北向定边、花马池，趋灵州及金积。马化漋此时一方面据堡坚守，一方面以刘松山滥杀激变为由，唆使绥远将军满人定安上疏讦奏刘松山轻进滥杀激变。及至朝旨命左宗棠及穆图善查奏，穆图善又坚执马化漋系"已抚良回，刘松山激成事端，恐甘省兵祸无已时。即将来左宗棠剿而后抚，亦未必能坚回民之信。奴才不敢知而不言，闻而不顾"。左宗棠因此覆奏曰：

> 马化漋之阴贼险狠，天下共知。自就抚后，筑寨修堡，购马造械，仍与陕回互相首尾。陕回败则资以马械，陕回穷则助以军粮，从前屡见章奏。自灵宁西达西宁，南通河狄，各回民无不仰其鼻息。且常嗾所部掠蒙古回部。定安所讯据活贼白天才之供，刘松山自花马池南下时曾击败饱掠回巢韦

州苏光棍之党，事皆在八月以前，是时官兵未抵下桥，其变果谁激之？言者所称滥杀激变，自是指八月初三日郭家桥大捷而言。马化漋八月初四日所上臣禀，于刘松山军抵何处，一字不提，岂果有激变之事而反为之讳乎？白彦虎、杨文治诸逆之突犯固原州，实马化漋嗾之以来，岂亦固原各军激之而然乎？甘肃汉、回杂处，昔本汉多于回，今则回多于汉。宁灵一带周数百里，汉民几无遗类，其产业、妇女均归金积堡，老弱死亡，壮丁为其佣工细雇，汉民之痛心疾首，抑何怪其然？臣接灵州绅民之禀，耸惕不安，颇虑失此不图，张骏、元昊之患，必见诸异日。

即使左宗棠如此大声疾呼地以马化漋将成元昊之续为言，当时的朝廷之中仍颇以为左宗棠在危言耸听，怀疑他的话并不可靠。直到这年九月，刘军攻克金积堡以北的马家寨，在寨中搜出马化漋给逆回马重三等人的伪札一道，称马重三等人为"参领"，而自署的头衔则为"统领宁郡两河等处地方军机事务大总戎马"，上钤伪印一方，由此方才使人确信马化漋果有割据叛乱之心，而穆图善之阻挠掣肘，至此时方才归于无效。然而，左宗棠的军事行动则已较他的原定计划耽延甚久，而金积堡之防务也因之而加强不少，益增进攻的困难了。

除此之外，左宗棠征西所遭遇的困难当然还有很多，诸如前引左宗棠家书中所说的甘省吏治败坏、兵不能战，收拾整顿均极费苦心等。而在金积堡攻克，河州、肃州等处的逆回亦一一扫清之后，对于这些仇杀汉民辗转逃来的作乱逆回究竟如何安排，也是一件煞费周章之事。左宗棠当时所采的办法，是将他们集中起来，迁徙到固原、平凉等处安置，一方面避免汉民的报复，一方面免致与本地回民难以相处。这些事情太琐碎，而且头绪也太多，不便在此处屡述，故尔从略。

左宗棠自同治五年九月奉调陕甘总督，至同治十三年九月肃清关陇，前后历时凡七年。这七年之间，剿捻、剿回，图军实，筹善后，清吏治，恤民生，虽然克藏大功，但也使他神劳形瘁，白尽了满头的黑发。曾国藩曾与左宗棠交恶多年，在听说西征大功告成之后，也不禁大为钦佩说："虽起胡润芝于九泉，亦不能及左季高之成就，余子不足言矣。"

但左宗棠的事业并非到此为止，因为关陇虽平而新疆尚未收复，西北回民的叛乱并未全部戡定。而左宗棠虽然七年劳瘁，却仍然意兴勃勃，自觉廉颇健饭，宝刀未老，正当及时为国宣劳，效新息侯马援当年建功绝域、立铜柱为铭的往事，收复新疆，还我金瓯无缺。于是，在光绪元年三月间，他又奉命督办新疆军务。

平定回乱，肃清关陇，在当时已是人所难能之事；新疆远在西陲，千里黄沙，号称"瀚海"，无论行军作战与转运粮饷，都要比陕、甘用兵困难得多。但当时的清政府为了维护他们的种族利益，最初还不肯放弃满人专制的想法，仍旧希望由满人来加以收复，以便始终将新疆作为满人的禁脔。所以，在关陇肃清、行将开始用兵新疆的时候，他们所派出来负责军务的钦差大臣，两个都是满人——一个是景廉，另一个是金顺。

景廉是满洲正黄旗人，翰林出身，由侍郎改授伊犁将军，从此转文为武，一直在新疆担任军职。《清史·景廉传》说他"循分供职"而"经济非所长"，可知他实在没有经国济世的长才。至于金顺，则是骁骑校出身的满洲镶蓝旗人，虽有军功而胸无韬略，一样担当不了大事。这样的人选在当时的满洲世家中已可算得上是有"才望"。无奈他们虽能做大官而实无匡时济世之才，勉强派他们去做督办新疆军务的钦差大臣与帮办大臣，碌碌经年，寸长未效。恰在此时，台湾发生了牡丹社生番杀害琉球遭海难人民之事，日本派兵三千渡台，声言实行"膺惩"；中国方面亦派船政大臣沈葆桢带兵前往布置，一时双方剑拔弩张，大有开战可能。李鸿章时为直隶总督，深知中国海陆军非日本之敌，力主和平解决，沈葆桢亦主此议。日本态度强硬，坚索巨额赔款。此事虽经英、美等国的调停解决，而中国的朝野上下因此大受刺激，以为中国海防不修而致见侮于日本，是可忍孰不可忍？于是主张暂停西北方面的军事行动，撤西北用兵之饷以建设海防，借此为生聚教训之计。这就发生了海防与塞防孰重孰轻的问题。清政府为此降旨密询左宗棠的意见。左宗棠具疏覆奏，除了力陈塞防的重要性外，更坚决主张新疆绝不可放弃。他在此疏中有许多极为警策的名言谠论，即使在一百多年后的今日，仍为不能改变的国防理论。只因文字太多，无法在此引叙。所应注意的，此时的朝议颇多赞成海防论者的停止西北用兵之议。若非有当时的军机大臣文祥力排众议，一力赞成左宗棠的用兵主张，很可能因海防论者的主张得行，而致弃新疆予回部，坐致一百数十平方公里的疆域沦为外国，这中间的关系就太大了。这方面的情形可以引据清人李云麟所撰的《西陲述略》一书所说，述之如下：

> 当光绪纪元之始，海防、边防并急。冬十一月，云麟进谒故相国文忠公祥。文忠曰："方今建议诸臣，多因海防吃重，请暂停西陲用兵，画关而守，廷论疑之。余因会议时排众议之不决者，力主进剿，幸蒙俞允，因有命左节相督师之命。前此所以力争者，我朝疆域与明代不同。明代边外皆敌国，故可画关而守；今则内外蒙古皆臣仆，倘西寇数年不剿，养成强大，无论坏关而入，陕、甘内地皆震，即驰入北路，蒙古诸部落皆将叩关内徙，则京师之肩背坏，彼时海防益急，两面受敌，何以御之？此次以陕、甘百战之师乘锐出关，破未经大敌之寇，乌鲁木齐辖境不难指日肃清。乌垣既克，乘得胜之威，南钤回部，北抚蒙古，以备御英、俄，实为边疆久远之计。"

文祥的见解，实在是左宗棠请建新疆为行省的理论根据。光绪三年三月，吐鲁番城克复，全疆底定在望，左宗棠于此时奏请新疆建省，以国防形势之观点提出其理由，谓：

> 我朝建鼎燕都，蒙部环卫北方，百数十年无烽燧之警，不特前代所谓九边尽成腹地，即由科布多、乌里雅苏台以达张家口，亦皆分屯列戍，斥候遥通，而后畿甸晏然。盖祖宗朝削平准部、兼定回部、开新疆、立军府之所贻也。是故重新疆者所以保蒙古，保蒙古者所以卫京师。西北臂指相连，形势完整，自无隙可乘。若新疆不固，则蒙部不安，非特陕、甘、山西各边时虞侵轶，防不胜防，即直北关山，亦将无晏眠之日。

亦正因为主持中枢的军机大臣之中有文祥这样明白事理的人在，左宗棠新疆绝不可弃的主张方能顺利通过。更因景廉不足以胜任收复新疆的重责，于是朝议又以为此时必须要有左宗棠这样的宿望重臣出而统率，方足以联络各军，有利兵机。于是，朝旨将景廉调为正白旗汉军都统，回京任职；金顺仍以乌鲁木齐都统作为帮办大臣。但他这次所帮的已非景廉而是左宗棠，因为就在这一道旨意中，左宗棠已经以陕甘总督的身份，被授为督办关外军务的钦差大臣了。

左宗棠肃清关陇，已经因筹粮饷、筹转运而致耗尽心血。现在又要再出兵新疆，而最近的新疆前敌，亦在肃州的西面二千余里之外，长途转运，再加上采购的困难，使左宗棠头上的白发更多了一些。

根据《左宗棠年谱》等书的记载，左宗棠因准备出兵新疆而在各地采办粮食，分地储存。截至光绪三年四月为止，由甘肃运至安西、哈密的，约一千万斤，由哈密运存古城子的，约四百万斤；由归化和包头运存巴里坤的，约五百万斤；从宁夏运存巴里坤的，约一百万斤。另外，他还从俄国买粮四百八十余万斤，经北路运存于古城子。以上合计，共约二千四百八十万斤。这一批粮食，若以现代的交通工具来担任运输，亦须载重五吨的卡车运输二千四百余车次。而由上述采粮地区经肃州或哈密以达巴里坤前线，路程都在三千五百里以上，长途转运，车辆的调遣与油料的消耗，都非常惊人。在左宗棠出兵新疆的时候，这一切都要靠人力或畜力来运输，所遇到的困难更不止百倍了。这里面的主要原因自然是路程太长，交通工具太落后，以致途中所消耗的粮食太多。如以车运而言，一车载粮不过六百斤，一夫两骡，日须耗粮二斤、料十六斤，途中四十余日，车未至而车粮已罄。驼运的耗粮较少，每驼日喂料一升，一夫可管五驼，每驼可负五百斤，日行八十里。到达时尚有四百斤的余粮。比较起来，自然只能以驼运为合宜。但蒙古、新疆所产的骆驼有限，为了运输二千四百余万斤的粮食而需要雇觅数以万计的骆驼，这就是一件十分困难的事。不得已，只好视道路情形及水草便易，酌量兼行车、驼二运。仅此一点，所费的周折与所耗的精神便已不可计量。

路程远而运输困难，所需要的运输费用自然也多。由《左宗棠奏稿》中可以见到新疆之役运输费用方面的若干数据。例如在肃州购粮，每百斤需银五两五钱，运至安西的运费是十一两七钱，运到巴里坤是十五两。也就是说，运到巴里坤的粮食，运费约为粮价之三倍。从前左宗棠用兵关陇，由河南、湖北等处采办粮食运往甘肃，转运所费，大约为粮价之一倍。与此相比，用兵新疆单是运输费用的支出，就要比关陇用兵时增加两倍。如此一来，兵饷的支出相对增多，筹饷的问题也就更加困难。

由于各省的协饷拖欠，而军饷的采办、转运与军械、火药等一切军需供应事事不能停止不办，左宗棠当时所用的办法是借洋债——向外国设在上海的各银行借债，然后将协饷解去偿还。在这方面，左宗棠有一个最为得力的帮手——在上海主持采办局的候补道胡光墉。此人头脑聪明、手段灵活，不但凭他个人的信用为左宗棠借得洋债，并且在上海主持搜集军事情报及购办最新出品的枪械大炮。

当时，德国造出一种最新式的后膛螺丝开花大炮，即左宗棠奏疏中所说的"义耳炮"。此炮的口径大，测距准，命中率高，破坏力大，比之当时新疆叛军所拥有的英式大炮厉害得多。由于有这种远较叛军装备精良、犀利的新式大炮，所以左宗棠的大军在向叛军所据守的城堡或阵地展开攻击时，往往只需短时间的轰击，就会把叛军骇得魂飞天外，奔窜逃遁。左宗棠的军事行动由此也就得到顺利的进展。不过，这已经是后话，在此可以暂且不提。

光绪三年三月，左宗棠在甘肃所做的西征准备已经大致完成，各路先头部队也在指挥官张曜、金顺、徐占彪等人的统率之下分头出关，他本人便也于三月十三日由兰州移师肃州，展开了对新疆的军事行动。

由于运输能量有限，沿途水草缺乏，出关部队的行动处处都被限制在定量的范围之内。因此，左宗棠所计划的战术是"缓进速战"。所谓"缓进"，是当他的部队进占一地后，先用营中的车、驼将后方的粮料逐渐搬来储存，随后二批部队跟着进驻，腾出的车、驼，又可回去搬运第二批粮料，然后第三批部队又跟着进驻。如此层递衔接转运，必俟兵员和给养都达到足够的数量，然后才对选定的次一目标发动攻击。所谓"速战"，即因给养的补给不易，必须争取时间，以迅速有效的方法集中全力展开攻击，务期一举摧敌之后进占预定的目标，以便继续展开下一目标的攻击行动。由于出关大军精锐勇猛，前敌总指挥刘锦棠更以善战著称，所以，左军的进攻着着得手。到了光绪二年的九月间，已将乌鲁木齐、昌吉、呼图壁、玛纳斯等重要据点先后克复，肃清天山北路。这是收复新疆的第一阶段，军事行动到此暂时中止，原因是九月以后天气渐冷，作战不便。而在一场重大战役之后，消耗的军火与粮食极多，也需要经过较长时间的存储补充，然后才有足够的力量进行下一场战役。

军事行动虽然暂时停顿，左宗棠在新收复地区内所做的屯田与复员工作，则已在全力进行。因为左宗棠始终相信，用兵新疆，必不能永久依赖后方的粮食供应，不仅因为补给线太长、运费太贵、接济困难，从长远的观点看，在新疆能有足够的粮食生产方是长久之计。所以，北疆一经收复，他就在巴里坤、乌鲁木齐及昌吉等地努力从事兵屯与民屯。兵屯是用驻防的兵力，民屯则是用嘉峪关内招去的甘肃穷民。经过一年的努力，到了光绪四年，已垦田六万余亩，征粮数目不详。左宗棠以这种办法解决军粮补给困难的情形，在我国官方的记录中虽然没有数据可寻，但当时的外国报纸却曾加以赞扬。清光绪年间逐年编印的《西国近事汇编》，译载光绪四年五月某西报的一篇评论说：

> 喀什噶尔为中国克复，则彼处确为中国之一隅，中国于亚洲，即为有权。当初陕甘总督左钦帅募兵于关外屯田，外国人方窃笑其迂。及今观之，左钦帅急先军食，谋定而往，老成持重之略，绝非西人所能料。一八七六（光绪二年），兵克乌鲁木齐，分略诸地。部署定，然后整兵进对强劲之虏。自吐鲁番、库车，进阿克苏，势如破竹，迎刃而解。其部伍严整，运筹不苟，如俄人攻碁法（基辅）一般。其兵亦耐劳苦，志坚力果。计二十日经过一千二百里荒野沙漠，而得三城一大捷，由是叶尔羌、和阗各城先后克复。一八七七年，兵在喀什噶尔过冬，中国至喀什噶尔一律肃清，可谓神矣。其克喀喇砂尔也，兵以寡胜；其克喀什噶尔也，兵以合围胜。使欧人当此，其军律亦不过如此。平时欧洲人轻料中国，谓中国人不能用兵。今观中国之恢复回部，足令吾欧洲人一清醒也。

此文于赞扬左宗棠之屯田新疆外，更将他收复新疆的战绩做了客观的分析，可以使我们知道左宗棠谋定而战的老谋深算，虽外国人亦为之心折不已。文中所说的光绪三年左军由北疆越吐鲁番进克南疆东四城，光绪四年再由东四城进克西四城，全部肃清新疆叛回，亦正是左宗棠用兵新疆的后二阶段军事行动。不过，左宗棠的屯田成绩此时亦已由新疆北路推广及于新疆南路，渠道、水井一一兴建，不久新疆局势大定，驻扎在新疆的大军就不需要从内地去转运军粮了。

左宗棠平定陕甘、收复新疆，前后历时十四年。到了大功告成的那一年，他也已经到了六十七岁的高龄。此时全疆虽已底定，但问题尚未完全解决。原因是俄国人乘新疆回乱之时出兵占我伊犁，以保卫其边境为借口，至全疆底定以后犹不肯交还，清政府派满人崇厚前往交涉，俄人索要赔款五百万两，又尽割伊犁附近的要隘，只肯交还孤城一座。消息传来，举朝大哗，左宗棠反对尤力。清廷改命曾纪泽重新去与俄人谈判，并命左宗棠统筹战守事宜。左宗棠主张三路进兵，以武力收复伊犁，他本人由肃州舆榇西行，以示与俄人死战的决心。这一问题最后由于俄人之态度软化而得到和平解决，曾纪泽与俄人另订新约，争回不少权利。世人都认为这是中国外交史上的胜利，其实曾纪泽固然折冲有功，而左宗棠在此时所展示的实力，实有决定性的影响。所以，历史学家对于左宗棠当年的贡献都有极佳的论评。近代史专家郭廷以先生就曾说过："一部清朝晚年的历史，几乎都是吃败仗、割地赔款、丧权辱国的记载，读来令人气沮。唯有左宗棠的西北经略则是例外，确实值得我们兴奋。"这一番话说明了左宗棠在中国近代史上的贡献与地位。清人宋伯鲁曾有诗咏之，曰：

> 左侯崛起中兴日，誓扫天骄扩帝仁。
> 万里车书通绝域，三湘子弟尽功臣。
> 凤林鱼海春风远，玉塞新城柳色新。
> 今日西陲需保障，九原谁为起斯人？

读了这首诗，能不使我们对左宗棠油然而生敬仰怀念之心吗？

左宗棠后来于光绪六年春奉诏回京陛见，旋充军机大臣。不久后又出为两江总督。光绪十年，中法战争爆发，左宗棠奉派前往福州督办军务，第二年得病身故，享年七十四岁。自清末以至民国，有关他的遗闻逸事流传颇多，但大都夸张他的傲慢自大，很多都并不可靠。倒是刘声木所撰的《苌楚斋随笔》中有一条说：

> 湘乡杨石泉制府昌浚，由诸生官至封疆，皆为湘阴左文襄公宗棠一人栽培之力。及文襄督师陕、甘，剿平回匪，制府适任浙抚。浙省例有西征协济之饷，每到日稍迟，文襄即来函诘责，并问以："官从何来，而吝于协饷？"制府无奈，悉索散赋以应之。

这一条记载颇与当年左宗棠因协饷不至而焦虑烦恼的情形相合，似为事实。由这一条记载，我们不但可以想见左宗棠当年处境之困难，对于他在骆秉章幕府时代开罪多人及脾气不好等光景，亦仿佛见之。大概这就是左宗棠的真面貌——豪迈爽朗而才具不凡，只是性气刚烈，有触必发，以此不能为人所曲谅，如此而已。至于他的素行高洁、廉介俭朴，虽垂老不改其志节，则已是一般的公评，不须在此多作论述了。

第四章

张之洞

　　于光绪、宣统年间，在清政府中具有举足轻重的关键地位，但暗于知人，又应付无策，终不能使他的声望与地位在实际政治中产生制衡的力量。

张之洞

◆

　　在晚清末年的历史上，张之洞这个人颇具有举足轻重的地位。因为他在光绪、宣统之间做过大学士兼军机大臣，乃是实际上的宰相，所以一般人就以他的籍贯——直隶南皮县——为代名，称之为"南皮"而不名。

　　宰相以原籍的郡县为代名，其制度起于明代。李调元《淡墨录》云："自明至国朝，士大夫相沿，称阁臣不举其姓，但称其本贯郡县；如李文勤公霨，只称'高阳'，是也。尚书以下即不然。唐之中叶，称宰相但举长安邸所居坊里之名，又与今异，盖一时风尚云。"但清代三百年中，南皮人做到宰相的，并不止张之洞一人。如张之洞的堂兄张之万，在光绪十年甲申朝局变革时入相，亦被称为"南皮"。只是张之万的相业无足称道，他在晚清历史上的重要性远不及其堂弟之洞，于是，所谓"南皮"之名，习惯上也就只成了张之洞的代名了。

　　说到张之洞，就可以想到后人对他的一些不客气的批评。如《凌霄一士随笔》的作者徐一士，及《花随人圣庵摭忆》的作者黄濬，都曾很不客气地批评他"巧宦热中"与"好大喜功"。这与《清史稿·张之洞传》中的文字颇有契合之处。但近年以来所行世的若干专书，都颇以张之洞为晚清以来不可多见的杰出政治家。如果"巧宦热中"之说足以成立，则张之洞的道德与人品便大有问题，如何能被推崇为杰出的政治家？如果"好大喜功"的批评没有错误，那么他的一切建树就没有切实的成效可言，杰出政治家的头衔当然更有问题。面对这种互相不能调和的歧见，倒也颇有令人无所适从之感。

为了澄清这两种不能调和的歧见，对于张之洞这个人实在有深入研究以求了解之必要。

以下先略述张之洞的生平简历，然后再由他的言论思想与实际施为，以检讨他的行为动机与所生的影响。

张之洞，字孝达，号香涛，直隶南皮县人，生于清道光十七年。父瑛，以举人官贵州，由知县历升至知府。张之洞生于贵州，其时伊父即在贵州兴义府任知府。之洞天赋并不很高，但因读书用功之故，在十六岁那年，就以举人第一名高中了顺天乡试的解元。其后，张之洞丁父忧。及守制期满，他的堂兄张之万又屡次被派充为会试考官，张之洞例须回避，不能应试。直到同治三年赴京会试，方被取中为一甲第三名的"探花"。自此以后，他在京中的翰林院中供职，由编修历升至侍讲学士。光绪七年六月，擢内阁学士兼礼部侍郎衔。这年十一月，由内阁学士补授山西巡抚，开始出膺疆寄。在山西做巡抚一共三年，光绪十年，中、法两国因越南问题发生战争，广东防务紧张，淮军出身的两广总督张树声与湘军出身的督师尚书彭玉麟不能合作，朝命调张之洞前往接代，不久就有谅山大捷之功，张之洞也因此而被实授为两广总督。在两广六年，调补湖广总督，自此一直坐镇武汉，直到光绪三十二年。这期间，他虽然也曾三度由湖广调往两江，署理两江总督，但始终只是署理而已，不久仍回任湖广。光绪三十二年，他以体仁阁大学士内召为军机大臣，入参大政。至宣统元年，卒于任，享年七十三岁。总计他一生之中，居翰苑十八年，任巡抚三年，任总督二十三年，居相位三年，于政治上的关系不能说不深。尤其是在湖广总督任内，前后凡十七年之久，举凡湖北所办的一切新政，悉出于张之洞所规划经营。这在中国近代化的历史上颇有长远的影响，对张之洞而言，尤其是应当大书特书的。

张之洞在翰林期间，乃是著名的清流党人物。《清史稿》本传就说：

> 往者，词臣率雍容养望，自之洞喜言事，同时宝廷、陈宝琛、
> 张佩纶辈蜂起，纠弹时政，号为"清流"。

这是光绪初年的事。但当时号称为清流党的显要人物，除了张之洞以外，到后来都没有好结果。如宝廷，因典试纳妓事上疏自劾免官，放废终身。据说，他之所以这样做，乃是因为看出朝廷将对他有所不利，所以借此求去，以免落得更加不利的后果。如陈宝琛及张佩纶，先后被慈禧太后派往南洋及福建会办军务，陈宝琛丁忧后未再起用，张佩纶则因马江兵败而遭革职，从此永不翻身。既然这些人的遭遇挫折，明显是由于他们遇事敢言，那么，张之洞同为清流党人，何以他不但未曾与宝廷、张佩纶等人同遭不幸，反而外放巡抚，旋擢总督，身膺疆寄者历二十六年，甚得慈禧之宠信，宦途得意，始终不衰呢？这一点，就是徐一士与黄濬所批评的"宦术甚工"之力了。

说张之洞的宦术甚工，并非空言诬蔑，而是有具体的事实可证的。关于这个问题，还是应当从张之洞处身于"清流"的时期说起。

比较张之洞与其他清流党人的不同，可以看《清史稿》张佩纶、邓承修等传中所说的话。《清史稿·张佩纶传》云：

> 是时吴大澂、陈宝琛好论时政，与宝廷、邓承修辈号清
> 流党，而佩纶尤以纠弹大臣著。一时如侍郎贺寿慈、尚书万
> 青藜、董恂，皆被劾去。光绪八年，云南报销案起，王文韶
> 以枢臣掌户部，台谏争上其受赇状。上方意任隆密，乃援乾
> 隆朝梁诗正还家侍父事，请令引嫌乞养。不报。又两疏劾之，
> 遂罢文韶，而擢佩纶署左副都御史，晋侍讲学士。

又,《清史稿·邓承修传》云:

> 与张佩纶等主持清议,多弹击,号曰"铁汉"。先后疏论
> 闱姓赌捐,大乖政体,关税侵蚀,婴害库帑。以考场积弊,
> 陈七事纠正之;吏治积弊,陈八事肃澄之。又劾总督李瀚章
> 失政,左副都御史崇勋无行,侍郎长叙违制,学政吴宝恕、
> 叶大焯,布政使方大湜、龚易图,盐运使周星誉诸不职状。
> 会边警,纠弹举朝慢弛,请召还左宗棠柄国政。逾岁,彗星见,
> 则又言宗棠莅事数月,未见设施,而因推及宝鋆、王文韶之
> 昏眊,请罢斥,回天意。是时文韶方向用,权任转重。会云
> 南报销案起,又严劾之。

由张佩纶、邓承修两传中的文字看来,清流党人大都喜欢弹劾权
要而臧否人物,但这却是最易招致最高统治人物之厌恶与忌讳的。如
前引两传中所弹劾的,很多都是赫赫有名的人物,他们在朝中大致都
有奥援,一旦因罪证确凿而不得不将他们罢免,势必会因此得罪了他
们的幕后支持者。如王文韶之"上方意任隆密",明显可以看出他是慈
禧所信任之人。而张佩纶与邓承修却非要一再上疏严劾,务欲去之而
后已,这在慈禧看来,分明就是讨厌的眼中之钉,一旦遇到机会,必
然要拔之而后快了。张佩纶后来会以素不知兵的一介书生,被派到闽、
浙前敌去应付法国人之入侵,就是慈禧的借刀杀人之计,而张佩纶果
然也因此落得身败名裂,百劫不复。邓承修的遭遇本与张佩纶相似,
在中法战后被派往越南与法国人会勘边界,历尽艰辛,进退两难,几
乎无法完成使命。最后也只好知难而退,谢病归里,以读书养母终老
于家。陈宝琛之所以得罪,亦是由于他弹劾李鸿章而使慈禧大不高兴
之故。从这些地方可以知道,清流党人弹击权贵,固然可以大快人心,
却也可以葬送自己的政治前途,因为这是在位的慈禧太后所不愿看见

的。反过来看，如果清流党人仅只喜言时政而并不纠弹人物，就不致引起慈禧太后的讨厌。张之洞与其他清流党人不同的地方，便在这里。

收在《张之洞全集》中的《张文襄公奏议》，凡七十二卷，最前面的一、二、三卷，是他在翰林期间所上；亦是他在身居清流党人时的言论记录。综观这三卷奏议中所收的奏折及附片，共计三十九件，其中没有一件是因弹劾他人而上的。再细看这三十九件奏折及附片的内容，又无一不是因事陈言，提出各项筹议内政、外交的意见，其中所流露的一片忠君爱国之心，以他的生花妙笔娓娓道来，着实可以使阅者感动，断不致被误认为"出位妄言，干政挠权"。

最明显的事例就是光绪六年十一月间，午门护军玉林与太监发生冲突，慈禧必欲违法处死护军，刑部尚书潘祖荫不能抗，因此引起举朝争议，张之洞与陈宝琛二人在此时表示出不同态度。

《张文襄公年谱》卷一，记有张之洞与陈宝琛商议上奏谏诤的情形说：

> 先是，有中官率小阉二人，奉内命，挑食物八盒赐醇邸，出东右门，与护军争殴，遂毁弃食物回宫，以殴抢告。两宫震怒，立褫护军统领职，门兵交刑部，将置重典。太傅（陈宝琛，宣统时为皇帝之师傅）拟上疏极谏。公谓措辞不宜太激，止可言渐不可长，门禁不可弛，如是已足，我当助君言之；若言而不纳，则他事大于此者，不能复言矣。太傅以为然，改正义为附片，有云："皇上遵懿旨不妨加重，两宫遵祖训必宜从轻。出自慈恩，益彰盛德。"公犹虑其太峻，夜驰书谓："附子一片，请勿入药。"太傅以示幼樵侍讲，侍讲曰："精义不用可惜。"卒上之。公闻而叹曰："君友谏不纳，如何能企主上纳谏乎？"翌日，以俄事遇太傅于直庐，问："消息如何？"曰："如石投水。"意谓留中也。又数日，两宫视朝，谕枢臣

此事可照原议，无庸加重。公闻之，折简与太傅曰："如石投水，竟成佳谶。"

张之洞的原奏见于《张文襄公奏议》卷三。疏中确实不曾要求从宽处分护军，而只以"阉宦之祸最烈，履霜之渐当防"为言，婉转提醒皇太后不可因此而启太监窥伺之隙，从而希望慈禧能够自己觉悟，对于宫门护军的执法行为不可借端苛责。张之洞自己所撰的《抱冰堂弟子记》对于此一奏疏甚为得意，曰：

前数日内，有两御史言事琐屑，不合政体，被责议处。恭邸手张、陈两疏示同列曰："彼等折真笑柄，若此真可谓奏疏矣。"

张之洞的文笔向来极好，像这样旁敲侧击而婉转陈言的奏疏，当然写来游刃有余。他假托旁人撰书而引述恭王对他的夸奖之词，借以显示他之立言得体，正不足怪。至于陈宝琛的奏折，虽然正折的主要内容与张之洞的奏疏相似，只因多了一个附片之故，情况就不一样。陈疏及附片，均见于《陈文忠公奏议》卷上。奏折无甚特出，其内容可以略而不提；至于此折的附片，因与前引《张文襄公年谱》中所述的记事有关，且直接关系到张之洞、陈宝琛二人对此事的不同态度，需要择要摘述其主要内容如次：

此案本缘稽查拦打太监而起，臣恐播之四方，传之万世，不知此事始末，益滋疑议。臣职司记注，有补阙拾遗之责，理应抗疏沥陈。而徘徊数日，欲言复止，则以时事方艰，我慈安皇太后旰食未遑，我慈禧皇太后圣躬未豫，不愿以迂憨激烈之词，干冒宸严，以激成君父之过举。然再四思维，我皇太后垂帘以来，法祖勤民，虚怀纳谏，实千古所仅见，而于驭制宦寺，尤极严明。臣幸遇圣明，若竟旷职喜恩，取容缄默，坐听天下后世执此细故以疑议圣德，不独无以对我皇太后、皇上，问心先无以自安。不得已附片密陈，伏乞皇太后鉴臣愚悃，宫中几暇，深念此案罪名有无过当？如蒙特降谕旨，格外施恩，使天下臣民，知至愚至贱荒谬藐抗之兵丁，皇上因尊崇懿旨而严惩之于前，皇太后因绳家法防流弊而曲宥之于后，则如天之仁，愈足以快人心而光圣德。

细看陈宝琛的此一附片，本没有什么过分激烈的言辞，只不过以护军执法无可加罪为言，希望慈禧太后凛惧天下后世议论之可畏，特予加恩曲宥，如此而已。措辞如此恭谨小心，立言又极为周正得体，所以无怪乎连张佩纶（前文所说的"幼樵侍讲"）也要以为"精义不用可惜"，主张仍与原折一同递呈了。此案之得以转圜，毕竟还是由"附子一片"之力；因为此片使慈禧凛然而知清议可畏，不敢再坚持她的无理专恣。而由此一事，亦正可以看出，张之洞虽与陈宝琛、张佩纶同为清流，他们的立身处世却有着极大的分野。

古语说"为政不得罪于巨室"，虽是乡愿之甚，却深含明哲保身之理。张之洞一生宦途得意，未尝不是得力于这一句话。从他入仕以来的一切作为看，他之所以能够一帆风顺，就是能牢守原则，绝不开罪掌握政权之最高权威人物。这一个掌握政权的最高权威人物，自然就是晚清历史上独揽大权达四十余年之久的慈禧太后。在光绪亲政期间，颇有人误以为光绪已由慈禧手中取得了政柄，连张之洞也几乎误会，但他一旦认清大清王朝的主人仍是隐居幕后的慈禧太后，而不是暂时处身台前的光绪皇帝时，他的侍奉对象即刻又转变了。由于他的善于变化迎合，后世史家很不客气地批评他"宦术甚工"。若与陈宝琛、张佩纶等其他清流党人相比，他的做官方法确实要高明得多。

张之洞的一生，特点甚多。关于他"宦术甚工"的部分，后文另有叙述。在这里需要先说一说他的一项特别长处——清廉，这对于了解张之洞的为人，也是很重要的。

张之洞在做翰林的时期，曾经被点放过两次试差与两次学差。试差是同治六年时以翰林院编修奉旨充浙江乡试副考官，与同治十二年以编修加侍读衔奉旨充四川乡试副考官。学差是同治六年浙江乡试出闱后，奉旨简放湖北学政，至同治九年十月，任满交卸。同治十二年十月四川乡试事竣，又奉旨派充四川学政，至光绪三年十一月任满交卸。清代的翰林，生活甚为清苦，全赖外放学政与考差时所得的陋规程仪等沾润。俗语有所谓"一任学政，十年吃着不尽"之说，可见学政收入之丰。尤其是四川的学政，因为省份大而生童人数甚多之故，所得的陋规收入，就有二万数千两银子之多，素来被视为肥缺。但张之洞的作风颇与人不同。他做学政，将旧习相沿的陋规一概裁去不要，以致在任满交卸时，依然是两袖清风，一担行李，与来时无异。回到京中，仍然过那翰林院的清苦生涯，而处之泰然。这种不事货利的清廉作风，在他后来历任封疆大臣时依然不改。所以，《清史稿》本传说他："任疆寄数十年，及卒，家不增一亩。"清代末年，政风秽浊，贪污盛行，像张之洞这样皎洁清白的作风，大可以励廉隅而风当世。他之所以能够被当时的清流领袖李鸿藻所赏识，成为清流党中的一员大将，未始不是由于此一特性使然。他后来能够出膺疆寄，极得慈禧太后之倚信，这也是一项很重要的因素。

张之洞中探花是同治二年的事。中探花之后，照例即授职为翰林院编修，官正七品。由此一直到光绪七年二月，他方由詹事府的左春坊左庶子补授翰林院侍讲学士，官从四品。同年六月，再升为内阁学士兼礼部侍郎衔，官从二品。本来，翰林院官升至侍读学士或侍讲学士之后，再上面的升衔不是正三品的詹事，就是从二品的内阁学士。张之洞在升至侍讲学士后再升内阁学士，亦只能说是循序而升，并没有超擢之意。只是他在升任内阁学士之后不过只有五个月，就奉命补授兼兵部侍郎衔的山西巡抚，顿时成为封疆大吏，上距他之由左庶子升侍讲学士，不过只有十个月，看起来便不免使人觉得升迁太骤了。关于他升授山西巡抚的原因为何，史传不详，私家笔记中亦未见记述，所能看得出来的，只是他在到山西巡抚任后所上谢恩折中的几句话。

《张文襄公奏议》卷四，《到山西任谢恩折》中，有句云：

> 惟有虔禀懿训，奉宣皇仁，期无负公正之特许，誓一扫因循之痼习。

照清代的政治制度，监司以上的方面大员奉派新职，例须由皇帝召见训示，然后方能前往到任。由上面的话，可知张之洞蒙慈禧召见时所得到的训示，乃是要他到山西去整顿官方痼习，刷新政治风气，而慈禧更曾当面褒嘉张之洞居官公正。然则张之洞所以能够被任命为山西巡抚，大概便是由于慈禧太后对他甚为赏识，所以才有这一番特殊的迁擢了。按，张之洞终生对慈禧怀有极大的好感。同治二年，张之洞参加殿试，因为对策不用常格，已被读卷大臣抑置三甲，赖大学士宝鋆之特别赏识，始拔置为二甲第一。及进呈试卷，慈禧太后认为他的文字特佳，再拔置为一甲第三，因此方才得居鼎甲。这是他对慈禧最为感恩的事。这一次由内阁学士擢升山西巡抚，又蒙慈禧亲口褒奖为公正，显然可知他在慈禧心目中的"帝眷"甚为优隆，在感德之余，又焉得不刻骨铭心，颂扬圣恩不止？正因为慈禧即是当时大清朝的实际柄政之人，既然此一最高权威者如此宠遇有加，无论是基于报恩或是为自己的政治前途着想，他都需要对慈禧格外效忠。于是便注定了张之洞在政治中只能成为一个迎合慈禧意旨的人。所以尽管他在政治、军事、外交、教育、经济等几方面都有过很多的意见，而他所有的思想与见解，都以不与慈禧太后相违背为原则。这样的特性使他只能成为一个调和折中的改良主义者，而没有独特的思想与见解可言。最显著的事例，就是他所提出的"中学为体，西学为用"的教育主张。

"中学为体"与"西学为用"的教育主张，正是张之洞所撰《劝学篇》一书的精义。此书撰成于光绪二十四年三月，后来一再被人翻刻，风行一时，也因此而使张之洞在晚清的学术思想界产生了颇大的影响。

《劝学篇》全书凡二十四章。第一至九章曰"内篇"，所言"皆求仁之事"，其主旨在"务本以正人心"；第十至二十四章曰"外篇"，所言皆"求智求勇之事"，其主旨在"务通以开风气"。他在《序言》中说："今日之世变，岂特春秋所未有，抑秦汉以至元明所未有也。"由于西方潮流对中国所发生的冲击太大，于是，"图救时者言新学，虑害道者守旧学"，各种思想上的矛盾冲突因此而起。但是，"旧者因噎而废食，新者歧多而亡羊，旧者不知通，新者不知变"，终其所至，将使"旧者愈病新"而"新者愈厌旧"，"学者摇摇，中无所主"，"邪说暴行，横流天下"矣。所以，他认为："吾恐中国之祸不在四海之外，而在九州之内。"为了补救新旧两种思想的偏蔽，他提出了"中学为体，西学为用"的主张，希望能将中西思想与新旧歧见调和融洽，使中国在接受近代文明洗礼的同时，能有中西之长而无中西之弊。从这一观点看张之洞所撰的《劝学篇》，立论中正，观点正确，理应是当时思想界的一大创见。可是，我们如果进一步研究张之洞写作此书时的真正动机，对于他的思想内容便不免抱持若干怀疑的态度了。

《劝学篇》的内篇第一章名曰《同心》。他认为当此世变日亟、国步艰难之时，全国上下必须同心一致，以保国家、保圣教、保中华种族为最主要的目标。"夫三事一贯而已矣，保国、保教、保种合为一心，是为同心。"他所谓的"教"，即我国的儒家学说；所以"保教"的意义即尊儒崇经，以期激发忠义思想，讲求富强之道，尊朝廷而卫社稷。在阐明这一意义之后，接着就要"教忠"了。他以《教忠》列为第二章，是因为第一章必须开宗明义，说明全书各章的次第；若是没有这开宗明义的第一章，则"教忠"必为第一。所以，这一章才是他写此《劝学篇》的主要用意。

他在《教忠》一章的开头部分便说："自汉唐以来，国家爱民之厚，未有过于我圣清者也。"接着他就一一列举大清历任皇帝爱民仁政的实际内容凡十五项，自轻徭薄赋以至减贡戒侈、慎刑戢兵，凡可以证明大清皇帝之勤政爱民、惠养黎元者，细大不遗。这就是他在《序言》中所说的："曰'教忠'，陈述本朝德泽深厚，使薄海臣民，咸怀忠良以报国也。"《劝学篇》的对象并非革命党人，张之洞为什么要首先揭橥大清皇朝的爱民仁政以唤起读者之注意呢？显然可见，其主要目的实在是要与内篇第六的《正权》一章相呼应，以阐明他的反民权思想。这只要看他在《正权》章中所说的话，便可知道。

张之洞在《劝学篇》的序文中曾说，他写作《正权》一章之目的，是在"辨上下，定民志，斥民权之乱政也"。照他的看法，"方今中华，诚非雄强，然百姓尚能自安其业者，由朝廷之法维系之也。使民权之说一倡，愚民必喜，乱民必作，纪纲不行，大乱四起"，"且必将劫掠市镇，焚毁教堂，吾恐外洋各国，必借保护为名，兵船陆军，深入占踞，全局拱手而属之他人。是民权之说，固敌人所愿闻者矣。昔法国承暴君虐政之后，举国怨愤，上下相攻，始改为民主之国。我朝深仁厚泽，朝无苛政，何苦倡此乱阶，以祸其身而并祸天下哉？"照他的这种说法，提倡民权就是鼓励愚民作乱，不但足以祸及一身，而且可以造成亡国。所以，他以为："若强中御外之策，惟有以忠义号召天下之心，以朝廷威灵，合九州之力，乃天经地义之道，古今中外不易之理。"于是，他所归结的论点，仍然只是全国一心拥戴"大清圣君"，以求达到保国、保教、保种之目的而已。这与他在《教忠》一章所说"当此时世艰虞，凡我报礼之士，戴德之民，固当各抒忠爱，人人与国为体。凡一切邪说恶行，足以启犯上作乱之渐者，拒之勿听，避之若浼，恶之如鹰鹯之逐鸟雀。大顺所在，天必佑之"等话，前后呼应，其重点无非在申明，大清王朝的统治权必须被绝对尊重，犯上作乱的"民权"思想绝不可有。作《劝学篇》而殷勤教人以尊戴帝室，感念皇恩，一再力斥民主自由的思想为邪说暴行，这才是值得特别注意的地方。

张之洞作《劝学篇》，为什么要在书中竭力宣扬这种效忠清政府而排斥民主的忠君思想呢？要了解这个问题，还得从当时的政治环境说起。

自"甲午战争"中国惨遭败绩之后，朝野上下弥漫了自强维新、报仇雪耻的发愤之心。张之洞身为中国人的一分子，当然也不例外。这时的张之洞已经在武昌做了五六年的湖广总督了。为了自强雪耻，他曾经奏请训练自强新军，聘请德国教练来实行西法训练。又在署理两江总督时，创设储才学堂及陆军学堂、铁路学堂于南京。及至回任湖广，又积极兴办钢铁厂及京汉铁路，对于促进中国现代化的各种措施甚为努力。而在这一片自强维新声中最引人注目的人物，则是康有为与他的学生梁启超。康有为主张维新变法始于"甲午战争"以前。及甲午战败，康、梁适在北京参加会议，曾联合十八省的应试举人一千余名，奏请拒和、迁都、练兵、变法，是即有名的"公车上书"。其后康有为又摘取奏疏中的变法主张而加以引申，另成一书，详述富国、养民、教士、练兵等办法，呈由都察院代为奏达皇帝。光绪得之，意尚犹豫，其说亦未行。但在经过了这一连串的请愿、上书之后，康有为的大名已经传布中外，很多人都以为他是有思想、有学问的改革家。张之洞在此时亦曾与康有为有所来往。这在张之洞的年谱及其他有关资料中都有记载可寻。

许同莘所编的《张文襄公年谱》卷五页六，光绪二十一年十月内一条云："康祖诒来。"其下另有小字附注，云：

　　祖诒在京师创立强学会，朝士集者百数十人。是月十一日来见，旋赴上海设分会，诸公列名。公复电云："群才荟集，不烦我,请除名。捐费必寄。"乃助会款五百两,拨公款一千两。

康祖诒即康有为的原名;"有为"二字,乃是后来所改。康有为在上海创立强学会的分会,致电请求张之洞捐助经费。张之洞电复允捐会费,而要求康有为将他从赞助发起人的名单中删去,想必康有为当时已经在报端所刊载的赞助发起人名单中,未得张之洞的同意而先行擅自列入了。张之洞允捐款而不肯列名,这是他的聪明之处。他大概已从二人的会晤中看出康有为是一个言大而夸的激烈分子,对于他的言论与作为颇具戒心。但康有为却在并未事先征得其同意之前,擅自将张之洞的名字列入发起或赞助人的名单之内,这就使张之洞大感不安了。张之洞当然也赞成中国应当力求自强维新,他在湖广总督及署理两江总督任上,就先后采取过许多自强维新的改革措施。只是,张之洞的维新与改革都是以朝廷疆臣的身份在为清政府效力,其立场不能越出忠君爱国的范围;若是倡导自强维新而越出忠君爱国的范围,既有悖于他的政治认识,亦绝不是他所敢做的事。张之洞最初与康有为相识,或许尚未察觉他们之间存有政治立场与思想的差异。及后,他察觉到这种差异的严重性,于是亟求洗清他与康有为之间的关系,以免受到康有为的牵累。

张之洞与康有为之间的关系,前述年谱所透露的只是极小的一部分,其真实的情形目前已很难知道。黄濬所撰的《花随人圣庵摭忆》曾经载有张之洞亲信之一梁鼎芬写给张之洞的一些信,其中透露了一部分康、张二人间的交往关系,乃是极珍贵的史料,值得注意。关于这方面的梁鼎芬来书共计两件,其一云:

比闻公伤悼不已,敬念无既。今思一排遣之法:长素健谈,可以终日相对。计每日午后,案牍少清,早饭共食,使之发挥中西之学,近时士夫之论,使人心开。……壶公前辈左右,鼎芬顿首。

另一书云：

> 长素于世俗应酬，全不理会，不必区区于招饮。鼎芬可
> 先道尊意与近事，渠必乐从。如可行，今日先办。或欲闻禅理，
> 兼约礼卿，使之各树一义，粲花妙论，人人解颐，连日皆如此。
> 康、蒯二子，深相契合，两宾相对，可以释忧。比中弢病苦，
> 鼎芬忙苦，此举可支五日，五日之后，中弢可愈，鼎芬卷可少清，
> 便能接续矣。尚书足下，鼎芬顿首。

此信中所说的"壶公"与"尚书"，都是张之洞。因为张之洞在"孝达"
与"香涛"这两个常用的"字"以外，另有"壶公"之号；而张之洞
官湖广总督之后，他的官衔已历升至兵部尚书兼都察院右都御史，"尚
书"正是他的官称。至于"长素"，就是康有为的别号；"礼卿"，则是
康有为的友人蒯光典。这两封信虽然都没有记明作书的时间，但由其
内容推测，便可知道当在光绪二十一年的十月间。因为康有为于这月
由北京南下，曾于十一日谒见张之洞于南京的两江总督衙门，《张文襄
公年谱》卷五页六中已有记载。而张之洞的长子仁颋，甫于上年十月
内完婚，此时亦随张之洞居于江宁督署，忽然于九月二十日半夜里堕
溺于督署花园中的池塘，竟致殒命。张之洞为此痛悼万分，至于时时
涕泣。梁鼎芬在信中说："忧能伤人，况涕泣乎？"为了替张之洞解忧，
他乃想出了这么一个极妙的办法：请康有为和蒯光典二人到总督衙门
来陪张之洞谈学说禅，"粲花妙论，人人解颐"，"两宾相对，可以释忧"。
看梁鼎芬信中所说的话如此具体，可以知道，康有为光绪二十一年十
月的南京之行，必定与张之洞有过一段不短时间的盘桓交往。《张文襄
公年谱》说，康有为在进谒张之洞以后，"旋赴上海设分会"，这"旋"

字所代表的时间意义就极为含混，颇有意存隐讳的可能。

张之洞与康有为之间的关系，由于有此事实可证之故，相信在当时必定彰彰在人耳目。何况康有为在上海创设强学会的上海分会，张之洞的亲信梁鼎芬更是赫然有名的创始人之一。在这种情形之下，不管张之洞怎样表现他本人并非上海强学会的发起人或赞助人，总无法否认他与康有为之间"往来颇密"的说法。至于他何以在戊戌政变发生以前就极为重视此一关系，亟亟谋求洗刷辩白之法，则显然与康有为此时所发表的言论有关。

康有为在刊布了他的两部名著《新学伪经考》与《孔子改制考》之后，已被当时的上层知识分子认为是洪水猛兽一般的心怀叵测之人。《新学伪经考》的成书时间较早，其言论尚不十分激烈；《孔子改制考》刊行于光绪二十三年，其主要内容系以所假托的孔子学说为根据，以为凡西洋近世所有之民主政治及民权思想均为中国所固有，中国如在此时实行西方式的民主政治，实为发扬孔子之遗制。由于此书显然寓有鼓吹民权及非议专制政治的意图，所以自刊行以来所受到的谤议及攻击极多。湖南巡抚陈宝琛以其书"流为偏宕之辞""伤礼而害道"，奏请饬下康有为自行销毁。协办大学士孙家鼐更称康有为学术不端、心术不正，请皇帝即依陈宝琛所奏，将《孔子改制考》一书完全销毁。康有为的政治思想在当时遭到的反对与攻击如此强烈，不必等到"戊戌政变"的发生，已可意识到其将来的前途必定极为恶劣。而康有为在上海创办强学会的上海分会，全部开办费只一千五百两银子，悉出自张之洞的捐助。这一件事更不免使人误会张之洞亦是赞成康有为的变法维新派人物了。为了自行表襮他对清皇室的忠诚，及澄清他的政治立场，于是他撰成《劝学篇》一书以自明。《清史稿·张之洞传》，对于张之洞的巧于逢迎趋避，颇多皮里阳秋的讥讽文字：

> 二十四年，政变作，之洞先著《劝学篇》以见意，得免议。

其言外之意是张之洞因意存趋避而作此书。张之洞宦术甚工，这是第二件可资证明的具体事例。揆其用心，总以保全自身功名富贵及迎合慈禧意旨为原则。由康、梁二人后来为慈禧所痛恨的事实来看，张之洞借《劝学篇》以表明他反对康、梁的政治思想确实具有先见之明。而且他不仅是撰著《劝学篇》而已，由于梁启超曾经著有《中国六大政治家》一书，将宋朝的王安石亦列为伟大政治家之一，赞誉备至之故，于是，张之洞对一生所崇尚的临川诗派也加以诋毁，借以表示他与梁启超之立场绝对不同。关于这一个问题，黄濬所撰《花随人圣庵摭忆》一书中亦有论述，转引如后：

> 吾读广雅诗，觉其时有口是心非处。南皮诗最佳者绝句，纯学王荆公。其《吊袁爽秋诗》："西江魔派不堪吟，北宋新奇是雅音。双井半山今一手，伤哉斜日广陵琴。"其尊荆公甚至。然其集乃再三非难临川，皆显然不肯认此法乳者。细求其故，殆由于南皮先曾保康、梁，为之延誉甚力。及戊戌变起，乃亟亟印《劝学篇》以自明。任公时著《大政治家王安石》一书，南皮则亟诋之。吟咏之不足，又躬自注释，以明其宗尚正大。此中矫揉，皆为逢迎西后，正为自全一念驱使之。今观其诗，晚年诸绝句，实宗北宋，尤学半山，岂可讳乎？

"广雅诗"即张之洞诗，"临川"、"荆公"及"半山"，则皆指王安石。张之洞诗学临川，为了政治上的原因，反而对王安石诋娸备至，这种做法实在也有欠光明正大。然而这不过是这类事件的一二端而已，类此事例正尚有之。还可以举出下述三事。第一，是他在张佩纶失职闲居以后对待张佩纶的态度。第二，是他在"戊戌政变"以后对于维持光绪皇帝的地位一事所持之立场。第三，是他在"庚子拳乱"以后，附和慈禧太后远避西安的主张。先举第一事。《花随人圣庵摭忆》云：

> 清流中以张绳庵最为风厉。南皮虽与绳庵、弢庵善，传闻丰润、南皮，晚年颇有违言。南皮督两江时，以绳庵适寓江宁，夙为西后所嫉，与之往还，惧失欢西朝，不与往还，又失故人之谊，乃阴讽绳庵移寓苏州。绳庵大怒，谓："我一失职闲居之人，何至并南京亦不许我住耶？"其后闻南皮又使人先容，微服往访，至于相对痛哭。此事弢老时已有所闻，故绳庵之殁，特千里唁之。南皮时督鄂，闻弢老至宁，要约其游庐山。而弢老自言："吾为吊丧来，非游山也。"谢不往。今广雅堂诗有题云："江行望庐山，约陈伯潜游不至。"是此事也。

上文所说的"张绳庵"与"丰润"，俱指张佩纶；绳庵是其号，丰润则其籍贯。"弢老"即弢庵，指陈宝琛。张佩纶、陈宝琛与张之洞，当年都是清流党中的显赫人物，交谊甚笃。后来，张佩纶与陈宝琛都倒了霉，张佩纶因马江偾师事革职充军，后释回，赋闲家居。陈宝琛则在会办南洋军务期间丁忧，后因所保荐的广西巡抚徐延旭、云南巡抚唐炯二人偾事失律，追究及于原保荐之人，奉旨实降五级，亦不再出仕。只有张之洞一帆风顺，居然身任兼圻，又由湖广总督调署两江，居然成了张佩纶的"老父台"。张佩纶此时虽然住在南京，以旧时的交谊而言，偶一过访亦是人之常情。即使慈禧太后当年曾经讨厌过张佩纶，此时亦早已事过境迁，并不一定始终怀恨在心。而张之洞对于这些事情却是特别敏感，凡是慈禧所嫉恶之人，一概避之如恐不及，虽是自己的当年至交亦不例外。为了个人的功名利禄而宁愿牺牲朋友，未免有见利忘义之嫌。陈宝琛在福建闻张佩纶之丧，千里赴吊，正是对张之洞的极大讽刺。他之所以拒绝与张之洞同游庐山，更是明显不过的事实。

关于"戊戌政变"时慈禧欲将光绪废黜一事，张之洞当时所持的态度如何，可由徐一士所撰的《凌霄一士随笔》及胡思敬所撰《国闻备乘》二书中见之，唯二说颇有不同。徐书云：

> 之洞既深自结于西后，故对光绪帝不满。帝谥曰"景"，庙号"德宗"，闻出之洞主张。或谓阴拟唐德宗、明景泰帝，取"信用奸邪"及"不当立而立"之义也。昔西后欲废帝，虑人心不服，征之洞及刘坤一意见。坤一再力争，之洞则效徐绩之口吻，谓权在太后，非疆臣所得干预。固见之洞之软滑，亦以方厚结后党，不愿持异议也。当帝行新政时，之洞奉行颇力，时共陈宝箴疏陈兴革事宜，为帝所倚重。军机四卿中之杨锐，亦以其为之洞亲厚弟子而擢用。坤一则以玩视新政，明诏申斥。而至政局一变，乃二人态度如是。故士论称坤一之有守，无愧大臣之节，非之洞所及焉。

以上是《凌霄一士随笔》中的记述，至于《国闻备乘》中的记述则是：

> 戊戌训政之后，孝钦坚欲废立，荣禄谏不听，而恐其同负恶名于天下也，因献策曰："朝廷不能独立，赖众力以维持之。疆臣服，斯天下莫敢议矣。臣请以私意先觇四方动静，然后行事未晚。"孝钦许之。遂以密电分询各省督臣，言太后将谒太庙，为穆宗立后。江督刘坤一得电，约张之洞合争。之洞始诺而中悔，折已发矣，中途追折弁回，削其名勿与。坤一曰："香涛见小事勇，见大事怯，姑留其身，以俟后图，吾老朽何惮？"遂一人挺身独任，电复荣禄曰："君臣之义至重，中外之口难防，坤一所以报国者在此，所以报公者亦在此。"道员

陶森甲之词也。荣禄以坤一电入奏，孝钦惧而止。逾年，乃建东宫。闻粤督陶模亦有电谏阻，其词则佚之矣。

比较徐、胡二人的说法，除了两江总督刘坤一表示反对的部分，二说无异外，关于张之洞的立场，徐说以为张之洞复电表示听任太后做主，外臣不愿干涉，胡说则以为张之洞初时愿与刘坤一同时复奏为光绪争帝位，后乃中悔，至于追回奏折，削去己名不书。姑不论二说之孰是，张之洞在这一件事情上不肯与刘坤一同样地表示强硬意见，以求维护光绪之帝位，当是不争之事实。所以然之故，亦无非因为立场强硬则将招致慈禧之不满而于己不利，所以他绝不能像刘坤一那样力申"君臣之义"。如果说刘坤一在这件事情上的有守有为乃是"无愧大臣风节"，那么张之洞的软滑，就显得太没有风骨了。

关于张之洞在"庚子拳乱"时赞成慈禧太后远避西安的事，见于张之洞自撰的《抱冰堂弟子记》，原文如下：

> 庚子七月中旬，京师危急。闻两宫意将西幸，合肥李相纠合各督抚力阻圣驾，并未先商，已电山东请发折，然后电知。乃急报项城，谓此议大谬，万不可行，鄂断不会衔。如已发，当单衔另奏。乃撤去鄂衔。幸此折到京之日，畿郊已乱，疏未达而乘舆已行，不然，大局不堪问矣。合肥又有联衔疏，请驾留山西，勿赴陕。亦驳之。

上文所说的"合肥"即李鸿章,时为两广总督;"项城"则是袁世凯,时为山东巡抚。庚子之乱，八国联军破北京，慈禧及光绪仓皇逃至太原，再往西安。当北京未破之时，慈禧已有西逃的打算。李鸿章以为如此则联军入京后没有了议和的对象，必将使战争延长而议和困难，以后所增加的赔偿亦更多，所以亟亟联合各省督抚，力劝慈禧不可离京。

张之洞素来以慈禧之意旨为意旨，听说慈禧意欲逃离京师，而李鸿章联合各省督抚上奏力阻，自己的湖广总督名义亦在借用之列，急电袁世凯勿列己名。及后慈禧欲由太原再往西安，李鸿章又倡议联衔奏谏，张之洞又去函与之辩驳。总而言之，李鸿章不赞成皇帝及太后离京远逃，各省督抚亦多附和李鸿章的主张，不赞成的只有张之洞和他的姊丈江苏巡抚鹿传霖，两人而已。璱公跋《抱冰堂弟子记》曾有一节论及此事，说：

> 按两宫在太原时，江苏巡抚鹿传霖以勤王师至，力请幸西安，遂降入陕之旨。江督刘坤一联合督抚电奏，言："陕西古称天府，今非雄都，又与新疆、甘肃为邻。新疆近逼强俄，甘肃尤为回薮，内讧外患，在在可虞。"又云："各国曾请退兵回銮，不占土地，正可借回銮之说，以速其撤兵之议。倘西幸愈远，拂各国之请，阻就款之忧。朝廷徒局偏安，为闭关自守之计，以偏僻凋敝之秦陇，供万乘百官之粮，久将不给。"等语。当时若仍驻太原，联军亦断无逼驾之事，回銮较速，和议亦较易成。乃入陕经年，糜费数千万，至臣工屡次吁请，乃议回銮。虽由孝钦之惧逼，亦传霖启之也。

鹿传霖当时已年逾七十，其怯懦衰庸不足深责。可怪的是，张之洞素来号称通达有识见，在保守派人物中又素来被视为先进分子，而在此一事件上竟然也与鹿传霖一样地赞成慈禧远避西安，他的外交知识是否真要比李鸿章、刘坤一、袁世凯等人差得远呢？这是一个不容易解答的问题。只是，鹿、张乃是郎舅至亲，鹿传霖因倡为西幸之说而大得慈禧之欢心，随即擢为两广总督，入值军机，由此扈从西安，晋位尚书大学士，宦途甚为得意，这当然是张之洞所知道的事。然则鹿传霖倡议于先，张之洞附和于后，正可视之为他在得悉慈禧意旨之后所采取的将顺行动，事实也是很明显的了。而且不仅此也，当慈禧驻跸西安之时，行宫百物缺乏，陕西又素称贫瘠，宫中日用，未免窘迫，因此各省疆吏，多有进贡。张之洞此时专门选择慈禧所喜爱而为陕西所缺乏的物品，陆续自湖北辇致西安，大为慈禧所喜。四五年之后，张之洞在湖广总督任内被命入觐，召对之时慈禧还特别提出此事来当面夸奖一番。《广雅堂诗集》中收有关于此事的《纪恩诗》一首，云：

> 敢道潩沱麦饭香，臣惭仓卒帝难忘。
> 艰难险阻亲尝到，天使他年晋国强。

其下有注云：

> 述西幸在陕时，湖北贡品，丰足济用。

上面这些文字记录尽可以使我们看出，张之洞在慈禧太后心目中的"帝眷"确实甚为优隆。有了这些事实，自然尽可以使他长被宠倚，久任疆寄之后入阁拜相，以大学士兼任军机大臣，成为实际上的宰相。

张之洞在晚清时代有"贤督抚"之称。他之成功固然得力于他之善于结纳当时的最高统治者——慈禧，其才能与操守亦是不可或缺的条件。操守方面，前文已经约略说过他的平生清节之一斑；才能方面，当然就是他在出任督抚以后的各种实际政绩了。张之洞在光绪七年十一月首次出任山西巡抚，至十年四月调升两广总督。据《清史稿·张之洞传》所说，他在山西巡抚任内，"当大侵后，首劾布政使葆亨、冀宁道王定安等黩货，举廉明吏五人，条上治晋要务，未及行，移督两广"。可知他在山西巡抚任内的治绩，因任期过短而来不及有多大的展布。《张文襄公奏议》卷四页一，载有他到山西接任巡抚所上的一通谢恩折，中云：

身为疆吏，固犹是瞻恋九重之心；职限方隅，不敢忘经营八表之略。

味其文义，大有局促一省、难展其经营八表的长才之意。那么，我们就看看他在调升总督以后的"经营八表"长才吧！

清代中叶以后的总督总数只有八个，即直隶、两江、湖广、两广、闽浙、陕西、云贵、四川。其中直隶总督与四川总督只辖一省，两江总督辖三省，其余各辖两省。到了光绪末年，方才增加了一个东三省总督，亦辖三省。以较早时的八个总督额缺而言，直隶总督为疆臣之领袖，地位最尊，两江总督则辖地最广而财赋最多，号为"大缺"。再往下数，比较大的就要算是两广与湖广了。张之洞由巡抚擢总督，所得的不是陕甘、云贵等小缺，而是两广大缺，显然可知他的迁擢非同寻常。所以然之故，则因当时正当中、法两国因越南问题发生战争，原任的两广总督张树声出身淮军，与湘军出身的钦差大臣彭玉麟相处不洽，清政府恐因此而有偾事之虞，乃将号称通达时务的清流翘楚张之洞由山西调去，使之辑睦将帅，捍御外侮。果然，张之洞到了广东之后，由于处置得宜，不久就得到谅山大捷，使得骄横的法国侵略者暂时戢止其侵略野心，战争亦得以在不赔款、不割地的有利条件下结束。谅山之捷奠定了张之洞的事业基础，他后来之得谥"文襄"与得赏花翎，也都由于谅山之捷的功勋。至于谅山之捷的原因，则应当归功于张之洞善于选择统将。

张之洞未到两广以前，越南方面的清军前敌主帅是广西巡抚潘鼎新。广西军败，潘鼎新被免职，接统其军的是广西提督苏元春。其时清军屡败，士气不振，法军则由北圻深入，渐次侵入粤边，形势至为岌岌。张之洞到广东后，目睹情势危急，知道若非有宿将元戎出而振奋士气、鼓舞军心，战事将愈趋不利。因此，他礼聘在籍的前广西提督冯子材重新出山，自募一军，以当劲敌。由于冯子材的出山，清军始有谅山之捷。赵凤昌所撰《惜阴堂笔记》曾说：

> 谅山大捷，是为中国与外兵交锋始称战胜之一次也。同时滇边覃修纲，在临洮府亦获大胜，法国因此次战败而更换政府，立向我要求停战议和矣。当日奏报，仅可述战胜之迹，不及论战胜之理。战胜之理，全在统领得人。其人品必德优于才，廉能服众，始能驾驭部将，保卫士民。

照此说法，谅山战役之所以获大胜，完全在于统帅之得人。当时的统帅即冯子材。关于冯子材在谅山战役中短衣帕首、赤足草履，以七十衰暮之年奋身陷阵，殊死搏战，以致所部将士人人感奋效命、终获大捷的情形，《清史稿》冯子材传记中叙之甚详，可以参看，这里无须多赘。所值得提出来一说的是，冯子材因年老退职家居，息战已久，这时何以能如此效命搏战、蹈死不顾呢？据赵凤昌所记，乃是得力于张之洞的礼遇与识拔之故。《惜阴堂笔记》云：

> 冯任广西提督最久。土匪李扬才等扰边多年，冯率部三次进剿，至关外及越境以平之。抚循地方，边民越族，同深爱戴，均以"冯爷爷"呼之，表尊而且亲之意。自西提乞病，在钦州本籍，因越事奏办团练。甲申十二月，忽接粤督南皮遣员赍书，并饷银五万两。书中声明："一面奏闻，不及公牍，先此函达，速募练成军，迅赴桂边。"冯谓："南皮系巍科名流，乃能识我，越事已急，我允之矣。"随即招募部署，赴镇南关。

我们中国人向来重视"知遇"，故而有所谓"士为知己者死"的话。对于一个富感情且重然诺的节义之士来说，忠臣廉吏的知遇尤其能使人感激奋励。张之洞中过解元、探花，以翰林学士出任巡抚、总督，清望素著，在很多人的心目中都是极其高贵的人物，一旦能得其盼睐，无不认为是极大的荣宠。冯子材当时便是在这种心理状态下感激奋起，毅然出而效命疆场的。这在张之洞来说，诚然是意想不到的事。官运亨通的人往往富贵逼人而来。为张之洞奠定后半生功名富贵的谅山大捷，竟然在这种情形之下出现，实在可说是机缘凑巧。张之洞一生，机缘凑巧之事颇多，这是值得指出来的一件。

张之洞做两广总督，前后凡六年。《清史稿》本传在叙述谅山之捷后，接叙其此后的政绩大概，说：

> 之洞耻言和，则阴自图强，设广东水陆师学堂，创枪炮局，开矿务局，疏请大治水师，岁提专款购兵舰。复设广雅书院，武备文事并举。十二年，兼署（广东）巡抚，于两粤边防控制之宜，辄多更置，著《沿海险要图说》上之。在粤六年，调补两湖。

史称张之洞"莅官所至，必有兴作，务宏大，不问费多寡"，在此时已可见其端倪。许同莘所撰的《张文襄公年谱》记此，则云：

> 在任六年，始则经营战守，继则整饬吏治，培养民生，讲求立国自强之道。凡所规画，其用款率取之清厘中饱。阎文介在枢府日，与公内外同心，有所奏请，辄蒙报可。十四年，文介去位，枢府不惬于公。赖醇贤亲王一意扶助，遇事奏请特准。

阎文介即阎敬铭，乃是当时管户部的军机大臣；醇贤亲王则是光绪的生父，老醇王奕譞。关于奕譞特别照顾张之洞的事，张之洞自撰的《抱冰堂弟子记》中亦曾有叙述，云：

> 己丑、庚寅间，大枢某、大司农某，立意为难，事事诘责，
> 不问事理。大抵粤省政事，无不翻驳者，奏咨字句，无不吹求者。
> 醇贤亲王大为不平，乃于曩所议奏各事，一一皆奏请特旨准
> 行，且事事皆极口称奖。并作手书与枢廷诸公曰："公等幸勿
> 借枢廷势恐吓张某。"又与大司农言曰："如张某在粤有亏空，
> 可设法为之弥补，不必驳斥。"其实粤省报销款固无所谓亏也，
> 然贤王之意，则可感矣。

己丑乃光绪十五年，庚寅则十六年。当时在枢廷的各军机大臣，
除礼王世铎外，依次为额勒和布、张之万、许庚身、孙毓汶。上文所
谓蓄意与张之洞为难的"某大枢"，竟不知所指何人。至于"大司农某"，
则可以确定为当时的户部汉尚书翁同龢，因为《张之洞诗集》中曾有
明白的记载，说到翁同龢当年做户部尚书时，曾经"一意倾陷，仅免
于死"。翁同龢何以要一力倾陷张之洞，至必欲置之死地而后快？这也
是无法解答的谜题。而醇贤亲正在此时毅然出来代抱不平，并为多方
调护关照，对张之洞的帮助就太大了。奕𫍽之为人，志大而才疏。他
之所以特别看重张之洞，无非觉得张之洞做两广总督，既不要钱又肯
为国家任劳任怨，乃是不可多得的有用人才。有此一念，所以才要多
方为之调护关照，以期能有所展布。其实则张之洞诚然有其"经营八表"
的雄心壮志，然而他所具备的知识与学问，却实在不足以在欧美文化
剧烈冲击而来的当时，担当起自强维新的建设大业。他不具论，单以
他在两广总督任内所倡议筹设的炼铁厂而言，在我国工业建设史上就
是一个很大的笑柄。

《张文襄公奏议》卷二十七，收有他在光绪十五年八月二十六日所
上的《筹设炼铁厂折》，说：

窃以今日自强之端，首在开辟利源，杜绝外耗。举凡武备所需枪炮军械、轮船炮台、火车、电线等项，以及民间日用、农家工作之所需，无一不取资于铁。两广地方产铁素多，而广东铁质尤良。前因洋铁充斥，有碍土产，经臣迭次奏请开除铁禁，暂免税厘，复奏免炉饷，请准任便铸铁，以轻成本，而敌侵销。多方以图，无非欲收已失之利，还之于民。查洋铁畅销之故，以其向用机器，锻炼精良，工省价廉。察华民习用之物，按其长短大小厚薄，预制各种料件，如铁板、铁条、铁片、铁针之类，凡有所需，各适其用。若土铁则工本既重，熔铸欠精。生铁价值虽轻，一经炼为熟铁，反形昂贵。是以民间竞用洋铁，而土铁遂至滞销。

　　以下他列举广东各口岸洋铁进口及土铁出口之数，并以光绪十二年的贸易册所载为例，说明洋铁之入超一年中达银二百三十万两，为一绝大之漏卮。此项入超至光绪十四年更增至银二百八十万两。为补救计，亟应自行设厂，购买外洋新式机器，照西法炼制洋铁，以期断绝洋铁之内销。他并且在折中说明，业经托由出使英国大臣刘瑞芬，与英国谐塞德公司订立契约，即由该公司代制熔铁大炉二座，日出生铁一百吨，并随附炼铁、炼钢、压板、抽条及制作钢轨等项机器，共价英金八万三千五百镑。该项机件，约定分五次运粤，十四个月交清云。这一个计划中的炼铁厂，原定设于广州城外的凤凰冈。但在机器运回之前，张之洞业因奉旨筹办芦汉铁路之故而调为湖广总督，继任的两广总督李瀚章奏陈广东产铁不多，不便建立炼铁厂，于是又由张之洞奏报移设于湖北，亦就是后来的汉阳钢铁厂。就汉阳钢铁厂设立以后的情形来说，张之洞的建厂计划笑话实在太多了。

　　在上文所引的《筹设炼铁厂折》中，张之洞曾说："两广地方产铁素多，而广东铁质尤良。"照此说法，他似乎已对广东、广西二省的铁矿蕴藏情形做过一番勘察调查，并已了解矿质情形。事实何尝如此！根据1945年的估计，广东、广西二省的铁矿蕴藏量，只有六百余万公吨，远不及辽宁、湖北、察哈尔、福建等省。炼铁需煤，而广东、广西却又所藏甚少，广西居全国之第十五位，广东居二十六位，可称贫乏。由李瀚章后来奏报广东不宜设厂的情形看来，张之洞当时所说的只是一些臆测之词而已。不仅如此，张之洞对于当时欧美所用的炼铁方法一无所知，就贸贸然地买回两座炼铁炉来，完全不知道所买的炼铁炉是否合于炼铁之用，就更加使人觉得可笑又复可怜了。《凌霄一士随笔》引述《中国铁矿志》中所载某地质学家对于此一段往事所说的话，略云：

> 张之洞任广督，议建炼铁厂以为制钢轨之用，因委驻英公使薛福成在英订购机器。厂主谓须先将煤焦及铁砂之样品寄英化验，始可视其质量决定设计炼铁用之机器。薛以告张，张曰："中国之大，何处无佳煤、佳铁？但照英国所有者购办一份可也。"于是英国梯特赛厂遂依英国所用酸法炼铁，设计贝色麻炉二座运华。其时张之洞已由两广移督两湖，而大冶已发现铁矿。有议厂宜设于大冶者，张曰："大冶路远，照料不便，若建于汉阳，吾犹及见铁厂之烟囱也。"于是乃在龟山之麓建厂，地址狭小而一带水田，斥巨赀以经营之。又于各处征询煤矿，最后得马鞍之煤，灰磺并重，实不适于炼焦，炼得生铁，实不合用，而钢轨更无论矣。

这一段话说大冶之铁不适于使用贝色麻炉冶炼，及马鞍之煤不适炼焦，更不适合于炼铁等。以之与近人全汉升氏所撰的《汉冶萍公司史略》一书相参看，可知其大致不错。汉冶萍公司即汉阳钢铁厂后来因生产成本太高而经营困难，以致铁厂停止冶炼，年年只以所采掘的矿砂低价运售日本偿付所欠债务，说来极为痛心。我们若留心探究，汉阳钢铁厂的生产成本何以会高得使该厂无法支持冶炼的工作，便可知道，此正是先天性的因素，其根本原因在张之洞筹建此厂之初便已种下，所以到后来才会成了无法医治的痼疾。

19世纪中叶以后，西洋人所研究成功的炼钢法共有两种，一是以酸性冶炼的贝色麻法，二是以碱性冶炼的西门士马丁法。这两种炼钢法的区别是：贝色麻法不能除去铁中的磷质成分，因此不适用于含磷较多的铁矿；反之，西门士马丁法恰恰没有此一缺点，如果铁矿的磷质较多，就应采用西门士马丁法炼钢。英国的梯特赛厂在接受张之洞的委托时，曾要求张之洞将矿砂及焦煤的样品先寄英国化验，就是希望能够确定炼钢厂所需的冶炉，应该根据哪一种炼钢法来设计。张之洞当时既未寻得铁矿，自然无从知道铁厂冶炉应用何种类型。何况他当时也根本无此认识，不知道不同质量的矿砂需要采用不同炼法的问题。他只是以他挥霍宏阔的做事气派，大言炎炎地以为这乃是不成问题的问题，任令英国厂商自行决定冶炉的设计。这一次，张之洞的机缘不大凑巧，梯特赛所设计的贝色麻式炼钢炉并不适于后来的炼钢厂。

从英国订购的机器及附属设备，于光绪十七年间运到中国。张之洞为了照顾方便的理由，坚持要在汉阳的大别山麓建厂。那里的地势低洼而潮湿，必须大规模地填高地基，方能建立工厂。结果，建厂的工作要先从填高地基做起，所填的厚度达一丈多，计填土九万余方，费银三十余万两。这在汉阳钢铁厂的全部建厂经费（包括购买机器及运输回国的运费在内）三百万两之中，已占去了十分之一，差不多相当于在英国订购机器的价格。虽然张之洞对于用钱向不计较，但这笔账总是要算到铁厂的生产成本里去的。

湖北省的大冶有丰富的铁矿，那是盛宣怀雇来英国工程师实地探勘之后，在光绪元年时就发现了的。张之洞在汉阳建立钢铁厂，盛宣怀就正好把大冶铁矿卖给了他。此矿的铁砂蕴藏量极为丰富，当时仅就露出地面的部分做一概略的估计，数目就有二千七百余万吨之谱。如以每年开采一万吨为率，仅表层的露头部分就可供二千七百年的采掘之用。张之洞办钢铁厂而得此丰富铁矿，应该说是运气很好的了。但是，此矿的最大缺点是矿砂中的磷质较多，炼成的生铁含磷在百分之零点二五左右。如果炼铁厂的冶炉根据西门士马丁法设计，这当然不是问题。但成问题的是，炼铁厂的机器乃是根据贝色麻式炼铁法设计的，对于铁中的磷质无法除去。于是汉阳钢铁厂所制成的钢铁，就因磷质不能除去之故，而容易脆裂折断，无论用于锻制或铸造，都不合适。即使只用来铸制铁路用的轨条，亦仍然因容易断裂而不适用。光绪二十年，汉阳钢铁厂的制品开始应市。当时，进口的洋铁在上海的售价是每吨银三十余两，汉阳厂的制品只能卖到每吨银二十三两，且乏人问津。产品的价格低而销路滞，当然会增加铁厂经营的困难。而其根本原因则在于铁厂的炼铁设备不适宜。这是张之洞在建厂之初所种下的先天缺陷，无法补救，终于使他的一腔热忱与满怀的壮志，也都成了画饼。

钢铁工业的基本原料是煤与铁，而铁矿与煤矿很少能够毗连在一起。为了节省运输费用，现代的钢铁工业都需要视运输条件的利便，或以铁就煤，或选择煤铁二者的中点，作为建立钢铁工业的地点。反观张之洞所办的汉阳铁厂，其地既不产煤、铁，亦不是煤、铁二矿的交通中点。铁矿所需的铁砂，来自一百二十公里外的大冶，每吨铁砂的运费，在当时是三角四分。以汉阳铁厂每日出铁百吨计，须支付铁砂运费六十余元。湖北的马鞍山虽然产煤甚多，但因所含的灰分与磺质太多，需要搭用开平焦煤或外洋焦煤方能用于炼铁。而开平焦煤与外国焦煤的来路都极远，运到汉阳每吨要卖白银十六、十七两。把这些生产成本加起来算，即使不包括员工薪金及外国顾问的巨额薪酬在内，已经超过上市产品所售得的价格，何况这些产品的销路还十分不畅，卖不出去！所以，汉阳钢铁厂开办甫经半年，就可明白看出其亏损。到了光绪十四年，亏损的累计数已经达到一百余万两。

张之洞到了这时也慌了手脚，知道这种赔本生意不能再做下去，亟欲设法脱去此一累赘不堪的包袱。于是乃有后来的盛宣怀接办之事。

胡思敬《国闻备乘》卷一，有关于盛宣怀接办汉阳铁厂的一段记事说：

> 盛宣怀办洋务三十余年，电报、轮船、矿利、银行，皆归其掌握，揽东南利权，奔走效用者遍天下，官至尚书，资产过千万，亦可谓长袖善舞矣。其始起推挽，由李鸿章。鸿章内召，王文韶继为北洋大臣，倚之如左右手。北洋京畿左辅，为洋务总汇之地，湖广总督张之洞忌之。是时，铁路议成，南端由之洞主政，北端由文韶。文韶欲保用宣怀，恐之洞不从，遣宣怀私诣武昌，探其意旨。之洞办武昌铁政，亏空过百万，方窘迫无以为计。宣怀至，许为接办，任弥补。之洞大喜，遂与文韶合疏，保荐宣怀为督办芦汉铁路大臣。

以上所述，乃是关于张之洞如何将汉阳铁厂交与盛宣怀接办的一种说法。而据另一种非正式的记载，盛宣怀当时似涉及某一贪污案件，为人所参劾，有旨交予湖广总督张之洞查办。张之洞为他开脱洗刷，故而盛宣怀亦答应张之洞的要求，允为接办汉阳铁厂。总之，张之洞因汉阳铁厂亏损太重，无法经营，不得不将之交予盛宣怀经营，由初期的官办改为此时的商办，当是不争之事实。

盛宣怀对于经营实业，有他的特殊长才。他接办铁厂以后，深知由远道去买开平焦或洋焦到汉阳来炼铁绝对不是办法。所以在接办以后，就积极从事煤矿的探勘。后来在江西萍乡寻得丰富的矿藏，煤质又极优良，就大量投资开发，以铁路及船只接驳运输之法，运到汉阳铁厂来炼钢，降低了很多的生产成本。到了光绪末年，又把原有的两座炼铁厂拆除，新建日出生铁二百五十吨的西门士马丁式炼铁炉三座。自此以后，汉阳厂的产品中不再存有化炼未尽的磷质，质量纯粹，声誉日起，产品亦可远销欧美。到了欧战结束以后，汉冶萍公司虽因欧美列强的竞争而再度陷于经营困难，那也已经是后来的事。至少在盛宣怀接办以后，已将张之洞当年所留下的病根设法除去了许多。至于汉阳厂地址选择的错误，使得铁厂与铁、煤二矿分别位于相隔遥远的三个地方，以致原料转送的成本始终无法降低，那是谁也无法改变的事。这一笔账，当然只有记在张之洞的头上了。

张之洞任湖广总督，前后历时十七年之久，所办的各项工商业建设极多。《清史稿·张之洞传》说：

> 海军衙门奏请修京通铁路，台谏争陈铁路之害，请停办。翁同龢等请试修边地，便用兵。徐会沣请改修德州济宁路，利漕运。之洞议曰："修路之利，以通土货、厚民生为最大，征兵、转饷次之。今宜自京外卢沟桥起，经河南以达湖北汉口镇。此干路枢纽，中国大利所萃也。河北路成，则三晋之辙接于井陉，关陇之骖交于洛口，自河以南，则东引淮吴，南通湘蜀，万里声息，刻期可通。其便利有数端：内处腹地，无虑引敌，利一；原野广漠，坟庐易避，利二；厂盛站多，役夫贾客，可舍旧图新，利三；以一路控八九省之衢，人货辐辏，足裕饷源，利四；近畿有事，淮楚精兵，崇朝可集，利五；太原旺煤矿，运行便则开采必多，利六；海上用兵，漕运无梗，利七。有此七利，分段分年成之，北路责之直隶总督，南路责之湖广总督，副以河南巡抚。"得旨报可，遂有移楚之命。大冶产铁，江西萍乡产煤，之洞乃奏开炼钢厂汉阳大别山下，资路用，兼设枪炮钢药专厂。又以荆襄宜桑麻枲而饶皮革，

设织布、纺纱、缫丝、制麻革诸局，佐之堤工，通之以币政，由是湖北财赋称饶，土木工作亦日兴矣。

这一段话概述张之洞由两广总督调为湖广总督的原因，是由于奉旨兴办芦汉铁路，负责南段工程，及在湖广从事各项工商建设的情形，叙次大致不错。所交代欠明的，乃是开办汉阳铁厂的部分。因为张之洞计划筹备炼钢厂，并不始于到湖广之后；及至建厂完成，尚只有大冶之铁矿而不知何处有合用之煤。这些情形前文已有叙述，今不再赘。至于铁厂以外的枪炮、钢药、织布、纺纱、缫丝、制麻革等厂，以及铸造银圆的工厂，种类繁多，具可见张之洞办理新政的局面之大，与气度之宏阔。张之洞素来以"经营八表"自负，他在湖北的各种设施庶几可以配称。但除了他在铁路问题上所发表的意见甚为正确，能得后人之称道外，其他各项工商业方面的建设，后人则对之多有微词。如《清史稿》本传就以"由是湖北财赋称饶，土木工作亦日兴矣"的话，来讥讽张之洞的好兴作。《花随人圣庵摭忆》的作者黄濬，对张之洞的批评更多。将这些资料汇集起来看，我们对张之洞的这一番作为乃能有较为正确的估量。

黄濬评许同莘所撰《张文襄公年谱》，关于他在光绪二十年至二十二年署理两江总督期间的施为行事，论云：

以南皮之声誉，两江总督之地位，其所献替，所左右者，宜若洪巨非常。今观其举措，似侧重铺张应付，专力为物质上之角逐者。不知政治思想苟不更张，人民智识苟不增进，则一切建设，尽成逐末。四十年间，悬崖转石，前此所恃为富国强兵之要政，及今思之，无量黄金，何莫非掷于虚牝耶？惟缘本原不立，故创造适以资弊。《清史稿·南皮传》，出桐城马通伯先生手笔。传中所云："莅官所至，必有兴作，务宏大，不问费多寡"，不能不谓为纪实也。然南皮所造诸事，皆极有关系，亦皆近代设备所必不可少者。如廉挚之性行，与精锐之专家，继续为之数十年，非不能资以兴国。所惜者，当时人才缺乏，一切皆以官僚充任。设一局所，只为候补道增一差使，遂寖成弊薮。予按许君是书，颇似李瀚章之《曾文正公年谱》。盖其心目所景仰者，若甚庞大，落笔遂甚敬谨，取材不得不狭隘。凡旧日官文书所表现者，大人先生，往往如是，未可为许君病也。其实南皮之事功不如文章，意存建树而力希忠宠，故有创而鲜获。

以下续论许撰《张文襄公年谱》所未谛之处，文长不录。黄濬此文，除了评论许同莘编撰《张文襄公年谱》的态度及取材问题俱极中肯以外，对于张之洞的批评尤其入木三分。按，中国在清代末年所推行的洋务运动，早在"甲午战争"以前就已着着进行。见于具体设施的，如创办新式兵工厂自造洋枪大炮，建立新式海军舰队，及派遣各项专门人才赴欧美留学等均是。其时北洋舰队的吨位居世界第四，中国的国势一时大有隆盛气象。但是，也有一些具有远见的外国人士说："日本维新，系从改革教育、政治、社会、军事，及工商建设等全面着手，远比中国单单从事军备方面的改革为彻底而有效。将来中、日两国一旦发生战争，中国必非日本之敌。"这一番预言后来在"甲午战争"中完全得到证实，而清朝中国所推行多年的洋务运动，至此亦完全暴露其缺点。"甲午战争"以后，清朝中国如果彻底了解洋务运动之何以失败，及日本维新之何以成功，便当首先从革除窳败的政治习惯、转移社会风气、健全国民教育、培养爱国精神等根本工作做起。倘仍不此之图，依旧只是从造枪炮、练军队、兴实业等方面力求富国强兵、雪耻报仇，就不免要如黄濬所说："惟缘本原不立，故创造适以资弊"的情形了。即使规模阔大，耗财无数，最后仍然是"无量黄金，何莫非掷于虚牝"，说来实堪惋惜。张之洞是否不能懂得这一番道理，很难知道。不过，我们当然了解，清代末年的政治窳败、政风污浊，其本源来自掌握政权的慈禧太后与当朝权要。欲言改革，首先便会遭遇到这些力量的反对与阻挠。以张之洞的聪明，当然不至于见不及此。然则他之不肯轻易谈论这些，显然亦与他为官的作风表里一致，不足为怪，亦无足深责了。

近人柴萼所撰的《梵天庐丛录》对于张之洞亦有类似的批评，说：

> 论者谓："使文襄生于乾嘉全盛之时，论思献纳，润色鸿业，则必能于阮、纪两文达之间占一席地位。即不生于太平时代，而终其身为文学侍从之臣，亦必能于潘文勤、翁文恭而后，主都下风雅之坛坫。"昔人恨王荆公不做翰林学士，而惜褚彦回之做中书而后死，以为"名德不昌，遂有期颐之寿"，予于文襄亦云。

前文所说的"阮、纪两文达"，指乾隆、嘉庆之间的学者名流阮元与纪昀；潘文勤即潘祖荫，翁文恭即翁同龢，则同治、光绪间有名的文坛泰斗也。柴萼以"恨王荆公不做翰林学士"与"惜褚彦回之做中书而后死"，显然也与黄濬所说张之洞"事功不如文章"的论点相同，以为张之洞实在不应该外放督抚，再入军机，以致文章既不能名世，事功又甚遭谤议，说来实在可惜之至。通观张之洞一生的宦途及建树，对于这样的批评亦不能说是持论过苛。因为他在湖北所做各项工商建设，由于经费无着之故，曾以通货膨胀的方式以为生财之道，其结果对清末以迄民国以来的物价上涨发生了极为不好的引领作用。这一点使当时的无数升斗小民受到很大的拖累。若以社会经济的观点而言，所留下的后遗症亦是很不好的。

近人瞿宣颖所撰《人物风俗制度丛谈甲集》，引录筠连曾所撰之文，述及宣统三年辛亥与 1925 年乙丑之物价比较情形云：

> 昔者辛亥也，今者乙丑九月也，皆以制钱计。铜币一枚合制钱十文。物价之以升计者，米昔六十，今六百。苞谷三十，今四百。以斤计者，麦面昔二三十，今四百。火酒昔四十，今七百。桐油昔五十，今六百。菜油昔七八十，今五百。红糖昔四五十，今五百。牛肉昔四十八，今四百。猪肉曰和身滚，昔七十四；曰净肉，今七百四十；曰带头，今六百四十。鸡昔四十八，今六百。……工资之以月计者，耕种昔八九百，今七八千。女佣昔七八百，今二千。以日计者，缝工昔八十，今九百。泥瓦匠昔六十，今七百。木匠昔八十，今八百。其他小工昔四十，今三百。

根据上文的记述，自宣统三年清祚告终至 1925 年，十四年之间的物价上涨率，大约是十倍之谱。由于物价上涨之故，各种劳工之薪酬亦相继上涨，但其比率则显有不同。大致缝工、泥瓦匠、木匠等均上涨十倍或十倍以上，相当于一般物价之上涨比率。农耕者之工资上涨率只八九倍，已较物价之上涨率稍见落后；至于城市中的女佣，则其工资的上涨率只三倍尚且不足，比之物价的上涨率，瞠乎其后矣。自逊清末年至 1925 年，物价的上涨何以有十倍之多？这不是此文所要讨论的问题，不过在这里提出来做一参考比较而已。后文所引述的，则是另一项关于物价上涨的参考数据。

徐珂《可言》卷十四：

> 百物之贵，始于清"庚子拳乱"以后。自是而继长增高，阅二十年，有数倍者。民国十年辛酉夏秋之交，沪之物价腾踊，谷类益贵，每石米银币十二圆。铜币益贱，一银币易

铜币百五十余枚，当制钱一千五百数十文。于是，日得佣值数百钱之数米为炊者，啼饥号寒，日夕怨咨，而以铜币之滥铸，稻米之出洋，归狱于官吏矣。

据此可知民国初年谷价之贵，一个原因是米谷出洋，另一个原因是官方滥铸铜币。当时所谓铜币，指面值当制钱十文的"当十铜圆"而言，其制度始于湖北，主其事者即为湖广总督张之洞。胡思敬《国闻备乘》记此云：

> 钱币之制，必铸本与钱价相埒，乃可取信于民，久行无弊。古未闻以圜法为利者。自厘金兴，所收制钱，每缗重至七八斤。外人潜运出口，消化为铜，中国始忧钱荒。偷为一切取巧之计者，乃倡议改铸铜圆。始行于湖北，每枚重二钱七分，当制钱十文。较其赢绌，六倍其利不止。各省仿效行之，铜圆余利，遂为入款大宗。端方张之洞皆借此以济新政，于是局所增至二十余处。奸商结党盗铸，或更从海外输入。币日益多，银日益涨，每银一两，易钱至二千。物价既昂，商业大窘。

据徐珂《可言》所说，当铜圆未铸之前，由于制钱缺乏之故，每银一两约易制钱八九百文。如果铸行铜圆以后，铜圆的币值不跌，则每银一两应该只能兑换铜圆八九十枚，合制钱八九百文。在这种情形之下，币值稳定，物价也就不致因而引起波动。但是，后来所见的情形则是，由于铜圆一枚的重量不过只有二钱七分，而一枚制钱的重量约为一钱，销毁制钱三枚改铸铜圆一枚，可获七文之利，是即胡思敬所说的："较其赢绌，六倍其利不止。"大利所在，自然会促使主事之人不复顾及铜圆增多之后所引起的通货膨胀问题，滥铸不已，终于引起铜圆贬值，物价上涨。影响所及，则就是徐珂《可言》一书中所说的情形：

> 物价以铜币充斥而日增，购物者苦之，而贩夫贩妇亦苦。
> 盖市井细民之日入皆计钱，虽工资渐增，究不能与物价之增
> 同其速率，购买力乃锐减，销路自隘。此贩夫贩妇之所以咨
> 嗟太息也。

同书又说：

> 物价日贵，由于铜圆之充斥。铸造铜圆，为官营业之一，
> 主其事者利其有可朘削，乃滥铸不已，非尽内国、外国奸商
> 之私铸也。

由上面这些记述，可知民国初年之所以物价上涨十倍不止，除了
米谷出洋等因素外，最主要的原因乃是官方所办的铜圆局，将旧有的
制钱销毁改铸铜圆，铜圆充斥市面的结果。旧日以制钱作为计价单位
的物价，逐渐改以铜圆计价，于是由一变十，物价之上涨乃以十倍计。
因铸铜圆而使清末以来的物价上涨至于十倍，这中间所发生的影响当
然很大。胡思敬说，此事之始作俑者为湖北，乍听之下，以为像张之
洞那样处处以福国利民为己任的朝廷重臣当不至于目光短浅，孜孜为
利，至于如此地步的吧！然而，事实上的情形却真令人难以想象。《凌
霄一士随笔》引《兰隐斋笔记》，云：

> 福建陈石遗孝廉衍，诗才清俊，庚寅之秋，与余同在上
> 海制造局，后又与余同在张文襄幕府。时正苦库储匮乏，石
> 遗建议改铸当十铜圆，谓二钱之本可得八钱之利。余谓此病
> 民之策，何异饮鸩止渴，绝不可为，君他日亦必自受其害。

石遗抚头不答。文襄欣然从之。未几，各省纷纷效尤，民生自此益蹙，不免灾害并至矣。哀哉！

这一段记述，如以《陈衍年谱》中所记的资料互相证明，可信其确为事实。《侯官陈石遗先生年谱》卷四，光绪二十八年壬寅秋间记事云：

> 首议铸铜币。初，广雅读家君所著《货币论》一书十余篇，欲创铸当十紫铜圆，恐其终不能通行，未决，匆匆移镇。至是，抚部又疑之。家君又著论，与反复辩说。乃以停铸一两银圆所剩机器试铸之。至年底，不及四阅月，估计工料，已赢余利五十万银圆。明年，乃大开小学堂，会城计六十处。并大派学生留学日本。次年一年，赢利二百万银圆，而广雅回任矣。

张之洞于光绪二十八年九月初六日奉旨署理两江总督，湖广总督由湖北巡抚端方兼署，至翌年二月，方交卸两江总督，回湖广总督本任。上文所说的"移镇"，即指此事而言；"抚部"，即端方。按《张文襄公年谱》光绪二十八年记事，亦有"八月，设铜币局"的记事。可知湖北之议铸铜圆并设局筹办，即在光绪二十八年，献议者即陈衍。陈衍后来被张之洞保举为经济特科的人才，想来便是因为他在创议铸造当十铜圆一事上的特殊贡献，甚得张之洞的欣赏之故。《侯官陈石遗先生年谱》卷四，光绪三十年壬寅春间的记事，续记此云：

> 广雅归，益用家君言，盛铸铜圆。前后数年，获余利一千四百万银圆。用以百废俱兴。汉阳兵工厂添造快枪，由每日五枝至五十枝而未已，子弹称之。武健诸军外，练成第二镇新军，炮队营、辎重营等俱备。以外派遣各种学生留学

日本，士官为盛。卒成武昌革命之局，非广雅所及料矣。

民国前一年阴历八月十九日，武昌新军发动革命起义，由于军械库所存储的枪械、弹药极为丰富，所以，新成立的军政府得以迅速扩充军力，由一镇变成四镇，后来便以此作为抵抗南下清军的武力基础。追本溯源，张之洞功不可没。但张之洞当年在湖北竭力经营军备，其目的固不在为革命铺路。总由张之洞乃是一个好大喜功而又务为规模宏大的人，所以他不论是在教育文化、工商实业，以至政治、军事等方面，都喜欢以大量金钱从事规模巨大的建设，不如此不能惬心悦意。然而，湖广所辖只湖南、湖北二省，财赋所入有限，而清政府又因财政困难之故，不能给予大量金钱的支持，以致凡所兴作，都不免因经费支绌而不如理想。陈衍所创议的铸造当十铜圆之法，使他能"以二钱之本而得八钱之利"，数年之间，就得到赢利一千四百万银圆，于是积久以来的财政困难问题亦迎刃而解。这在张之洞来说，自然是极妙不过的利源了。殊不知道，一人作俑而他人纷起效尤，转眼之间，旧时所行用的制钱都变成了铜圆，最小的货币单位由面值一文的制钱变成面值十文的铜圆，如之何不使一般物价在一二十年之间暴涨至于十倍呢？由这一件事情来说，张之洞因谋兴利源而筹铸铜圆，因广铸铜圆致使币制紊乱，而使社会广大民众因通货膨胀而饱尝物价上涨之痛苦，所造成的不良后果不能说不大。纵使如此，倘使社会民众在支付了如此巨大的代价之后，能够得到国富民强的效益，则这种代价也仍然值得。而试一检讨张之洞耗费如此大量金钱在湖北所从事的建设事业，对于国家的进步及人民的生活究竟有什么裨益，这就实在难说了。黄濬说："不知政治思想苟不更张，人民智识苟不增进，则一切建设，尽成逐末。"张之洞的建设事业，其成绩正是如此。然则，他所造成的通货膨胀及物价上涨，其结果不是也太没有意义了吗？

近代国家常不免有因政治目的而从事人为的通货膨胀手段，借以促进消费、刺激生产、繁荣社会。利害相权的结果，常是利多于害。所以近世以来，大家对于通货膨胀一事，早已耳熟能详，见惯不惊。但若膨胀通货的目的只在增加政府收入，对于人民生活方面的影响不能同时兼顾，这样的通货膨胀手段就大有可议了。陈衍不明白铸造当十铜圆足以造成通货膨胀，以此作为开辟利源的奇谋秘计，张之洞亦不知其中利害，欣然加以接纳，此不但足以证明张之洞本人的经济学知识太少，他幕下的所谓"人才"如陈衍者，也实在太不高明。胡思敬以为张之洞"暗于知人"。所以然之故，一方面是由于他缺乏新思想与新知识，以致对于人才之贤否没有鉴别的能力，自更谈不上知人善用；如误信陈衍之言便是一例。第二方面，则因张之洞对人常多倨塞无礼之态度，又好谩骂，以致人多畏之。这种情形在《国闻备乘》一书中多有记述，引述两条于后。

《国闻备乘》卷二：

> 张之洞以内阁学士出任山西巡抚，后遂连绾疆符。自负才地，多做度外之事，不屑拘守旧规，年愈迈而气愈骄，自享太平五十年，俯视一切，盖以为天下莫己若矣。湖北提学使黄绍箕用一人为学堂监督，已札委矣。之洞闻而怒曰："汝今做学司，当受督抚节制；不比提督学院，衔命驰节而来，可称钦差也。"绍箕垂头丧气而出，自是悒郁不伸。未几，得疾卒。直隶人闻之洞内用，皆欣欣有喜色，合八府三州京官，张宴于湖广会馆，征集名优，衣冠济济，极一时之盛。之洞收束已三日，届时催者络绎载道，卒托故不往。鹿传霖、徐世昌忍饥待至二更，皆扫兴而散。闻其性情怪僻，或终夕不寐，或累月不薙发；或夜半呼庖人具馔，稍不惬即呼行杖；或白昼坐内厅宣淫；或出门谢客，客肃衣冠出迎，僵卧舆中不起。其生平细行大节，鲜不乖谬者。

这一段话说张之洞的性行怪僻及骄蹇无礼，清末以来的笔记小说亦多有之，今不赘引。文中所说的"闻之洞内用"，指的是他在光绪三十三年以体仁阁大学士管湖广总督的职衔，召为军机大臣之事。清代以入军机为拜相，张之洞在此以前虽已升授大学士，但因未兼军机大臣之故，并不能算是真宰相。此时由湖广总督内召，算是真的做宰相了，他的直隶同乡京官们为了欢迎他，才定期会集在湖广会馆公燕，以表庆贺之意。谁知他初时则并不拒绝，到时却托故不去，累得大学士兼军机大臣鹿传霖以下的一班同乡京官，"忍饥待至二更"，仍是"扫兴而散"，这样的作风亦未免偃蹇之甚了。同书卷三又云：

> 之洞自领封圻以至入参枢政，推毂人率不过道府、丞参而止，故小人有才者不甚附之。又性骄好诇，士踵门求见者，或七八往不一延接；或引至花厅，历数时不出；或出见，略询数语，即欠伸，呼茶欲退。幕僚侍立白事，小有失误，诃责之声达于户外。故君子亦望风远避。平时所识拔者，只一二浮华浅露之士而已。

这一段话，则又说张之洞由于缺乏含容之量与不乐为人援手，故而不但小人不附，即君子亦不敢亲近，其结果则所识拔者仅止一二浅露浮华之士。此所谓浅露浮华之士，可以举得出来的，大约即梁鼎芬与陈衍。陈衍之才识，在他建议铸造当十铜圆一事中已可略见一斑。至于梁鼎芬，则本是张之洞的翰林后辈，因参劾李鸿章而落职。张之洞做两广总督，请他来主讲端溪书院及广雅书院；及调湖广，又请他主讲两湖书院。由于梁鼎芬逢迎有术，张之洞后来保他署理武昌知府，历升至湖北按察院。他与张之洞的关系甚为密切。《凌霄一士随笔》曾经记述梁鼎芬与张之洞的逸事，说：

文襄秉性，自以为吾素赏识之人，苟措事不衷于理，惟吾方能诋毁之，而他人必不可附和。盖人之昨是而今非，昔贤而兹不肖，吾自有辨之之术在，他人程度，殆不足以及此。且不特不可附和已也，又必为之浦被而曲原之，以见大帅平日赏识之诚不谬，此遭不过偶尔失误，而无损于大帅知人之明。清季高官，虚骄之气皆类此，而文襄为尤甚。梁从文襄久，习之有素。一日，文襄召梁会食，黄绍箕仲弢、郑孝胥苏戡诸名士皆在座。有朱惠之观察，名泽滋者，文襄素重其才，委办宜昌土药局，忽措置大不治文襄之意。席中偶谈及惠之，文襄严词遥责之曰："吾始以朱道为尚有可为，故以要差畀之。不意其今日行事荒谬，乃至于此。"遂侈言其种种之不合。此时文襄，实深有憾于惠之，意念与平日大异，而梁不知也，犹以故态测之，起而言曰："不然。朱道平素办事稳健，颇知大体，此次举动，或别有用意，或偶然不检。君子不以一眚掩大德，幸吾师曲宥之，而勿加以苛责也。"文襄大怒，曰："吾任封疆，阅人多矣。乃吾所谓非，而汝是之，吾所谓不肖，而汝贤之，是吾于是非、贤不肖之辨，尚不如汝之真确也，吾将此座让子！"言毕而喘。梁觳觫万状，同席皆失色，不欢而散。明日，梁晤苏戡，犹战栗而言曰："昨日天威咫尺！"苏戡哂之，梁急改易其词曰："帅威咫尺！帅威咫尺！"可谓穷形极相，而张氏之虚骄自用，亦自可见。梁为人丰骨崚峻，示人若俨然不可犯。独对于文襄，则遇事迎合其心理，视于无形，听于无声，犹孝子之事亲也。

看了这一则故事，对于梁鼎芬之畏惧觳觫，固然觉得可怜，张之洞的帅威不测，也很使人不敢领教。所谓"君子亦望风远避"者，在这种情形之下，何得不然？其结果所致，是张之洞虽然历任封疆达二十余年，幕府人才却只有梁鼎芬、陈衍、郑孝胥之流，说来实在可怜！从前曾国藩开府两江，幕中人才辈出，有很多人后来都历仕至督抚专阃之寄，在"同治中兴"的业绩上做出了很多的贡献。张之洞的幕府人才寥落如此，他本人平素又不喜为人推毂援手，一旦由总督入参枢机，必将有无人可资臂助之叹。后来的情势发展，不幸而正是如此。

光绪三十三年七月，张之洞内召为军机大臣。据胡思敬《国闻备乘》等书所说，慈禧太后所以要在此时将张之洞用为军机大臣，乃是因为庆王奕劻与袁世凯二人的势力太大，为了制衡奕劻与袁世凯的势力，所以即命小醇王载沣入军机学习行走，又将张之洞调回京来与载沣合力，好作为载沣的帮手。第二年十月，慈禧病将不起，召张之洞及另一军机大臣世续入内，商定以载沣之子溥仪继光绪为帝，以载沣为摄政王辅立溥仪。为了预防奕劻之反对，事先将奕劻遣往普陀峪验收工程。一等奕劻回京，即刻宣布此一立嗣大事，明显地将奕劻与袁世凯二人排除在参与密谋的决策人士之外。在这一重要关头，假如张之洞有适当的得力帮手可为臂助，必可在此时发挥重大作用——乘庆、袁势力排除以后的空隙，组成有能力的政府，既可一洗昔日庆、袁贪污弄权的局面，亦可刷新光绪末年颓废萎靡的积弱情势。但因张之洞此时只是孑然一身，无人为之羽翼，他本人又无法使摄政的小醇王载沣听从他的安排指授，所以在这重要关头上竟然发生不了作用。终于，在庆、袁势力被排除之后，围绕在摄政王载沣周围的皇族亲贵，纷纷起而攘夺政柄，国家大事越发变得不堪闻问。慈禧召张之洞入军机，目的在希望他能与载沣协力，共维大局。却不料后来的情势发展如此，这当是慈禧生前所不及料的吧！

张之洞死于宣统元年十二月，据说其死因是在亲贵典兵的问题上与监国的摄政王载沣发生争执，载沣对于张之洞的反对意见坚拒不纳，以致张之洞发愤呕血而死。《陈衍年谱》记述其事云：

是冬，广雅薨于位，即日定谥文襄。先是，载沣为摄政王，专用亲贵。满洲人初疑汉人排满，至是，不排于汉而见排于亲贵，率多解体。洵贝勒既长陆军，涛贝勒又长海军。又将以某市侩为京卿，广雅力争，以为不可，为载沣所斥。归寓，捶胸呕血曰："今始知军机大臣之不可为也。"遂寝疾不起。

"洵贝勒"即载洵，"涛贝勒"即载涛，皆载沣之弟。所谓"某市侩"，似指唐绍仪。胡思敬《国闻备乘》卷四，"张之洞抑郁而死"一条曾有关于这方面的记述，说：

及袁世凯既罢，无人掣肘，自料可申己志。已而亲贵尽出揽权，心甚忧之。军咨府之设，争之累日，不能入。唐绍仪为世凯死党，监国欲委以津浦铁路，之洞不可，绍仪闻而衔之。先是，粤汉铁路拒美款，本谓收回自办，旋以款绌，又改借英债，皆之洞为政。绍仪因是嗾美使诘路事以撼之洞。之洞生平多处顺境，晚岁官愈高而境愈逆，由是郁郁成疾。

以上述两条记事互相对照当可知道，张之洞之死实由于监国摄政王载沣遇事不肯接受张之洞的谏净，在亲贵典兵之外，又欲以唐绍仪督办津浦铁路，之洞力争，反为载沣所斥，由是气愤难堪，呕血而病。所谓"军机大臣不可为"一句，尤其值得玩味。盖张之洞自从由山西巡抚调任两广之后，历任总督凡二十余年，早已养成了他颐指气使的骄慢习性。清代末年，督抚权重，总督兼辖二省，爵高位尊，倨见属僚，俨如皇帝，尤其不可一世。相传张之洞由湖广总督内调为军机大臣后，仍遥控湖北之政。当时的说法有所谓："溥颋为载振管家，津鄂为张袁外府。"奕劻之子载振先为商部尚书，被劾去职候，溥颋继之，事事皆请命载振而后行。故而人称溥颋虽为商部尚书，其实只是前任尚书载振的管家。至于"津"与"鄂",一指直隶总督,一指湖广总督。直督袁世凯与鄂督张之洞均已内调军机,继袁者杨士骧,继张者赵尔巽。杨士骧为直隶总督,一切秉承袁世凯之指授行事,每年以巨额经费辇致袁宅,供其上下交际结纳,常在百万以上,故而人称直督所驻之天津,实为袁世凯之"外府"。张之洞之于湖广总督,情形亦复仿佛。后任总督赵尔巽接任后,换掉了一个财政局总办,张之洞以为赵尔巽未经先行关照就先加撤换,大为发怒,立将赵尔巽调往四川,而另调江苏巡抚陈夔龙前往接任。其把持湖北省政的情形一如袁世凯之于直隶。胡思敬所谓"之洞生平多处顺境",即指他外任督抚时期的一呼百诺、风行草偃的情况而言。一旦内调军机,权位虽尊,亦只可以挟王命之重,胁持外省督抚,对于当国的摄政王却全然无可奈何。此又所谓"晚岁官愈高而境愈逆"也。

由于张之洞的死因是监国摄政王不肯接受他的谏诤,以致气愤呕血而死,而清祚不久即亡于亲贵之专恣跋扈及袁世凯之阴谋篡夺,于是在清亡之后,又有人对张之洞深致怀念,以为假如张之洞不死,当不致出现袁世凯阴谋窃国之事,其实何尝有此可能。他不具论,即以张之洞入为军机大臣以后的施为行事看,就可知道此说绝不能够成立。

《清史稿·张之洞传》综述张之洞在清代末年的重要建树,曾说:

（光绪）二十六年,京师拳乱。时刘坤一督两江,（李）鸿章督两广,袁世凯抚山东,要请之洞,同与外国领事定保护东南之约。及联军内犯,两宫西幸,而东南幸无事。明年,和议成,两宫回銮,论功加太子少保。以兵事粗定,乃与坤一合上变法三疏。其论中国积弱不振之故,宜变通者十二事,宜采西法者十一事。于是停捐纳,去书吏,考差役,恤刑狱,筹八旗生计,裁屯卫,汰绿营,定矿律、商律、路律、交涉律,行银圆,取印花税,扩邮政,其尤要者则设学堂、停科举、奖游学，皆次第行焉。二十八年，充督办商务大臣，再署两江总督。有道员私献商人金二十万为寿，请开矿海州，立劾罢之。考盐法利弊，设兵轮缉私，岁有赢课。明年入觐，充经济特科阅卷大臣，厘定大学堂章程毕，仍命还任。陛辞奏对，请化除满汉畛域，以彰圣德，遏乱萌。上为动容。三十二年，晋协办大学士。未几，内召，擢体仁阁大学士，授军机大臣，兼管学部。三十四年，督办粤汉铁路。德宗暨慈禧太后相继崩，醇亲王载沣监国摄政，之洞以顾命重臣，晋太子太保。逾年，亲贵浸用事，通私谒，议立海军。之洞言海军费绌，可缓立。争之不得，移疾遂卒，年七十三。朝野震悼。赠太保，谥文襄。

由上文所述可以知道，张之洞为史传所称道的具体建树，都是他在入为军机大臣以前的事；及入为军机，反而碌碌无所表见。如果要说有，那就是他与慈禧太后密议立溥仪为幼帝，以载沣监国摄政，及在载沣监国摄政之后，共同密谋排去袁世凯这两件"大事"了。关于这两件"大事"的内幕情形，《清史稿》张之洞本传及《张文襄公年谱》均未记载，唯因此二事关系于清末政局变革及张之洞个人者太大，殊有必要加以说明，庶足以了解其中的内情真相及后来变化。先说立溥仪之事。胡思敬《国闻备乘》云：

孝钦临危，张之洞请定大计，孝钦颔之。翌日，出奕劻勘易州陵工，密召世续及之洞入内，议以立今上为穆宗嗣。今上，醇亲王载沣子也，生四年矣，视德宗嗣位尤弱。国难方殷，连三世临以幼主，世续、之洞恐皇后再出垂帘，因合词奏曰："国有长君，社稷之福，不如径立载沣。"孝钦戚然曰："卿言诚是，然不为穆宗立后，终无以对死者。今立溥仪，仍令载沣主持国政，是公义、私情两无所憾也。"之洞曰："然则宜正其名。"孝钦曰："古有之乎？"之洞曰："前明有监国之号，国初有摄政王之名，皆可援以为例。"孝钦曰："善，可两用之。"之洞又曰："皇帝临御三十余载，不可使无后。古有兼祧之制，似可仿行。"是时，德宗故无恙也。太后默不言。良久，目之洞曰："凡事不必泥古，此事姑从汝请，可即拟旨以进。"策既定，电召奕劻回京，告以谋。奕劻叩头称善。遂以十一月某日，颁诏明告天下。

张之洞死后，宣统的御祭文中曾有所谓"自两宫之奄弃，弥臣职之忧劳。匕鬯不惊，共球无恙"的褒奖之语，所指的当即是此密谋"定策"之事。关于去袁之事，亦见于胡思敬《国闻备乘》，云：

> 太后之病亟也，已属意今上，恐为奕劻所挠，令勘陵工，密召之洞、世续夜半定策，不及世凯。世凯既不与定策功，意颇怏怏。载沣监国之初，推心以任之洞。之洞与监国密商处置世凯事，累日不决。其子君立泄之于御史赵炳麟，炳麟曰："是可憾也。"犹恐势孤不胜，复邀陈田，两人同日各具一疏参之。疏上，世凯果罢。

此所云张之洞与载沣密谋去袁而"累日不能决"，据《花随人圣庵摭忆》作者黄濬所说，乃是顾虑袁世凯握兵柄已久，门生、故吏布满中外，欲杀之则恐引起大变，欲放之归里则恐贻后患，故而迟迟不能决定处置之法。张之洞既不像袁世凯那样地机诈猛鸷，在这种情形之下自然也只有劝载沣不可骤加刑戮。于是，袁世凯施施然回到河南洹上老家，去等接再度出山的机会了。后人论此，亦常咎张之洞为妇人之仁，以为"纵虎归山，祸将不测"，日后袁世凯之阴谋篡夺，祸机即伏于此。其实就当时之客观情势而言，北洋兵柄尽在袁世凯及他所培植的嫡系将领掌握之中。杀袁不难，所难者在杀袁之后势将引起北洋将领之兵变，有谁能尸其咎？届时又有何策可以善后？然则，张之洞主张不加杀戮而放袁归里，未尝不是无办法中的办法。假如政府有能，在去袁之后再逐渐剪除袁之羽翼，袁世凯后来就不可能有再度出山的机会，篡夺之祸自亦可以潜消于无形。而张之洞在袁世凯未有不轨之心以前，既不能收揽之以为己用，在去袁之后，又不能把握此千载一时的机会刷新朝政，坐令袁去之后，亲贵并出，国事益非，身为辅相而一筹莫展，则张之洞即使不死，对清朝的国祚又有何裨益可言？所以，要说张之洞之早死是清政府的不幸，事实并不正确。比较有可能的，倒是袁世凯当年对张之洞极为钦佩，假若张之洞那时能对袁假以辞色，虚心笼络，则清朝末年的政治演变也许不致如后来的模样。但因张之洞的骄慢自大，终于连这一种可能也没有能够出现。这一点到现在仍是很有事实根据可寻的。

据野史相传，张之洞于光绪二十九年由武昌北上入觐时，路经保定，其时袁世凯方为直隶总督，由于平素对张之洞的声望及科名均极为钦佩之故，至时遂盛设筵席招待，奉为上宾。讵料正当北洋名流毕集，袁世凯躬亲为张之洞奉卮上寿之时，张之洞却已酣酣而睡，以致袁世凯大为难堪。恼怒之余，袁世凯以为张之洞存心轻侮，自后遂不愿与张之洞相结交。徐树铮《视昔轩遗稿》中有《致马通伯书》，所论即为袁、张之会对于后来政局的影响，引述如下：

> 通伯先生道席：南皮公传稿，谛诵数四，裁剪严絜，惬心贵当，重事轻举，萧然若无觉矣。篇中多用侧笔，运以曲致，讽誉相孕，抗坠在心，殆合取龙门六一之神髓，别造新妍，而不袭貌似者也。惟鄙见以为有清中兴以来，自合肥李公逝后，柱国世臣，资望无愈公，干略无逾项城，公于项城，爵齿德俱尊，而辈行又先。项城功名中人，仰公如神。其时公果涵以道气，

驭以情真，两美欣合，共忧国是，项城不愤亲贵之龂龂，尽
其材画，勤力中朝，公虽前卒，而武昌之变至今不作可也。
讵公与相遇，殊形落寞，项城执礼愈恭，则愈自偃蹇以作老
态。壬寅之春，公过保定，项城时权直隶总督，请阅兵。既罢，
张燕节府，树铮恭侍陪席，亲见项城率将吏以百数，饬仪肃对，
万态竦约，满座屏息，无敢稍懈。而公敧案垂首，若寐若癌，
呼吸之际，似蠢蠢然隐鼽动矣。盖公去后数月，项城每与僚
佐忆之，犹为耿耿也。一色息之细，不能稍自节束，以笼络
雄奇权重之方面吏，徒使其心目中，更无可畏、可爱、可敬
之人生与并世，渐滋其骄谲之萌，致力于拒纳之术，以遗后
世忧。当日衮衮诸公，何人曾足语此？此亦清室兴废一大关键，
而春秋责备之议，所不容不独严于公也。鄙见以为，宜于传
中微书数言，俾后世之读史者，有所考而知所以自处之道也。
先生其谓可乎？惟幸教及之。

　　马通伯乃是《清史稿·张之洞传》的作者。徐树铮写此信，目的
在希望马通伯能将光绪二十九年袁、张保定之会对于后世历史的影响，
在《张之洞传》中"微书数言"，借以点明张之洞此时的偃塞作态，对
于袁世凯此后臣事清朝的态度大有影响，但似乎并未为马通伯所采纳，
因为，《清史稿·张之洞传》中，迄今并无袁、张保定之会的任何记载。
徐树铮是北洋军阀中的重要人物，当时曾亲与其会，其所见所闻当属
可信。据此云云，则袁世凯在光绪二十九年前后，对清朝政府尚没有
跋扈不臣的野心。至于后来之所以跋扈不臣，则因举目朝中，尽是自
哙以下的碌碌庸才，远处于袁世凯本人之下，于是乃日长其骄慢谲诈，
渐至有问鼎轻重之野心。如果徐树铮所说的不错，则当时还只有一个
张之洞可以笼络而驾驭之。假如张之洞亦如当年的曾国藩，品德纯粹
而推诚待人，则袁世凯或许真有可能为张之洞的道德学问所震慑，不

敢萌生其狼子野心。但张之洞当时既见不及此，一味以袁世凯之粗鲁不学为可鄙，不肯轻假辞色，终于也使袁世凯看轻了他，从而失去了这唯一可以笼络驾驭的机会，说来实在是袁世凯的不幸，也是清朝的不幸。

又据另外一种传说，袁、张的保定之会，袁世凯所率部属，将领之外，更有司道各官陪会。当时的直隶藩司杨士骧，乃是光绪十二年丙戌科的翰林，算是张之洞的翰林后辈。张之洞因为杨士骧亦出身翰林之故，引为同调，座间唯与杨士骧娓娓而谈，于袁世凯若无睹。所谈者又皆翰林故事，袁世凯枯坐一旁，至不能赞一词。士骧敏于应付，甚为之洞所赞赏，出语人曰："不意袁慰庭做总督，藩司乃有杨莲府！"袁闻此事，谓士骧曰："君既受香帅知遇，何不请其奏调湖北，俾可日常相处？"士骧笑曰："纵使香帅有此意，司里亦不愿伺候这种上司！"

清代的督抚通称"大帅"，"香帅"即指张之洞。杨士骧虽蒙张之洞赏识，却不愿做之洞的部属，虽则是对袁世凯而说的场面话，其实亦是实情。前文所引《国闻备乘》的记述，已曾说到张之洞对于所部，"小有过失，苛责之声远达于户外"。而其性行怪僻，起居无节，又都是遐迩皆知的故事。这样的上司当然为一般人所不愿伺候。更何况袁世凯最善于笼络人才，惯以国家的爵禄、名位和金钱，大量作为收揽人心之用，如之何不使一般稍有才干之人，在感念之余乐为之效力奔走呢？在这些地方已可看出袁世凯之所以能够成为北洋首领，而张之洞之所以无羽翼相助的道理。身居宰辅之位而人情之向背如此，亦尽可以看出他们在实际政治上所发生的影响为何如了。早在张之洞由两广总督调任湖广不久，大理寺卿徐致祥具疏参劾，就曾老实不客气地批评他说：

统观该督生平，谋国似忠，任事似勇，秉性似刚，运筹似远，实则志大而言夸，力小而任重，色厉而内荏，有初而鲜终。

徒博虚名，无裨实际，殆如晋之殷浩；而其坚僻自是，措置纷更，有如宋之王安石。方今中外诸臣，章奏之工，议论之妙，无有过于张之洞者。作事之乖，设心之巧，亦无有过于张之洞者。此人外不宜于封疆，内不宜于政地，惟衡文校艺，谈经征典，是其所长。昨岁该督祝李鸿章寿文，极意谀颂，末有自述语云："度德量力，地小不足以回旋。"夫以两湖幅员之广，毕力经营，犹恐不足，而顾嫌其地小，夷然不屑为耶？何其狂诞谬妄若此之甚也？

这一段话对张之洞的批评也许稍嫌苛刻，但如以张之洞一生的行事施为来衡量，则其中所说的许多事情又仿佛都很贴切。然则，张之洞的性格与作风在他五十多岁时早就定了型，也无怪乎他此后之倨傲偃蹇，目无余子，驯致连袁世凯这样的一世之雄也不放在眼中了。张之洞于光绪、宣统之间，在清政府中央具有举足轻重的关键地位。只因其暗于知人而又应付无策，终于不能使他的资望与地位在实际政治上发生制衡的力量，说来自然可惜。然而，此正是张之洞之所以为张之洞，我们读史论人，除了深致惋惜之外，事实上也正是无可奈何的。

综括起来看，张之洞一生事功，在教育方面的贡献也较多，除此之外，殊不足称道。徐致祥以为，张之洞外不适于封疆而内不宜政地，与柴萼之深惜张之洞未能永为文学侍从之臣，俱极有见地。对于张之洞的评价，大概亦只能作如是观。

第五章

刘铭传

　　清朝末年缺乏有远见、有
魄力的政治家和军事家，而刘铭
传正是少有的这种人才。他曾
出任台湾第一任巡抚，在财政、
经济、交通各方面均有众多建
树，莫定了台湾的自立基础。

刘铭传

◆

　　仗英雄三尺剑,横扫中原,却东国旗,麾西土旄,竖南天柱,任北门锁,闻声破胆不言动。但万里留题,处处轻纱笼胜迹。

　　披居士六朝衣,来寻旧雨,吟梁父词,赌谢傅棋,顾周郎曲,策韩王蹇,拜爵抽身才及壮。劳九重垂念,年年优诏问元戎。

　　上面所录,乃是清人全椒薛时雨撰赠刘铭传的一副对联。据说当年刘铭传对这副对联十分满意,悬之厅壁,宝爱无比。就事论事,此联对刘铭传的一生功绩与事业未免谀颂过分。如上联所说,刘铭传一生的戎马战功遍及东西南北各处边疆,事实何曾如此? 而下联所引的几个典故,"梁父吟"指诸葛亮,"谢傅棋"指东晋时大破苻坚八十万兵的谢安,"周郎曲"指三国之周瑜,"韩王蹇"指南宋时的中兴名将韩世忠,因为他在解甲归老之后终日"策蹇"(骑驴)湖上,十分悠闲之故。凡此俱所以形容刘铭传在壮年封爵之后便急流勇退,不热衷于功名利禄,而其勋业又足以与这些有名的历史人物相比拟,所以一一搬举出来作为衬托。其实则刘铭传虽有战功,若要与诸葛亮、周瑜、谢安、韩世忠等人相比,恐怕其间的距离还远得很。从前张居正在明神宗初年做内阁首辅,振衰起敝,弼成万历初年的治绩,功在国家。就因为有人送过他一副谀颂的对联,曰"上相太师,一德辅三朝,功光日月；状元榜眼，二难登两第，学冠天人"，而张居正竟亦"欣然悬于厅事"，使人觉得此张居正也是一个骄矜自夸的人，从而降低了他在历史上的声誉。刘铭传的功业不如张居正而骄矜则似之，就此而论，已可依稀想见其为人。不过，若是将他在整个清代历史上贡献如何的问题撇开不论，而专就他在台湾历史上的影响而言，刘铭传这个人仍是值得称道的。

要评论一个人在历史上的是非及功罪，自然得先从他的一生事迹说起。刘铭传虽然在台湾史上的影响很大，但他在台湾的时间前后不过七年，而刘铭传享年六十，七年的时间不过是他一生中的八九分之一而已。所以，要讨论刘铭传这个人仍得从头说起。以下先介绍刘铭传之生平，然后逐次论述其事功。

刘铭传，字省三，安徽合肥人，与淮军创始人李鸿章是小同乡。合肥地当皖北平原，生活环境艰苦，民风素称强悍。清文宗咸丰二年，太平天国乱起，很快就由广西蔓延到了湖南、湖北，又逐渐及于江苏、安徽。皖北地当南北冲衢，形势重要。而当政府的统治力量渐见薄弱之时，地方上的恶势力亦乘机蜂起。当地人民为了保家、保身，相率建筑堡垒，团练乡民，以求自卫。历史上的任何一个朝代，每逢到了这个时候，社会秩序必定日趋混乱，而拥有武装力量的人就可以据地自雄、独霸一方了。刘铭传生于清道光十六年，到这时正是十八岁。初生之犊不畏虎，不久，他就因为代父报仇一事而一举成名，在这种割据混乱的局势中开始崭露头角。

刘铭传的家乡在合肥县西乡的大潜山下，地名蟠龙墩。当刘铭传十八岁那年，淮河平原一带已因倡办团练之故而纷纷建筑堡寨。一时之间，合肥西乡也出现了许多互争雄长的乡里大豪，在据地自雄之外，并向附近人民派粮征银，以发展自己的势力。刘铭传家世代务农，向来是绅粮大户的鱼肉对象，这时当然也只有遵照命令，按时缴银纳粮，不敢抗违。某一次，不知是因为什么，刘铭传的父亲没有能够按照规定期限将粮米送去缴纳，即刻招来了里中大豪的侮辱。桐城马其昶撰《刘铭传墓志铭》叙次此事云：某日，此一大豪途经刘家所居村庄，呼刘父至马前，"责供给不时至，诃骂而去"。陈澹然撰《刘铭传墓碑文》，则说是："年十八，土豪假团练虐其父。"推想当时的情形，此一乡里豪绅对刘父的诃骂凌辱必定十分难堪，否则当不致招来刘铭传的极大反感。陈文说：

> 豪去，公（刘铭传）自书塾归，怒谓诸兄曰："丈夫当自立，安能耐此辱哉？"徒手蹑豪马，请决战。豪顾狂笑曰："孺子！敢当我哉？吾授若刀，能杀我，则壮士也！"公喜，手豪刀猝斩之。乘其马，手其头，登高大呼曰："某豪虐乡里，吾斩之，能从吾者当保吾里。"壮士大喜，归者数百人，遂筑堡寨为其长。

这一段话叙述刘铭传因报父仇而手刃里豪，并号召村中壮士，自筑堡寨保卫乡里及自立为长的情形极为明晰。刘铭传身高不过中人，十八岁的年龄看起来应该不过像一个大孩子，所以这个横行乡中的豪绅十分藐视他。却不料这个年轻人，不但行动果决，而且做起事来十分有担当。所以，此豪绅不但被刘铭传所杀，他的地位也旋即被刘铭传取代。不久之后，刘铭传就凭借他所号召起来的这支乡里自卫武力，屡却强敌，并响应当地官府的号召，出来征讨贼寇，建立战功，从此一步步地创立了他一生的事业，说来实在太使人感到突兀了。

清朝政府在咸丰、同治之间，对外则有英法联军的侵迫，内部则先后遭遇到太平天国及捻军之乱，军事上屡遭败绩，纲纪解体，几将不国。幸而有曾、左、胡、李等一班中兴名臣先后出力讨平乱事，国家大局方才转危为安。其时，清政府旧有的满洲八旗及绿营军队已经丧失了作战的能力，代之而兴的是曾国藩、左宗棠所统率的湘军，以及李鸿章所统率的淮军。而太平天国之乱既定，曾国藩把大部分的湘军都解散归农，所以淮军在后来更成了清朝政府所倚畀的主要武力。刘铭传崛起于这一千载难逢的时机，凭借自己的聪明才智，终于建立起一番不寻常的功业。淮上自古为英雄生长之乡，刘铭传出生在这样一个好地方，能够建立非常之功，并不使人感到意外。所使人感到意外的是，刘铭传所生存的时代乃是重文轻武的清朝末年。刘铭传以一个不为社会所重视的武人出身，居然能够不畏环境的阻碍，建立起如此不寻常的功业，太使人感到意外了。

　　说到这里，我们应该转过头来，先谈谈刘铭传的出身问题。

　　清朝的政治制度以从科举考试中得到功名为正途。科举考试所经过的阶段有三：县试、乡试、会试，其功名出身依次称为生员、举人、进士。进士是科举考试中的最高阶层，考起来最难，而且名额也少，每三年只取二三百人。举人在科举考试中次于进士，其取中名额依省份之大小及与试人之多寡而定，自二三十人以至八九十人不等，其时间则亦是三年一次，名曰乡试。至于生员，俗称秀才，以一府及一县为单位，定有名额，约自二三十人至六七十人，必须有缺额方能考补。秀才之下，无功名的，就是童生了。所谓童生，是指书读得差不多了，自觉有希望可以考取秀才了，那时就可由家长为他到县里去报名应考，并由州县衙门登记其姓名，承认其应试资格。一个报名应试过的童生即使一生中不曾考上秀才，政府仍然承认他是读书人，这亦就是科举制度中所谓的"文童"。但如只读书而不曾到州县衙门里去报名应试，那就连童生的名义也没有，政府也不承认他是读书人。这种是读书人还是非读书人的身份，在文武官员的出身中分得极为清楚，对个人此后的发展尤其重要。这在刘铭传的身上也可以明显地看出来。

　　清代中叶以后，重文轻武，文武官的地位相去悬绝。一个武职正二品的总兵官，甚至不敢跟文职正四品的兵备道分庭抗礼；而武职三四品的游击、都司，更连文职七品官的知县还比不上。这虽然是湘、淮军兴起以前绿营军队的情形，而自湘、淮军代兴以后，情形亦复如此。

湘军初起，一般是以文人领军。湘军大帅曾国藩、左宗棠、彭玉麟、杨岳斌、曾国荃、刘坤一等人，均以文官职衔领兵打仗，渐升而至巡抚总督之后，湘军将领仍然视之为主帅。淮军初起，略仿湘军，但亦兼用武职。淮军将领中较有名的如张树声，最后官至总督，其出身系以廪生（有月粮可领的生员）从军，带兵时期的最高官职是道员。其次如吴毓兰，以监生身份参加淮军，在军中时以战功自道员屡保至布政使，后授天津兵备道。再如在刘铭传军中自领一军的刘盛藻，系以俊秀投效，历保至布政使衔，后官至直隶按察使。以上这几个人是文职身份领军的实例。至如以武职身份领军的实例，一是以"开军"为名的领军主帅程学启，其人本系太平天国降将，官职系武阶的记名提督。二是以"铭军"为名的领军主帅刘铭传，初起时官不过武职中的末秩——千总，渐因功升至都司、参将，最后升至提督。刘盛藻的出身是"俊秀"，所谓"俊秀"，其实只是一个没有"功名"的文童而已。但文武两途的出身之别也就在这一点些微之差别上——即使仅仅只是一名文童，由于他也算是读书人之故，一样可循文职之途出身；如果连文童也不是，那就只好改循武职一途了。刘铭传开始加入淮军时的官职是千总，而并非文职微员的巡检、主簿一类，可知他连文童的出身资格亦没有。表面上看起来这似乎与他在淮军中的领军职务并无关系，而在他一旦晋升到最高职位时，这种重大的差别便显示出来了。

　　经过太平天国及捻、回等无数次的重大战乱之后，湘、淮军将领之中，因战功而保升至武职最高阶的多至不计其数。据清末的稗史、小说所记，左宗棠、曾国藩在南京做两江总督时，总督衙门中的差弁都是得过黄马褂与保至提督、总兵职衔的一二品武职大员。武职官的冗滥至于此，即使是从一品的提督也不免被一般文职视为地位卑微的"武弁"。刘铭传在二十六岁时（咸丰十一年）参加李鸿章所练的淮军，官阶是千总。不过三年的时间，他就因战功而升至直隶提督，赏穿黄马褂。实缺的直隶提督可不是那种永远补不上缺的记名提督，是实实在在的一品大员。然而武职官的发展已经到此为止，再往上就没有官可升了。虽说刘铭传在同治七年因平捻之功得封为男爵，但爵与官是两回事，爵位虽尊而官职依旧，自不免使功名之士为之气沮。我们由很多地方可以看得出来，刘铭传乃是一个有抱负、有大志的功名之士，他很希望能够做出一番伟大的事业，以期对国家有所贡献。无奈他的出身限制了他的发展，使他无可作为。及至后来，朝廷知道了他的意愿所在，命他以提督而兼巡抚衔，又正式任命他为台湾建省以后的第一任巡抚，总算打通了他在仕途上求发展的阻碍，可以改循文职去另行发展了。而偏在此时，朝廷中又有了南北之争与新旧党派之争，刘铭传不幸而卷入了党派倾轧的旋涡，于是又迫使他不得不见机而退，仍旧走上他在此前一再引疾求去的道路。我们若是从他的志业及抱负来看，这种行为毋宁是很违背他之本意的。至于他因出身武职之故，而屡遭出身文职的同僚或属吏之轻视，以致生出很多乖张龃龉的不当行为，亦可说是一种原因的两种反应。

以上的分析尚须在他以后的思想及行为中列举事实为证。以下且先说他在军事方面的显著功业。

王树枏撰《刘铭传传》云：

> 同治元年，江苏巡抚李鸿章募淮勇东征，铭传以千总率所部从。至上海，独立一帜，号曰"铭军"。战降南汇贼首吴建瀛、刘玉林，以其众来属。别贼吉庆元寇南汇，击却之。克川沙，连破奉贤、金山卫，累功擢参将，予骁勇巴图鲁名号。再蹈野鸡墩，解四江口围，擢副将。二年，会攻福山，驱常、昭之贼，升总兵。杨库汛者，沿江要隘也，悍贼密布营垒为死守计。铭传会水师攻之。战六日，江阴援贼屡受创，不得逞。而伪忠王李秀成渡江率五伪王水陆军数十万分道来援。铭传合诸军迎击，大破之。乘势克江阴，取无锡、金匮，苏州之

势遂孤。诏以提督记名，赏头品顶戴。既大军克苏州，降贼皆见杀，伪护王陈昆书死守常州不下，而程学启又战死嘉兴，鸿章亟檄铭传特将一军，攻常州。铭传遣将壁奔牛岭，降贼渠邵小双，即令扼丹阳贼援，而躬率敢死士攻城，破贼十余垒，降万余人。伪章王犯奔牛，牵我师，李秀成复鼓轮舶济师，炮击奔牛，饷且绝。铭传闻之，宵驱五百人袭贼后，内外夹击，呼声震天地，划贼垒三十余座，斩馘十万，麋诸江。三年，遂拔常州，赏穿黄马褂。

淮军在太平天国之战中的战绩，至克复常州为止，暂时告一段落。原因是李鸿章要把克复南京的首功让给曾国藩、曾国荃兄弟，所以故意使淮军在打下苏州、常州二府之后顿兵不进，好让湘军成其大功。于是，刘铭传在这一时期内的战功也只好暂且停顿一时。不过，我们从这里已经不难得到一些粗浅的概念，即刘铭传不但善于作战，而且在勇猛果敢之外，更长于以寡击众。试看刘铭传在苏、常血战时所遭逢的大敌，动辄数万以至十数万，而他所统率的铭军，不过数千而已。王树枬所撰《刘铭传传》中就曾说过："铭传善用兵，能以少击众，与程学启齐名。其初也，将五百人，稍增至七千，常敌贼数十万。讨捻，益骑兵合万二千人。"以七千敌十数万，单靠勇敢当然不够，其主要原因则由于："其用械器，悉改泰西新式。战发贼、戡捻匪，卒以此收功。"由于刘铭传在这些克敌制胜的战果中体认到西洋新式枪炮的厉害，所以他后来才一再主张效法西洋，造铁路，造船舰、大炮，以及革新内政，以求自强。至于他后来在剿捻之战中，则又因地制宜，与此并不一样。

湘军进攻据守城池与堡垒的太平天国军，所进行的是阵地战与要塞争夺战。"捻匪"并不像太平天国军那样凭坚而守，他们所用的是流窜战术，常常是打了就跑，而且跑得极快，原因是他们的马骡极多，一昼夜可奔驰数百里，很像是明朝末年的流寇。清政府最初以僧格林沁亲王所统率的蒙古骑兵为剿捻主力，捻流则军亦流，虽然屡有胜捷，最后还是中了捻军的埋伏，自主帅僧格林沁以下全军覆没。蒙古骑兵全军覆没之后，换了湘军与淮军上来接棒。他们不像蒙古骑兵那样拥有大批的马队，可以在战场上与捻军奔驰追逐，所以打起来比蒙古骑兵更难取胜。李鸿章后来受命为总领剿捻大军的主帅时，所恃以制胜的淮军主力就是刘铭传所统率的铭军。铭军只有少数骑兵，大部分都是步队，究竟凭什么能制胜捻军呢？除了火器精良这一项因素之外，就是善于奔走，能以行军的速度来弥补马队不足的缺点。这在有关刘铭传的传记中，亦是有记载可资佐证的。

陈澹然撰《书刘壮肃公碑阴》说，刘铭传率军讨捻，幕中士有名朱景昭者，合肥优贡生，博学多奇识，铭传甚敬礼之。讨捻之师久不效，铭传向朱景昭问计。朱曰："捻如马贼，官军欲以步武胜之，如何哉？惟以捻制捻耳。"铭传闻此言，大领悟。"即日焚短香，置巨金壁门外，令曰：'能刻寸香绕六营三匝，首至者取此。'军士皆乐奔，最后，至有刻寸香绕十四营三匝者。故捻飙疾如风雨，铭军亦风雨赴之。卒以成大功，名天下。"由这一段话中可以知道，刘铭传领兵很能够视需要而制机变，并不拘泥一格。他之所以能够以军功建立功名，在这里当可见及一斑。但李鸿章剿捻之所以能够成功，也并非专靠铭军之善战。因为，捻军本来以流窜起家，最善于钻罅乘隙，避实击虚。如铭军也像僧格林沁所统率的蒙古骑兵一样，跟踪捻军之后穷追猛打，即使侥幸而不致中伏败亡，也必然会落得个疲于奔命，两败俱伤。所以，刘铭传所发展的只是剿捻的战术，若要终成大功，仍需有赖于正确的战略指导。而战略之拟定与运用就是主帅李鸿章的责任了。

在李鸿章之前，担任剿捻主帅的是曾国藩。曾国藩当时就已想出一个办法——要"以有定之兵"，来"制无定之贼"。他选定了黄河、运河、颍河、贾鲁河、沙河之间的广阔地区作为预定的战场，打算利用此一地区四周的河道障碍，限制捻军的奔驰。所以他除了疏浚河道，构筑防堵工事之外，更在徐州、周家口、济宁及临淮关四地设置重兵，以备防堵，另外则用鲍超、刘铭传二军作为"游击"部队，负责追剿捻军，驱之进入防堵圈内，然后待机将之击歼。但他还来不及完成此一战略部署，就把主帅的职位让给了李鸿章。李鸿章接任之后，虽然作战计划稍有变更，战略原则则仍照此进行，最后终于将捻军驱迫到黄河以南、运河以东的狭隘地带内，悉数将之歼灭。由于此一战略原则之确立，当时的湘、淮军剿捻，一方面固然仍旧随捻军之所向拦截穷追，另一方面也始终未曾忘记统帅所交付的任务，尽量扰乱捻军之流突方向，在不知不觉中将他们驱入预定的围剿地区中。双方如此巧妙地配合，终于使李鸿章完成了平捻之大功。所以，我们固然不可忽视刘铭传在平捻战争中所立的战功，但也不必过信若干传记作者的夸张描写，以为捻乱之平悉由刘铭传之勇猛善战所致。至于他在剿捻战争中所受到的尹隆河之败，尤为他一生中的重大挫折，关系及于他此后的事业前途甚巨，更须特加注意。

尹隆河之役发生在同治六年之正月。关于此一战役，有关刘铭传的各种传记文字中都略而不提，唯有同时人薛福成所撰的《书霆军、铭军尹隆河之役》详记其事。这一篇记载翔实的重要史料，见于薛福成在光绪十二年所刊印的《庸庵全集》中。全篇的文字虽繁，但因对刘铭传的个性及人品都有极真确的反映，非常重要。不惮辞费，为之择要转引如下：

> 同治五年冬，捻贼伪鲁王任柱、伪遵王赖汶光、伪卫王李允等，纠合步马精锐，由河南趋湖北，缘道驱胁，众逾十万，盘旋德安、安陆之间，谋以一枝越襄河，蹒蜀疆，一枝屯湖北为声援，一枝闯武关，联西捻张总愚。十二月辛卯，松军统领提督郭松林被围于沙冈集，受伤突走，其众大溃。丙午，树军统领总兵张树珊战死于杨家河。是时贼骑数万，

云翔风驰，劲疾剽悍。常以前队挑战，别选健骑绕出官军后路以轹之。官军畏避其锋，辄凭村堡自固，罔敢与遻，遻之鲜不挫者。贼势张甚，连陷应城、云梦、天门。旋弃城去，屯踞白口、尹隆河以窥安陆。于是浙江提督一等子鲍武襄公超，总统霆军二十二营，合万六千人，今福建台湾巡抚前直隶提督刘公铭传，总统铭军二十营，合万人，皆从南阳南下，铭军由随、枣，霆军由襄、樊，分路进剿，迭有斩擒。

以上这一段文字概述尹隆河战役发生之前的双方军事情势，由清军之屡败及捻军之屡胜，可以看出捻军之强。其中所说到的"松军"及"树军"，均是淮军系统中的各支；霆军则是鲍超所统率的湘军。捻军因屡获胜捷之故，暂时由流窜改为定驻，由此可知捻军的战术亦是随时在改变的，所谓遇强则走，遇弱则攻，并非一味地流窜奔突。由于捻军定驻于白口及尹隆河一带，于是乃有同治六年正月鲍超、刘铭传二军约期会攻捻军之事。薛文叙此，续云：

六年春正月，霆军、铭军会于安陆。贼走踞杨家夆尹隆河等处。于是霆军驻白口，铭军驻下洋港，期以庚午日辰刻，进军夹击。先是，刘、鲍二公意气不相下。鲍公自谓宿将，歼劲寇，功最多，刘公后起，战绩不如霆军远甚，乃亦比肩为总统，意稍轻之。刘公谓鲍公勇而无谋，仅一战将才耳，顾闻其威名出己上，尤邑邑不怡。然此时鲍公志在协力剿贼，无他意也。刘公召诸将谋曰："度我军之力，可以破贼。若会合霆军而获捷，鲍军必居首功，人且谓我因人成事。不如先一时出师，俟剪此寇，使彼来观，亦当服我铭军之能战也。"乃于庚午卯刻，秣马蓐食，由下洋港逼尹隆河。贼队尽在隔岸，刘公分五营留护辎重，躬率马步十五营渡河鏖之。

以上这一段文字，叙述刘铭传在与鲍超约定庚午日辰刻两军会师合攻尹隆河的捻军之后，因为要自建大功之故，竟然不遵守约定，提前一个时辰，由铭军先行发动攻击。以此时清军与捻军双方面的军事实力加以衡量，捻军众逾十万，虽然中多裹胁而来的老弱妇孺，估计亦不下三四万，否则何致连败松、树两军，又在霆、铭两大劲旅先后来到之时，犹敢屯踞不去呢？霆、铭二军合计，战兵之数约二万六千。由于两军皆曾屡当强敌，其战斗力甚强，剪此巨寇，当无问题。但铭军与霆军分驻东西，双方面加起来的实力虽可胜过捻军，若是分割运用，就不一定能稳操胜券。战史上常有劣势一方借各个击破之法打败优势一方的往事，这中间的成败关键极为微妙。刘铭传久经行阵，谙熟兵法，当然知道在强敌当前、胜负未分的重要时刻，不可为敌方制造各个击破的机会。然而，他竟然低估敌方的实力，想借铭军独自的力量，以七千五百人的十五营兵力去击败屡获胜捷、锐气方新的十万捻军，他所犯的错误实在不可原谅。果然，以后的情势就是朝着这一方面而发展的。捻军太强而铭军数寡，以寡击众的战争变成了以弱攻强，其后果当然不堪设想。薛文叙此，续云：

> 任柱以马队扑左军，牛洪扑右军，赖汶光、李允合扑中军。左军刘盛藻五营先遇贼骑，不能支，败退渡河，任柱来攻中军，甚急，惟右军唐殿魁击退牛洪，来援中军，中军亦亡败退矣。群贼萃于右军，唐殿魁及其营官吴维章、田履安等力战，死之。殿魁，铭军之良也。师大奔，贼益纵，渡河追击，铭军崩溃。

此时的战败情形，据薛福成在此文的末后所说，是这样的：

> 余遇铭军将士，及随从刘公之僚友，皆云，尹隆河之战，

一败涂地，总统营官与幕僚等，俱脱冠服，坐地待死。

幸而此时已到了与霆军约定会攻的辰时，霆军适时践约而来，"势如风雨，张两翼以蹴贼。酣战良久，呼声震十余里，大败贼众。划毁杨家㘰、拖船埠，尹隆河贼馆数百，生擒老贼八千有奇，杀贼万余，夺获马骡五千匹，救拔刘公及刘盛藻等于重围之中，暨铭军将士二千人"。铭军之败，使获胜的捻军亦乱了阵脚，于是为突如而来的霆军制造了轻易得胜的机会。何况捻军久战而疲，更难敌有如出柙之虎一般的霆军！亦正由于有此一情况存在，所以铭军虽然败得很惨，而对于霆军之胜，刘铭传仍很不服气。

刘铭传尹隆河之败，除了薛福成的记述外，徐宗亮《归庐谈往录》中亦有一段记录，说：

> 开军之后，惟铭军为劲。东西捻之役，功冠诸军，号淮军第一大支。其始赖唐忠壮殿魁、刘廉访盛藻二人为之左右。唐之调度、刘之训练，合为两美，又得刘省三中丞为帅，以故虎步一时。其部下骁将，著称者颇多，大率苏沪降将，更事老练。忠壮阵亡于鄂，铭军夺气，然后亦未有大敌矣。忠壮之亡，事由廉访。时各统一军，分左右两翼。捻氛甚恶，忠壮以守为战，力主持重。帅意不然，廉访又急求见功，帅益怒忠壮为怯。及战，刘军先驰，遽败走，帅随之。忠壮急往援，深入贼中，不见帅，复出至河干。有误报帅亡者，忠壮奋勇阵死，一军尽覆。赖鲍军门率锐军继至，帅以下得收军立营云。

以这一段记录与薛福成所记参看，除了证实薛文的正确性之外，更可知道刘铭传在战事未曾开始以前，竟不肯接受他部下大将唐殿魁力主的持重之见，一意要行险徼功，而刘盛藻又从而附和之，终于造成这一场重大的挫败。由这些地方可以看出，刘铭传尹隆河之败的主要原因有二：一是他不应违约先攻，以致蹈犯为捻军制造各个击破机会的重大错误；二是他不省本身实力，又刚愎拒谏，及至发现错误，则已为时无及。至于刘铭传何以会蹈此两大错误而不自觉呢？其根本原因当由于他的不健全心理及高傲之气性使然。

我们如能着眼于尹隆河战役发生之前刘铭传与其高级将佐会商的情形，便不难发现，在刘铭传的性格中实在存有不肯服人的高傲气性。在刘铭传的心目之中，他的学识、他的战功，以及他在作战统驭方面的才能，每一样都比鲍超强过许多倍。鲍超只不过是一个有勇无谋的武夫，凭什么得到百战百胜的光荣，以致自己的声名显得反而不如鲍超？为了要跟鲍超比一个高低，所以他要在大敌当前之时一展他平昔以寡击众之长，好教鲍超从心里佩服他的本领！由于这种不健全的心理状态，不但使他对捻军的实力完全估计错误，更不肯接受僚属的建议，不自知事涉行险侥幸，蹈犯了兵法之大忌。终于，他在鲍超面前丢尽了颜面。若不是霆军及时来救，他与他的残余部队更势必要在捻军的四面包围之下悉数被歼。使气任性的结果如斯，实在令人可悲。而鲍超虽然在刘铭传生死存亡的重要关头救了他的命，但刘铭传对于鲍超似乎并不感激。不仅如此，刘铭传后来的所作所为看起来更像是对鲍超"恩将仇报"。这种作风不但使刘铭传的名誉扫地，也严重地影响到他此后的事业前途，说起来也诚然是很不幸的。

刘铭传在尹隆河战役以后如何对鲍超恩将仇报？这在薛福成《书霆军、铭军尹隆河之役》那篇文章中有详尽的记述。因为原文太长，不能详细转引。其中大致内容是说刘铭传在战败之后，自觉难免损军折将之重咎，在与僚属商量了一番之后，竟将失败的责任推在鲍超身上，说是事先与霆军约定黎明会攻，霆军失时未至，铭军孤进，几为捻军所乘。赖铭军奋战不退，会合霆军迎击，遂转败为胜。这一个虚伪不实的战报由刘铭传报经李鸿章转报到皇帝那里后，鲍超的报捷奏章随后亦到了。军机处看了两方面互不相合的奏报,以为鲍超虚张战功,言多不实,拟旨科以失期及虚饰之罪,严加申饬。这时鲍超正在枣阳、唐县一带追击败逃的捻军,忽然接到朝廷的申饬谕旨,方才晓得为刘铭传所出卖,一气之下,急怒攻心,引动旧伤,百病俱发,全身痿痹不仁。曾国藩为他代上奏章,请求开缺调理。于是霆军步骑兵三十二营之中,只留下步兵十四营交给曾国荃管带,其余一律遣散。霆军既散,刘铭传的铭军又新遭败衄,捻军没有了敌手,从此转危为安,又再度猖獗起来了。

捻军由运动战改为阵地战,又在尹隆河之役中一败涂地之后,本来已很有可能被一举歼灭。只因刘铭传恩将仇报,李鸿章又偏袒刘铭传之故,凭空把剿捻最为得力的霆军弄得瓦解,才使濒于危殆的捻军能够死里逃生。就事论事,刘铭传的自私行为不但对不起救回他性命的战友,更对不起国家人民。而霆军既散,李鸿章所可资倚畀的大将只剩下一个刘铭传,自然更非得支持他、提拔他不可。于是,刘铭传的残余铭军在经过一番补充训练及新购器械之后,重新成为强大的劲旅,在此后的剿捻战争中发挥了重大的作用。不过,那已是后来的事。何况李鸿章的剿捻战略既已确立,捻军的前途也已被判定了非失败不可,刘铭传只不过是感恩图报,努力地执行了李鸿章交付给他的任务而已。所以,这以后的事便没有什么值得提出一谈的价值了。倒是鲍超,经此一番重大挫折之后,心灰意懒,并不想认真为清政府出力卖命。而据陈衍所撰的《刘铭传别传》说,鲍超在四川原籍病故时,皖人刘秉璋方为四川总督,借事兴狱,不但抄没其家产,其妻亦因此而死。假使这一段记载果真确实不讹,那么,淮军将领对鲍超的怨毒实在可说太深,而鲍超所受到的报复也实在太惨了。

刘秉璋也与刘铭传一样,是淮军中的大将。鲍超死后兴狱,恰巧发生在刘秉璋手中,而刘秉璋更借此从旁煽焰,这其中的痕迹自然十分明显。但是，刘秉璋为什么要代替刘铭传寻仇报复？刘铭传对鲍超的仇恨，又究竟因何而怨毒至此呢？推想起来，当然仍是尹隆河战役所种下的祸根。

薛福成《书霆军、铭军尹隆河之役》一文，记述鲍超在尹隆河战役之后对待刘铭传的态度，说：霆军既救拔刘铭传、刘盛藻等人于重围之中，更夺还铭军所失洋枪四百杆、号衣数千件，并一切军械辎重，暨刘铭传所阵失之红顶花翎，俱于翌日退还铭传营中。不仅如此，霆军于铭军虽有救命之恩，而鲍超在与刘铭传相晤时，犹复"强自抑，无几微德色"。鲍超是被刘铭传看作一介武夫的粗人，而他在这件事情上的表现居然如此谦抑知礼，实在令人钦敬。在这种情形之下，刘铭传当然没有理由怀恨鲍超。只是，他此后的捏饰战报、诿过霆军，虽然使鲍超因此而倒了大霉，而悠悠之口毕竟难以尽掩。如薛福成所写的那篇文章便十足暴露了刘铭传的小人面目，使他从此不理于世人之口。陈澹然撰《书刘壮肃公碑阴》中说："当告归时，清流论将才，于公率訾议，独闽人陈阁学宝琛奏议中一语推重之。厥后公抚台，陈适罢，贫甚，公恒以他事给之，其肝胆如此。"刘铭传在讨洪、杨与讨捻的战事中军功卓著，他所为人訾议的，除了这一品格上的污点之外，更没有什么。然而，仅这一件品格上的污点，就使他在李鸿章的屡次保举中受到难堪的訾议，以致严重影响到他的事业前途。追源祸始，如何不令他将一腔怨毒都发泄到鲍超的身上？这大概便是鲍超死后得祸的原因了。从另一方面看，刘铭传后来与湘军人物的关系极坏，大概亦是受了这一事件的影响。

刘铭传于同治八年在直隶提督任上因病奏请开缺，得旨照准。翌年七月，李鸿章奉旨督办陕西军务，专责清剿陕西"回匪"。旋因直隶发生"教匪"事件，李鸿章被调为直隶总督，督办陕西军务的钦差大臣一职就因李鸿章之保奏而落到了刘铭传的身上。所谓钦差大臣，在从前大都出于朝廷之特派，其地位即使不致高过地方的封疆大吏，至少亦与之相当。刘铭传以武职出身的前任直隶提督膺此大任，而且出于李鸿章的保荐，可以知道李鸿章对他的照拂程度如何。此时，湘军出身的前任闽浙总督左宗棠，亦以"钦差大臣督办军务"的名义统率大军，在甘肃前线与反清的叛回艰苦作战。同治十年二月，左宗棠麾下的大将刘锦棠，在长时间的围困之后打下了叛回的坚强堡垒金积堡，杀掉很多投降的回民首领，又把大批回民迁徙到固原、平凉等地方安置，在当地引起很大的骚动，因此影响了他继续向西进军的日程，陕甘军务看来亦因此而更难结束。清政府顾虑兵饷难筹，曾降旨询问刘铭传对此事的意见。刘铭传遵旨覆奏，乘机对左宗棠放了一支冷箭，说左宗棠所统率的大军在攻克金积堡之后，"诸将星散，至今尚无进剿之期。贼骑肆掠巩、秦之间，如入无人之境。兵贵乘势，乃有虚声，抑或猛攻，乃见实力。今特迁延岁月，不计虚糜，贼势未衰，兵气已散，揆度形势，既恐藏事无期，叛勇降回，犹恐发生意外"。这些话不但足以影响清政府对左宗棠的倚信，也大大贬低了左宗棠在陕、甘剿回的战绩。于是，左宗棠对刘铭传极度不满。

左宗棠平回在清代历史上是值得大书一笔的勋业。当时，若不是左宗棠凭着过人的才智与坚忍的毅力独任艰巨，从陕西带兵一直打到新疆，则今日的甘肃、新疆一带，早已不复是中国的领土。左宗棠安内攘外的功绩如此卓越，刘铭传为什么要摭拾浮言，动摇清政府对他的倚信？关于这一问题，我们可以看看陈澹然对此的说法。

陈澹然撰《刘铭传奏议集》卷一《出处略》序，中云：

> 综其生平，自始战江苏讫台湾，凡五进，而辞退乃十有八焉。乞退之疏，存者十有五，按其岁月，皆处恩纶稠迭之时，实为千古名将所未有。岂洁身高蹈，如古石隐者流哉？盖其雄略纵横，不可一世，喜劳恶逸，乐任人所难，尤以奉节度、拥虚名为深耻。当其提督畿疆，授封五等，中原大定，千里讴歌，

斯亦武臣之至劳矣。脱令优游辇下，坐拥节旄，畴复能议此者？独念风尘无警，上将虚糜，左武右文，已成风气，提臣虽贵，展布莫由，故决焉舍其官而不屑。其督陕军也，异军特起，专达朝廷，不复见制文吏，斯亦上将之殊遇矣。然关中既靖，终类虚糜，诏出新疆，更忧馈馈，而西陲经略，又非可共功名，绝塞蹉跎，且将悟抵，故决焉舍符节而不居。

这一段话的最后几句极可玩味。所谓"西陲经略"，指的当然是督办甘肃军务的钦差大臣左宗棠。何以左宗棠不是一个可与刘铭传"共功名"的人？这句话中的问题最大。我们知道，左宗棠素来自负才智，好以管仲及诸葛亮自比。也许他根本看不起这个武夫出身的刘铭传，居然也来与他同做钦差大臣。也许他因为尹隆河之役的缘故，更把刘铭传的小人作风看得一文不值。以二人的名位及功业而言，刘铭传跟左宗棠自然差得太远。左宗棠平素连曾国藩、李鸿章等比肩共事的人都不大看得起，如今怎会把刘铭传看在眼中？但此时的刘铭传却也是一个鄙武夫而不屑为，一意想在学问和政治事业上力争上游的人。他的好胜心愈强，愈是不高兴人家看不起他；而他的感觉在这些地方也最为敏锐。如今左宗棠却偏偏正是这么一个人——不但眼高于顶，惯好使气骂人，而且视刘铭传如无物，如何不使刘铭传为之气结难堪。陈衍撰《刘铭传别传》，据其幕客刘宗海相告之言，谓铭传"素恶左宗棠，督办陕西军务，即奏劾之"。由《刘铭传奏议集》见之，铭传到陕西就任督办军务的钦差大臣一职，是在同治九年的十一月初八日。他所上《密陈左宗棠军情》的那一个奏片，则上于同治十年的四月二十四日。到了这年的七月初九日，他就借口"头风肝气，坐卧难安，渐入秋寒，愈增羸剧"，奏请给假回里调治。至九月初九日，又再以"痼疾难瘳"为由，奏请续假三月，自此即离陕长往，一去不复再返了。由这些奏疏年月可以知道，刘铭传并不是一到陕西就上此密奏攻讦左宗棠，而是在隔了五个半月之后方才发生此事。既是隔了五个半月之后左、刘二人的关系才正式恶化，那亦可以知道，左宗棠与刘铭传之间并不是早就有了恶感，而是在刘铭传到陕将近半年之后，因感事事受制，处处遭其白眼，不但难堪，而且亦已意识到无法在此与左宗棠共建功名，所以才借事上此密奏，然后脱屣而去的。了解了这一层关系之后，我们当可知道，刘铭传之就任督办陕西军务的钦差大臣，原本抱有极大的心愿，只因无法与左宗棠共处，所以才不得不借病求去。就事论事，这既不是刘铭传高蹈，也并非他见机而作，事实上倒正是他在尹隆河战役做了一次小人所种下的恶果。

刘铭传是淮军系统下首屈一指的大将，虽屈居武职而才具纵横，素为李鸿章所赏识。李鸿章为了培植他的心腹及储备后继之选，也很希望刘铭传能由武转文，及出任疆圻，渐膺大任。所以，他每次遇到机会，总要为刘铭传引荐推毂。所以，他不但在此时推荐刘铭传出任督办陕西军务的钦差大臣，后来又使他以直隶提督的原官而加兼巡抚职衔，到台湾督办军务，无非希望能由此递迁，以为由武改文之渐。李鸿章的努力在同治九、十年间本已颇有实现之望。只因左、刘交恶，遂使刘铭传之改任文职还要再等十几年。这当然不是刘铭传的本愿，无奈却是情势使然。王树枏撰刘铭传的传记，说他："自始出兵，讫居方镇，凡五进，而乞退之疏至十八上。识者谓其见机而作，不俟终日，铭传庶几近之。"这种说法，未免概括笼统而且涉及皮相。刘铭传之五进五退，每次的原因都不同。如此混沌不分的叙述，实在不是良史之笔。

刘铭传于同治十年辞去督办陕西军务的钦差大臣职务，到光绪十年以前任直隶提督名义加巡抚衔督办台湾军务，中间相隔了十三年。这十三年之中，他一度因中俄外交关系紧张，经由李鸿章之保荐而被命由原籍来京，"以备任使"。到京以后，知道朝庭已经决定与俄国言和，故而仍复借病请假回籍。除此之外的绝大部分时间，他都住在南京。那里有他在秦淮河畔所筑的水榭，精美为一时之冠。居常则与文人墨士相往还，吟诗为文，诗中并常作白乐天、邵康节之恬淡疏放语。他所作的诗，今存者唯有《大潜山房诗钞》一卷，所收录的都是同治六年以前领军作战时期所作的旧诗，同治六年以后所作的并没有留下来。但即使只是同治六年以前所作的旧诗，我们也仍然可以从中读出刘铭传的一些思想与性格来。

《大潜山房诗钞》页十七，《感成》：

> 武夫如犬马，驱使总由人。我幸依贤师，天心重老臣。
> 上官存厚道，偏将肯忘身。国事同家事，谁看一样真。

又，页二十二《陈州防次》：

> 盗贼东西流，士卒奔驰久。陈州中原地，息兵且防守。
> 军中消闲事，只有诗棋酒。一日不相离，三者是吾友。
> 客兵远道来，邻封交不厚。官场贱武夫，公事多掣肘。
> 我生性不羁，欺侮亦甘受。济世重经纶，自惭无抱负。
> 日诫甲胄士，努力灭群丑。一朝洗甲兵，还乡为田叟。

像这类"官场贱武夫""武夫如犬马"的诗句，在其他篇什中尚有，不必枚举。由此不难看出，刘铭传虽然升到一品的提督大员，却不愿永居武职之故。而所谓"济世重经纶，自惭无抱负"也者，亦是皮里阳秋之笔，正可以反映他以武职而空怀济世抱负的不平之慨。诗钞页十九，有《送金太守铁珊入都诗》，云：

> 客路逢秋雨满天，故人一见两欢然。
> 行程往返三千里，别后暌违五七年。
> 才大君应思报国，寇平我已望归田。

入都朋友如相问，只说寒蝉不足传。

　　仗马寒蝉，乃是一个很老的典故，用来比喻一个人尸位素餐、无足轻重。刘铭传在平洪、杨及平捻乱的战争中军功卓著，如何是尸位素餐之人？所以然之故，则因他对自己的武职一途早已心灰意懒，只望在战事平定之后解甲归田，此后将不再有所表现，故以不鸣之寒蝉自况耳。刘铭传誉人则曰"才大君应思报国"，譬己则以仗马寒蝉之典自况，其内心之思想如何由此当不难想见。诗钞页二十一有《告归》一首，云：

> 中原欣且定，解甲觅归途。
> 去就不关系，还乡退守愚。

　　平寇立功，勋名方立，何至于"壮志折磨尽"，而"憔悴剩微躯"呢？从这些诗句中，我们当可看出刘铭传的真正意向与他的苦闷了。凡此俱可与本文前曾述及的进退出处原因互相参看，今不多赘。

　　刘铭传出身武职而官居一品，他所关心的应该是韬钤武略与节制统驭等方法。然而，在他的诗中却从不见有关于这方面的吟咏；常被提到的，反倒是文人墨士所最擅长的诗酒雅事。陈衍撰《大潜山房诗钞·序》亦说："余年十有几，即闻中兴诸将，迈迹行伍者，惟合肥刘公省三能诗文词。"身为中兴名将，不乐武事而唯好诗文，这所显示的意义又是什么呢？很明显的，刘铭传是希望在这些地方让人知道：他是不同于平常武夫的风流儒将；他的平生志业除了武功方面的建树之外，尚有更高一层的政治抱负。亦正缘于此，他不但向往改武就文的政治事业，更看不起胸无点墨的武人。由此更进一层，他更以为所谓中兴名臣如左宗棠者，其学问、文章，亦不过尔尔，于是更不免因自己不能与之比肩等夷而心怀不满，甚至不免遇事与之抵牾了。平心而论，他在战场上的表现确实够得上勇敢善战之称，至于他在兵法战略方面的造诣究竟是否可与左宗棠并驾齐驱，实在难说。倒是因为他出身淮军，久知西洋船舰、枪炮之厉害，因而体认到中国欲图自强御侮，非效法西人在教育文化及实业建设等方面痛下功夫不可，这种见识似又远胜于当时一般士大夫阶层之人物。

清光绪十年，中、法两国因越南问题交恶，逐渐走上以兵戎相见的道路。法国人积极增援他们部署在远东方面的军力，他们的军舰有窥伺台湾进而加以占领的意图。为了防患未然，清政府亦必须加强台湾方面的防务。于是，刘铭传有了再次出山的机会。王树枏撰《刘铭传传》叙此云：

> 光绪九年，法人夺越南，扰闽越，窥台湾，扼我南洋门户。十年，上命李鸿章趣刘铭传治军，不之应。闰五月，法事发，诏给巡抚衔督台湾军。乃强起，条上海防十事。

至于陈衍所撰的《刘铭传别传》，则对此又有更明白的叙述，说：

> 甲申，朝命督办台湾军务。铭传时已不屑为钦差大臣，欲为督抚。廷寄下，故挟数姬游西湖。鸿章急递促之，不顾，寄语曰："非封疆，勿相溷也。"鸿章为婉陈，加巡抚衔，始受命。

钦差大臣督办军务的职衔虽荣，但只有兵权而无筹饷之权。陈澹然论此，谓：

> 昔者粤寇之乱，曾文正以侍郎督师湖南北、江西之间，所至督抚抵牾，州县抗其威令，崎岖奔走，卒以父丧径谢以归。故胡文忠抗疏力陈，谓非督抚身任地方，不能治兵讨贼。

> 文正卒得江督，乃展其才，厥后左、李分师，皆授吴、越抚臣，
> 始得各行其志。

这些话旨在说明，督兵之人如无疆吏身份，必难收臂指之效。这诚然是清代末年的实在情形。证以刘铭传到台以后，台湾道刘璈对他的桀骜不驯态度亦可知此说之不谬。但刘铭传之必欲得巡抚而不愿为钦差大臣，这却并非主要的原因。前面曾说过，刘铭传本是一个很想有一番作为的功名豪杰之士。只是他的武职出身限制了他的前途，而欲改文职则又为制度规章所限，窒碍难行，以致心中每引以为恨。所以愈到后来，他愈加认定，非改文职绝难以展布抱负。于是，逢到政府有意征用他，他就要借此要挟一番。他的借事要挟在最初不能达到目的。而到后来，情况渐有变更。原因是崛起于"咸同中兴"期间的一班宿将元戎都已逐渐凋零，清政府可资倚畀的得力重臣只剩下李鸿章一个。而李鸿章自己手下又没有什么能干的帮手。在这种情形之下，李鸿章既然要竭力为刘铭传援手，清政府最后也只好卖李鸿章的面子了。刘铭传多年以来郁结在心的愿望，此时总算达到，其内心的快慰可以在他自己所撰的谢恩疏中明显地看出来。

《刘壮肃公奏议》卷一，光绪十年十一月十二日所上《补授福建巡抚谢恩折》，其中说：

> 伏念臣猥以谫陋庸材，渥荷生成知遇。南征三载，提督神畿，北讨五年，忝邀爵秩，养疴田里，谬拜督师关陕之荣，久卧江干，屡邀奉诏入都之宠。凡荷圣慈之曲逮，辄惭图报之无从。今夏督师台疆，尤切枕戈达旦。只以才非远猷，莫由展效涓埃。屡迫孤军困守之难支，上烦圣主忧劳之远系，深宵绕泣，徒唤奈何！兹复仰被恩纶，畀以封圻重寄，承命战栗，莫知所为。窃念我朝武臣中，如赵良栋、岳钟琪、杨

遇春等，皆以非常勋烈，特简专圻，微臣自顾何人，膺兹殊遇。……蜡丸奉表，弥深犬马依恋之忱，战壁拜恩，矢图顶踵捐糜之报。

按，同书同卷，同治九年十月刘铭传所奏《督师陕甘请训折》，亦即他在奉到督办陕西军务之命后所上的第一道奏折，其性质亦略如谢恩之疏，但其中却只说："谨陈感悚微忱，无任企切屏营之至！"两相对照，便可知道，刘铭传由督办台湾军务的提督加巡抚衔正式被任命为福建巡抚时，其内心之快慰程度为何如！谢恩疏中所提到的赵良栋、岳钟琪由提督改任总督，是康熙年间的事；杨遇春由武改文亦是嘉庆年间的事。在康熙年间，文武两途的地位还相当平等，即使在嘉庆年间，亦未如后来之悬绝。刘铭传以此诸人为比，又特别强调他们之由武改文，系由于"非常勋烈"而始"特简专圻"，然则，他之由提督而转任巡抚，更是得之不易了。他在补授福建巡抚之后，旋因建议台湾设立行省之故而被改为台湾建省以后的第一任巡抚。他在职期间，清理田赋，整顿税收，建设省会，剿抚生番，又陆续举办铁路、电线、煤矿等项新设施，逐渐奠定台湾的自立基础，其政绩俱彰彰在人耳目。凡此，俱可说是他在得遂改任文职之愿后，一力希望在政治事业上有所建树的具体表现。若非如此，他就绝不会在台湾军务告一结束之后，又在台湾继续停留至七年之久了。

刘铭传到台湾督办军务以后的作战情形，有关刘铭传的传记资料中都有极明白的记述。为简明计，摘引王树枬所撰传记中的有关文字如下：

行抵基隆，巡视炮台，仅存五炮，不能军。居七日，法来犯基隆，台立碎。基隆南距省治台北府六十里，而狮球岭横亘万山之中，法既毁台，乃更筑坚垒，置巨炮。铭传移军基隆山后，晓乘大雾，选骁将，率精卒百人，潜入垒旁空屋，出其不意，猝以炮击垒，近阵者半伤死；别以镇兵出儳道，超敌后，鼓噪薄之。敌惊溃，争赴舟，多堕水死。是役也，毙法酋三人，斩馘数百，夺纛二，他兵械数十，遂复基隆。事闻，上嘉奖，出帑银三千两犒军。铭传念沪尾为濒海要区，距台北仅三十里，军资、饷械皆萃台北，死守基隆，敌且袭后路制吾命。且敌船驶海上，我无舰以应之，而江督以三轮舟济师，辄败返。此绝域也，不舍基隆啖敌，避舰攻，致陆战，直坐毙耳。乃徙军沪尾，留将卒二百人扼狮球岭。明日，法果以巨舰十二载师至基隆，而别分精卒袭沪尾，毁垒而进。我以羸卒诱近大军，战移时，别将张李成伏兵突出丛箐中，腹背夹击，殊死斗。敌大溃，麋至海滨，斩千人。时法人毁我炮台殆尽，我军全恃肉搏。铭传每当阵一呼，将士皆奋跃致死。法人既三犯沪尾不得志，月眉山之战，将士忍饥冒雨，誓死拒，营将跣足往来督战，无不一当百。法人益惊慑，自此不敢轻试。

文中所说的"沪尾"，即今之淡水，"月眉山"则在基隆附近暖暖地方之对河。刘铭传当年在台湾指挥兵饷不足而又无后援的孤军奋战，力保台疆，战绩斐然。不过，他因作战指挥的关系而与当时的台湾兵备道刘璈弄得很不愉快，在他正式当上了福建巡抚之后，就借事加以报复，一直把刘璈送上了充军新疆的道路，这种做法也为他自己带来很多不利的批评。

陈澹然为《刘铭传奏议集》卷十《惩暴略》作序，略云：

　　台湾之暴，莫大于刘璈，而彰化盗次之；朱守谟、潘高升，则狐兔之属也。昔者李相国之潜兵上海也，始至，以延建邵道晋二品阶督苏军，处上海绝地。上海道吴煦兼布政使摄饷，权势盖与刘璈等。相国叹曰："饷，军命也；寄命为军，其可饱乎？"一夕，单骑岸帻入吴廨，谈谑甚欢。濒行，微问曰："君司苏饷，月出纳几何？其簿帙可一览观乎？"吴坦然出帙示之。相国一浏览，顾左右怀之，曰："猝难遽罄，明旦返君矣。"上马径去。吴大愕，不敢言。相国归，摘其隙，疏劾罢之，卒按吴帙，命专官司出纳，军以不饥。盖英雄大略固如此。公之渡台也，视上海军危益甚。自古外战易，内战难，内外交攻，靡不危且覆者。璈之穴此，四年矣。督抚久居闽，璈拥大兵二万，皆湘人，生杀号令若大帅。一旦以客帅临之，况乃挟湘淮之见，假故帅之威，重之以守谟之谮，乘之以基隆之退，其能帖焉奉节度乎？嗟乎！左相之来，年且八十矣。诚若李相之豁焉大度，尽遗关陕之嫌，则璈与守谟之谤，将斥不行；李彤恩之难，且将不作，璈虽跋扈，即乌敢遏民捐，挟巨饷，激军变以困新帅，促敌禁以绝全台也？且璈之遏饷，公既密荐龚照瑗为代矣，江督曾忠襄辄复挽照瑗不使东，故公益坚忍刻厉，法事既定，而后图之。向非濡忍岁时，即台北湘军服公无变，而台南湘将三倍北军，内外交讧，台事尚忍言乎？故窃以为璈之贪黩，植党骛财，犹为当时之公罪；而激军陷帅，险丧封疆，其罪乃不容诛。惜乎杨勇悫之贤，奉诏以治斯狱，终乃调停左相，举彤恩、守谟两罢之，而因斥绝守谟示不用以彰其罪，璈则遣戍，以毕其事。故公辞台抚，一年内几不复与军事。

这一段文字中所说到的李相，即李鸿章；左相，即左宗棠，亦即刘璈之"故帅"；杨勇悫，则是前任陕甘总督杨岳斌，是与刑部尚书锡珍同时奉旨至福建，审讯刘璈为刘铭传所奏劾一事的钦差大臣。至于朱守谟与李彤恩，本是刘铭传到台湾时所带的两名部属，朱守谟是候补道职衔，李彤恩则是知府。朱守谟到台湾以后，因为生活奢侈、暮气太深而为刘铭传所不喜。李彤恩任沪尾通商委员，因办事认真，肯负责任，而甚得刘铭传信任。朱守谟由此迁怒于刘铭传，值法军来攻之时，请假规避，又在绕道台南回至福州之时沿途散播谣言，谓基隆未败而退，乃是李彤恩得银数十万卖于法国人之故。当时，左宗棠在福州督办军务，听了这项谣言以后，不辨真伪，即刻据以上闻，于是有旨严责刘铭传收复基隆，并将李彤恩革职查办。在这中间，由于刘璈本系由左宗棠幕府出身，是否亦曾从旁添加言语，以坚定左宗棠对谣言之信任程度，则不能完全知道。至于刘璈，则以台湾兵备道的职衔驻守台南，在当时乃是台湾全岛的最高行政官吏，兵饷大权悉在其手。据陈澹然文中所说，刘璈当时曾借口种种理由，将他自己所掌握的二百多万军饷勒措不发，完全不管刘铭传之因缺饷而无法作战。以上种种乃是出于刘铭传一方面的说法。如果参看其他方面的记述，则其中情形似又颇不一样。

陈衍撰《刘铭传别传》，亦曾述及刘铭传与刘璈交恶的情形，说：

> 初，福建巡抚未移台，全台专政于兵备道，遥受督抚节度。时台道湖南人刘璈，号称才干。何璟为总督，兼巡抚事，懦；璈专横，事皆先行后白。璟偶指驳，辄恶声相向。素轻铭传武人无所知，非真巡抚，台北又挫衄，台南天险，法人不至，自谓有设备，视铭传如无物，事事与忤。和议定，铭传实授巡抚，使湘人提督李定明查璈赃巨万，及奸淫诸不法事，列款严劾。且关说军机处，必置死地。朝旨逮问下狱，年余，将定谳缳首。璈有资，倾家营救，乃效力军台，死戍所。

这一段文字不说刘璈之贪赃及奸淫不法等罪状是否实有其事，却以"使湘人提督李定明查璈赃巨万及奸淫诸不法事"的笔法写了出来，使人感觉到这似乎是一种"故入人罪"的"罗织"。参以下文所说，"关说军机处，必置死地"云云，则刘铭传对刘璈的借事报复行为，更是十分明显了。刘璈号称有才，又系出身左宗棠幕府，有才之人常不免恃才傲物而不能容人，如刘铭传自己就是如此。刘璈与刘铭传之间本来就因彼此不能兼容而势难并立，偏偏刘璈又是从左宗棠幕府中出来的人，而左宗棠此时恰又以"爵相"之尊驻在福州督办军务，仗腰有人，自不免更不把刘铭传放在眼中；何况刘铭传当年与鲍超之间，还有那么一段不愉快的恩将仇报之事，刘铭传又如何能令刘璈对他发生景仰服从之心呢？所以，"视铭传如无物，事事与忤"自是必有之事；借事勒掯兵饷不发，以陷刘铭传于困境，也是可能有的事。至于婪赃与贪淫诸罪，那就是不可知之数了。看刘璈所著的《巡台退思录》，他在台湾担任兵备道期间的凡所措置，俱有规模，"有才"之说当属不虚。最不应该的是当刘铭传放弃基隆，专攻沪尾，以求巩固台北之后路时，刘璈不应运用他担任台湾兵备道可以向皇帝"专折言事"的权力，直接向皇帝奏上一本，对刘铭传有所指责。这就不是部属事上官之体，而是有借事倾陷的嫌疑了。

刘铭传后来罗织报复，上面所说之事当是最明显可见的导火线。就事论事，刘璈之得罪诚然是自取其咎，而刘铭传之报复亦未免过分。从前薛福成论刘铭传尹隆河之败，曾说过："议者于是叹刘公始终不肯让人，其气盛不挠，固不可及，而以怨报德为已甚也。"由于铭传之气盛不挠，不肯下人，报德尚且以怨，其报怨自然亦必更甚了。由这些地方，我们可充分看出刘铭传的真正性格。

刘铭传在出任福建巡抚以后，鉴于台湾地位重要，福建巡抚难以兼管，建议立台湾为行省，得旨允准，并即以刘铭传为台湾建省以后的第一任巡抚。综观刘铭传一生的建树，当以他出任台湾巡抚以后的种种措施最有贡献。王树枬撰《刘铭传传》，对此颇有简明扼要的说明。

摘录一段如下：

> 于是斟酌旧制，奏增府一，曰台湾；县三，曰台湾、云林、苗栗；厅一，曰基隆。改旧台湾府为台南府，台湾县为安平县，卑南厅为台东直隶州。增设布政司一，澎湖镇一。台湾之立行省，自此始。生番窟宅于台南北七百里，与民居犬牙相错，岁戕民千余，盗贼出没其间。土豪假防番醵金募士，抗官吏，违号令，赋税不以时至。铭传檄将吏分路剿抚，时亲督大队入山，威慑惠怀，南中北三路及前后山诸番皆薙发归化。又念足兵必先足食，于是丈田亩，清粮赋，四年溢经额三十六万三千三百两有奇。其诸所创土田、茶盐、金、煤、林木、樟脑之税，充羡府库。始至，岁入金九十万，后至三百万。因筑炮台，购火器，设军械局、水雷学堂，要以兴造铁道为纲纽，辅之以电线、邮政。穴山梁水，辟巨道七百里以通南北，台防益固。

这虽然只是短短三百余字的概述，却能大致勾画出刘铭传出任第一任台湾巡抚以后，在台湾的各种新政治与新建设。台湾在未曾建立行省以前，岁入赋税只九十万，尚不敷行政及军事方面的开支，有赖福建的财政支持。财政方面如果不能自立，一切建省以后的建设事业便无从谈起。刘铭传深知台湾赋税少的真正原因完全在于大户之逃漏与官吏之侵渔，所以他首先办理田亩清丈，俟实地清丈完毕，完全掌握了各项田地山荡的数目之后，然后视地亩之肥瘠，订立课赋的准则，顿时就使年征赋银由旧时的十八万两增至七十万两。其他如清理关税、厘捐、盐课等，所用的方法亦大率类此，"盖其术皆夺豪强私利入之官，故赋溢而民不病"。（《刘壮肃公奏议·清赋略·序》）刘铭传在刚到台湾之时，即曾说过："辟台湾自有之利，养全台自守之兵"并非难事，后来果然证明他所说不错，足见他对当时的吏治民生认识得极为清楚，所以才能以大公无私的精神、坚贞不屈的毅力，力扫姑息颓风，创立面目一新的革新局面。这种切实负责的态度，在当时的官场中已经极为难得，如果再从他在台湾所推行的各种实业建设来看，其识见之卓荦与气魄之伟大，在当时的中国更没有人可以与他匹敌！

刘铭传在台湾巡抚任内所做的种种政治革新及实业建设，《台湾文献专刊》第四卷一二期《刘铭传特辑》内曾有详细的论列，这里可以无须多赘。所值得提出一述的，乃是他在未曾到达台湾以前的光绪六年，就曾向清政府提出他心目中的全盘革新计划，其内容与他后来在台湾出任巡抚时期的种种兴革措施若合符节。可知在刘铭传的心目中，对于如何革新自强以求湔雪国耻早就有了一套完整的规划，只是当时尚没有这样的机会使他充分发挥而已。刘铭传当年的计划见于《刘壮肃公奏议》卷二，光绪六年十一月初二奏上的《铸造铁路以图自强折》。其时清政府以对俄外交关系紧张，恐有发生战事可能，爰因李鸿章之推荐，召刘铭传入京以备任使。抵京以后，铭传觇知政府已无用兵之意，乃奏上此折，另附一片，以目疾未愈为理由，请假就医。此折原文甚长，但其意见甚为精辟，值得注意。今摘录其对于"急造铁路"所持之理由一段如下：

> 自强之道，练兵、造器，固宜次第举行，然其机括则全在于急造铁路。铁路之利于漕务、赈务、商务、矿务，以及行旅、厘捐者，不可殚述，而于用兵一道，尤为急不可缓之图。中国幅员辽阔，北边绵亘万里，毗连俄界，通商各海口又与各国共之。画疆而守，则防不胜防；驰逐往来，则鞭长莫及。惟铁路一开，则东西南北呼吸相通，视敌所趋，相机策应，虽万里之遥，数日而至，虽百万之众，一呼而集，无征调仓皇之虑，无转战艰阻之虞。且兵合则强，兵分则弱。以中国

十八省计之，兵非不多，饷非不足，然各省兵饷主于各省，督抚此疆彼界，各具一心，遇有兵端，自顾不暇，征饷调兵，无力承应，虽诏书切责，无济缓急。若铁路造成，则声势联络，血脉贯通，节饷裁兵，并成劲旅，防边、防海、转运枪炮，驻防之兵即可为游击之旅，十八省合为一气，一兵可抵十数兵之用。

基于军事学上的观点，他认为铁路最便于调动军队及机动作战，对于幅员广大而东西南北动辄数千里的我国情形来说可谓切中时弊。所以，他认为暂时应先修要道三条，俱以京师为枢纽，东边则至沈阳，南面则一由山东至清江浦，一由河南至汉口。前者即今之北宁路，后者即今之津浦路与平汉路，俱是纵横南北的铁路大动脉。刘铭传作此主张之时，李鸿章亦曾提议将唐山胥各庄间的一条运煤铁路向东西展筑，东面筑至山海关，西面筑至天津，由于反对之人太多，一直迟迟未能实现。除此之外，当时的中国可说尚没有现代化建设。刘铭传在举国上下如此闭塞保守的环境中能够有如此高瞻远瞩的识见，实在太不容易。陈澹然撰《刘铭传神道碑》，其中就曾说道：

同治间，士大夫方咏太平，竞党争，诋西法，公独谓非罢科举、火部案、辟学校、拔真才，不出十年，中国将不可问。及伊犁事起，独抗言开铁道，通国脉，使兵饷出朝廷，督抚无能牵制，然后天下事可为。今事败乃践公谋，患且不可治矣！

陈澹然说这些话的时候，已是中日"甲午战争"以后，中国因军事上一败涂地而割地赔款、受尽耻辱了。到此时方才追想起刘铭传在三十年前的远见，足见刘铭传在军事与政治方面的见识确实高人一等。然则他出任台湾巡抚以后，所以要岌岌在台湾革新政治、振兴实业，及从事各项军事、经济等方面的建设，也正可说是他平素政治主张之实践。假如当时的政府不对他所做的种种革新措施加以不合理的掣肘限制，以致刘铭传因自感不能贯彻其理想而中途离去，则台湾的建设事业必定早有可观。台湾的建设事业成功以后，以此作为榜样，推而及于全国，则中国之自强维新在光绪二十年以前应该已有成效可观。然而，当时的清朝政府，朝中则因党派倾轧而举棋不定，知识分子目光短浅、识见鄙陋，竟没有人为刘铭传作隔海之声援。于是，刘铭传只好在这种扰攘倾轧及懵懂昏沉的环境下黯然去职，上距他之受任为台湾巡抚，不过只有六年的时间而已。

刘铭传因不能安于其位而请辞台湾巡抚之职，究竟是由于什么样的原因？据现在所能看到的直接原因，是由于基隆煤矿的官办抑商办问题。

基隆煤矿原系官办，资金只十二万两银子。由于矿质不佳及经营不善等双重原因，赔累不堪，转眼即将难以为继。刘铭传请来一位外国工程师实地前往勘察，这工程师随后提出报告，谓非另选地点新开矿井，不能起死回生。而开新矿井则须购新机器，加上偿还旧矿的资本，非一百万两的资金不能敷用。他建议新矿由官商合办，英商范嘉士愿承乏其事。奏上，总理衙门奏驳不准，并责令另选贤员，仍由官办。刘铭传以官本短绌，仍当由官商合办为便。如不便令洋人参加经营，则另选本国商人合股。此案于光绪十六年六月奏上，奉旨交由户部会同总理衙门合议。由于部议迟迟未覆，而招到的商股已约定在七月间开始接办矿局。到了八月间，户部及总理衙门会商仍旧不准，刘铭传则在七月间已经先行同意了官商合营的办法，并实际进行开矿事宜，至是据实奏上，旋即奉到严词谴责的上谕一道，说："刘铭传以特旨勒令另议之件，并不奏明请旨，辄即议立章程，擅行开办，尤非寻常轻率可比。刘铭传着交部议处。"吏部遵旨议处的结果是"应革职"。虽然另外仍有旨意，说是"着加恩改为革职留任"，但一叶落可知天下秋，刘铭传已经清清楚楚地认识到负责办事之难。于是，他觉得不适宜再继续做下去了。

为什么刘铭传因此一事就深深了解到不能再恋位不去？这有两种原因存在：第一，自然是他在台湾所做的种种革新与建设事业，在当时的中国都显得格调太高，很少人能了解其重要性。而一般文墨之吏，动辄以迁徐缓慢的办事程序及陈腐的法令规章来约束他，已经使他感到缚手缚脚，无法尽力施展。第二，朝中南北党争的主要人物翁同龢、潘祖荫等人都与李鸿章不睦，常欲借事中伤。刘铭传是李鸿章的得力臂膀，打击刘铭传即打击李鸿章，于是刘铭传成了他们的目标人物。即以基隆煤矿一事而论，奉旨核议其事的户部，掌权的汉尚书正好是李鸿章的对头翁同龢。刘铭传将基隆煤矿交由官商合办，原是视实际需要的权宜措施，只要其后效可期，尽可假以时日，徐观其成。然而，翁同龢却要以刘铭传故违诏旨为言，责之以专擅，处之以革职，显然是小题大做、公报私仇。一事如此，诸事可知；小事如此，大事可知。情况如此，如何不使刘铭传心怀警惕而生及早抽身之计呢？清代末年的朝政倾轧不知道误了多少国家大事。现在刘铭传也成了被牺牲的人物。这种但论恩怨而不问是非的恶劣作风诚然不免令英雄气短。而一个朝代到了这个地步，距离它的末日也就不远。所以，这正是无可奈何的事啊！

据史传所记，刘铭传任台湾巡抚之日，"尝登沪尾炮台，东望日本，唏嘘叹曰：'即今不图，我为彼虏矣！'未几，醇亲王薨，鸿章孤立。户部忽奏请：'天下海军，十年内毋增舰炮。'铭传喟然叹息曰：'人方惎我，我乃自抉其藩，亡无日矣！'鸿章争之不得，铭传遂上疏求去。去四年而朝鲜之难作。"中国在清代末年缺乏有远见的政治家和军事家，而刘铭传恰是少有的这种人才。有人才而不能容其有所展布，又任令无识之人颠倒簸弄，国家大事岂复堪能闻问！由这些事实追念我国在甲午战争以前的种种政治措施，更加可以使人体认，重要人物之出处进退，对于国运之隆衰具有何等密切的关系！刘铭传的性格虽然高傲，他的人品虽然亦有不光明的一面，但在清代末年，刘铭传确实是一个有识见、有抱负与有担当的人。人之云亡，邦国殄瘁，我们在今天追论当年的史事，诚然不免为刘铭传之不能竟其才用致其惋惜。然而，这不就是历史演变之契机吗？

第六章

咸丰、慈禧与恭王

咸丰

慈禧

恭王

咸丰皇帝即位不久就因内忧外患之交相煎迫而变得消极颓废，因耽于酒色而致早戕其生，三十一岁就驾崩了；又因猜忌而使他的亲弟奕訢不能辅政，把一片残破江山交给六岁的儿子，终让野心勃勃的慈禧制造了窃柄弄权的机会。

晚清五十年的中国历史，始终是在慈禧支配下的。她极有才干，也极有手段，权力欲望极强。在她的统治下，中国由一度颇有希望的中兴局面日益走向衰破没落，终且沦为西方列强的次殖民地。

道光皇帝之第六子，在清末有"贤王"之称，不但极具才智，而且思想明敏，勤于国事。为慈禧所利用而替她争夺权柄，最后又被削夺政权，逐出军机。

咸丰、慈禧与恭王 ◆

鸦片战争发生之后的七十年间，中国历史所发生的变化最大也最剧烈。由于帝国主义侵略者在鸦片战争中戳破了中国庞大但虚弱的纸糊外壳，一连串的外国侵略接沓而来，使得一向自居为天朝上邦的中国，逐渐沦落成为各国列强所共同角逐的次殖民地。这七十年，正是清代咸丰、同治、光绪、宣统四个皇帝在位之时。宣统祚短，而同治、光绪两朝的实际统治者则是大名鼎鼎的慈禧太后。所以，要追溯中国历史在这七十年中具有最大影响力的统治人物，无疑当数咸丰皇帝及慈禧太后这两个人。

慈禧在最初是咸丰的贵妃，后因其子载淳继立而被尊为皇太后。《清史·后妃传》有一段文字论断慈禧在清代历史上的地位与影响，说：

> 文宗末造，孝贞、孝钦两皇后躬收政柄，内有贤王，外有名将，削平大难，宏赞中兴。未久而穆宗即世，孝贞皇后崩。孝钦皇后听政久，稍稍营离宫，修庆典，视圣祖奉孝庄皇后，高宗奉孝圣皇后，不逮十之一，而世顾窃窃然有私议者；外侮迭乘，灾祲屡见，非其时也。不幸与德宗意愔不协，一激而启戊戌之争，再激而成庚子之乱。晚乃一意变法，怵天命之难谌，察人心之将涣，而欲救之以立宪。百端并举，政急

民烦，陵土未干，国步遂改。综一代之兴亡，系于宫闱，亦一异也。

上文所说的"文宗"，即咸丰；"穆宗"，即同治；"德宗"，即光绪；"孝钦皇后"，即慈禧。这一段话直以为晚清同治、光绪两朝的兴亡关键系于慈禧一人之身，慈禧太后这个人在晚清历史上的关键影响当可想见了。

慈禧是同治皇帝的生母，亦是咸丰皇帝的"懿贵妃"。如果不是她生了同治皇帝的缘故，她当然做不了皇太后，干涉不了晚清末年同治、光绪两朝的政治，也不会导致中国历史在这两朝中发生了如许恶劣的悲惨事故。但如果不是咸丰皇帝因得到他父亲道光皇帝之宠爱而致登上皇帝宝座的话，这一切当然也都没有发生的可能了。又假如咸丰在做了皇帝之后不因耽于酒色而致早戕其生，及在他自己驾崩之时，不因猜忌之故而使他的亲弟奕䜣不能居于辅政的地位，亦不会造成慈禧之盗窃国柄。然则追本溯源，道光之选立咸丰为帝，以及咸丰之兄弟不和，无疑又正是造成此一切事故演变之张本了。奕䜣即死后被谥为"忠"的恭亲王，亦即前引后妃传论中所说到的"贤王"。本文以"咸丰、慈禧与恭王"为题，旨在以此三人的相互关系及重要事迹，来解释咸丰、同治、光绪三朝中的政局变化何以如此而非如彼的道理。由此自不难看出，清代末年的七十年中，中国历史受这三个人的影响是怎么一种情况。

首先要叙述的是咸丰皇帝的得位经过，以及他的性格、嗜好与所信任重用的人物。这其中当然还要说到他与恭王手足参商的经过，及慈禧当时所处的地位。

咸丰名奕詝，乃是道光皇帝的第四子。按，道光共有子九人。长名奕纬，和妃出，道光十一年卒。次名奕纲，静妃出，道光七年卒。三子奕继，五子奕誴，六子奕䜣，亦均静妃出，只四子奕詝系皇后所出。

其余三子，奕𬤝、奕诒、奕譓，则均为庄妃所出。清代自康熙一朝发生皇太子悖逆不孝的事件之后，历朝相承，均不预立皇太子。只由在位的皇帝暗中选定一个可以继位的皇子，亲笔写下诏书，分贮在两个铁盒之中，一存乾清宫正大光明殿之后，一贮皇帝寝宫，俟病重将死，方宣示遗命，由侍奉在侧的王公大臣会同请出铁盒，启视无讹，然后立为嗣皇帝。咸丰虽是皇后之子，但如未能被道光选中，并不一定能够成为下一任的皇帝。而照当时的情况来看，他之能够被选中，也只有百分之五十的机会而已。其原因则由于道光当时所属意的继位人选有二人，一是奕𬤝，另一人则是奕䜣。

如奕䜣被道光选中，则奕𬤝虽为嫡出，一样只好屈就做个亲王。这是清代立嗣制度胜于前代的地方——立嗣以贤不以嫡。而由当时的事实而言，咸丰被选中的机会实在不大。

《清稗类钞·宫闱类》中一则云：

> 宣宗倦勤时，以恭王奕䜣最为成皇后所宠，尝预书其名，置殿额内。有内监在阶下窥伺，见末笔甚长，疑所书者为奕䜣，故其事稍闻于外。宣宗知而恶之，乃更立文宗。

此一说以为道光之本意在择立奕䜣，后因其事外泄，始改立奕𬤝。此事之真相如何虽不可知，然而奕䜣有希望继立为君当是事实。另据《清宫遗闻》所述，则情况亦复相似，但最后之变化系由于奕𬤝之师傅教导得当，故而终于影响到道光的决心。据说，当时奕𬤝和奕䜣各有师傅教之读书，奕𬤝之师为杜受田，奕䜣之师则是卓秉恬。道光晚年体衰多病，对立嗣问题颇难有所抉择。一日，召奕𬤝、奕䜣二子亲加垂询。二人皆向师傅求教。卓秉恬教奕䜣对道光所询之事均应知无不言，言无不尽。杜受田则知奕𬤝之才学不如奕䜣，如系条对时政，必定屈居下风，因教之以如听道光自言老病不久人世，即当伏地流涕，以表孺慕，而不必自逞才智。奕䜣如教行事，果得道光欢心，因之得立为嗣。这是前说之外的另一种异闻，虽稍有歧异，却能相辅相成。至若由《清史·杜受田传》中考之，则杜受田的教导又是另一种形式。传云：

> 寻充上书房总师傅。文宗自六岁入学，受田朝夕纳诲，必以正道，历十余年。至宣宗晚年，以文宗长且贤，欲付大业，犹未决。会校猎南苑，诸皇子皆从，恭亲王奕䜣获禽最多，文宗未发一矢。问之，对曰："时方春，鸟兽孳育，不忍伤生以干天和。"宣宗大悦，曰："此真帝者之言。"立储遂密定，受田辅导之力也。

将三种记载合起来看当可知道，道光之初意本欲立奕䜣为嗣，一则因事机外泄而引起道光之不快，再则杜受田所教导的奕䜣一再以慈孝仁爱的方式表现他性格中的高贵特性，终于影响了道光的抉择，然则奕䜣之得立与奕䜣之不能得立，实在可说是幸与不幸的了。

就奕䜣与奕䜣二人的性格与才具而言，奕䜣在哪一方都要比奕䜣强得多。这可以在奕䜣与奕䜣的后来表现上明白地看出来。奕䜣在清末有"贤王"之称，不但才具开展，而且思想明敏，勤于国事。奕䜣做了皇帝之后不久，就因内忧外患之交相煎迫而变得消极颓废，沉湎酒色，不能振拔，最后终因酒色戕身，只活了三十一岁就短命而死，把一片残破的江山丢给了六岁的儿子载淳，徒然为野心勃勃的慈禧制造了窃柄弄权的机会。因此，道光之误立奕䜣，实在是导致晚清历史走向积弱腐败的重大原因。如果他所立的是奕䜣，此后的情势当然不致如此，至少清代历史上不会出现慈禧太后垂帘听政的局面，不致于一个浅薄无识的妇人一手握定中国的命运达四十余年。

咸丰在位十一年。这十一年中的具体政绩如何？清人林熙春所撰的《国朝掌故辑要》一书中曾有论列，云：

上诞膺天命，四方多事，旰食宵衣。每日披览章奏，引对臣工，指示周详。军兴以来，所授机宜，无不惬当。建元之初，诏免天下钱粮千有余万。岁一不稔，捐租缓征，无不如疆吏之请。被贼之区，恩施尤渥。命儒臣缮写《朱子全书》及《贞观政要》，朝夕讲求，几于洒翰。或述志以示廷臣，或手诏以褒直谏，莫非凤夜缉熙所见端也。进退臣工，明而善断。正位之初，即颁手诏正穆彰阿、耆英之罪，遍谕臣僚，改平素因循取巧之习。饬内外大臣保举人才，不拘资格，一秉大公。是故兵不足而兼用勇，漕不继而改海运，饷不足而更制大钱。改口岸以整鹾纲，输米石以实仓庾，裁河员之冗浮，减京饷之成数。凡此新章之改革，无不与时为推迁。在热河时，未尝一日忘宫阙。辛酉仲春，有诏回銮，而圣躬不豫，浸至大渐，亦圣心初不自料者。普天之下，见升遐素诏，莫不奔走呼号，若失怙恃也。

就事论事，在咸丰一朝之中，内忧外患纷至沓来，无论军事、政治、经济、财政，都呈现出一片分崩离析之象。若不是有英明果断的君主维持于上，贤明干练的文武大臣匡济于下，要想渡过危局、再造邦家当然很难。所以，咸丰在即位之初所表现的干济果断之才，确实颇有可称。曾几何时，由于太平天国的乱事日见扩大，失陷的地区日见增多，税源短绌，财用日见困难，将帅无能，驯至无兵可用。在这种江河日下的情况中，咸丰负担不了精神上的沉重压力，不知不觉地走向逃遁避匿的道路。《清稗类钞》中有一条说："咸丰季年，天下糜烂，几于不可收拾，故文宗以醇酒妇人自戕。"身为一国之主，而当时局十分艰难困苦时不思竭力支撑，竟以醇酒妇人自戕，这不是逃避责任的怯懦行为吗？反观奕䜣，在同治、光绪之间虽迭经挫折、饱尝忧患，却始终不曾有过这种逃避责任的表现。即此而论，奕䜣的才具和性格，自应优于奕䜣。至于同治一朝戡平大难的一班中兴名臣，如曾、左、胡等人，其进用虽始于咸丰之时，而其所以能得到大用之故，据近世史家的论述，多归功于军机大臣文庆与肃顺二人的主持，并不能视为咸丰之知人善用也。

近世史家颇有称咸丰为好色之徒的。好色必有事实，这在官书正史中当然没有记载，但在野史中则颇有之，摘引数条，以见一斑。

《圆明园总管世家》专叙管园大臣文丰如何迎合咸丰之意旨、为皇帝搜求美女的情形，说：

> 文宗因东南太平军起，中心忧焦，颇怀信陵君醇酒美人意，常居园内，命宫监四出觅汉女，充下陈。文丰有心腹奴二，皆汉人也。一走维扬，一去金阊，购得民女四人，皆绝艳，或云取自妓家。文宗为特设四院以处之。亭馆崇宏，隔垣相望，复道属焉，即世所传杏花春、武陵春、牡丹春、海棠春是也。杏花春尤妖冶，系广陵方氏女，幼曾鬻于娼家，心腹奴物色得之，以二千金脱其籍。时海棠春亦新自金阊来，文宗益乐甚，为诗以赏文丰之能，赐赉重迭。未几，心腹奴又献牡丹春。女亦苏人，善媚工歌舞。文宗尝携那拉妃听歌，妃颇赏之。其后宠眷愈隆，妃遂嫉忌，别遣心腹至粤江选花，得珠儿之丽者，以间牡丹之宠，即武陵春是也。四春争妍斗媚，由文丰进者实居其三。故文宗朝文丰宠贵，比于内府。

咸丰所宠幸的圆明园四春在清代颇负盛名。但此书所说四春名为杏花春、海棠春、牡丹春及武陵春，在他书中又颇有异名。如许指严所撰的《十叶野闻》一书，则除了牡丹、海棠、杏花三春之名相同外，武陵春之名作陀罗春，系北京某浣衣女子，为咸丰所自见而以重金罗致入宫者，与前说差异，不知何者为是。四春以外之有宠者，则是后来的慈禧太后、当时的懿贵人，亦即前引《圆明园总管世家》中所说到的"那拉妃"，因为此便是慈禧的姓氏之故。

慈禧太后本系叶赫部族的那拉氏，小名兰儿。父名惠征，曾为江南省的徽宁池太广道。慈禧自幼随同父母服官江南，熟悉南方人的生活习惯，又善唱南方小调。由于她天生艳丽聪明，所以在咸丰初年挑选秀女时得以被选入宫，得幸后被册为懿贵人。据说，她之所以得幸，也还是因为她所唱的吴歌及所扮的汉女装束深为咸丰所喜爱的缘故。咸丰喜爱汉女，《十叶野闻》一书中有甚多记述。此书的卷上《豹房故智》中有一则云：

> 文宗眷汉女，其目的所在，则裙下双钩是也。窅娘新月，潘妃莲步，古今风流天子如一辙哉！

中国人最为世界所诟病的缠足恶习，自古以来不知道曾经颠倒过多少色情狂的男人。如今咸丰也成了嗜痂成癖的一分子，自然要多物色苏扬佳丽以充后宫了。

于是，纤趺如笋、腰肢袅袅之圆明园四春先后被罗致而来，娇媚容悦，宠之专房，而懿贵人则苦矣。懿贵人之美并非不及圆明四春，吃亏的是满人妇女天生不缠足，所以即使懿贵人明艳娇美，为满人世家的一时之选，在这方面无论如何仍旧不是四春之敌手。所以，慈禧在入宫之初虽也曾宠冠一时，而一等到圆明园四春先后入园，她就很快地被冷落了。慈禧之为人，胸怀褊隘而心狠手辣。为了承受皇帝的冷落，她也曾试图以习画、作文、学字等方法来排遣心中的寂寞，及以代替皇帝批答奏章的办法来引起咸丰对她的注意，最后当一切希望都不能成功之时，她的一腔报复之心就愈来愈强烈而难以忍受了。所见于表面的，便是她对于咸丰的蓄意顶撞及借事弄权。近人黄濬所著《花随人圣庵摭忆》引述惜阴老人所谈端肃遗事，中间有关于慈禧的记事，云：

> 李芍农侍郎文田，最喜搜拾掌故，钩稽秘闻。一日告予：
> 西后先入宫，又娠，始册封。及晚年，厌其专权。文宗最喜
> 肃顺，言无不尽。一日，以那拉妃忤旨，又谋于肃顺。肃顺
> 请用钩弋故事，文宗濡迟不忍。亡何，又以醉恚漏言，西后
> 闻之，衔肃次骨，后遂有大狱。芍农盖闻于内廷旧监，谈此
> 戒勿妄泄，此外间所莫知也。

所谓钩弋故事，即汉武帝钩弋夫人的故事。钩弋夫人即赵婕妤，
以所居在钩弋宫，故称钩弋夫人。钩弋夫人生子有宠，武帝将立为太
子，恐主少母壮，女主专恣淫乱，遂借故赐死，而立其子为太子，亦
即后来的汉昭帝。肃顺请咸丰用钩弋故事，意思就是请皇帝仿照汉武
帝处置钩弋夫人的办法，杀母而留其子。慈禧之子当然就是后来的同治。
咸丰在位十一年，所生皇子止此一人。慈禧之所以敢于顶撞咸丰而借
事弄权，当然亦因为恃子而骄之故。肃顺预见慈禧将来必定骄恣难制
而请皇帝行钩弋故事，这是肃顺的识见远大之处。只因咸丰之濡迟不
决，为大清江山留下了无穷祸根。而肃顺自己亦因此而与慈禧结怨，
言出祸随，种下了他日后的杀身之祸。这且暂时不谈，现在再来看咸
丰晚年的情况，以及慈禧当时所处的地位。

慈禧生子在咸丰六年，这对咸丰皇帝来说乃是莫大的喜事。因此，
慈禧亦由懿贵人晋封为懿妃，再晋封为懿贵妃。按照清宫的规制，皇
后之下为皇贵妃，皇贵妃之下为贵妃。慈禧仅封贵妃，去皇后两等，
在宫中的地位虽高，尚不足以比拟皇后。但是，她后来何以又能被尊
为皇太后，与咸丰的皇后钮祜禄氏同时垂帘听政呢？说起来，这还是
明朝万历初年张居正所创下的恶例。在张居正以前的历朝制度，一个
皇帝死了以后，皇后可以由继位的嗣皇帝尊为皇太后。如果嗣皇帝并

非皇后所出，则因嫡庶有别之故，嗣皇帝的生母只能晋封为太妃，而不能与皇后同样被尊为皇太后。当年张居正拥立幼主，为了博取皇帝生母的欢心，创下了此一"两宫并尊"的恶例——皇后尊为"母后皇太后"，皇帝的生母则尊为"圣母皇太后"。这就使得后来凡是诞育嗣皇帝的妃嫔，都有希望做到真正的"母以子贵"，与先朝的皇后不分嫡庶，比肩并尊，同为皇太后。自明朝出现此一前例之后，清代亦遵此例不改。所以，清世祖时也同时有两个皇太后——孝端皇太后与孝庄皇太后，一系嫡母，一则生母。康熙、乾隆两朝的情况亦复如此。咸丰皇帝在咸丰十年八月间因英法联军侵入北京而避难前往热河，至咸丰十一年七月，就因斫伤过度而致一病不起，崩于热河行宫。据说，当咸丰自知不起时，亦曾预见慈禧将来必定要当上皇太后，而咸丰的皇后钮祜禄氏仁厚柔弱，届时恐无法制驭慈禧之怙势专权，因此预先立下一道诏书，付与钮祜禄氏收存。诏书内说：

> 西宫援母以子贵之义，不得不并尊为太后。然其人绝非可倚信者。即不有事，汝亦当专决。彼果安分无过，当始终曲全恩礼。若其失行彰著，汝可召集廷臣，将朕此旨宣示，立即赐死，以杜后患。

这一诏书之有无虽不可知，而咸丰之对慈禧深有戒心当系事实。只可惜咸丰当机不断，在他生前既不愿行钩弋之事，在他死后又留下了近支亲王与顾命大臣之间的政争嫌隙，于是为慈禧制造了攫取政权的机会，而咸丰生前所忧虑的事实也终于出现了。这实在可说是咸丰之"人谋不臧"，也可说是中国之不幸。

这里所说到的咸丰死后所留下的近支亲王与顾命大臣之间的政争嫌隙，即清末有名的"辛酉政变"。这件事还得从咸丰的遗命及政争各主要人物说起。

"辛酉政变"的主要政争人物有两方面：一方面是咸丰遗命为嗣皇帝辅政的"顾命八大臣"；另一方面就是咸丰的亲弟恭亲王奕訢。奕訢乃咸丰之亲弟，而顾命八大臣中并无奕訢之名。这个问题实与咸丰与恭王间的手足参商有关。

　　咸丰之母钮祜禄氏，即《清史·后妃传》所称之"孝全成皇后"。于道光十一年生奕詝，二十年崩，时奕詝年方十岁，由恭亲王奕訢之母博尔济吉特氏代为抚育，故奕詝与奕訢虽非同母，却亲爱逾于他兄弟。奕詝继位后，即命奕訢入军机，以示恩礼。咸丰初年，迭授为都统、右宗正、宗令，仍在军机大臣上行走，宠遇有加。至咸丰五年七月，奕訢生母康慈太贵妃薨，咸丰降旨谴斥奕訢，责其礼仪疏略，罢军机大臣及宗令、都统等职，仍在内廷行走、上书房读书。这中间的内情，王闿运的《祺祥故事》中曾有记述，引述一段如下：

> 　　恭忠王母，文宗慈母也，故与王如亲昆弟。即位之日，即命入军机，恩礼有加，而册贵妃为太贵妃。王心慊焉，频以宜尊号太后为言，上默不听。会太妃疾，王日省视，帝亦省视。一日，太妃寝未觉，上问安至，宫监将告，上摇手令勿惊。妃见床前影，以为恭王，即问曰："汝何尚在此？我所有尽与汝矣。他性情不易知，勿生嫌隙也。"帝知其误，即呼："额娘。"太妃觉焉，回面一视，仍向内卧不言。自此始有猜，而王不知也。又一日，上问安入，遇恭王自内而出。上问："病如何？"王跪泣言："已笃，意待封号以瞑。"上但曰："哦，哦。"王至军机，遂传旨令具册礼。所司以礼请，上不肯却奏，依而上尊号。遂慍王，令出军机，入上书房，而减杀太后丧仪，皆称遗诏减损之。自此远王，同诸王矣。

　　奕訢之母初尊为康慈皇贵太妃，奕訢于康慈太妃临终时必欲咸丰尊之为皇太后，竟不待命俞允，即传旨命所司具礼仪以进，于是造成了咸丰的不快，也种下了两人间的嫌隙。咸丰十年，英法联军入犯，北京不守，皇帝北狩热河，而令恭王留京与英、法议和。及咸丰在热河行宫病重，在侧者只御前及军机处诸王大臣，而奕䜣及奕譞等虽为咸丰亲弟，反不在扈从及侍疾之列。奕䜣知咸丰病重，具奏请由北京前来热河省疾。咸丰时已支离不堪，犹强起倚枕，手批奕䜣折尾，曰："相见徒增感伤，不必来觐。"据说当时颇有谣传，说奕䜣在北京留守，颇有不臣之心，因此咸丰更不愿见他。但由此亦可知道，咸丰与奕䜣之间的嫌隙自咸丰五年至今六载，不但无化解之迹象，反而好像更加严重了。在如此这般的情形之下，咸丰的临终末命当然也不会考虑将奕䜣列入顾命之列了。而以当时的情况看，咸丰所最倚任的亲信人物共有三人——怡亲王载垣、郑亲王端华，及端华之弟肃顺。这三个人后来被称为"三奸"或"三凶"。三人之中，又以肃顺的才智、能力最为高明，所以咸丰所最倚任的人，实际又当以肃顺居首。

奕詝于咸丰十一年七月十七日丑时崩于热河行宫之烟波致爽殿。当弥留之际，慈禧曾抱载淳入见咸丰于病榻，泣问："事当如何？"咸丰瞑目不答。复告以儿子在此，始张目答曰："当然立之为君。"当时储位未定，咸丰既作此言，自然就是决定继位之人的"圣旨"了。于是，应召前来的御前及军机大臣即请皇帝亲写朱谕，立载淳为皇太子，以便继位为君。咸丰时已不能执笔，命军机大臣写来述旨。当即由军机大臣承写谕旨一道，曰：

军机大臣承写上谕：皇长子载淳着立为皇太子，特谕！

虽然载淳已被立为皇太子，但载淳时年只有六岁，童稚无知，无法行使皇帝权力，一旦皇帝驾崩，载淳如何继立为君？这还是一个很大的问题。据说，咸丰当时还曾经口授遗诏，指派载垣、端华等御前及军机八大臣赞襄政务，尽心辅立皇太子，这就是所谓"顾命八大臣"的由来。这一个顾命及赞襄的遗诏，由于亦是军机大臣所承写之故，后来由慈禧、奕訢等人加以否定，谓系出于载垣、端华等人所自加。这当然是政争敌对一方面的"雠口之言"，不足为信。但因咸丰当时已经不能自行执笔、自写遗诏，所以这也确实是予人攻击的不利之处。不过，不管事实如何，由于军机大臣当时曾经另外承写了此一谕旨，御前大臣载垣、端华、肃顺、景寿，及军机大臣穆荫、匡源、杜翰、焦佑瀛等一共八人，就因为诏书有名之故，而成为辅佐皇太子的"赞襄政务王大臣"，亦即"顾命八大臣"了。这八个人是"辛酉政变"中与恭王奕訢处于敌对方面的。政变之后，慈禧与慈安以两宫皇太后的身份垂帘听政，恭王入领军机。此亦即是《清史·后妃传》所说的，"孝贞、孝钦两皇后躬收政柄"的内幕情形。揆之当时事实，咸丰不欲女后干涉朝政，而指派他所亲信的御前及军机八大臣辅立载淳，赞襄一切政务，原已将国家政柄畀予此顾命八人。而"辛酉政变"一举推翻此一为咸丰本人所亲自安排的政权行使方式，反称之为"孝贞、孝钦两皇后躬收政柄"，其为违背咸丰意旨的篡夺政权不问可知。当时，慈安既柔懦无能，慈禧又只是一个无兵、无权的女流，她有什么能力可以从八顾命大臣手中将政柄夺回呢？这就得靠恭王的全力协助了。恭王在清末历史上之所以成为关键性的人物，发轫于此。

黄濬所撰《花随人圣庵摭忆》，曾将上海涵芬楼当年得自私人收藏的十二通有关端肃遗事的密札全部加以转载，因此使我们得以窥见当年"辛酉政变"的幕后真相，可谓珍贵的秘辛。这项密札中的第十二信，乃军机章京某人寄与其京中某友人的黄纸密札，未署姓名。以时间而论，此信乃十二封书札中之最早者。信中述咸丰病卒时之景况说：

> 十六午后晕厥，嘱内中援散。至晚苏转，始定大计。子
> 初三刻见时，传谕清楚。各位请丹毫谕，以不能执笔，着写

来述旨，故有承写字样。

此即载淳立为太子及八大臣辅导赞襄之由来。其下续云：

> 八位共矢报効，极为和衷，大异以前局面。两印均大行
> 所赐，母后用御赏印，印起，上用同道堂印，印讫。凡应用
> 朱笔者，用此代之。述旨亦均用之，以杜弊端。诸事母后颇
> 有主见，垂帘辅政，盖兼有之。

这一段所叙，即是咸丰死后载淳继立初期的政务推行光景。由于
载淳年幼不能理事，顾命八大臣以皇帝名义颁行的一切谕旨，皇帝不
能亲阅，慈禧乃以防杜八大臣壅蔽专擅为名，在征得慈安皇后的同意
之下，想出了这么一个办法：在赞襄王大臣所拟呈的谕稿上，首尾各
钤一印，以表示曾经两宫皇太后阅过并认可之意。这所钤的首尾二印，
即上文所说的"御赏"及"同道堂"印，一印起，一印讫。至于上文
所说的"母后颇有主见"，此"母后"即指慈禧而言。因为在慈安与慈
禧二人之中，慈禧有才识，凡裁决庶政及咨询利弊，悉中窍要，而慈
安则言语木讷，诸事不愿多所过问。按照咸丰所亲自安排的政权行使
方式，皇帝年幼，政事委于顾命八大臣，则顾命八人实负有行使政权
的全部权力，又何须皇太后核阅谕旨稿件，并在上加钤印章以示认可
之意呢？顾命八大臣在一开始时就未能防止慈禧之借事干涉，已启此
后垂帘听政之渐。此信中所说的"垂帘辅政，盖兼有之"，亦即指此而
言。然而，即使顾命八大臣对两宫太后曾做如此重大的让步，在慈禧
太后心中，似乎仍未感到满足。因为在此以后，慈禧与顾命八大臣之间，
曾爆发一场极为激烈的争执。

争执的焦点即是"垂帘兼辅政"抑或"只垂帘而不辅政"的问题。
这在涵芬楼所藏《端肃遗事》十二札中曾有明白的记述。如十二札中

之第一札（套格密札）中云：

> 玄宰折请明降垂帘旨，或另简亲王一二辅政，发之太早，
> 拟旨痛驳，皆桂翁手笔。递上，折、旨俱留。又叫有两时许，
> 老郑等始出，仍未带下，但觉怒甚。次早仍发下。复探知是
> 日见面大争，老杜尤肆挺撞，有"若听人言，臣等不能奉诏"
> 语。太后气得手战。发下后，怡等笑声彻远近。此事不久大变，
> 八人断难免祸，其在回城乎？密之，密之。

此信未署年月，发信与受信者亦俱无名。由内容推测，当系在热
河之军机章京发致京中某友人信。与前引第十二札不同的地方是，前
信之发信者系肃顺一党中人，此则是反肃党者，观其语气可知也。信
中多用隐语，如"玄宰"隐"董"字，所指即御史董元醇奏请皇太后
垂帘听政之折。"桂翁"隐焦佑瀛，因焦佑瀛字桂樵故。"老郑"指郑
亲王端华，"老杜"即礼部右侍郎杜翰，皆当时掌握政权之顾命王大臣。
董元醇的奏折系于咸丰十一年八月初十日奏上，这不但见于《清穆宗
实录》及《同治东华录》等书，由十二密札中的第四札亦可考见。此
札系咸丰十一年八月十三日署名"守墨道人"者寄与署名"结一庐主人"
者，内云：

> 千里草上书，初十日未下。此处早人上去，要留看。夸
> 兰达下来说："西边留阅。"心台冷笑一声。十一日叫，见面说
> 写旨，下来叫写明发痛驳。夫差拟稿尚平和，麻翁另作，诸
> 君大赞。"是诚何心？尤不可行"等语，原底无之。遂缮真递上。
> 良久未发下（他事皆发下），并原件亦留。另叫起，耳君怒形
> 于色。上去见面，约二刻许下来（闻见面语颇负气）仍未发下。
> 云留着明日再说。十二日上去，未叫起。发下早事等件，心

台等不开视（决意搁车），云："不定是谁来看。"日将中，上不得已，将折及拟旨发下照抄，始照常办事，言笑如初。如二四者，可谓浑蛋矣。夫今日之事，必不得已，仍是垂帘，可以远祸，可以求安。必欲独揽其权，是诚何心？鄙意如不发下，将此折淹了，诸君之祸尚浅。固请不发，搁车之后不得已而发，亦不见听，徒觉多事耳。昔人云："霍氏之祸，萌于骖乘。"吾谓诸君之祸肇于搁车矣。高明以为何如？……闻西边执不肯下，定要临朝，后来东边转湾。虽未卜其意云何，大约是姑且将就。果如此行，吾不知死所矣。

将此信与前引第一信互相参看，当时两宫皇太后为董元醇奏请皇太后垂帘听政一事，与顾命八大臣之间所发生的争执，已可使人看得十分清楚。此信中亦多隐语，如"西边"指慈禧，"东边"指慈安，因慈安与慈禧在当时被通称为东宫皇太后与西宫皇太后之故。"心台"指怡亲王载垣。"夫差"指初次拟旨驳斥的某吴姓军机章京，后来另拟一稿而加入了许多严厉文字的"麻翁"即焦佑瀛，因焦佑瀛面麻，在当时被称为"焦大麻子"之故。"耳君"隐"郑"字，所指即郑亲王端华；"二四"隐"八"字，所指即顾命八大臣。而所谓"夸兰达"，所谓"明发"，所谓"叫起"，都是当时的习俗用语。夸兰达即满语之太监，"明发"即"明发谕旨"。至于"叫起"，则指皇帝传旨召见而言。

从这两封信中所能看出的当时情形，可知在咸丰初卒之时，顾命八大臣虽已由受遗诏辅政做了适当的让步，变为请皇太后看折核稿方式的"垂帘兼辅政"，而慈禧方面似仍未感满足，因为董元醇上了这一建议之折，遂欲乘机即行垂帘之事。但顾命八大臣以为咸丰遗诏只命顾命八人辅立太子为君，并赞襄一切政务，请皇太后看折核稿已属过分，如果再有明明白白的垂帘听政，岂不是显然违背了咸丰的遗命？何况此折中又有另简一二亲王辅政的话，更寓有擅议国家大政、排斥顾命八人的意图在内，尤其是他们所不能容忍的，所以立意要拟旨痛予驳斥。殊不知慈禧因对肃顺怀有宿怨之故，对于另简一二亲王辅政及皇太后垂帘听政之说深觉合意，对于所拟驳斥之旨甚不愿照拟发出。所以，当旨稿呈进之后，并原折亦留中不发。翌日，召见军机，遂因此事而大起争执。据政变以后皇帝降旨处分八大臣的诏书中语，有"载垣等非独擅改圣旨，并于召对时，有伊等系赞襄朕躬，不能听命于皇太后，伊等请皇太后看折，亦系多余之语"（见薛福成所撰《庸庵笔记》卷一）。由于顾命八人应对时的立场如此，慈禧无词可驳，所以才"气得手战"。但此日之争执并无结果，奏折及旨稿亦均未发下。再越一日，已是八月十二日了。八大臣入内上值。太后跟着发下的折件中仍无董折及旨稿，八人遂将一切折件俱皆搁下不看，以"搁车"的形式抗议皇太后的此一举措。因为此八人掌握了推行政务的军机处，一旦"搁车"，所有政务势将俱皆不能推行。皇太后不得已，始将董折及拟旨发下照抄，八人亦遂照常办事如初。此信中所说，折、旨发下之后"始照常办事，言笑如初"，而据十二札中的第一札，尚有"怡等笑声彻远近"之语，可知此一回合的政争，顾命八人因得到完全胜利之故甚为开心，而不知道下一回合更为惊骇险恶的政争密谋，早已在暗中进行了。"守墨道人"在原信中说："昔人云：'霍氏之祸，萌于骖乘。'吾谓诸君之祸肇于搁车矣。"此虽为旁观者之言，所见却极为清楚。只是，考之当时事实，政变之肇端并不由此事而起，此则是身处局外者所不能了解的。

清人薛福成撰写咸丰十一年"辛酉政变"的历史考证，颇以为恭王奕䜣在后来帮助慈禧发动政变，一举而废黜顾命八大臣，并明颁皇太后垂帘听政之旨，完全推翻咸丰生前所做的政权行使安排，其动机即由于慈禧不堪顾命八人的抗命。涵芬楼所藏有关《端肃遗事》的十二札，第七札系署名"樵客"者致与署名"黄螺主人"者，发信日期为九月一日，起首即云："恭邸今日大早到。"若以此信所记恭王到热河的日期与前述政争发生时间相参看，自八月十二日至九月一日，中间相隔十七八日之久。若是恭王到热河的日期果为九月一日，则恭王之来便很有可能是出于慈禧的招致了。按，王闿运所撰的《祺祥故事》中亦颇有相似的记述，引叙如下：

> 于是军机三日不视事。孝贞问，则对以前折未尽下。于是，孝贞涕泣自起，检奏与之。越日大临，后见醇王福晋而泣。醇王福晋，孝钦妹也，孝贞亦妹之，故相亲善，诉其事曰："欺我至此，我家独无人在乎？"福晋言："七爷在此。"孝贞喜，曰："可令明晨入见。"及明，醇王入直庐，肃顺访问："何为？"对曰召见。肃顺哂曰："焉有此？"斥令退。王退立外阶。俄宫监来窥直房，旋去，而军机至晏竟不叫起。叫起者，召见分班，一见则一起，军机则皆同入，为头起。此日不召头起，先召醇王。宫监来窥者三，终不见醇王。至三至，乃自语曰："七爷何不来？"。醇王在外闻之，即应曰："待久矣。'来监亦曰："待久矣。"遂引王入。肃顺在内坐，不能阻。既对，孝贞诉如前。醇王言："此非恭王不办。"后即令往召恭王。醇王受命，驰还京，三日，与恭王至。

如果王闿运《祺祥故事》所记不差，则慈禧因与顾命八人发生政争而召恭王谋行政变，此往召之人是恭王之弟醇郡王奕譞。但这一段记事与薛福成《庸庵笔记》同样有一极大的错误。即恭王之来热河，并不是八月十二日政争以后的事，而是八月十二日政争发生之前的事。此一错误，使后人对于这一事实的了解完全走入了错误的境地。

史学家吴相湘先生撰《王湘绮录〈祺祥故事〉正误》，曾引翁同龢日记及咸丰十一年的内奏事处奏事档为证，考明《端肃遗事》十二札中的第七札——樵客致黄螺主人札的发信日期，乃是咸丰十一年的八月初一日而非九月一日。因为，此信的第一句就说："恭邸今日大早到。"

所以，恭王到热河的日期亦应该是八月初一日而非九月初一日，其说甚是。其实恭王到达热河的日期是八月初一日而非九月初一日，原信中就有明白的证据，殊不必费力从翁同龢日记及奏事档中去探索，试论之如下。

密札第七札：

> 恭邸今日大早到，适赶上殷奠礼，伏地大恸，声彻殿陛，旁人无不下泪。盖自十七以后，未闻有如此伤心者。

此函所云，恭王到达热河时适为咸丰死后的殷奠之期，则查考殷奠之期在何日，便可知恭王何日到热河了。《同治东华录》卷一，有关于此方面的记述，云：

> 咸丰十一年八月癸卯朔，上诣大行皇帝几筵前，行殷奠礼。

八月朔日即八月初一，此日为咸丰死后的殷奠礼举行之期，与樵客所记内容相合，可知"九月一日"乃"八月一日"之误。按，此函亦曾为吴庆坻收入他所撰著的《蕉廊脞录》之中，发信日期作八月一日，非九月一日，不知涵芬楼在刊布这批密札时，何以将日期写作九月一日，以致为后来的史家带来如许困扰。这八月与九月之间的差别，虽只一字之差，其间的出入可就大了。因为慈禧与顾命八人发生争执在八月十二，如恭王之来热河在后，当然与慈禧之招致有关。但因恭王之来其实乃是八月初一，其时尚无政争发生，则恭王之协助慈禧发动政变，其动机便不会是出于替慈禧"料理家务"的心理了（由《祺祥故事》所记慈安太后对醇王福晋语，恭王之应召前来热河，可以看作小叔为寡嫂"料理家务"，除去抗命不服之"奴才下人"）。按，咸丰十一年八月初一日恭王热河之行对于此后政局演变的关系甚大。此年的九月三十日，两宫皇太后与幼帝载淳由热河返抵北京，召见恭王奕䜣及大学士桂良、周祖培、贾桢、侍郎文祥等一班留京大臣，历数肃顺等跋扈抗命诸罪状，实时决定罢免顾命八人的赞襄政务大臣职务。第二日，恭王入军机直庐候召见，载垣、端华又以"太后不应召见外臣"为言，加以拦阻。此时载垣、端华尚不知昨日已有罢斥伊等赞襄大臣之旨，而恭王则已预行布置侍卫人员，待有旨将载垣、端华、肃顺等三人革去爵位拿交宗人府，立命侍卫将二人擒下交送宗人府，同时另派睿亲王仁寿及醇郡王奕譞驰往密云，在途中将肃顺擒回亦交宗人府。这就是造成两宫皇太后垂帘听政局面的"辛酉政变"，自开始以至结束，首尾不过两天。这一场政变在清代历史上的影响极为深远，如非事先有周密的布置安排，事实上不可能在皇太后及幼帝回到北京的当天，就能将罢斥八顾命大臣及改变政体的重大决策，在极短时间之内就排除了反对方面的一切阻力，迅速地作成周详完密的决定。更因在政变之后，恭王以议政王领袖军机的身份执掌国政，更可知道此一政变之发生实出于慈禧与恭王的密谋安排，故能于还京之时即在俄顷之间做成决定。然则，恭王的热河之行显然便是他与慈禧达成协议，并商定政变密谋之时了。在此也就连带地引出了一个问题——既然皇太后与八顾命大臣之间此时尚未因意见不协而发生政争，垂帘而兼辅政的形式在当时又颇能顺应时势而惬服人心，那么，恭王与慈禧为什么又要亟亟以罢黜八顾命大臣为急务，必欲易辅政为垂帘的局面呢？这个问题牵涉到的便是慈禧与恭王的政治野心与权力欲望了。

恭亲王奕䜣自咸丰五年七月退出军机，直到咸丰十一年七月奕䜣在热河病故，前后历时八年，一直未能与闻国家的决策大计。像他这样一个自负聪明才智，而又希望有所作为的人，当然不甘心长时期淡泊寂寞。至于慈禧，咸丰早已看出她将是一个难于制驭而好怙势弄权的人。而在前引《端肃遗事》诸密札中，亦已明明有人说到，慈禧必欲垂帘听政，只有慈安知道事机尚未成熟，力主暂时妥协。可知由辅政之变为垂帘而兼辅政，然后又欲由垂帘而兼辅政的局面，必欲再变为完全垂帘，皆是慈禧一人在那里出花样、拿主意，慈安太后不过是她所利用的幌子而已。

既然慈禧在咸丰晏驾之后就想以皇太后的身份垂帘听政，而肃顺又是她务欲杀之而后快的大仇，那么，她之主谋勾结奕䜣，利用奕䜣与顾命八大臣之间的敌视态度发动政变，当然便是很可能的事了。他们之间的协议，在慈禧一方面，当然是变辅政为垂帘的政体改变；在奕䜣方面，则慈禧必曾以授予实际政权的条件作为交换，否则奕䜣当不致如此热心地为她出力效劳。政变成功之后，奕䜣被授为"议政王"，食亲王双俸，其生母康慈皇太后特予加上尊谥及升祔太庙，其长女被赏封为固伦公主，视同中宫皇太后所生。凡此异常之恩宠，均于咸丰十一年十月以后的一两个月之间，先后以皇帝的上谕形式见诸实行，其作用显然在酬庸政变之功。这也就是更明白的证据，说明慈禧之勾结奕䜣正是"辛酉政变"发生的主要原因。但慈禧与奕䜣虽为此一政变之主谋，若无在京王大臣之全力支持，要想发动政变以推翻咸丰临死以前所做的政权行使安排，仍然会有极大的困难。此不但因咸丰的遗命难以显然违背，而母后临朝更是清代历朝皇帝视为大忌之事，虽有慈安、慈禧二人之意旨，仍难得朝臣之完全支持也。在这种情形之下，奕䜣在传达太后意旨之后，自大学士桂良、周祖培以下的一班在京王大臣居然都乐于遵奉行事，这里面的道理何在？倒也是一个耐人寻味的问题。

"辛酉政变"的失败一方是顾命八大臣，其领袖人物是肃顺。要了解这个问题，当先从研究肃顺这个人入手。

肃顺在后来是被指为奸臣的人物。据《清史·肃顺传》所记，肃顺得咸丰恩宠，与其兄郑王端华及怡王载垣相互结纳，务为揽权之威、排斥异己之事。因之数兴大狱，以致廷臣咸侧目，舆论久不平。"辛酉政变"之后，端华、载垣赐死，肃顺则被处斩。"就刑时，道旁观者争掷瓦砾，都人称快"云。凡此记述，因为是出于政变胜利一方的手笔，免不了政治恩怨的影响，因此不能视为真实的信史。但由"廷臣咸侧目"一事看来，肃顺当时或曾因某种革新措施过于激烈之故，招致朝中顽固守旧分子之不满。《奴才小史》有关于肃顺的如下一段记载：

> 肃顺秉政时，待各署司官，眦睚暴戾，如奴隶若。然惟待满员则然，待汉员颇极谦恭。尝谓人曰："咱们旗人浑蛋多，懂得什么？汉人是得罪不得的，他那支笔厉害得很。"故其受贿，亦只受满人，不受汉人也。汉人中有才学者，必罗而致之，或为羽翼，或为心腹。如匡源、陈孚恩、高心夔，皆素所心折者；曾国藩、胡林翼之得握兵柄，亦皆肃顺主之。惟最不理于人口者，则咸丰戊午顺天科场案发，柏葰以宰辅主试，竟遭刑戮，实肃顺一人有以致之也。刑部定案后，行刑之日，各犯官皆赴菜市口，候驾帖一到即行刑。是日柏葰照例冠摘缨冠，衣玄色外褂，同赴菜市口，先向阙谢恩，同候驾帖。时谓其子曰："皇上必有恩典，我一下来，即赴夕照寺候部文起解，尔回家，速将长途应用之物赶紧送来。"盖向来一二品大员临刑时，或有格外恩典，柏意谓非新疆即军台，故云至夕照寺候起解也。乃言甫毕，见刑部尚书赵光一路痛哭而来，尚书盖在内廷候驾帖者。柏一见，云："完了，完了，皇上断不肯如此，此必肃六从中作祟。我死不足惜，肃六他日，亦必同我一样。"云云。闻是日赵光候驾帖时，文宗持朱笔颇迟疑，并云："罪无可逭，情有可原。"肃顺在旁对曰："虽属情有可原，究竟罪无可逭。"上意犹未决，肃顺即夺朱笔代书之。赵光一见，即痛哭出宣武门矣。

这段话有两处地方很值得注意：一是肃顺斥责旗人而礼敬汉人，

可知当时必有很多旗人痛恨他。二是大学士柏葰之狱本为肃顺一手促成，当行刑之日，咸丰有意从宽免其一死，而肃顺必欲置柏葰于死地。今就此二事分论之。

《清朝野史大观》中一条云："肃顺极喜延揽人才，邸中客常满，如陈孚恩、匡源、焦佑瀛、黄宗源等，皆肃所举也。而独不喜满人，常谓满人胡涂不通，不能为国家出力，惟知要钱耳。故其待满人不如其待汉人之厚，满人深恶之。"这一条与前引《奴才小史》的内容颇相似，但此云肃顺不喜满人而致"满人深恶之"，则为前文所不记。满人之恶肃顺，事实上恐尚不仅因肃顺之不喜满人而然。《清史·肃顺传》中说："肃顺揽权立威，数兴大狱，舆论久不平。奏减八旗俸饷，尤府怨。"旗人多无他长，颇多专恃俸饷为生者，一旦因肃顺之奏请而遭减削，势将影响及其生计，则其怨恨之情必非泛常者可比。这两种情形造成了甚多旗人对肃顺的痛恨。等到肃顺倒台，拍掌称快的人当中，必定就有因本身利害关系而对肃顺切齿痛恨的旗人。他们未必能够分别得清楚，肃顺之所以如此做，究竟是为公为私？更不能分得清楚，肃顺之倒台乃是因为坚守"祖宗成法"与文宗"遗训"之故，而被慈禧视为眼中钉，不拔不快。然则，这些人在肃顺将被处斩之时出来同看热闹，并向之抛掷瓦砾以发泄一己之恨，所反映的就并不一定是真正的"民意"了。这是第一点当注意的地方。

柏葰之狱，起因于考试舞弊。清代的科举考试号称至大至公，而自乾隆、嘉庆以来，就已弊端丛生，至道光、咸丰以后而更甚。其中最大的弊窦即"关节"。咸丰八年戊午科顺天乡试，大学士柏葰充主考官，副都御史程庭桂等充副主考。风闻在考试尚未举行之前，应试举人就已纷纷各寻门路，暗通关节。当时所通行的方法是"递条子"。何谓条子？薛福成《庸庵笔记》中曾有解释，说："条子者，截纸为条，定明诗文某处所用之字以为记验。凡与考官、房官熟识者，皆可呈递，或辗转相托而递之。房考官入场，凡意所欲取者，凭条索之，百不失一。"

薛福成对此曾有极深的慨叹，说："盖自条子兴，而糊名、易书之法几穷矣。"所谓糊名与易书，本是宋、明以来所一贯用以防止考试舞弊的方法。"糊名"法使阅卷者不能知道此卷是何人所作，"易书"之法则是在考生交卷之时，另由考场专雇的誊录之人将考卷重抄一遍，那就连考生的笔迹也认不出来了。然而，自有条子之法暗通关节，俗语所谓"钱到公事办，火到猪头烂"的说法，就一点都不错了。通了关节的人即使文义恶劣，亦有取中的机会；不通关节，则一旦关节额满，即使所写的文章美若珠玑，也必定有沧海遗珠之憾。关节之弊窦如此，自然足以屈抑真才，而使科举考试失去公平竞争的精神。而自乾隆、嘉庆以来，此风日盛，主试之人皆视为当然，所影响及于政治社会者就不是小事了。柏葰之狱适起于肃顺当权之时。为了整肃官场及消灭贪污风气起见，他建议皇帝从严惩办，甚至不惜以处死一个位高望著的当朝宰辅，以为吓阻其他贪官污吏之用，其用心不可谓之不善。而时论必以皇帝有意从宽而肃顺一力主杀之说，来作为肃顺的主要罪状，也是很不公平的。

《花随人圣庵摭忆》的作者黄濬，曾经根据《清史·肃顺传》及其他有关资料的记载，竭力为肃顺辩护，以为"肃顺治事之猛，识别之精，不避权贵，尤不顾八旗贵胄，故宗室旗人，恨之尤甚。其实史传之所谓功者，固卓然为功；而所谓罪者，又何莫非守法律、绳贪懦之善政乎？"这些话对肃顺一生事迹之批评，可说极为中肯。但成为问题的是，肃顺所生的时代乃是泄沓成习而贪污成风的清代末叶，其时政治风气的痼习已深，肃顺欲以猛烈的杀戮手段加以矫正，自难免招致同时在朝的八旗贵胄及满汉官吏之反对。咸丰信肃顺甚专，当咸丰在位时，这种反对派的力量处于被压制的地位，无法抬得起头来。却不料朝局发生变革，肃顺的新主人换了一个与他处于敌对地位的慈禧太后，这些反对势力既能有适当机会容许他们对肃顺行使报复，又怎肯坐失这千载一时的大好机会呢？因此，当周祖培、桂良等一班留京王大臣在奕訢转达之下，得悉两宫皇太后意在垂帘听政，而垂帘听政所必须除去的作梗之人又正是以肃顺为首的八顾命大臣时，他们当然乐于从命，即使明知此事有违"祖宗遗训"与"先帝遗命"亦在所不顾。更何况事成之后，两宫皇太后与他们处于利害一致的地位，他们的政治利益必然会有更确实的保障，因此也更足以坚定他们对此事的兴趣与信心。政治上的事往往只讲恩怨利害而不顾是非公理，说来实在可叹。然而，影响及于晚清五十年的朝局变革，就在这种心理状态之下顺利进行，最后并且见诸完成了，这岂不是更可慨叹的事吗？说到这里，我们应当回过头来，看看这一场在中国近代历史上具有如此深远影响的"辛酉政变"，究竟是以什么样的形式上演的。

薛福成《庸庵笔记》卷一，《记咸丰季年三奸伏诛事》云：

> 两宫俟恭亲王行后，即下回銮京师之旨。三奸力阻之，谓皇上一孺子耳，京师何等空虚，如必欲回銮，臣等不敢赞一词。两宫曰："回京后设有意外，不与汝等相干。"立命备车驾。三奸又力阻，两宫不允，乃议以九月二十三日派肃顺护送梓宫回京，上恭送登舆后，先奉两宫间道旋跸，载垣、端华皆扈从。

上文所说的"三奸"，指八顾命大臣中的载垣、端华与肃顺。这一段话说明两宫皇太后在恭王离开热河之后所采取的第一个步骤，是不顾肃顺等人的反对，决定回銮北京。肃顺等虽为赞襄政务王大臣，握持政柄，对于皇太后之决意带同小皇帝回銮京师之举，却苦于无法阻止。这与王闿运《祺祥故事》中所说，"恭王至，军机前辈也。至则递牌入谒梓宫，因见后。后诉如前。恭王对，非还京不可"的话互相参看，可以知道恭王与两宫太后商定的政变计划，首先必须回京，然后方可置肃顺等人于恭王的控制之下。肃颉等人未能遏阻皇帝与太后之回京，显然在一开始便落入了对方的预谋计划之中。而肃顺护梓宫，端华与载垣则扈从皇帝及太后，三个人分做了两路，作为三人小组之灵魂的肃顺，又因灵车的行程缓慢而落在车驾的后面，形势更见不利，然而他们却均未觉察到其中的作用。这以后，《庸庵笔记》即记述留京大学士周祖培、贾桢与尚书沈兆霖、赵光等人所联名奏上的一疏，援汉、晋、宋、辽以来的垂帘听政故事，敦请两宫太后垂帘听政，以免大权无所专属，而致人心惊疑。文长不录。此疏奏上的日期，恰在车驾已离热河之后，未到北京之前，目的在使两宫太后及皇帝一到北京，便可据以行事，而肃顺等三人分为两路，肃顺落在后面，三个人又无法及时商议应付对策，在时间上最为合宜。此后的记述是：

> 十月朔，车驾至京师。将至之日，诸大臣皆循例郊迎。两宫对大臣涕泣屡述三奸欺藐之状。周祖培奏曰："何不重治其罪？"皇太后曰："彼为赞襄王大臣，可径予治罪乎？"祖培对曰："皇太后可降旨先令解任，再予拿问。"太后曰："善。"乃诏解赞襄王大臣八人之任，以恭亲王奕䜣为议政王，从民望也。垂帘典礼，令在廷大小臣工集议以闻。先召见议政王大臣，上南面稍东席地坐，两宫亦南面坐稍北。皇太后面谕三奸跋扈诸不法状，且泣下。上顾曰："阿奶，奴辈如此负恩，即砍头可也，请勿悲。"遂与王大臣密定计，即另派大学士桂良、户部尚书沈兆霖、户部左侍郎文祥、右侍郎宝鋆、鸿胪寺少卿曹毓英为军机大臣。

这一段话说明两宫皇太后甫抵北京，便趁留京王大臣循例郊迎的机会，立决大计。其内容分为三点：第一，降旨罢斥顾命八大臣的赞襄政务王大臣之职，褫夺其所握政权；第二，决定了垂帘听政之制；第三，任奕䜣为议政王，由他负责组成新的军机处。

这是两宫太后与恭王发动政变的第二步骤，成立新的行政中枢以执行垂帘听政的意旨。此一举措由于有在京王大臣的拥护而得以顺利遂行。至此，以肃顺为首的顾命八大臣显然已注定了失败的命运，然而他们却并不知道。薛文记此，续云：

> 初二日，恭亲王率周祖培、文祥等入朝待命。载垣等已先至，尚未知解任之信。盖三奸解任之旨及召见王大臣等，已在初一日之申酉间特命办事处勿知会怡郑二王，故二王皆不知，然已微有所闻，见恭亲王等，则大言曰："外廷臣子，何得擅入？"王答以有诏，复以不应召见呵止王。王逊谢，却立宫门外。俄诏下，命恭亲王将载垣、端华、肃顺革去爵职，拿交宗人府，会同大学士六部九卿翰詹科道，严行议罪。王捧诏宣示，载垣、端华二人厉声曰："我辈未入，诏从何来？"王命擒出，复呵曰："谁敢者！"已有侍卫数人来前，拥出隆宗门，尚顾索肩舆及从人等。或告已驱散矣，遂踉跄拥至宗人府，幽之。肃顺方护送梓宫，次于密云，逮者至，遂械至京，亦系宗人府。

清代自雍正以后政权渐移至军机处，举凡一应国家大政及重要人员的黜陟进退，皆由军机处承旨拟稿，然后以皇帝的名义颁发上谕行之。顾命八大臣之中，有四人是军机大臣，亦即是掌握行政中枢的宰辅大臣。唐朝的制度，皇帝圣旨必须经由中书、门下二省的签署，方得以诏书名义颁发。所谓"不经凤阁鸾台，何谓圣旨？"所指即此。清朝中叶以后的情形亦与此相仿佛。皇帝的圣旨从没有不经由军机处的拟呈而直接发出的。端华与载垣不知道恭王在前一天已经组成了以他为首的新军机处，犹以为我尚未入军机处上直，就不可能出现对我不利的诏旨，简直可说是昏聩糊涂已极，不败何待？情势发展到了此一地步，顾命八大臣所凭以与两宫皇太后抗逆颜行的政权已被剥夺，虽然他们确有咸丰皇帝临终授命的旨意可凭，然而死的皇帝敌不过活的太后，更何况温和派与守旧派都已甘心归附太后，肃顺等人所领导的改革派孤立无援，事实上亦非失败不可。一场关系中国近代历史极为深远的"辛酉政变"，至此落幕。咸丰身为皇帝，却无法防止他的小老婆在他死后窃夺政权，实在是十分可悲的事。然而，这又能怪得了谁呢？

　　检讨此一局面的出现原因，其中的关键因素甚多。第一当然是道光误以咸丰为嗣，乃是造成此后一切错误之根本。第二是咸丰不知以国事为重，酒色自戕，造成了他的短命早死，也造成了慈禧得以乘机出头的机会。第三就是咸丰疏远奕䜣，使得慈禧在意图借垂帘听政之名窃夺政权时，得以利用奕䜣打击其政敌，初步达到其专恣弄权之目的。至于慈禧，则天生是一个权力欲望极强的女人，其政治手腕之高明在当时几乎没有敌手。这样的一个危险人物，咸丰在位时既然当断不断，未曾早为采取防范措施，一旦咸丰早死，政治上既然没有更大的权力可以对她发生压制作用，又如何能阻止得了她以皇太后之尊出而干涉朝政呢？以上的这些关键性影响因素，关系于咸丰一身的最大而且最多。所以我们也很可以这样说，由于咸丰之自误而且误国，才会使慈禧以皇太后的身份掌握实际政权达四十余年之久。然则，咸丰一身所关系于中国近代历史的命运，当然也就太大了。

　　自咸丰"辛酉政变"，中国出现了新的皇太后垂帘听政局面以后，清政府的实际政权就落入了慈禧之手。此后历同治一朝十三年，光绪一朝三十四年，直到光绪三十四年十月，慈禧与光绪先后宾天为止，慈禧主宰中国政治的时间一共有四十七年之久。虽然这中间也有同治亲政与光绪亲政的两段时间，曾使慈禧暂时交还政权，但一则其时间甚为短暂，二则慈禧始终未曾完全放弃她的政治权力，所以她在政治上的主宰地位也始终是隐然存在的。由于此一缘故，我们也很可以说，晚清五十年的中国历史始终是在慈禧支配之下的。

在清朝二百七十余年的历史中，康熙、雍正、乾隆三朝可称盛世。这三朝的皇帝在清代历史上都有赫赫的声名。慈禧以母后临朝，历时将五十年，在她的统治之下，中国由一度颇有希望的中兴局面日益走向衰破没落，终且沦为西方列强的次殖民地。所以，慈禧当政的五十年在清代历史上也赫赫有名——只是此赫赫之名由衰破没落而来，与康熙、雍正、乾隆之盛世，恰为强烈之对比，如此而已。

在慈禧统治之下的晚清五十年，何以会由最初颇有希望的中兴局面，日益走向衰破没落呢？要了解这个问题，就得由她当政以后的一切重大举措谈起。

概括一点说，慈禧当政的前后五十年约略可以区分为三个时期。第一个时期起自"辛酉政变"以后，历同治一朝而至光绪十年。在这一时期内，恭王为军机领抽。其初政局颇有清明气象，其后渐见偷堕苟安，于是乃有光绪十年的朝局变革，恭王出军机，军机亦全班尽撤，代之者乃礼亲王世铎。第二个时期起自光绪十年的恭王退出军机，以至光绪二十六年的"庚子拳乱"，中历甲申年的中法越南之战、甲午年的"中日战争"、"戊戌政变"，以至由义和团招致的八国联军之役。在此一时期内出领军机的，初为礼王，后为荣禄。礼王其实是醇王奕譞的傀儡，而奕譞与荣禄二人均为慈禧所驱策使令之人，均不足以匡正慈禧的错谬措施。所以，中国的开明知识分子在国家迭遭屈辱挫败之余，虽欲借"自强维新运动"以资振作，亦以不能见容于慈禧之故，而惨遭残酷的压制，终且因慈禧仇视洋人而将中国带上与举世列强为敌的危险道路，几导致亡国之祸。第三个时期起自辛丑回銮，迄于光绪末年慈禧之死。在此一时期，荣禄已死，贪污无能之庆王奕劻继见柄用，因之清代的政治急速趋向贪污腐化。政以贿成，贪黩者向用而耿直者遭黜，因之袁世凯得以运用财贿伸张其权势。到了慈禧身死之后，小醇王载沣监国，除了袁党人物以外，举朝皆是无能之辈，无一人可与袁世凯相抗衡。"武昌革命"事起，袁世凯乘机取得政权，而清朝亡于袁世凯之手矣。以这三个时期所经历的时间而论，第一个时期历时二十三年，第二个时期减至十六年，第三时期则更只有短短的八年。这三个时期的历史久暂，恰与晚清中国的国运由复兴而走向衰微，由衰微而趋于没落的过程相同，其进行的速度亦相同。所代表的意义，即是慈禧的统治能力愈到后来愈显得绠短汲深，应对无力。所以，整个政治局势愈变愈糟，如治丝之益棼，不至完全瓦解不止。但在这整个五十年中，慈禧个人的治事能力只能因经验之积累而日见增进，绝非因年纪之老迈而显见退化。然则，她在第一时期内之所以表现颇为不恶，正是由于别的原因使然了。此一别的原因是什么？检讨起来，正应当归功于恭王奕䜣与慈安皇太后之同心谋国、协力维持之故。

咸丰十一年十月的"辛酉政变"，达成了慈禧以皇太后身份干预朝政之目的。但此时以皇太后身份垂帘听政的，除了慈禧，尚有以同治嫡母称为慈安太后的钮祜禄氏在，时称为东太后，以别于西太后慈禧。慈禧与慈安虽同为皇太后，以在咸丰朝的地位而言，慈安系皇后，慈禧系贵妃，此亦与人家妻妾之分嫡庶相同，慈禧虽因系皇帝生母之故而得为太后，在地位上仍应逊慈安一步。假如慈安亦如慈禧一样，是一个精明强干的女人，那么，这两个同为皇太后的嫡庶二母，势必会有一番权力斗争发生。在这种情形之下，身为政府领袖的恭亲王奕䜣必难免要有左右袒。以名分而言，慈安系奕䜣之嫡嫂，兼之性情宽厚，奕䜣也必然容易与之合作。然则，慈安与慈禧二人之间如有权力斗争，慈安因能取得奕䜣合作之故，必定较容易得到胜利，则慈禧欲图攫取政治实权，恐怕不一定能够遂愿。然而，慈安不但性情宽厚，其处事才能亦远不及慈禧，兼因其凡事不乐与人争执而言词木讷，于是使得两人之间的关系，由最初期的推诚合作，逐渐演变为慈安凡事退让，而慈禧则遇事包揽。因之，渐到后来的情形是，慈禧在政治上的权力与影响与日俱增，慈安则日见退缩。这种情形首先破坏了两宫太后与恭亲王所共同维持的政治安定，最后更因慈安之暴卒而使慈禧独揽政柄，终于连奕䜣亦被削夺政权，逐出军机，而大权全归于慈禧一人。再以后，便是慈禧太后独裁专制的时代了。

奕䜣在清史上颇著贤声。他在"辛酉政变"后出任政府领袖，与当时的军机大臣文祥、宝鋆及后进军机的沈桂芬等人同心辅政，朝局一新。在用人行政方面，他颇能继续肃顺的遗规，重用曾国藩、左宗棠、李鸿章等汉人，并赋予适当的权力。所以，在同治一朝之间，太平天国、捻乱及陕甘回乱等内部叛乱均先后削平，举国喁望太平，一时颇有中兴之象。《清史·诸王列传》对奕䜣甚有好评，赞语中说他："绸缪宫府，定乱绥疆，罢不生怼，用不辞劳，有纯臣之度。"可见他实在是一个弼亮忠贞而又能尽瘁国事的贤王。有这样一个忠勤贤能的近支亲王出任政府领袖，当时的同治皇帝虽然年幼，只要垂帘听政的皇太后对奕䜣始终尊礼信任，清朝的国运未始没有中兴的希望。但曾几何时，不但恭亲王的锐气日见挫折，朝中亦出现了党派倾轧的局面，一连串的外国侵略接沓而来，国事日非，中国在国际舞台上的声望与地位也急遽下降，这又是怎么一回事呢？

黄濬所撰《花随人圣庵摭忆》有一段论恭亲王的话，说：

> 恭亲王奕䜣，为同、光间握政柄最久之亲王，其举措进退，有关于清社之运特大，视后此一味贪婪之庆王不同，不可不记。恭亲王之生平有两大事、三罢黜，俱极有关系。两大事者，一为英法联军之役，怡亲王载垣伴与英、法议和，而忽执法国公使巴夏礼，与战。战不利，文宗乃召回怡王，而授恭王为钦差便宜行事全权大臣。王初奏激励兵心以维大局，后克勤亲王庆惠奏释巴夏礼，请王入城议和，而联军已焚圆明园。王卒与英法联军议和，而自请议处。此一大事也。又一大事，则为与两后定计，杀端华、载垣、肃顺，详已见前。三见黜者，一为同治四年三月，两太后谕责王信任亲戚，内廷召对，

时有不检，罢议政王及一切职任。寻以惇亲王奕誴、醇郡王奕𫍽，及通政使王拯、给事中广诚等奏请任用，广诚语尤切，两太后命仍在内廷行走，管理总理各国事务衙门。王入谢，痛哭引咎。两太后复谕：王亲信重臣，相关休戚，期望既后，责备不得不严，仍在军机大臣上行走。此即湘绮所记蔡寿祺等事，揆其实际，殆西后小弄玄虚，意在褫其议政王一职，以恣所欲为，非真有仇隙也。二为同治十二年正月穆宗亲政，十三年七月上谕，责王召对失仪，降郡王，仍在军机大臣上行走，并夺载澄贝勒。翌日，以两太后命，复亲王世袭及载澄爵。此为穆宗之轻躁妄动，起讫才两日。三为光绪十年中法越南之役，王与军机大臣不欲轻言战，言路交章论劾，太后谕责王等委靡因循，罢军机大臣，停双俸，家居养疾。此次家居十年，至光绪二十年中日之役，始再起，至二十四年四月薨于位。综计三黜中，以光绪十年甲申之出军机，最为有意义。

恭亲王奕䜣之三遭黜责，首尾相去二十年。由于前后相隔的时间甚长，中间经历的事故甚多，非简单文字所能概括。今且据有关方面的记载分别叙述于下，然后再一一加以讨论。

发生在同治四年的革去议政王及一切职任事，王闿运《祺祥故事》中曾有记述，云：

> 恭之任事，委权督抚，朝政号为清明。颇采外论，擢用贤才能，特达者不为遥制。然宫监娈索，亲王密迩，时有交接，辄加犒赉，则不足于用。国制，王贝勒不亲出纳，俸给庄产，皆有典主者，率资侵以自给。及入枢廷，需索尤繁，王恒忧之。福晋父，故总督也，颇习外事，则以提门包为充用常例。

王试行之，而财足用。于是府中赇赂公行，珍货猥积，流言颇闻，福晋亦患之，而不能止矣。王既被亲用，每日朝，辄立谈移晷。宫监进茗饮，两宫必曰："给六爷茶。"一日召对颇久，王立御案前，举瓯将饮，忽悟此御茶也，仍还置故处，两宫哂焉，盖是日偶忘命茶。而孝钦御前监小安方有宠，多所宣索。王戒以国方艰难，宫中不宜求取。小安不服，曰："所取为何？"王一时不能答，即曰："如瓷器杯盘，照例每月供一分，计存者亦不少，何以更索？"小安曰："往后不取矣。"明日进膳，则悉屏御瓷，尽用村店粗恶者。孝钦讶问，以六爷责言对。孝钦恒曰："乃约束及我日食耶？"于时蔡御史闻之，疏劾王贪恣。他日召王曰："有人劾汝。"示以奏，王不谢，固问："何人？"孝钦言："蔡寿祺。"王失声曰："蔡寿祺非好人。"于是后积前事，遂发怒，罪状恭亲王，有"暧昧不明，难深述"之语。举朝大惊疑，而外国使臣亦询军机诸臣事所由。用是得解，复召见，王痛哭谢罪，复直如初。

王闿运说，恭王因被太监安德海所谮构，以致慈禧心中久怀不满，及至御史蔡寿祺参劾恭王贪墨恣肆，恭王又不自检点，应对失态，以致触发慈禧之新仇旧恨，乃有降旨罢黜议政王及军机大臣之事，其说虽似可信，实际则尚未探及内中之隐情。吴相湘先生所撰的《晚清宫廷实纪》，曾将故宫博物院所藏同治四年罢黜恭王的慈禧亲笔朱谕一件，制成图版，弁于卷前。由此推测慈禧之真正用心，庶几或可探出其中之内情。朱谕原文，别字连篇，不加改易，仅在错字下注明不应写错的文字，录载如下：

谕在廷王大臣等同看。朕奉两宫皇太后懿旨，本月初五日据蔡寿祺奏，恭亲王办事徇情贪墨，骄盈揽权，多招物议，

种种情形等弊。嗣（似）此重情，何以能办公事？查办虽无
实据，是（事）出有因，究属暧昧知（之）事，难以悬揣。
恭亲王从议政以来，妄自尊大，诸多狂敖（傲），以（倚）仗
爵高权重，目无君上，看朕冲龄，诸多挟致（制），往往谙（暗）
始（使）离间，不可细问。每日召见，趾高气扬，言语之间，
许多取巧，满口胡谈乱道。嗣（似）此情形，以后如何能办国事？
若不即（及）早宣示，朕归（亲）政之时，何以能用人行正
（政）？嗣（似）此种种重大情形，姑免深究，方知朕宽大之恩。
恭亲王着毋庸在军机处议政，革去一切差使，不准干预公事，
方是朕保全之至意也。特谕。

由慈禧亲笔所写的此一朱谕真迹，可以知道慈禧此时所加予奕䜣
的罪名有二：一是办事徇情而贪污恣肆，虽查无实据，而事出有因。
二是从议政以来，妄自尊大，狂傲挟制，目无君上，应对言词，尤
多胡言乱语。这两项罪名中的第一项出于蔡寿祺的参劾。因为查无
实据，只能以"事出有因""暧昧难知"的说法，强加以莫须有的罪
名。第二项罪名，则纯出于慈禧之主观观念，亦正是奕䜣为慈禧所
不满的真正原因所在。但所谓妄自尊大、狂傲挟制、暗使离间、胡
言乱语等，归结起来，无非是恭亲王遇事好自作主张，或是对慈禧的
主张不肯事事接受之意。这种情形若是两宫太后对他能始终倚信而
不加掣肘，则恭王的做法毋宁正是负责尽职的表示，无可厚非。但
目前的情形是，慈禧亦有其自己的主张，而遇事复好弄权力，那么，
她对于恭王之不肯绝对服从其驱策而好自作主张，无疑便是"目无
君上"与"狂傲挟制"了。由此可知，恭王之所以要被慈禧降旨罢
黜，正是由于二人间的权力冲突，其酝酿已非一日，只是恭王未曾
察觉而已。安德海之谗构加深了慈禧对奕䜣之厌恶；蔡寿祺之参劾与
奕䜣之应对失态，恰好给予慈禧借此予以严谴之借口。由于这些缘

故，乃造成了同治四年三月恭王的初度蹉跌。此事后来虽然由于在廷王大臣之竭力谏争而由两宫太后降旨宽免，恭王亦获准仍在军机大臣上行走，其真正原因，亦是由于慈禧当时尚无法以一人对抗举朝的反对力量，不得不借此转圜之故。慈安太后不愿因此而失去一个可以倚信之人，亦是奕䜣不致一蹶不起的另一个主要原因。但因为有此一事，已可使奕䜣意识到慈禧的手段厉害，在以后的应对与行事方面，必须要凡事小心，以免再触忌讳。王闿运《祺祥故事》说："恭王自是益谨。"此当是事实。然而，影响及于实际政治，很不利于国家大政。

关于奕䜣如何因行事小心而致影响及于国家大政的问题，留待后面再说。现在且续记奕䜣生平的第二次见黜——同治十二年正月，穆宗降奕䜣为郡王，并将奕䜣之子载澄一并革去贝勒之事。

《清朝野史大观》卷一《清宫遗闻》，"恭忠亲王谏复建圆明园"一条云：

圆明园起于雍正朝，事成于乾隆，宏敞壮丽冠中国。清制，宫中祖制严，兴居有时，饮食服御有常度，帝恒苦之，时巡幸热河。林清变后，则罕幸热河，而常驻园，后暨妃嫔、皇子悉侍焉。咸丰末年，英法联军入京，内阁中书龚自珍之子龚橙，导之毁园。穆宗御极，洪金田事败，张乐行、赖汶光先后毙，内外颂承平。慈禧、穆宗思所以为乐者，于是重建圆明园之说起。库无储蓄，谏言不行，恭忠亲王坦然力争之。一日，叩宫门请见。穆宗知为园事也，曰："尔来为阻建园乎？朕志已决，亦何必拂太后（太后谓慈禧）意？且朕居彼，与尔等讨论国事，亦甚便。"恭王叩首曰："当今内患虽平，外患日亟，库藏无存蓄。圆明园宪、纯两庙所修，当时财力远过今日。且纯庙谕旨，后世子孙勿得踵事华饰。今建园简陋，无以备翠华之临幸，复旧则国帑不足。以某之虑，不若少缓便。"
穆宗默然良久，卧榻上。王更言祖制不可失，历数所以训俭
者。时穆宗好着黑色衣，谓曰："尔熟祖训，于朕事尚有说乎？"
王曰："帝此衣即非祖制也。"（宫中制色衣无黑色）因戒穆宗
勿微行，引白龙余且事释之。穆宗曰："朕此衣同载澄一色，
尔乃不诫澄，而来谏朕！尔姑退，朕有后命。"旋召大学士文
祥入，且坐正殿，曰："朕有旨，勿展视，下与军机公阅，速
行之。"文祥知其怒，拆视则杀王诏也。文祥碰头再三请，终
不怿。文祥退，叩太后宫泣诉之。太后曰："尔勿言，将诏与予。"
杀王之事乃寝。

这一段话叙恭亲王因谏阻修复圆明园一事为穆宗所恶，所记颇为
详尽。但其后并非降奕䜣为郡王，并革去载澄之贝勒，而乃是降手诏
欲将奕䜣处死，赖文祥叩诉于慈禧太后，将所降诏收去而得免，其内
容颇不合当时实情。关于这方面的情形，又以《桐城吴汝纶先生日记》
所记的最为正确，亦转录于后，以资比看。

《桐城吴汝纶先生日记》，同治十三年九月五日记云：

> 见都下某官与某中丞书，云停罢园工之事云："七月十八
> 日，政府亲臣，闻大内将于二十日园中演戏，十余人联衔陈疏。
> 复虑阅之不尽，乃先请召见。不许，再三而后可。疏上，阅
> 未数行，便云：'我停工何如？尔等尚何哓舌？'恭邸云：'某
> 所奏尚多，不只园工一事，请容臣宣诵。'遂将折中所陈，逐
> 条读讲，反复指陈。上大怒，曰：'此位让尔，何如？'文相
> 伏地一恸，喘急几绝，乃命先行扶出。醇邸续复切谏，至'微
> 行'一条，坚问：'何从传闻？'醇邸指实时地，乃怫然语塞，
> 传旨停工。至二十七日，召见醇邸，适赴南苑验炮。复召恭邸，

复询'微行'事:'闻自何人？'恭邸以'臣子载澄'对，故迁怒恭邸，并罪载澄也。"又某枢言："二十七日原旨中，有'跋扈弄权，欺朕年幼，着革去一切差使，降为庶人，交宗人府严行管束'语。文相接旨，即陈片奏，将朱谕缴回，奉旨复奏，请暂阁一日，明日臣等有面奏要件。比入，犯颜力争，故谕中有'加恩改为'字样。逾日，复草革醇王谕。不知何人驰诉，忽传旨召见王大臣，不及阁学。时已过午，九卿皆已退直，惟御前及翁傅。直入弘德殿，两宫垂涕于上，皇上长跪于下，谓：'十年以来，无恭邸何以有今日？皇上少未更事，昨谕着即撤销。'"云云。

这一段记载因为是得自京中官员的传述，其内容当然要比野史之类为可信。若与当时的官书记载相比较，则官书所讳言的部分（如两宫传见王大臣、皇帝长跪地上等），尤可于私人日记中见之，更可视为翔实的信史了。黄濬论及此事，已曾指为同治皇帝之轻躁妄动，与慈禧之蓄意罢黜奕訢不同。而且，在这一次的被谴诸人中，尚包括有醇王奕譞在内，亦可知道其事非慈禧之本意。至于光绪十年甲申之黜退恭王，其情形就不一样了。

前面曾经说过，同治四年三月恭王因事被黜，最初是罢议政王，并一切差使俱皆革去。后因在廷王大臣之极谏，两宫太后难违公论，慈禧一人更不便坚持到底，故复降旨仍令管理总理各国事务衙门，及恭王入谢，则又令仍在军机大臣上行走，其事权尽复，只是议政王的头衔则未再恢复。这对于奕訢是一个不小的打击。昔人有所谓："赵孟之所贵者，赵孟亦能贱之。"用在这里作为比喻，正甚适当。由此可使奕訢憬然有所警惕，知道议政王的头衔虽然尊贵，而予夺之权操在人手，稍一不慎，就会遭遇不测之祸。自有这一次的经验，奕訢开始意识到慈禧虽为女流，其个性之刚毅坚强与手段之狠毒，则不可测度。为了不再遭受类似的难堪与挫折，他必须更加寅畏小心，以免再触慈禧之忌。于是在此后的行事举措上，便随处可以看出恭王之遇事模棱而缺乏负责精神，与他在此以前之毅然担当而直前不顾，大异其趣。关于这一点，可以在他推行洋务运动一事上明白地看出来。

自从太平天国运动被削平之后，清朝的士大夫与知识分子间，颇有人主张效法洋人的练兵、制器之法，以为自强维新之计。咸丰十一年"辛酉政变"之后恭王柄政，既奏准设立总理各国事务衙门以为对外交涉之用，又奏准设立同文馆，招收生徒，肄习西学，以为效法西人改革军备及提高战力的长远打算。其后，李鸿章、左宗棠等一班中兴名臣，先后在上海、福州等地设立机器制造厂及造船厂，竭力提倡西法。恭亲王因于同治五年之十一月，奏请在同文馆内增设分馆，招收举人、贡生等较高级知识分子入学，肄习天文、算学，以为学习制造外国枪炮、轮船之本。这一主张假使能得顺利通过，中国的全盘西化运动必可在此时肇其端倪。然而，由于守旧派知识分子的全力反对，新成立的同文馆只有寥寥数人前来应考，多数人则对之极为藐视，甚至流露不屑的态度。假如恭亲王在此时握有足够的权力可以压制守旧派知识分子的反对，他们的态度或者不敢如此嚣张；又假如慈禧能够给予恭亲王充分的支持，恭亲王亦不致依违两难，彷徨不安。这是他在推行洋务运动方面所遭受的挫折，虽由于守旧派知识分子的阻力太大，亦因为他无复当年的勇气与决心，不敢力排众议，全力贯彻其主张的退缩态度有以使然。光绪初年，李鸿章致郭嵩焘书云：

> 西洋政教规模，弟虽未至其地，留心咨访考察二十年，亦略闻梗概。自同治十三年海防议起，鸿章即沥陈煤铁矿必须开采，电线、铁路必应仿设，各海口必添设洋学格致书馆以造就人才。其时文相（文祥）目笑存之，廷臣会议皆不置可否，王孝凤、于舫莲独痛诋之。曾记是年冬底赴京叩谒梓

宫，谒晤恭邸，极陈铁路利益。邸意亦以为然，谓无人敢主持。复请乘间为两宫言之，渠谓两宫亦不能定此大计。从此遂绝口不谈矣。

既然两宫皇太后于自强维新之事"不能定此大计"，则正应委权责于能定大计之人，方是谋国之道。但因两宫太后虽无定大计之才识与能力，却仍揽持权力，不肯轻易授人，而恭亲王又深恐越权遭忌，不肯多做主张，于是对于国家前途具有如此重大影响的自强维新大计，终因无人为之主张之故，而只好付之"绝口不谈"，说来该是多么可痛之事？然而，此亦正是慈禧多方打击恭王，又复不肯赋予充分权力之结果。谁实为之？孰令致之？回溯当年的这一段历史，我们实在不能不为清代中国的国运感到惋惜。

郭则沄所撰《十朝诗乘》卷二十，收有清人吴圭庵所作的《冢妇篇》及《小姑篇》各一，下附注释，云：

冢妇谓恭忠亲王，小姑谓沈文定。恭邸当国久，春秋浸高，倚文定若左右手。文定厚貌深情，廉介自托，而大事难于匡正，故圭庵望湘阴入政府，助枢邸以整饬朝纲。

此文中所说的"沈文定"即沈桂芬，"湘阴"则左宗棠。按，沈桂芬乃同治、光绪间的军机大臣，于同治六年以礼部侍郎入军机，历升至兵部尚书、协办大学士，仍在军机，于光绪六年十二月病卒，在军机大臣任上首尾凡十三年。沈桂芬在军机，甚得恭王之倚信。其时文祥已卒，沈桂芬以熟悉外国事情之故，遇事献替可否，即慈禧亦深知其人之干练有识。但因其处事过于慎重，故人多谓其谨饬有余而难以匡正大事。吴圭庵之所以希望由左宗棠接沈桂芬之遗职，以期对恭王多所翼赞辅助，即此之故。其时之军机大臣，多有若干朝士与之依附结托。沈桂芬是江苏吴江人，附之者称为南党；另一个汉军机大臣李鸿藻籍贯直隶高阳，附之者称为北党。南党与北党在当时的政治上颇曾发生若干影响力量。尤其是在沈桂芬死后，江苏常熟县籍的翁同龢入军机，继为南党领袖，与李鸿藻不能相得，彼此隐相龃龉，所产生的后果就是很不好的。

胡思敬《国闻备乘》卷二，有一条记述北党人物李鸿藻的，云：

> 李鸿藻好收时誉，诸名士皆因之以起。光绪初年，台谏词垣，弹章迭上，号为清流，实皆鸿藻主之。惟邓承修、边宝泉无所依倚。鸿藻每入见，凡承旨询问事，不即对，辄叩头曰："容臣细思。"退朝，即与诸名士密商。计既定，不日而言事者封章纷纷上矣。南皮张之洞、丰润张佩纶，尤为鸿藻所器重。

光绪初年号为清流党的人物，以张之洞、张佩纶、宗室宝廷、黄体芳、邓承修等最著名，弹击人物，评骘时政，几无虚日。他们之所以要这样做，一方面固然由于目击恭王所领导下的政府因循保守，虽处于外国列强的侵迫之下，仍然一味退缩苟安，不敢轻言主战，因而感到极度的不满；另一方面，亦由于李鸿藻在军机处中居于劣势地位，他自己的发言既然得不到恭王的重视，自然只好利用清流党的力量来督促恭王力求振作。此外，慈禧虽然很讨厌清流党人干涉国家大政，但她也深深知道，这是一种可以用来压迫恭王的力量，所以她一方面也在时时谋求对付清流党人之法，一方面也希望暂时利用清流党人的言论来让恭王应付为难。因为，这时慈安太后已死，恭王已失掉了一个对他比较同情和支持的人，而慈禧积多年以来对恭王的厌恶，此时亦已到了可以让她放手去干的时机。因此之故，恭王的处境自然要愈来愈为困难了。慈安太后之死，清代野史中多有记述，但其内容多涉于夸诞，颇不可信。

比较中肯一点的，乃是胡思敬《国闻备乘》的记载，引述如下：

> 先是，文宗北狩得疾，知不起，察孝钦（慈禧）悍鸷，异时抱子临朝，恐不可制，欲效西汉钩弋故事，未忍发，以遗诏密授孝贞（慈安），令谨防之，即有过宣诏赐死，毋游移。同治初，诛锄八大臣，赖孝钦刚断以济。孝贞仁贤，遇事咸推让之。后闻其不谨，甚忧惧。一日，东宫传旨召西佛（宫人称孝贞为东佛，孝钦为西佛），西佛嘻嘻而往。入门，见孝贞盛服珠裆，宫人佩刀森然侍立左右，大骇。孝贞指御案遗诏示之，默诵一过，伏地痛哭请死。孝贞仁而寡断略责数言，下席引与同坐，勉以好语，随取案上遗旨引火焚之，示毋他意。孝钦回至宫中，五日夜不寐。李莲英进密谋，越数日，孝贞暴崩。廷臣入临者，见十指俱紫黑，不敢言。李莲英自此擅权，宠之终身。

慈安之暴崩，事在光绪七年三月。自此以后，慈禧集两宫之权于一身，凡事俱可独断独行，不复再有其他的顾虑。情势发展到了这一地步，恭王的地位当然也就更加岌岌乎危了。

慈禧与恭王之间的恩怨由来已久。同治四年三月恭王初次被黜，虽然他本人不无过失，但衡情而论，究竟是功大过小。而且，以一个秉持国政、位居议政王之尊的近支亲王，一旦有言官论列，即使罪状不明，亦遭降罢黜之严旨，无论中外古今，可以说都没有这样的事例。所以，恭王心中也十分明白，这无非是慈禧皇太后在那里播弄是非，借事生风而已。只因谊属君臣，尊卑有别，所以即使明知是慈禧在居中生事，亦只好徒呼负负。但事有凑巧，到了同治八年的七月间，慈禧派太监安德海驾坐船只，由运河一路南下，欲往江南织办龙衣锦缎。安德海虽为慈禧之亲信，依清代祖制，太监出都门者，立斩。当时的山东巡抚丁宝桢乃是一个耿直而廉介的人。安德海甫至泰安，丁宝桢已一面派兵将安德海及其随行员役等严密监视，一面具折奏报。据说，当丁宝桢的奏折递送到京时，慈禧正在观剧，并不知有此事。恭王即请晋见慈安，力言太监不得出都门，祖训昭垂，此非立即正法不可。遂与慈安商定，拟谕旨发下山东，命丁宝桢迅速遴派干员查拿，拿获后毋庸审讯，立即就地正法，不准任其狡饰。于是，慈禧身前甚得宠信而屡次借事弄权的安德海，在慈禧毫无办法可救的情形下，被恭王与丁宝桢用"祖训"二字作为招牌在山东杀掉了。这对恭王而言，可说是对慈禧与安德海报复了当年的一箭之仇；但对慈禧而言，对恭王的怨恨可就又加深了一层。由此更进一层的，则是光绪五年太监违禁携带物品出宫，为护军拦阻，以致发生互殴的事件。黄濬《花随人圣庵摭忆》叙此云：

> 清代故事，凡死刑，必三法司全堂画押。缺一押，即不得缮奏。吴柳堂劾成禄，清穆宗欲杀之，赖大理寺少卿王家壁力持不可而免，可见尔时对于法犹尊重。当时西后遣阉至太平湖之旧醇王府。凡阉人出入，例由旁门，不得由正门，值日护军依例阻之。阉恃势用武，护军不让，阉归告西后，谓护军殴骂。时西后在病中。遣人请慈安太后临其官，哭诉被人欺侮，谓："不杀此护军则妹不愿复活。"慈安怜而允之，立交刑部，并面谕兼尚书房行走之刑部尚书潘祖荫，必拟以斩立决。时论大哗，右庶子张之洞、左庶子陈宝琛力争之。祖荫到署传旨，讯得实情，护军无罪。秋审处坐办四员，提调四员，皆选自各司，最精于法律者也，时有"八大圣人"之称，同谓："交部即应依法，倘太后必欲杀之，则自杀之耳，本部不敢与闻。"祖荫尚正直，即以司官之言覆奏。慈安转告西后，乃大怒，力疾召见祖荫，斥其无良心，泼辣哭叫，捶

床村骂。祖荫回署，对司官痛哭，于是曲法拟流。自是阉人携带他人，随意出入，概无门禁。迨慈安殁后，则刑部一听宫中嗾使。光绪二十九年，湖南沈北山入狱，时在夜半，宫中传出片纸，天未明而沈以碎尸。其明年，王照入狱，即居沈之屋，粉墙有黑紫晕迹，高至四五尺，沈血所溅也。狱卒为王言，夜半有官来，太后传谕，就狱中杖毙，令狱吏以病死报。沈体极壮，群杖交下，徧身伤折，久不死，连击两三点钟，气始绝。

黄濬的记述，说明慈禧是败坏清代司法制度的罪人。而据另一种记述，则在潘祖荫与慈禧的争执中，恭王亦曾站在潘祖荫的一方，因之更引起慈禧的极端愤恨。金梁《清宫外传》引《皇室闻见录》云：

命下之日，盈廷骚然，张之洞、陈宝琛且上封奏力言。恭王亦以为不可，致与太后争辩。太后曰："汝事事抗我，汝为谁耶？"王曰："臣是宣宗第六子。"太后曰："我革了你！"王曰："革了臣的王爵，革不了臣的皇子。"太后无以应。

话虽然如此说，这毕竟还是慈安太后在世时的事。若是当时慈安已死，恐怕恭王就不敢这样与慈禧顶撞了。但总因为二人之间的嫌隙已深，加上恭王在后来愈加变得因循保守，深为舆情所不满，于是慈禧遂因左庶子宗室盛昱之奏劾，一举而将恭王奕䜣及军机四人全班罢斥，造成了清代末年继"辛酉政变"之后的另一场重大政治变革。盛昱的原奏在他自己所编的《意园文略》中已被删去，《清德宗实录》及《光绪东华录》中亦均不载。近年以来，始因吴相湘先生的留心搜寻，得以在故宫档案中发现。由于这一奏折直接关系到军机大臣的全班进退，对于清朝光绪十年以后的政局影响甚大，有必要加以引录，以资了解此奏的真正内容及原来含义如何。原奏的开头部分如下：

> 奏为疆事败坏，责有攸归，请将军机大臣交部严加议处，责令戴罪立功，以振纲纪，而图补救事。窃越事失机，议者皆谓咎在云南抚臣唐炯、广西抚臣徐延旭，现已奉旨拿问。奴才谓唐炯、徐延旭坐误事机，其罪固无可逭，而枢臣之蒙蔽诿卸，罪实浮于唐炯、徐延旭。奴才敢不避嫌怨，为我皇太后、皇上陈之。

由这一段话，可知盛昱之参劾军机处诸人，原是由于自恭王以次的诸军机大臣，在中、法两国因越南问题而起的交涉中，自始即未能把握时机，早决和战大计。而军机大臣所安排在广西、云南二省领兵作战的巡抚大员，则又都是虚骄无用的唐炯、徐延旭之辈，以致军不能战，一旦面临法人来攻，即刻溃败相继。其下续论唐、徐二人乃张佩纶与李鸿藻所保荐，是为轻信滥保，失人偾事。更以恭王以下的其他各军机大臣俯仰徘徊，坐观成败，其罪实与李鸿藻同科。但在失律偾事之后，太后及皇上虽有旨将唐、徐等人革职拿问，而军机处并不拟颁明发谕旨，欲使天下之人不知有此失律逮问之事，其粉饰蒙蔽之罪实不可恕。所以他最后的论点是：

> 该大臣等参赞枢机，我皇太后、皇上付之以用人行政之柄，言听计从，远者二十余年，近亦十数年。乃饷源何以日绌？兵力何以日单？人才何以日乏？即无越南之事，且应重处，况已败坏于前，而更蒙蔽诿卸于后乎？有臣如此，皇太后、皇上不加显责，何以对祖宗？何以答天下？惟有请明降谕旨，将军机大臣及滥保匪人之张佩纶，均交部严加议处，责令戴罪图功，认真改过，讳饰素习，悉数涤除。迅将拿问

唐炯、徐延旭及更调各省抚臣之谕旨即行明发，并责令将沿边各督抚孰堪胜任，孰是替人，于五日之内和衷商榷，公同保奏，将来即以此数人之功罪为该大臣等之功罪，一有败衄，刑即随行。倘复互诿，即予罢斥，以专责成。当今之要，无过于斯。

看了盛昱的这些话，可知他上此奏折的主要意思，是要请皇太后及皇上严厉责成恭王以次的全班军机大臣，在偾事失律之后速谋补救之法，并革除旧时的因循粉饰之习，力图振作革新之意。奏折的原意如此，照一般情形来说，恭王及其他各军机大臣势必要被降旨严谴，但即使降旨严谴，亦不过责令他们改过补救，断不至于即予全班罢撤。而慈禧之处事正有使人难以逆料之处。几天之后，内阁大学士灵桂等接到以慈禧皇太后名义所颁降的一道懿旨，对盛昱的劾奏有了明白的处分。旨意的内容是这样的：

现值国家元气未充，时艰尤巨，政虞丛脞，民未敉安，内外事务，必须得人而理，而军机处实为内外用人行政之枢纽。恭亲王奕訢等，始尚小心匡弼，继则委蛇保荣，近年爵禄日崇，因循日甚，每于朝廷振作求治之意，谬执成见，不肯实力奉行。屡经言者论列，或目为壅蔽，或劾其委靡，或谓簠簋不饬，或谓昧于知人。本朝家法綦严，若谓其如前代之窃权乱政，不惟居心所不敢，亦实法律所不容。只以上数端，贻误已非浅鲜，若不改图，专务姑息，何以仰副列圣之贻谋？将来皇帝亲政，又安能诸臻上理？若竟照弹章一一宣示，即不能复议亲贵，亦不能曲全耆旧，是岂朝廷宽大之政所忍为哉？

其下就是宣布对奕訢以下全班军机大臣的处分：恭亲王奕訢开去

一切差使，家居养疾；宝鋆，原品休致；李鸿藻及景廉，降二级调用，退出军机；翁同龢，革职留任，退出军机。此外的门面话尚有许多，不赘述。

将盛昱的原奏与前述谕旨互相参看就可发现，盛昱的奏折恰好被慈禧用来作为罢撤军机大臣的借口，而并不问其原奏的主意何在。谕旨中所说的壅蔽、萎靡、簠簋不饬、昧于知人等指责的话，都是一些若有若无之事，但现在居然作为罢黜降革的口实，说来便未免强词夺理、罚重于罪了。照清代晚期的政治制度，皇帝所降谕旨悉出于军机处的拟呈。当年慈禧为了要罢黜恭王，由于无法假手于军机之故，而不得不亲笔写了一道错字连篇的朱笔上谕，交由内阁发出。那么，这一道罢黜恭王并斥退全班军机的上谕，又是何人为慈禧所代拟的呢？由恭王等人被黜，新发表的军机大臣人选推敲，主谋之人似为醇王奕譞，而草拟谕旨之人则似为醇王的亲信孙毓汶。

徐梧生《白醉栋话》中有一则关于甲申朝局变更的掌故，说：

光绪甲申三月，恭王摒出军机，而以贪庸之礼王继之，朝局日非，遂如江河之日下矣。是年退出军机者，为恭王及大学士宝鋆、李鸿藻，尚书景廉、翁同龢；新入军机者，为礼王世铎，尚书额勒和布、阎敬铭、张之万，侍郎孙毓汶、许庚身。枢臣全行撤换，为前此所未有，且新枢臣中惟阎文介差负清名，其余非平庸即贪黩，不孚众望。相传孝钦屡欲兴修离宫，皆为恭王所阻，即蓄意予以罢斥；而醇亲王奕譞亦与恭王不洽，授意孙毓汶密先拟旨，遂成此变局。礼王既领枢府，仰承意旨，以海军经费移充颐和园工程。外人知我无备也，越十年，遂有东藩之役。识者以为，甲午之外侮，先肇于甲申之内讧。仲堪此举，国之亡征，洵不爽矣。

按，醇王奕譞即光绪帝之本生父，醇王福晋又是慈禧的亲妹，彼此间的关系远比奕䜣为亲密。奕譞当同治在世时，对政治就很有兴趣。只因当时是恭王柄政，醇王的才具又远为不如，所以只好长时期地屈居槽枥，未能一骋所长。等到光绪继立之后，奕譞身为帝父，不便过问朝政，更加需要隐退了。然而，他对于实际政治的兴趣始终不减当年，不得已，就只好趁着慈禧对奕䜣极度不满的时候，以礼王世铎作为他的替身，隐居幕后，暗执朝权。《清史·孙毓汶传》说：

> 毓汶权奇饶智略，直军机逾十年。初，醇亲王以尊亲参机密，不常入直，疏牍日送邸阅，谓之过府。谕旨陈奏，皆毓汶为传达，同列或不得预闻，故其权特重云。

又，胡思敬《国闻备乘》卷一，"兄弟不睦"一条云：

> 恭王在文宗时已出参枢政。穆宗中兴，两宫并出垂帘，封为议政王，内外多赖其调护，天下称为贤王，醇王虽嫉之，莫能挤也。及德宗立，醇王势渐张，趋附者益众，日伺恭王之短而攻之，遂有甲申三月十日之谕。恭王虽罢，醇王以太上之尊，不便径入枢府，乃援孙毓汶为军机大臣。毓汶人甚狡诈，曾充醇邸蒙师，既得志，倚势骄横。每入对，班在后而发言最先。孝钦尝目送之，见毓汶如见醇王也。醇党多小人，稍通贿赂，自是政治日脞。甲午和戎之役，皆毓汶等从中主持，而国势骎骎弱矣。

看了上回这些记载就可知道，慈禧之所以要罢斥恭王而改用礼王的原因，盖恭王守正而醇王依阿取容，礼王又为醇王之傀儡，孙毓汶则狡诈而好弄权通贿，凡此诸人，俱较恭王为易于驱使也。军机甘听宫廷之驱使，则慈禧自可为所欲为，其在实际政治上的影响，当然也就如江河之日下了。《花随人圣庵摭忆》的作者黄濬论此，曾经很感慨地说：

> 所谓去贤任佞，以至于亡国败家，皆由于妇人之揽权与纵欲之败度，有史以来数千年至兹，未能悖此定律。鉴之哉，鉴之哉！

清末时事，因奕䜣、慈禧二人之地位升降与权力变化所受到的实际影响如何？这一段短短的话可以道尽其中的消息。

慈禧罢斥奕䜣，充分达到她收揽权力于一身之目的以后，在清末历史上究竟造成一些怎样的后果？这个问题且留待后面再说。这里应当先来看看，奕䜣在被黜以后的心理状态又是如何？

奕䜣的文才颇佳，所撰《乐道堂全集》八种，其内容为：《赓献集》一卷，《岵屺怀音》一卷，《广四时读书乐诗试帖》一卷，《豳风咏》一卷，《正谊书屋试帖诗存》二卷，《古近体诗》二卷，《文钞》五卷，《萃锦唫》八卷。这其中的前七种，大都是他在做皇子时的应制之作，没有什么特殊的意义；后一种则是他在光绪十年至十六年间遭投闲置散之后，集唐人诗句所作之诗，一名《唐唫萃锦》，其中颇能透露一些他在此一时期中的思想与感情，因此值得注意。

《萃锦唫》的卷前，有奕䜣自撰的序文一首，中云：

> 光绪甲申，闲居多暇，尝阅《乐天》《长庆》等集以自娱。适朴庵七弟以"灰"韵小诗二绝见示，即率集白句，依韵奉答。觉吟兴颇饶，因取唐诗置诸案头，信手掇吟，以消永日。每于花晨月夕，体物缘情，偶一开卷，即有所得，如与诗人相对，借以陶冶性灵，胜于牧猪奴戏多矣。

此文中所说的朴庵七弟，即醇亲王奕譞;《乐天》《长庆》等集，则是唐代大诗人白居易、元稹等人的诗集。奕䜣在罢政之后闲居无事，多读唐诗，适奕譞来访未遇，留诗二首，遂依原韵集白诗为答。继而又觉用集句之法作诗，颇饶别趣，因之遂愈作愈多。除了与奕譞及宝鋆二人的唱和之作甚多外，其间有《无题》《师事》《寄兴》等题，则是因事感兴之作，甚可从中看出他当时的思想与感受。由这些诗中可以看出，奕䜣在光绪十年突遭罢黜之后，内心甚为愤慨，往往触景生情，便发为不平之鸣。及后闲居无聊，心情苦闷，则又多感触旧事之语。直到最后，他的心情趋于稳定，对世事的看法也变得恬淡宁静了，所作的诗才能显露出超然物外与无所萦怀的坦荡胸襟。抄录一些可资代表的作品于后，借以觇其一斑。

《萃锦唫》卷一，继和答奕譞诸诗之后，即是题名《春残》的五言律四首，《秋残》五言律四首，又《无题》五言律二首。因为此正是他放废初期的诗作，所流露的感情便最足以代表他此一时期内的思想。《春残》的前二首云：

> 又是春残也，流年一掷梭。曙阴迎日尽，草木得阳和。
> 花气酒中馥，林幽鸟乍歌。天高云物薄，山色上楼多。
>
> 一霎清明雨，风翻浩荡波。眼看春色老，坐久落花多。
> 对酒都疑梦，吟诗似有魔。香醪小瓷榼，佳会亦蹉跎。

又，《秋残》的第一、三首云：

> 又是秋残也，凉风落木初。斋心曾养鹤，放性或观鱼。
> 闲坐饶诗境，闭门成隐居。超然无俗物，身外满床书。
> 觅句朝忘食，家人笑著书。形骸寄文墨，日月互居诸。

致逸心逾默，神超兴有余。偶然成一醉，来饭野中蔬。

又，《无题》第二首云：

白发催人老，颜因醉暂红。有时闲弄笔，无事则书空。
缥缈晴霞外，筋骸药白中。一瓢藏世界，直似出尘笼。

这些诗作虽然都由集唐人诗句而成，但却能浑然概括，情景相生。在这些诗作中，我们仿佛看到一个寄情山水而未能忘却世情的失意之人，虽然竭力想在读书作诗之中排遣情怀，而每逢春去秋来，辄因时而生感触，回忆往事，都已成梦，长日无聊，则未免书空咄咄，这种情形在他此时所作的《自嘲》及《遣闷》等诗中表达得更为清楚。如《自嘲》一首云：

就日移轻榻，金垆暖更添。水流心不竞，情尽口长箝。
元律葭灰变，岁徂风露严。检方医故疾，诗冷语多尖。

又，《冬夜病中遣闷》一首云：

怕风谁怯夜，寒入五更衣。壮志随年尽，晓怀生道机。
自哀还自乐，无是亦无非。病眼嫌灯近，琴樽俗事稀。

又，《寄宝佩蘅相国》（宝佩蘅即宝鋆）一律云：

纸窗灯焰照残更，半砚冷云吟未成。
往事岂堪容易想，光阴催老若无情。
风含远思翛翛晚，月挂虚弓霭霭明。

　　　　　千古是非输蝶梦，到头难与运相争。

　　这些诗句虽然也曾小心隐藏他内心的不满思想，但到底也从"诗冷语多尖""壮志随年尽"，与"往事岂堪容易想""到头难与运相争"等句子中流露出来了。这样的感情在他甲申年所作的诗篇中显现得最多，乙酉、丙戌以后较少。但即使如此，在乙酉、丙戌年所作的各诗中，也有甚为露骨的表示。如乙酉年所作的《游西山岫云寺》一首云：

　　　　　春去春来有底凭，雨余杨柳暮烟凝。
　　　　　世情已逐浮云散，山色牵怀着屐登。
　　　　　仙乐拍终天悄悄，绕廊行处思腾腾。
　　　　　对持真境应无取，愿得身闲便作僧。

　　此诗以"仙乐拍终"至慨于旧事之难再，以"思腾腾"喻中心意兴之难以压抑，意义甚为明显。所以，尽管他在表面上有所谓"世情浮云"之说，仍然难以掩饰内心的真正感情。又如丙戌年《元夕独酌有怀寄宝佩蘅相国》一律云：

　　　　　只将茶蘼代云觥，竹坞无尘水槛清。
　　　　　金紫满身皆外物，文章千古亦虚名。
　　　　　因逢淑景开佳宴，自趁新年贺太平。
　　　　　吟寄短篇追往事，一场春梦不分明。

　　此诗的后二句，分明是因追怀往事而生无穷的感慨，要说此不是在表示他内心的郁勃难堪，似乎无人能信。所以，他在乙酉年所作的《鉴园遣兴三十首》中，也有很多类似的诗句。如第三首的"积感深于海，抛杯泻玉缸"，第四首的"眼看过半百，心事竟难知"，第九首的"芦苇声兼雨，孤灯点夜斋。眼看人尽醉，直道事难谐"，第十首的"新诗久不写，往事只堪哀"等，俱此之类。这种感情，俱是他在罢职家居初期所显示的思想形态，一直要到几年之后，方才逐渐有了转变，其时间则大约在光绪十五年以后。

《萃锦唫》卷八所收各诗，俱是奕䜣在光绪十五、十六两年所作。十五年即己丑，此年正月，慈禧举行归政大典，凡中外宣力诸臣俱有恩赉，宝鋆亦蒙赏食全俸，曾有诗纪庆，奕䜣因亦作诗和之。诗云：

> 今春喜气满乾坤，当殿群臣各拜恩。
> 自爱此身依乐土，最思同醉落花村。
> 虽居世网常清静，难得儒翁共讨论。
> 更买太湖千片石，坐看庭木长桐孙。

又，同卷《朴庵弟再约与心泉弟奉陪佩蘅相国小酌于邸园桃坞，即席赋赠》一首云：

> 人来何处不桃源，碧树浓荫护短垣。
> 陶景岂全轻组绶，嵇康惟要乐琴樽。
> 欢娱节物今如此，无限诗情待细论。
> 学取青莲李居士，更容相仿莫辞喧。

又，同卷《山庄闲步》一首云：

> 繁华秾艳竟如何？应伏流莺为唱歌。
> 饱食暖行新睡觉，桃蹊柳陌好经过。
> 山深春晚无人赏，雨后花容淡处多。
> 屋小有时投树影，但留风月伴烟萝。

以上乃光绪十五年所作。至十六年所作的，又可举出《喜闲》一首为证：

> 超然尘事外，已得六年闲。欲契真如义，情生造化间。
> 澄心坐清境，深户掩花关。味道能忘病，不知忧与患。

这些诗颇能写出一个习于悠闲、乐道忘忧的太平之人，如何即景趁时、安享山林之福，而不复存忧患得失之心。大概几年以来的闲散生活，已颇使他的思虑趋于澄澈，感情趋于平实。昔日的恩怨既已随时间之消逝而归诸消散，则此心明净，已无复罣碍，正可翛然物外，静观世态，而自得其乐。这样的心理状态正是绚烂之后复归平静的至高境界，人生至此可谓圆满而成熟。只是，以一个身负国家大计的极有用的人才，而任令他如此归结，也总是国家社会的损失吧！

以上所说，只是就《萃锦唫》所收奕䜣各诗，就其文字所见内容分析。此书在清末曾经一再刊刻，流传颇广。但据后来的传说，此书在刊刻之时，由于其中若干诗句严重地触犯忌讳之故，曾经加以改削。因此，刊刻流传以后的《萃锦唫》，并不能真正代表奕䜣的思想。其他不能详知，单就前面曾经引叙的那首《元夕独酌有怀寄宝佩蘅相国》诗，就有过很明显的删改。

前引《元夕独酌有怀寄宝佩蘅相国》诗，作于光绪十二年丙戌，原文已引叙于前，为了容易了解起见，在下面复述一次：

> 只将茶蘼代云舣，竹坞无尘水槛清。
> 金紫满身皆外物，文章千古亦虚名。
> 因逢淑景开佳宴，自趁新年贺太平。
> 吟寄短篇追往事，一场春梦不分明。

据文廷式所撰的《闻尘偶记》所说，此诗的末两句的原来文字，乃是："猛拍栏干思往事，一场春梦不分明。"若果如此，原诗所显示的感情就大可玩味了。

细味全诗，奕䜣在罢政之后二年的光绪十二年元夕灯下独酌，因感触旧事而怀想当年同参朝政的宝鋆，故而写诗一首。由追想往事而表达写诗的感想，原是非常自然的事。首两句自述当时的生活情况，酒易为茶，居处寂寥，显示他在摆脱繁华生活之后的宁静洒脱。三四句说明爵禄与浮名皆属空虚，表示他的心中对这些都已完全勘破。五六句写当前之年节佳景，至结末两句，则因对景生情而有感触，故寄诗宝鋆，重提当年旧事；末句的"一场春梦不分明"虽看似突兀，但因全诗语意尚能贯串，所以也并不令人感到十分显眼。但若原诗的文字乃是"猛拍栏干思往事，一场春梦不分明"，则所显示的意义就并非单纯的怀旧思昔，而是中怀愤懑，思想甚为激动，显示他当时乃因感触旧事而生极度懊丧尤悔的光景了。此诗既因感时而发，而他在政治生涯上遭受重大挫折又由慈禧的恶意打击而起，那么，他要悔恨莫及的，自然亦就是与慈禧相关之事了。慈禧之能够崛起，由于垂帘听政。顾命八大臣秉承咸丰遗命辅政时，曾因此而与慈禧发生激烈的冲突。若不是奕䜣与慈禧合作推翻顾命八大臣，则他自己虽然未必能执掌政柄，慈禧亦不能以太后的身份干涉朝政。正因为奕䜣当年曾有此一念之差，误信了慈禧的甘言蜜语，帮助她从顾命八大臣手中夺得政柄，种下今天的祸根。此正是俗语所说的："一着错，满盘输。"追念及此，怎不令人腐心切齿，痛恨自己当年何以如此糊涂不明，竟致帮助慈禧做出误国害己的事呢？"猛拍栏干"所追悔的，正是此事。所以，自无怪这一句关系重要的文字，后来要被改为轻描淡写的"吟寄短篇追往事"了。然而，亦可以使我们明白地看出，奕䜣当年帮助慈禧夺得政权，乃是他晚年所痛切悔恨的一大错误。此事在清末历史上的影响极大，但其关系却只在少数几个关键人物的一念之间，说来实在可慨!

奕䜣与慈禧的关系叙述至此,已可作一结束。原因是奕䜣自此不再在清代政治上具有关键性的影响力量。虽然光绪二十年甲午战败之后,又因朝中亲贵大臣之一再荐举,以致慈禧不得不勉强再任命他为领军机的重臣,但他在此时一则由于年已老耄,二则已洞悉慈禧的揽权私心,所以他的态度也变得愈加模棱圆滑,凡事委蛇因循,以致朝野上下都对他失望之极。其实,这根本怪不了奕䜣。因为慈禧的专制权威到了此时,早已根深蒂固,而她的顽固自私思想又不是任何人所能影响得了的。奕䜣既不能对她发生任何影响力量,则除了将顺承命之外,又还能做得了什么呢?

清人方浚颐所撰的《梦园杂说》有一段论人才的话,说:

> 郭筠仙(郭嵩焘)中丞一日与予论天下事,中丞曰:"人必才识相兼,始足以当大任。"予对曰:"监司守令,贵乎有才;若膺疆寄者,则不贵有才而贵有识。知人善任,虚己求贤,则集众才以为才,虽无才不害其为有识也。"

这段话论封疆大吏不贵有才而贵有识,用来论述作为一个领袖人物的统治者如慈禧,亦可说非常合适。慈禧有才干,也极有手段,只可惜她只是一个未尝学问而权力欲望极强的无识女流。所以,虽有人才如奕䜣,亦仍然因与她的权力欲望相冲突之故,必欲去之而后快。有人才而不能用,所乐于引用的又只是醇王、礼王之流的庸才,如之何不使朝政日非、国事日坏呢? 自奕䜣罢斥之后,醇王当政。醇王之后,则是荣禄与庆王。荣禄尚称小有才,至于庆王奕劻,则是标准的贪官污吏。清代末年的政治,因此便一天天地走向腐败没落的道路。

奕䜣之遭罢黜,是光绪十年三月的事。自此以至光绪三十四年十月光绪与慈禧先后宾天,中间相隔二十四年之久。这二十四年乃是慈禧的统治权力达到最高峰的时代，虽有光绪在，不过是傀儡皇帝而已。在这二十四年之中所发生的重大事件，略举如下表所示。

年代	重大事件
光绪十二年	开始经营颐和园
光绪十四年	颐和园建成
光绪二十年	中、日两国因朝鲜问题开战
光绪二十一年	《马关条约》，台、澎割让予日
光绪二十四年	"戊戌变法"，甫六十日而败， 光绪被幽禁于瀛台，慈禧再出训政
光绪二十五年	立溥儁为大阿哥，欲行废立
光绪二十六年	义和团之乱，八国联军入北京
光绪三十年	日俄战争，两国以中国东北为战场

以上所述，看起来好像只是一些单独的事件，彼此并无关系，其实后一事都由前一事所牵出，彼此之间的关系极为密切。如慈禧在黜退恭王之后凡事俱可独断独行，不虞掣肘，即以归政之后须择地颐养为名，耗海军经费两千余万两白银修颐和园。由于海军经费大部分挪用于颐和园，日人知我军备窳劣，因此而生侵侮之心，遂借口朝鲜问题掀起战争，因而有甲午之败。此一败衄，使全国上下憬然而知外侮之日亟，于是光绪乃因康有为之进言而思变法维新。不料守旧派拥慈禧反对变法，维新失败，光绪被幽，慈禧更欲扶立溥儁以废黜光绪。只因此举受外国列强之干涉而不能实现，慈禧因之而极端仇外，欲图借义和团之力一举驱除外国势力，为雪耻报仇之计。却不料"神拳"不敌洋人枪炮，八国联军攻入北京，慈禧仓皇间率同光绪远遁西安。翌年，乃订立苛刻无比之《辛丑和约》，几置中国于万劫不复之地。自经此乱之后，慈禧畏洋人如虎，清朝之国际地位亦一落千丈，驯至听日、俄两国为争夺我之东北而发生战争，以中国之领土为战场，完全无视

中国之主权，清政府亦噤无一言。情势演变至此，中国几将无以立国于世界。然而，这都是慈禧独专国柄之后一连串错谬行为所造成的结果。将这种情形与她垂帘听政前二十三年间的情形相比，理乱之分判若黑白。前二十三年即是恭王领军机的时期，由此亦可知道，恭王柄政比慈禧实在强得太多。

慈禧独专国政的二十四年间，清代的政治情势好像以滚球下山的速度急遽走向下坡，而其祸乱之始则全在修颐和园一事。因此，我们应该先从修园这件事情谈起。

修园之事肇始于同治间的重修圆明园之议。其时，由于恭王以下的极多臣僚都竭力谏阻之故，同治未得遂其意愿。但即使如此，修园的动机仍未消除，亦随时可以提出。祁敬怡所撰的《谷亭随笔》有一段说：

> 山东游汇东侍郎百川，同治壬戌翰林，由御史给事外放，数迁至顺天府尹，擢仓场侍郎，同光间进阶最速者也。有直声，尤谙河务。同治末叶，游在御史任，曾疏谏停止圆明园工程。穆宗召见，厉声曰："汝亦有父母，岂有父母所欲，而故为违抗者？"意盖指孝钦之命也。游称："皇太后政暇颐养，不如就近增饰西苑，以为临幸之地，用帑不巨，易复旧观。"穆宗可其请，而未知西苑所在。游复申奏，即南北中三海，近在宫掖。穆宗命具疏以闻。无何，穆宗升遐，事遂寝。光绪中，乃复议修此，且修颐和园，以海军储款移作园工，大开报効之途，极为冒滥，有斜封墨敕之诮焉。

由同治斥游百川的话可知同治末年之修圆明园，其意念亦动于慈禧，同治为其亲子，故知之详而持之坚，只因当时的反对力量太强，以致半途而止。光绪初年，慈禧亦曾数次向恭王表达意见，恭王仍不赞成，所以在恭王未被黜退之前，修园之事仍然只是空中楼阁。《清稗类钞》中有一条记此曰：

> 光绪初，恭王当国，谨守绳尺。三海小有残破，亦未修。孝贞、孝钦两太后率帝幸海时，恭王必从。孝钦辄曰："此处宜修矣。"恭王正色厉声而言曰："是。"孝钦不再言。孝贞则曰："无钱奈何？"及孝贞宾天，恭王出军机，以醇王继任。于是迎合孝钦者，先修三海，包金鳌、玉蝀于海中（原注：金鳌、玉蝀，桥名也。自国初以至光绪乙卯，皆在大道旁城西，为赴后门之大道。桥旁即承光殿，俗呼圆殿，又名团城子）。然犹西苑在城中，山水之趣，不及郊野，乃又有重修圆明园之议。其后以圆明园荒芜已久，水道阻塞，不如万寿山、昆明湖水面广阔，施工较易，乃辍圆明园工而修万寿山，且赐名为颐和园。

据此可知，颐和园之修乃是恭王出军机而醇王当国以后的事——若不是恭王出军机，颐和园始终修不成，慈禧太后亦没有这么豪华奢侈之园林山水可供"颐养天年"之用了。万寿山、昆明湖在北平城西五十里，其地本为乾隆时的清漪园，英法联军之役，与圆明园同被兵燹所毁。至是，因迎合慈禧太后的愿望，而以巨款修复。此园的大致情形，柴萼所撰的《梵天庐丛录》中曾有简略的介绍，引述如后：

> 颐和园在京师西北万寿山麓昆明湖畔，慈禧太后以百万之资，就清漪园旧址改筑者也。园枕山襟湖，天然丘壑，宫殿宏壮，房廊曲奥，苟非意匠经营，不有此结构。初入门为玉澜殿，玉阶无尘，朱帘垂地。再进则为德宗燕寝处，掀帘而望，御座陈设，赤舄玉椅，辉煌炫目。由殿左向，则长廊一线，如驾长虹。过此则曲径通幽，引人入胜。离宫别馆，皆翠盖

登临之地。楹联堂额,皆词臣华藻之笔。临湖正殿,额曰排云。由殿上向,则最高之佛香阁在焉。从殿而左,至后山上,有画中亭。亭旁两阁,一曰爱山,一曰借秋。由曲径绕道至山下,则池沼杨柳,流泉泠泠。山石壁立,石上刊有“仙草”“松风”等字,为太后御笔,玺宝重钤,犹留鸿爪。复出,有文昌阁、昆明湖。湖堤长二里余,堤边有铜牛一,蜷伏石蹬,乃圆明园中故物也。湖广十余里,真世上仙境。今则野有蔓草,室无居人,梧桐叶落,西风露冷,不禁有黍离麦秀之思矣。

此文记述颐和园的大概情形,颇易使人了解。只是其中说到慈禧以“百万”之费修成此园,就错得太厉害了。《清稗类钞》说,自颐和园修成,每年三月以后,慈禧常同光绪帝后居于园中。园内设电灯厂、小铁道、小轮船等,仅每日的开支,就需要用到一万二千两银子,区区百万之数,如何能修成此园?民国间,毗陵张怀奇曾作《颐和园》词,并有自注。词云:

> 朱甍天际集凤凰,九乘避暑离宫凉。御龙阿母升云上,玉阶琼树雕秋霜。圆明园火颐和起,西控都门五十里。闻说銮舆送内家,惯看禁马驰中使。云栏玉榭似南朝,班扇当楼拥百僚。六曲屏风云母饰,九间殿柱水晶雕。凤亭回护仙霞紫,昆明池馆翡翠巢。年年礼佛爱山庄,春老役灵移海市。碧水萦回绕画廊,新荷五月出池塘。中书奉诏趋偏殿,学士承恩出尚方。月满桂花珠露重,龙涎细爇御垆供。玉敕还宫正赐宣,金珰返跸谁陪从?鹰犬年年进九重,度支计划仰司农。

原词尚长,但这一段下的注释则甚为重要。原注云:

朝邑阎文介公敬铭，以大学士长户部八年，爬罗梳剔，遇事撙节，岁得羡余百余万。及光绪中叶，几盈千万。文介欲储此款不他用，以待国家正用。自颐和园工程起，内务府经费岁增数百万。每咨取时，文介辄力拒之。慈禧固知部中储有巨款，一意提用，而文介一日在位，必不能遂其志，于是眷文介骤衰。文介知无可为，遂称疾去职。文介去，而户部储款数月间立尽。此句盖指其事。

据此云云，则阎敬铭长户部时所辛苦搜积的羡余银一千万两，就是因慈禧之修颐和园而用尽的。千万之于百万，已是十倍之数。而修颐和园的实用之数，尚不止此。《清宫遗闻》中有一条说：

修颐和园款多出之海军经费，闻约计三千万两。其修理费，则出土药税。

此所云"约计三千万两"，当是所费之总数。其中除去户部所储羡余银一千万两，出于海军经费的应为二千万两。其时正当"中法战争"失败之后，北洋大臣李鸿章极力呼吁建设海军，却不料名义上作为建设海军之用的购船经费，大半都被挪用于修建颐和园。因此，自光绪十四年以后，海军就没有再增添一舰。甲午战役发生前，"定远""镇远"二舰请求增购十厘米口径的德制克虏伯快炮十二尊，以备制敌，部议以时方准备为慈禧皇太后举行六十大寿庆典，支费太多，无款可供买炮之用，驳覆不准。修园重于建军，祝寿重于备战，时势如此，甲午之战焉得不败？何况慈禧当时尚不知中国的战备空虚，胜战无望，仍一力赞成李鸿章以强硬态度应付日本的挑衅。于是，中日"甲午战争"发生了，海、陆两军都一败涂地，由此被迫签订了丧权辱国、割地赔款的《马关条约》。如果要问甲午之战何以会失败得如此之惨，当然可以举出很多的原因。但其中的一项主要原因，则是当时的国防经费都被慈禧太后拿来修颐和园了。为了个人的盘游享乐，而可以置国家的安危于不顾，统治者之所为如此，岂不是太令人灰心失望了吗？

恽毓鼎《崇信传信录》云：

> 甲午辽东丧师，上愤外难日迫，国势陁危，锐欲革新庶政，致富强。环顾枢辅大臣，皆懧愞玩惕，无足与谋天下大计者。南海康有为，甲午公车一再上书，上固心识之。戊戌四月，常熟（翁同龢）罢去，朝局渐变。张阁学百熙、徐学士致靖先后疏荐有为，召见，以日本改制维新之说进，上大悦。是时，二品以上大员黜陟，皆须诣颐和园取进止，上不得自专，故康仅以工部主事在总理事务衙门行走，其门人梁启超，仅领译书局，而枢辅阁部大臣，固无力去之也。其时广开言路，庶民皆得实封言事。礼部主事王照疏陈四事，请上游历东西洋各国，尚书怀塔布许应骙等抑不为代奏，堂司交哄，事闻于朝。上正思借事黜一二守旧大臣以厉威而风众，闻之震怒，特诏革礼部六堂职，破格拔少詹事王锡蕃、翰林院侍读学士徐致靖署左右侍郎。举朝知上意所在，望风而靡。怀妻素侍颐和园宴游，哭诉于太后，谓且尽除满人。太后固不善上所为矣。会上特擢谭嗣同、杨锐、刘光第、林旭参赞军机事，专理新政，时谓之四贵，枢辅咸侧目。谭、杨愤上之受制，颇有不平语。上手诏答之，大略谓："顽固守旧大臣，朕固无如之何。然卿曹宜调处其间，使国可富强，大臣不掣肘，而朕又上不负慈母之意。否则朕位且不保，何有于国。"于是蜚语浸闻西朝。御史杨崇伊、庞鸿书揣知太后意，潜谋之庆亲王奕劻，密疏告变，请太后再临朝，袖疏付奕劻转达颐和园。八月初四日黎明，上诣宫门请安，太后已由间道入西直门，

车驾仓皇而返。太后直抵上寝宫，尽括章疏携之去，召上怒诘曰："我抚养汝二十余年，乃听小人之言谋我乎？"上战栗不发一言，良久，嗫嚅曰："我无此意。"太后唾之曰："痴儿，今日无我，明日安有汝乎？"遂传懿旨，以上病不能理万机为辞，临朝训政。凡上所兴革，尽反之。

这一段话概括叙述出光绪二十四年的戊戌维新，系直接受甲午战争的刺激而起。但因光绪无实权，而守旧派顽固分子又竭力反对维新，慈禧太后乃得以利用此一情势，收夺光绪皇帝名义上的政权，由她自己再出垂帘"训政"，自此一直到光绪三十四年。一般的史书对于"戊戌维新"及其后的政变经过，大致亦做类似的记述。事实上光绪无实权固如上述，而慈禧与光绪之间的感情恶劣，并不始于戊戌维新；慈禧之谋废光绪，亦不自戊戌维新而起。这一点则是必须加以澄清的。

光绪之皇后乃慈禧之侄女、都统桂祥之女，于光绪十五年正月立为皇后，后称为隆裕太后。当选立皇后之时，初选合格者共有五人，一为隆裕，另外则是江西巡抚德馨之二女，及吏部侍郎长叙之二女。光绪属意于德馨之女，慈禧则因隆裕是她的侄女之故，必欲光绪立之为皇后。光绪不敢违拗，不得已勉强照慈禧之意行事。于是隆裕被立为皇后，长叙二女封为珍、瑾二妃，德馨二女则被摈斥。但因光绪对于隆裕并无好感，慈禧则以为光绪之所以不喜隆裕，乃是珍、瑾二妃从中作梗，因又迁怒二妃，待之甚苛。这种情形在清代野史中多有记载，这里无须多赘，所需要指出的，则是因光绪与隆裕之感情不睦，而致慈禧怀恨光绪的情形。

《光绪东华录》中有一条贝勒载澍忤旨革爵的记载，说：

二十三年春三月，贝勒载澍忤太后旨，命革去贝勒，交宗人府重责八十板，于空屋永远监禁。载澍乃孚敬郡王之子，其妻乃太后之侄女。载澍有妾生子，妒杀之，为载澍所诘责，愤而诉于太后。太后遽下诏，谓载澍平日不孝于母，若不从严惩办，殊乖孝治之意，遂获严谴。诏下后，福晋昏晕于地。

此"太后之侄女"亦是桂祥之女、隆裕之妹。王照撰《方家园杂咏纪事诗》中曾记此，谓慈禧之所以重惩载澍，目的在震吓光绪，所谓"项庄舞剑，意在沛公"也。原诗下有注释，云：

> 隆裕胞妹，为贝勒载澍妻。载澍者，景皇之嫡堂弟，孚郡王之子也。当隆裕不礼皇上之日，澍妻亦作狮吼。澍与争，桂祥妻来责孚王福晋曰："尔子欺吾女，尔何以不管？"福晋曰："彼小夫妻房中口角，你我做老人的，何必干预？"祥妻怒曰："你是不管哪？"福晋曰："我不管。"祥妻曰："你既不管，以后可莫再管。"登舆去，谮诸太后。太后召恭王，欲致死澍。恭王苦求，始允从轻褫爵夺府，杖一百、永远禁宗人府狱。明发上谕，谓澍忤逆不孝。恭王遵谕回军机拟旨，面青手颤，久不能语。从来宗人府行杖，但举杖做虚势，口呼一二三四而已。及杖澍，桂祥妻遣人监之，言杖不力则复奏。澍受杖流血昏晕，及入狱，蓝衫单裤粘于血肉，脱不能下。太福晋避居孚王墓地小屋。狱中不许人入视，惟有两餐糙米饭。及庚子洋兵放狱，澍往从太福晋于墓地，遂家焉。某司官，亦宗室也，壬寅春养疴于汤山，与赵先生详言其事，且曰："澍贝勒加罪之重，乃所以震吓皇上。故恭王当日之颤，不仅痛胞弟孚王之斩祀也。"庚子团匪弥漫之日，守西陵贝子奕谟，告逃难至西陵之齐令辰曰："我有两语赅括十年之事——因夫妻反目而母子不和，因母子不和而载漪谋篡。"谟贝子，成皇之胞侄也。

载漪谋篡，即光绪二十五年慈禧以端郡王载漪之子溥儁为大阿哥，欲谋废光绪而以溥儁为继之事。载漪谋篡是在"戊戌政变"之后。而慈禧之积不快于光绪，不必等到"戊戌政变"，在光绪二十一年时便已十分表面化。除了前述光绪、隆裕夫妻反目一事外，其他可以征见的，尚有斥逐文廷式及杖责珍妃之事。《花随人圣庵摭忆》叙此，云：

　　　　文道希革职驱逐一事，实为"戊戌政变"之先声，当时帝后龃龉中一大公案也。由今观之，德宗必挫，事机之危，了然有数，惜当时衮衮诸公熟视无睹耳。以予所闻，道希被革，出于那拉后授意。其时后与帝不相容，已如水火。道希当日，则于外交、内政，已极有主张。《缘督庐日记》："光绪二十九年九月八日，道希木斋约赴谢公祠，议联衔奏阻款议，及邀英人助顺。又道希主稿，请联英德以拒日。"此可见常熟一系当日之政策。又某笔记载："德宗憨直，上书房总师傅翁同龢，亦颇以民间疾苦、外交之事诱勉德宗。德宗常言：我不能为亡国之君。语侵慈禧，而废立之说兴焉。时坤宫与德宗不睦，频以谗间达慈禧，故事机益迫。甲午清兵溃，军舰被掳，吴大澂、魏光焘督师关外，刘坤一督师关内，李鸿章议约多损失，几定约焉。翰林学士文廷式习闻官中诸事，知内忧外患交乘，国将覆，往见坤一，请力争约款。坤一未会意，谓弱国无权利可言。廷式请屏左右，以废立之说相告，且谓官中蓄谋久，慈禧有所作，每询疆臣等意思若何，是官中所忌者疆臣。疆臣资高负宿望者今惟君。某知争约必不成，俾内廷因断断争约，知废立之难实行，则曲突徙薪之效见焉。坤一嘱廷式代起草，而废立之谋以止。"据此，道希为德宗谋不为不忠，从权应变不为不智，西后必去之心，已跃然愈急。论者乃以大考通关节事，并诬其才，非知言也。

此文中所说的"文道希"即文廷式;"大考通关节事"即野史所谓甲午年大考翰詹,光绪亲以文廷式卷授阅卷大臣,拔置第一,因之超擢侍读学士,实则其女弟子珍妃为之关说于光绪之故也云云。关节之说,即后来文廷式革职驱逐之罪名,其事由慈禧做主,与珍、瑾二妃被降为贵人情形相同。珍、瑾二妃之罪降,《翁同龢日记》中有之,云:

> 光绪二十年十月二十九日,太后召见枢臣于仪銮殿,次及官闱事,谓瑾、珍二妃有祈请干预事,降为贵人。臣再请缓办,不允。是日上未在坐。因问:"上知之否?"谕云:"皇帝意正尔。"

如果罚降二妃之事果系出于光绪之意,则尽可由光绪自召枢臣而自宣谕旨,又何必由慈禧为之代庖呢?何况慈禧自光绪十五年皇帝亲政以后,即已明降谕旨,归政颐养,不过问朝政了。观此种种,则不但朝廷大臣之进退须请示慈禧,而光绪所为倘有慈禧所不惬,亦必事事出头干涉,直接以"懿旨"处分,不啻隐执朝政,而以光绪为傀儡也。实情如此,慈禧之必欲光绪事事听其钤束,正是极明显的事。而光绪则不但显违慈禧之意愿,而且欲实行新政,尽黜守旧派的顽固分子,是不啻欲侵夺慈禧之政权,非爆发最后之政争不可了。凡此种种已有革责载澍、罚降二妃,及黜退文廷式诸事作为警告的序曲,而光绪帝及康、梁诸人竟然全不警觉,这就注定了光绪非遭遇悲惨的命运不可。由修颐和园至爆发中日甲午之战,再演变而为"戊戌政变",其中的因果递嬗关系,极为明白。

"戊戌政变"之后,光绪被幽于瀛台,政无大小,仍由慈禧自操其柄。这不过是慈禧欲另立新皇帝的步骤之一,其最后目的,并不是让光绪继续保有这傀儡皇帝的形式。溥儁之被立为大阿哥,便是废立之前奏。

但因发之过早，外为各国列强所反对，内有李鸿章、刘坤一等人之异议，以致废立之事不能成功，慈禧以此迁怒洋人，遂招来义和团之乱。胡思敬《国闻备乘》记此云：

> 康党既败，太后再出垂帘，外人颇有违言。上海各国领事，因欲联盟逼太后归政。江苏道员罗嘉杰闻其谋，密告政府。电稿为端郡王载漪所见，怀以奏太后。太后大恶之，噤不敢发。及己亥谋废立，英公使私探其情于李鸿章，鸿章力辨其诬，因留之饮酒，徐试之曰："顷所言，仆实毫无所闻。设不幸而中国果有此事，亦内政耳，岂有邻好而干人内政乎？"英使曰："邻国固无干预之权，然遇有交涉，我英认定'光绪'二字。他非所知。"鸿章以告荣禄，为太后所知，益恨之次骨。此庚子拳祸之所由来也。

这里所提到的上海各国领事欲联盟逼慈禧归政，及英国公使表示只承认光绪为中国皇帝之说是否真有其事，抑或只出于罗嘉杰的误传或李鸿章的饰词都大有问题。但李鸿章之不赞成废立，言外之意亦显然可见。至于两江督臣刘坤一公然表示不赞成，则王照的《方家园杂咏纪事诗》中亦有记载，说：

> 戊戌八月变后，太后即拟废立，宣言上病将不起，令太医捏造脉案，遍示内外各官署，并送东交民巷各国使馆。各使侦知其意，会议荐西医入诊，拒之不可。荣禄兼掌外务，自知弄巧成拙。又尝以私意阴示刘忠诚公（刘坤一），忠诚覆书曰："君臣之义已定，中外之口难防。坤一为国谋者以此，为公谋者亦以此。"荣禄悚然变计，于是密谏太后，得暂不动。

因谋废立不成而迁怒洋人，因迁怒洋人而欲借义和团之力尽杀洋人以为报复，这在稍有政治常识的人看来都是匪夷所思的事，然而当时的慈禧竟然有此想，实在使人为之大惑不解。《清稗类钞》载有慈禧对于此事的自述回忆一则，录之于后，亦可以使我们稍稍得以了解，慈禧对于酿成"庚子拳乱"一事究竟作何说词。原文如下：

予最恨人言庚子事。予乃最聪明之人。尝闻人言英女王维多利亚事，彼于世界关系，殆不及予之半。予事业尚未告成，亦无有能逆料者，或尚有可使外人震惊之事，或尚有迥异于前之事，均未可知。英为世界最强国，然亦非维多利亚一人之力。英多贤才，各事皆由巴力门（国会）议定，彼惟画诺而已。我国大事，皆予独裁，虽有军机大臣，亦惟赞襄于平时，皇帝更何知？庚子以前，予之名誉甚佳，海内晏然，不料有拳匪之乱，为梦想所不及。综计生平谬误，即此一举。予本可随时谕禁拳匪，而端（端王载漪）、澜（载漪之弟载澜）力言拳匪可信，为天所使驱逐洋人者，盖即指教士而言。予固最恨耶教，当时闻言默然。然后亦知端、澜所行太过。一日，端王率领拳匪头目至颐和园，召集太监，在殿前查验顶际有无十字。既而端王谓："有二监信教，当如何办理？"予怒斥之曰："未发诏旨。何故擅领彼等入宫？"端王谓其权力甚大，可以杀尽洋人，有诸神保护，不畏枪炮，曾经试验，枪打并无伤痕。因擅将二监交与拳匪头目办理，予亦允之。旋闻二监被杀于园。次日，端、澜又带拳匪头目入宫，令太监烧香，为非教徒之证。自此遂逐日进宫，授太监法术，谓京城人民大半已习拳矣。第三日，宫监皆作拳装，坎肩、包巾皆红色，裤独黄，予之左右皆然，心甚不悦。时军机大臣荣禄方请一月病假，一日，忽报病愈，明日即须入宫，知其必有要事言也。

及荣禄至，则谓拳民煽惑百姓杀洋人，恐国家受害。予问："应如何办理？"荣禄谓："须与端王商量。"次日，端王入宫，谓昨与荣禄大争，今京城已成义和拳之世界矣，若与反对，彼必杀尽居民，大内亦难幸免。董福祥已允助攻使馆。余至是大惧，知大势已去，立召荣禄，并留端王在侧。荣禄至，颜色憔悴，告以端言，大惊，请立发一谕，声明拳会为秘密会党，百姓不可信从，饬步军统领悉逐其在京者。端大怒，谓此谕果下，拳必入宫大肆诛戮。予不得已而从端言。端去，荣禄言拳必为祸，端丧心病狂，必助其围攻使馆。拳民未尝读书，以为只有在华之些少洋人，杀之即为无事，不知各国如何强大，若将在华者杀之无遗，必将报仇。洋兵即杀一百拳民，毫不费事，请余饬聂士成防守使馆。余即允之，又令荣禄就商于端、澜。一日，端、澜进宫，请谕饬拳民先杀使馆洋人，再杀其他。余却其请。端谓事急不能再延，拳已备明日攻使馆。余怒，令监逐出。端临行，言："我当代发谕旨，不问尔之愿否。"既出，即矫诏行事，于是遂死无数生灵。及后，端见拳不可恃，洋兵将至，始劝余等离京。余之名誉，遂隳于一旦。此事由于前无主意，铸此大错，误信端王，皆为彼一人所害也。

这一段话缕述慈禧在"庚子拳乱"之前名誉甚好，只因"前无主见"而"误信端王"，才会造成义和团之乱，成为白璧之瑕，说来甚为娓娓动听，若细按其内容，实多遁饰之词，其目的无非将酿乱致祸的责任诿之于端王而已。试看清政府在"庚子拳乱"期间所发的一切保护拳民及与各国宣战的上谕，无一不是由慈禧主持廷议以后所发的上谕，即使曾有人提出反对意见，亦一切置之不顾，便可知所谓"矫诏"之说全是一派谎言。而且端王志在篡夺，其先决条件必须有慈禧之全力支持，又如何敢显违慈禧之意，而擅自带兵入宫呢？王照的《方家园杂咏纪事诗》中亦曾有一段记述"拳匪"入宫之事，云：

> 太后召大师兄入宫，令其遍视妃嫔、宫女，以察是否二
> 毛子（所谓"二毛子"，指信奉耶教之人）。太后平日甚聪明，
> 亦不恶洋教，此则佯为迷信，实阴令拳匪预识宫中部位路径，
> 以备临时作用也。

王照的记述显然揭破了慈禧的两个谎言：第一，慈禧并无厌恶耶
教之说。第二，"拳匪"入宫，并非端王之擅作主张，而是出于慈禧之
授意。其目的乃在借此令"拳匪"识熟宫中路径，必要时可以指使他
们谋杀光绪（当时"拳匪"心目中之必杀者，有所谓"一龙二虎"；"龙"
即光绪，"虎"即李鸿章与荣禄。慈禧很希望能假手"拳匪"，除去光
绪，故王照之说如此）。慈禧听信端王的意见，想利用义和团来杀尽洋
人之目的既如此，其纵令"拳匪"入宫，意在谋杀光绪之目的又如此，
现在居然要把一切责任推卸予端王载漪，而只以"前无主见"与"误
信端王"为词，实在也太厚颜了。就事论事，慈禧在酿成"庚子拳乱"
一事中的责任，可以称之为"无识"与"荒谬"，与端王同属一类之人，
自谓"误信"，无乃避重就轻。

不过，慈禧的这一段自我供白之词虽多谎言，其中也颇可看出若
干真事，如她之自矜才智聪明及独裁专政是也。她认为英国女王维多
利亚远不及她自己英明而专断，亦足以反映她缺乏真知灼见。英国的
两党政治在这时已相当成功。女王根据全国选举的结果，任命得票最
多的政党领袖组织内阁，深深合乎选贤与能的宗旨，所以国家的政治
日新月异，产业发达，生产进步，隐然成为世界最强之国。慈禧不懂
得英国政治何以优良成功，犹以为中国在她的独裁统治之下，将来尚
可有使外人惊异的奇迹出现，岂不是自欺欺人之谈吗？慈禧诚然聪明
而有才，却并无远大见识，又不愿信任有才干的人，终于使政府之中

充满了无识的庸才，她自己既不能收臂助之用，国家政治亦因之而日见败坏。在如此情形之下，犹复侈谈其英明独裁，说起来也太可悲了。

说到慈禧的才能，确实有其可资自夸自矜之处。综括起来看，慈禧的统治术很有可称。她之所以能够成功，是因为得力于三项因素：第一是心狠手辣，合乎"只问目的，不择手段"之原则。第二是善于把握情势，当机立断，绝不让机会错过。第三是懂得培养政治上的敌对势力，以达到其操纵驾驭之目的。一个成功的领袖人物所需要的成功条件当然尚不止此。不过，处在当时的中国，慈禧既已有现成的皇太后身份可资凭借，只此三点足可供其巩固地位与把持权力之用。今试就此三点分别举例说明于后。

王照的《方家园杂咏纪事诗》中，曾经引述荣禄的话，说："皇上性暴，内实忠厚；太后心狠，令人不测。"荣禄是慈禧的侄辈，光绪二十四年以后，柄政达六年之久，乃是慈禧所十分宠信的心膂重臣。荣禄对慈禧的批评如此，其说当然有其根据。试就慈禧的种种行事看，黜恭王、幽光绪、斥革载澍、毒死慈安太后，乃至"庚子拳乱"时将珍妃投于井中溺死，均是心狠手辣的明证。政治是现实而冷酷的，政治家往往只问目的而不择手段，慈禧虽为女流，其所作所为却都能合于此一原则。所以，她才能打击政敌，排除异己，成为独揽大权的最高统治者，有如当年的武则天皇帝。

慈禧之善于把握情势、利用机会，在咸丰十一年辛酉，与光绪十年甲申的两次政变中，都可以明白地看出来。"辛酉政变"以前，政权在顾命八大臣之手，慈禧虽有揽权之心，苦于顾命八大臣之不肯从命。恰好恭王亦有复出之意，慈禧遂利用此一机会，取得恭王的合作，一举推翻顾命八大臣辅政的局面，以垂帘听政的形式出而干预政治，由此逐渐达到其收揽大权之目的。至于光绪十年的"甲申政变"，亦是慈禧巧妙地利用了盛昱的劾疏，将恭王为首的诸军机大臣全班撤换，开清代史无前例的变局，由此使此后的继任者全都是俯首听命的奴才与庸臣，于是慈禧的权力愈见巩固，可任意而行，不必顾虑其他的反对势力了。

最后一点是关于慈禧如何培养政治上的敌对势力，以达到其操纵驾驭之目的。这方面的事例较多，对于实际政治上所发生的影响也很大，必须逐一举例为之说明。

第一个例子是慈禧利用清流党的力量牵制恭王，及恭王既倒，又复摧残清流，使其不能为害于己之事。

前面曾经说过，清流起于光绪初年，其起因是政府软弱而时政多故，故而一般具风骨之清流党人喜激昂言事，自朝政、国计以至弹劾权贵，无不有之。慈禧本人未尝不讨厌这些清流党人之倡言无忌，以致行事多碍，但因觉得这一股力量颇可以用来制衡事事与自己抗争的恭王一党，因此一直听其自然，不加干涉。等到恭王被清流攻倒之后，慈禧也就对清流党人采取了行动。清流诸人中，张之洞、张佩纶、宗室宝廷、陈宝琛等最负盛名。张之洞聪明而善于鉴貌辨色，觇测慈禧之意向所在，发言多知所避忌，故而最早以推升山西巡抚去，以后且一直升至总督、大学士，官运亨通，亦不为慈禧所恶。张佩纶锋芒最露，"甲申政变"后，与陈宝琛同奉会办军务之命，张福建，陈南洋。文人治军，必多贻误，慈禧之目的便是在借此摧折。果然，闽江一役，张佩纶闻炮而逃，水师及造船厂尽毁，慈禧降旨严谴，革职充军新疆，从此一蹶不振。宝廷以侍郎充福建乡试考官，察见情势不利，在归途中纳江山船妓为妾，上疏自劾，借此罢官求去。陈宝琛知张佩纶之所以得罪是由于慈禧之有意伺机行谴，亦借病请辞。煊赫一时的清流党人在短时间之内先后被摧折殆尽。可知慈禧若有意加以摧挫，本非难事，只是她先要用清流党人来牵制恭王，所以直到恭王被黜之后，才对清流展开行动。其机心之深与运用之妙，可见一斑。

第二个例子，是她用崔玉贵来对付李莲英之事。

民国以来的野史多称李莲英为慈禧最用事的得宠太监，举凡一切卖官鬻爵、通贿舞弊及悖逆凶残之事，俱是李莲英为之主谋，至有所谓"九千岁"之说。这话恐怕未必尽然。王照《方家园杂咏纪事诗》云，慈禧曾遣醇亲王赴烟台阅视海军，懿旨赐乘黄轿。醇王不敢乘，又恐慈禧未及知，乃力请于慈禧，派李莲英同往，意在为之作证。莲英怵于安德海之祸，布鞋、布衣，每日为醇王执长杆烟筒及大皮烟荷包，侍立王侧，见客则为之装烟。客退则入王之夹室中，不见一人。直、鲁二省官员欲乘机逢迎大总管者皆大失所望。此一行也，醇王之左右及李莲英皆一介不取而归，醇王大赞赏之。由此一事可见醇王与李莲英二人，都是借恭谨为固宠之计，而绝不敢有僭越擅权之嫌。故其后在慈禧宫中得宠擅权的太监乃是有"二总管"之名的崔玉贵，而并非大总管李莲英。后来，袁世凯为直隶总督，误信市井传言，以为李莲英乃慈禧最宠信之人，事事趋奉献媚，以为结好太后之计。莲英有妹夫名白寿山，旗人，官内务府郎中。袁世凯为了讨好李莲英，拟欲奏保寿山为帮办练军大臣，寿山屡辞，不肯就。袁世凯乃派候补道唐小山入京见李，请李莲英代劝寿山同意。李云："归告宫保，寿山不敢遵命，乃我教之也，万勿再啰唆。"至是，袁世凯始知李莲英并无他志，因此改走崔玉贵的门路，终于达到他献媚固宠之目的。

崔玉贵之所以得势，据《方家园杂咏纪事诗》所说，乃是慈禧用来抵制李莲英的手法。王照说：

> 太后用某亲王以抵制庆王，亦如任崔玉贵以抵制李莲英。盖凡老臣、老奴，皆务妥慎，对于干犯礼义之端，不敢有一字唯诺。故太后皆防其掣肘，而预制之也。

此所谓"某亲王"，盖即老醇王奕譞之子、小醇王载沣、光绪之亲弟也。慈禧如何利用笼络的手法收服小醇王，使之成为制衡庆王的工具？这在王照的书内亦有叙述，云：

荣禄女早有艳名，太后常召之入宫，认为养女。某亲王
先已订婚，系勋旧将军希元之女。太后勒令退婚，改定荣女。
某王之太侧福晋入宫哭求太后曰："我之儿妇已向我磕过头，
毫无过失，何忍退婚，教人家孩子怎么了？"太后坚执不许，
希公女闻而仰药死。某亲王既被此牢笼，惟视太后为圣明，
日见亲任。

　　由这些地方可以知道，慈禧太后如果要培养一个人作为某人的政
敌，每每不吝以爵禄、财富、美色等手段尽力笼络，必使人感恩图报，
竭忠尽力而不敢有所背叛。慈禧的统治手法如此高明，其运用之妙可
谓极致。亦正因为这些缘故，所以她即使在光绪十五年宣布归政，实
际上仍可隐操大权。因为凡是在朝的高官显爵无不出于慈禧之豢养提
拔，人人心目中但知效忠慈禧，光绪虽名为皇帝，事实上却一事不能为。
至于慈禧后来之扶植端王以图制衡光绪，以及在袁世凯势力日渐膨胀
之后又引用张之洞为军机大臣，所用的亦是同一手法。所以，袁世凯
虽然是一代奸雄，对慈禧太后仍然敬畏有加。只可惜在慈禧身死之后，
继为皇太后的隆裕与摄政王载沣都无此才具，所以袁世凯才能以他的
权谋机诈，篡夺清朝的天下于孤儿寡妇之手。若是慈禧尚在，袁世凯
绝不敢萌此异心，当可断言。

　　以上所述乃是因慈禧之举措失当而造成的召侮致衅，其结果是使
得中国的国际地位一落千丈，国运亦将濒于绝灭。至于她在国内政治
方面所留下的不良后果，则是她的贪财黩货造成恶劣政风。其影响之
深远，直到北洋政府时代的民国，犹复流风不绝。此一幕往事亦值得
在此一说。

　　王闿运未刊遗书中，间有记述清末掌故时事者。《花随人圣庵摭忆》
尝辑录其数则，载于书中，其一则云：

记曰："大臣法，小臣廉。大臣不贵廉也，能守法、立法，无不廉者。道光末，穆相（穆彰阿）最为贪黩。其门生劳文毅迁徽宁道入见，临别，馈五十金。穆辞不受，云：'汝官不及此，再入则可送矣。'当时非陛见人员，无由谒军机也。其后肃相（肃顺）受浙藩馈，亦止五十金，转以赠余。同治以后，府道州县皆得见政府，初遗百金，后乃千万萆赂，近二十年遂至三五十万，以多相夸。"

此一则下有《花随人圣庵摭忆》作者黄濬的按语，云：

道、咸间贿赂始行，虽以穆彰阿、肃顺之贪，于外省人员，皆只五十金。证以光绪中叶孙毓汶等受馈只百金，可见其层次之递进。湘绮所云"近年遂至三五十万"者，指光绪之末年李莲英等用事之市价也。

李莲英通货贿，清末以来之野史多记之。然李莲英虽以卖官鬻爵为常事，其所得贿款，则并非全入于己。《方家园杂咏纪事诗》中就曾说过："慈禧卖各色肥缺，以为常事。"由于慈禧好以海关监督、税关监督、织造、盐政等肥缺悬价而卖，李莲英又适为之居间用事，外间相传，遂指目为李莲英通贿鬻官，其实则所得多归于慈禧。

《清稗类钞》中曾有一条，说慈禧在甲午"中日战争"以前，就积有私蓄折值英金一千五百万镑。此巨额金银在"庚子拳乱"时曾埋藏于地，辛丑回銮，则已被人发掘，所余只九百余万。因又续以聚敛搜括为事，至光绪末年，再积至折值英金二千五百万镑之数。世所谓慈禧遗产者，即指此而言云。光绪末年的英金二千五百万镑，折值白银，不下七八千万两之数。此巨额之现银，一方面固由卖官而来，另一方面则得于各省督抚大臣及朝中权要之进奉。如当时以贪污著名之庆王奕劻，即为其中之一。胡思敬《国闻备乘》说：

> 麻雀之风，起自宁波沿海一带，后渐染于各省，孝钦晚年，亦颇好此戏。奕劻遣两女入侍，日挟数千金与博，辄佯负，往往空手而归。内监、宫婢，各有赏犒，每月非数万金不足供挥霍。又自西巡以后，贡献之风日盛，奕劻所献尤多。孝钦亦颇谅之，尝语人曰："奕劻死要钱，实负我。我不难去奕劻，但奕劻既去，宗室中又谁可用者？"盖奕劻贪婪之名，上下皆直言不讳，言路以此参之，宜孝钦付之一笑也。然孝钦既知其弊，不急罢贡献，犹纵两格格入宫，以博弈戏弄为事，则未免累于嗜好矣。

庆王奕劻是继荣禄之后的领军机大臣，权势赫奕，最得慈禧之宠信。根据上文的记述，奕劻虽以贪黩著名，其实确曾得到慈禧之默许，以故言路虽屡有弹劾，奕劻的权位却能维持不倒，其原因盖在此。清代末年，官可价得，政以贿成，这在《官场现形记》及《二十年目睹之怪现状》等谴责小说中俱有生动而具体的描写。假如我们不了解清末宫廷间的贪黩情形，或将以为这些小说中的描写未免夸大失实。但事实上所见的情形，则是自皇太后以至亲贵王大臣及各省疆吏，无不以搜括贪污为能事，自无怪上下成风，纪纲荡然了。奕劻的贪污所得一部分需要灌输于宫廷，而奕劻的贪污来源又得自内外官吏的苞苴进奉。在这种转辗输纳的情形下，如何不使政治风气败坏至于极点呢？然而，这一切情形又都是在光绪中叶慈禧独专政柄之后所逐渐发展成熟的。慈禧之成为清代中国的亡国祸首，又正是十分明白不过的事了。

由咸丰、同治、光绪三朝的历史缕述至此，叙事已极为繁复，所费篇幅亦已甚多。综述这三朝之中五十余年的历史，因革变化虽多，实际只造就了一个晚清历史上的女独裁者——慈禧。慈禧虽有才具而无见识，所以晚清中国的国运才会在她手中变得衰败没落，终至有亡国灭种之虞。慈禧的母家住在北平朝阳门内的方家园。那里是慈禧和隆裕两朝皇太后的诞降之地，亦是晚清中国的祸胎所在。恭王奕䜣当年就曾很感慨地说过："我大清宗社，乃亡于方家园。"证之史实，这话诚然一点不错。但若换一个角度看，如果不是慈禧之断送清室宗社，那也就不会有后来的历史演变。所以，王照撰《方家园杂咏纪事诗》，又尝戏称慈禧为推倒清王朝之先锋。其语虽谑，意实怆痛。慈禧在清代历史上的定评，正当作如是观。

第七章

李鸿章

　　李鸿章在平定太平天国及
捻乱两大战役中都曾立下赫赫
之功，其后以北洋大臣兼直隶总
督的身份握持北洋军权，参与
甲午战争的和战大计，之后他
以外交特使身份与俄国订立《中
俄密约》，更招来欧洲列强瓜分
中国的极大危机，对于当时中
国近数十年来的国势与地位影
响极深。

李鸿章

◆

　　近世史家论述清代"同光中兴"的重要人物，曾、左、胡以外，当及李鸿章。曾国藩、胡林翼和左宗棠的"中兴"事功主要在于平定太平天国之乱及平捻，而李鸿章则不但在平定太平天国及平捻两大战役中都曾立下赫赫之功，其后以北洋大臣兼直隶总督的身份握持北洋军权，参与甲午战争的和战大计，在晚清历史上留下了极深的影响。之后，他以中国外交特使的身份往聘欧洲，与俄国订立《中俄密约》，更招来欧洲列强瓜分中国的极大危机。这对于当时中国数十年来的国势与地位影响极深。梁启超撰《李鸿章传》，将李鸿章的一生分为两个主要时期：前一时期为太平天国及平捻时期，名之为"兵家之李鸿章"；后一时期为从事政治及外交之时期，名之为"洋务及外交家之李鸿章"。前一时期的李鸿章乃是"同光中兴名臣"之一，在历史上的评价应是誉多于毁。后一时期的李鸿章，因为晚清历史的重心已渐由"安内"转向"攘外"，此非李鸿章的才识、能力所能应付，于是不免谤言丛起，而致毁多于誉。其中的是非恩怨究竟如何，今天再来加以探讨研究，应该可以得到一种比较客观而公正的结论。

　　李鸿章是安徽合肥人，字渐甫，号少荃，排行第二。父名文安，道光十八年进士，官至刑部督捕司郎中，记名御史。文安有子四人，长名瀚章，后来做到湖广、两广的总督，官位与李鸿章相亚，只差没有拜相封侯。三子名鹤章，四子名昭庆，官皆不显。李鸿章是在道光二十四年恩科顺天乡试中的举人，因为其时李文安在京供职，李鸿章照例可以"官生"的名义在北京应试。三年之后，又值道光二十七年丁未科，鸿章中式二甲三十六名进士，朝考点庶吉士，入翰林院教习，时年二十四岁。少年高科，从此开始了他一生的仕宦生涯。

道光二十七年与李鸿章一榜的进士，后来颇有一些仕宦显赫的人物。如状元张之万，后来做到大学士与军机大臣。与李鸿章同居二甲的沈桂芬，更在同治初年就当上了军机大臣。做到总督的，尚有李宗羲、何璟、马新贻、沈葆桢等人。以通外交、谙洋务出名的则有郭嵩焘。至于李鸿章，后来不但入阁拜相，而且先封伯，后封侯，为同年之中最为显赫、出类拔萃之人，说来实在很不平凡。

李鸿章父名文安，号愚荃，所以，李瀚章号筱荃，鸿章号少荃，鹤章号季荃，都从"愚荃"一名引申而来。近人李书春撰《李鸿章年谱》，以"少荃"为鸿章之字，显然错误。大概由于李鸿章贵显以后，一般书信往来及口头称呼，都称李鸿章为"少荃"，而未用"渐甫"二字，所以到了后来，"渐甫"二字逐渐湮没不彰，后人不察，就以为"少荃"即是鸿章之字了。现存的《道光二十四年甲辰恩科直省同年录》中，尚有李鸿章的祖贯及名讳可查。在此书的第四十四页中，除了李鸿章的三代名讳之外，并记明李鸿章"字渐甫，号少荃，行二，道光癸未（三年）正月初五日吉时生"，乃是以"安徽庐州府合肥县优贡生"的资格应顺天乡试中举人。李书春撰《李鸿章年谱》，以为李鸿章是在安徽原籍中的举人，也错了。这些小事虽然无伤大雅，但历史所讲究的是真实，无论大事、小事，都需要信而有征，所以也可以在此提出一说。

梁启超所撰的《李鸿章传》说他"初以优贡客京师，以文学受知于曾国藩，因师事焉。日夕过从，讲求义理经世之学，毕生所养，实基于是"。曾国藩与李鸿章的父亲是同年进士，李文安官部曹而曾国藩官翰林。曾国藩在翰林院的工作清闲，有充分的时间与前辈及同侪讲求经世义理之学，因此奠定了一生的学问基础。李鸿章在此时能有这么好的一位父执来作为他的老师，自然获益匪浅。由于有这一种密切的关系，李鸿章之于曾国藩，一方面是年家子的晚辈，一方面也是学生。曾国藩后来对于李鸿章栽培提拔，不遗余力，固然是由于李鸿章的学识与才具足以得到曾国藩的赏识，这双重身份的亲密关系也是有很大作用的。

清宣宗道光三十年，李鸿章在翰林院教习三年期满，散馆考试成绩优良，得以"留馆"，充任翰林院的"编修"，官正七品。翰林院的编修虽然只是七品小官，但清代的汉籍名相什九由此起家，关键在于各人进入翰林院以后的学问与德业修养如何。咸丰三年，李鸿章在翰林院应翰詹大考，列为二等，得蒙皇帝的文绮之赏。这本是翰林升官的良好开始。无奈此时的清代中国已因太平天国的革命运动而受到了极大的震撼，承平时代读书养望的翰林生活，在此时已经不能延续，连丁忧在籍的曾国藩都需要在湖南创办团练，担负起保家卫国的重大责任了。李鸿章的原籍安徽合肥此时亦已遍地萑苻，伏莽四起，势不可能容他继续在京中做悠闲自在的翰林官。于是，到了咸丰三年的正月，皇帝就命他随同侍郎吕贤基回籍办理团练，像曾国藩一样以文官带兵，放下笔杆，改拿枪杆。

《李文忠公全集》的卷前附有清史馆所撰的《李鸿章传》，此传与后来的《清史稿·李鸿章传》不同，其中叙述他在咸丰三年奉旨回籍办理团练以后的情形，较《清史稿》本传为详，摘叙如下：

> 三年正月，命随同侍郎吕贤基回籍办理团练。五月，御贼于和州之裕溪口，叙功赏六品顶戴，并赏戴蓝翎。四年，分攻含山，克之，赏加知府衔，赏换花翎。五年五月，丁父忧，仍留营。十月，从克庐州府，奉旨交军机处记名，以道府用。六年，从克无为州，赏加按察使衔。七年，以迭次剿匪出力，

奉旨交军机处记名，遇有道员缺出，请旨简放。八年，侍郎
曾国藩驻师江西，留襄营务。

这一段文字叙述李鸿章以翰林院的七品编修奉旨回籍办团，如何
因军功而屡升至赏加按察使衔，遇有道员缺出，请旨简放的情形，甚
为详尽。道员是四品官，较之编修七品大得多了。李鸿章之后的做官
本钱由此得来。但李鸿章在本乡办团，既已因军功而屡升至四品的候
补道，遭际不能算是不好，何以后来却又弃而去到曾国藩幕中，屈居
曾国藩的幕职呢？据《清史稿·李鸿章传》所说，是因为他在安徽带
兵打仗，"遭众忌，无所就，乃弃去，从曾国藩于江西"。如照赵凤昌
所记的《书合肥轶闻》一文看来，则其中情形颇为难堪，亦摘抄如下。
赵凤昌撰《惜阴堂笔记·书合肥轶闻》云：

　　咸丰初年，以翰林在籍办团。其时，皖南北土匪遍地，
各乡筑围以御，而又此围攻掠彼围，扰无虚日。朝廷派胜保
办皖军务，胜疑合肥，预防闲之。一日侵晓，土匪攻乡围，
合肥领围出战，竟败退，直抵本围。时已逾午，饥甚，入宅
不见一人，盖先避去。疾往厨舍，饭正熟。灶低洼，即翘一
足踏于灶沿，一手揭盖，一手取盌，直递口狂咽，不暇用箸，
亦无一蔬。随咽随呼曰："同队快干（快食之谓），好跑（即
逃之谓）。"队中宋某，后已保游击，人极朴质，在粤为我言
之。言今日但见赫赫之中堂，不知有当年之态度矣。饱后仍退，
忽报胜保从后路来。合肥颇惶急，虑有不测，前又有敌，不
得已迎谒之，述告匪情。胜仍令向前击匪，略派队助之。幸
败贼，胜保始无辞。旋投曾幕。

上文所说的胜保乃是当时督办安徽军务的钦差大臣，满洲镶白旗

人。此人在咸丰年间以"知兵"得名，颇著战功，然而其骄纵贪淫、专恣跋扈、好行杀戮，在当时亦应首屈一指。他怀疑李鸿章据地自雄，名为团练而阴与土匪勾结。如果他真的因此而向皇帝奏上一本，李鸿章真有可能死无葬身之地。何况当时的安徽巡抚福济并不知兵，一切战守措施多不尽合宜。李鸿章在这种情形之下协助地方当局办团自卫，实在也很难做出惊天动地的伟大事业来。他之因遭受他人排挤而顿萌退志也正是很合理的事。但是他在入居曾国藩幕中之后，亦悒悒不甚得意。这有几项原因可寻：第一，李鸿章在咸丰七年就已因军功保升至"遇有缺出即行请旨简放"的道员，现在来到曾国藩的营中，仍只是一个默默无闻的幕僚，未免会使李鸿章感觉不得志。第二，当时曾国藩以侍郎督办江西军务，官未甚显而权任亦不甚重，李鸿章在此时入曾幕中，自然亦不易得志。第三，李鸿章在本籍办团，屡经战阵，自觉应可独当一面；如今没有机会可以让他带兵打仗立功，自然亦难以使他满意。但这虽然是李鸿章自己的想法，在曾国藩看来则并不然。他以为李鸿章虽然在安徽带兵多年，而对于军队训练、战法研究、战略运用等基本要素都缺乏了解，实在不可能在大规模战争中达到克敌制胜之目的。为了陶冶其志气及培养其领导才能，他实在需要把李鸿章留在营中，以便遇事历练，随时施与启迪、训诲。薛福成《庸庵笔记》中有一段关于此事的记述，极可注意，录之如下：

　　合肥傅相肃毅伯李公……闻曾文正公督师江西……入居幕中。文正每日黎明必召幕僚会食，而江南北风气与湖南不同，日食稍晏，傅相欲遂不往。一日，以头痛辞。顷之，差弁络绎而来；顷之，巡捕又来，曰："必待幕僚到齐乃食。"傅相披衣踉跄而往。文正终食无言，食毕舍箸，正色谓傅相曰："少荃，既入我幕，我有言相告。此处所尚，唯一诚字而已。"遂无他言而散，傅相为之悚然。盖文正素谂傅相才气不羁，故欲折之，使就范也。傅相初掌书记，继司批稿、奏稿。数月后，文正谓之曰："少荃天资，于公牍最相近，所拟奏咨函批，皆有大过人处，将来建树非凡，或竟青出于蓝，亦未可知。"傅相亦自谓："从前历诸帅，茫无指归，至此如识南针，获益匪浅。"

李鸿章在未入曾幕之前，曾先后追随团练大臣吕贤基及安徽巡抚福济，此二人非戡乱之才，对于领兵作战缺乏经验，李鸿章在他们手下带兵及处幕，自然没有本领可学。曾国藩所以能在举世滔滔之中发生砥柱中流的作用，就是因为他能以子弟兵的方法训练湘军，使他们成为一支能征惯战的队伍；他自己所拟定的统筹全局、十道分进、对太平天国展开全面防堵围剿的战略方针又极为正确，因此方能使他在对太平天国的战争中掌握主动，着着进逼，终于使太平天国的革命运动完全倾覆。假如曾国藩也像同时一班督抚大帅那样没有高瞻远瞩的眼光，那么不免也会像向荣、和春、胜保、福济等人一样碌碌无成，李鸿章也绝不能从曾国藩那里学到卓越的作战本领。曾国藩死后，李鸿章作联挽之，云：

> 师事近三十年，薪尽火传，筑室忝为门生长；
> 威名震九万里，内安外攘，旷世难逢天下才。

此联的上半充分道出了李鸿章师事曾国藩而尽得其军事、政治才能的事实。李鸿章入居曾幕，实可说是他一生事业的关键，拜相封侯悉基于此。至于曾国藩赏识李鸿章，除了曾国藩素知李鸿章才气过人这一项因素之外，下述二事亦为重要的原因。

近人徐一士所撰的《凌霄一士随笔》说，曾见某笔记中的记载：李鸿章居曾幕时，尝为曾国藩草一奏疏严劾安徽巡抚翁同书，最得曾国藩之激赏。其时，翁同书对练首苗沛霖处置失当，以致激成大变，他本人又在定远失守之时弃城逃走，有愧封疆大吏的守土之责，曾国藩对此极为愤慨，意欲具疏奏劾而难于措辞。盖翁同书乃前任大学士翁心存之子，翁心存在皇帝面前的"圣眷"甚隆，门生弟子布满朝列。究应如何措辞，方能使皇帝决心破除情面，依法严惩，而朝中大臣又无法利用皇帝与翁心存之间的关系来为翁同书说项，实在很费踌躇。他最初让一幕僚拟稿，觉得甚不惬意，不愿采用，而自己动手起草，怎么说也不能妥当周匝。最后乃由李鸿章代拟一稿，不但文意极为周密，其中更有一段极为警策的文字，说："臣职分所在，例应纠参，不敢因翁同书之门第鼎盛，瞻顾迁就。"这段话的立场如此方刚严正，不但使皇帝无法徇情曲庇，也足使朝臣之袒翁者为之钳口夺气。所以，曾国藩看了之后大为激赏，即以其稿入奏，而翁同书亦旋即被革职拿问，充军新疆矣。就事论事，李鸿章此稿深得奏议文字的"辣"字诀，使人无可置喙于其间。李鸿章有此吏才，自足以使曾国藩对他刮目相看。此是第一事。至于第二事，则是李鸿章在力主李元度不应被奏劾时所表现出来的刚毅态度。

李鸿章对于李元度被曾国藩具疏奏劾一事所表现的态度，见于薛福成的《庸庵笔记》，云：

> 既而文正进驻祁门。傅相谓祁门地形如在釜底，殆兵家之所谓绝地，不如及早退军，庶几进退裕如。文正不从，傅相复力争之。文正曰："诸君如胆怯，可各散去。"会皖南道李元度次青率师守徽州，违文正节度，出城与贼战而败，徽州失陷。始不知元度存亡，久乃出谒大营，又不留营听勘，径自归去。文正将具疏劾之。傅相以元度尝与文正同患难，乃率一幕人往争，且曰："果必奏劾，门生不敢拟稿。"文正曰："我自属稿。"傅相曰："若此，则门生亦将告辞，不能留侍矣。"文正曰："听君之便。"傅相乃辞往江西，闲居一年。适官军

克复安庆，文正移建军府焉。傅相驰书往贺，文正覆书云："若在江西无事，可即前来。"傅相乃束装赴安庆，文正复延入幕，礼貌有加于前，军国要务，皆与筹商。

李元度之于曾国藩，不但是同时在湖南办团练的伙伴，而且曾处曾幕五年，后来且随曾国藩转战赣东、皖南各地，劳苦备尝。所以李鸿章以为曾国藩为了顾及二人之交谊，绝不可以秉公奏劾。但曾国藩却以为"行法当自贵近始"，如果李元度违令失机之罪可以不究，将来人人效法，湘军的军纪如何还能维持？所以，曾国藩站在法的立场，以为绝不可以因私而害公。但曾国藩虽然在这件事情上不曾对李鸿章让步，对于李鸿章能够以个人的进退坚持自己立场的刚毅性格还是非常欣赏的。试看他在一年之后去信邀李鸿章再度入幕，又复"礼貌有加于前"，遇有"军国要务，皆与筹商"，就可知道李鸿章此时在曾国藩心目中的地位，较之一年以前又提高了不少。所以然之故，自然是由于他欣赏李鸿章的性格了。吴汝纶撰《李鸿章江苏建祠事略》，谓："曾国藩前后幕僚，多知名之士，其能争议是非者，李鸿章一人而已。"所指的亦即是这一件事。可知曾、李相知之深，这件事的影响很大。

曾、李相知日深，对李鸿章的事业前途当然有很大的影响。这又可以分作两方面来说：第一是积极的方面，第二是消极的方面。

积极的方面是指曾国藩自此对李鸿章多方提掖，所以李鸿章不久就能以总督的幕僚出绾方面，膺任江苏巡抚，立即成为封疆大吏，开军府于上海，从此建立他以军功封侯的事业基础。在太平天国之乱平定以后，曾国藩汲汲以自己的两江总督职位相让，使李鸿章再建平捻大功，成为他事实上的衣钵传人。消极的方面则是使曾国藩生前所树的政敌也把李鸿章当作他们的敌人，在他当权秉政的时候，把攻击的箭头一起射向他的身上。关于这两种情形的演变，可以留待后面再说。现在且转过头来，继续叙述李鸿章如何由曾幕出任江苏巡抚，开创真正属于他自己的事业。

薛福成《庸庵文集续编》卷下，《书合肥伯相李公用沪平吴》云：

> 咸丰庚申辛酉间，粤贼陷据苏、浙两省郡县，江苏之境，
> 自大江以南，皆沦于贼。其仅存者，则提督冯子材以一军守
> 镇江府城，巡抚薛焕与署布政使苏松太道吴煦等皆栖上海，
> 仅保松江、上海两城，与黄浦以东三县而已。既而浦东之奉贤、
> 南汇、川沙等城皆被贼扰，松江亦失而复得，上海屡受困逼，
> 势岌岌。吴煦在沪，颇谙洋人性，能联络为用，以厚饷募勇数千，
> 使洋将华尔以泰西阵法部勒之，名曰常胜军，战稍有功，复
> 以重利啖英、法两国兵官，兵官欲保通商口岸，皆尽力助战
> 守。上海当江海绾毂口，虽寇氛日逼，而商贾辐辏，关税厘
> 金，视承平时旺数倍。煦执利权，亦颇有综核才，然宦江苏久，
> 为积习所渐，不能自拔。且素不知兵，仅倚洋将御贼。洋将
> 恃功骄倨，缓则索重赏，急则坐观成败。巡抚以饷全权在煦，
> 而才又不如煦，傫然不能有所为，啸诺而已。前后募勇五万
> 余人，以不能训练，遇贼辄北。吴中绅耆避寇在沪者皆知其危，
> 屡议赴曾文正公安庆大营乞师，巡抚以下皆弗善也。然意虽
> 不怿，而无辞以阻之。

这一段话约略写出了李鸿章出任江苏巡抚以前的地方情形——江
苏全省中，江北尚多完善之地，江南则只有镇江一城尚为清兵所有，
此外就只剩下一个上海孤城，靠着外国洋兵的出力帮助，总算还没有
被太平军吃掉。但上海四面皆敌，洋兵打仗并不可靠，为了守住上海，
逃难住在上海城中的江苏耆绅，只好寄希望在安庆立下大功的两江总
督曾国藩能够派兵到上海来援助。但曾国藩虽然以两江总督的职位而
统辖苏、浙、皖、赣四省的前敌军务，他自己所掌握的兵力却只有曾

国荃用来围攻安庆的两万多湘军而已。为了进行下一步的围攻南京计划，他此时正派曾国荃回到湖南去添募新军，以便积极展开长江下游的军事行动。在曾国荃所增募的新军未到之前，曾国藩现有的兵力只能用来巩固新近收复的地区，并没有余力可以兼顾上海。但是，到安庆来乞师的上海绅士们提出一个足可使曾国藩大为歆动的建议——助饷，却又使他不得不另想办法，以求达到支持上海之目的。

学生书局所影印出版的《湘乡曾氏文献》，收有曾国藩在咸丰十一年十月间写给他老弟国荃的一封信。此信并未收入刊印本的《曾文正公全集》内，其中所透露的就是曾国藩此时所构想的援沪腹案。原信说：

> 上海富甲天下，现派人二次前来请兵，许每月以银十万济我，用火轮船解至九江，四日到。余必须设法保全上海，意欲沅弟率万人以去。已与请兵之官商订定，渠买洋人之夹板船数号，每号可装三千人，现已放二号来汉口，不过放五号来皖，即可将沅兵全部载去。目下专主防上海一隅，待多（隆阿）破庐州、鲍（超）破宁国之后，渠两军会攻金陵，沅弟即可由上海进攻苏常。不知沅弟肯辛苦远行否？如慨然愿往，务祈于正月内赶到安庆，迟则恐上海先陷。如沅弟不愿远征，即望代我谋一保守上海之法，迅速回信。

此信中所说的"沅弟"即曾国荃，别号沅甫。曾国荃此时正在湖南原籍募练新兵，曾国藩希望由他带一万人前往上海负责防守，俟多隆阿与鲍超肃清皖南、皖北之后，分两路向南京进兵，即由曾国荃从上海西攻苏州、常州，以收东西夹击之效，其立意可说非常周到。曾国藩平定太平天国之乱，主要倚靠湘军之力。但因湘军并非国家的经制军队，其粮饷与给养需要领兵之人自行筹措，因此湘军的兵力始终不能视需要尽力扩充，而筹饷一事也一直是曾国藩最感苦恼的问题。

咸丰十年以后，曾国藩虽已被任命为两江总督，有了可以征收粮饷的地盘，但其时江、浙各地大部沦陷，赋入有限，湘军的粮饷还是得靠湖南、湖北二省的接济，仰面求人，甚非得已。如今上海方面前来乞师的士绅们一下子提出可以按月接济十万两银子的建议，无异天降财神，怎不使曾国藩跃然色喜呢？为了获得这巨额饷银的收入，他必须保全上海饷源之地；为了保全上海，他必须派兵援助。但是，他第一个想到的援兵主帅却是曾国荃。这也有其必要的理由。第一，曾国荃是他的亲弟，遇有立功名的好机会，他应该予自己兄弟以优先的机会；第二，曾国荃在围攻安庆之役中劳苦备尝，战功卓著，足证他是一个优秀的前敌主将，遇此重要任务，可资倚信；第三，曾国荃此时的官职，已累升至记名的按察使加布政使衔，如果再在上海立功，以之推升巡抚，资望亦甚相当。因此，他在考虑援军主帅的人选时，决定先征询其弟国荃的意见。却不料曾国荃的志趣较此更为远大，对于东援上海之役并无兴趣。因此之故，乃不得不使曾国藩转而考虑第二个人选。

曾国藩欲以曾国荃为东援上海的主帅，曾国荃却表示不愿。曾国藩手写日记中曾经记述曾国荃此时的复信，说是："恐归他人节制，不能尽合机宜，从违两难。"这意思是，上海此时已有薛焕在做江苏巡抚，他去了之后，势必要归薛焕指挥调度，所以不愿。但其真正意图则是："贼巢在金陵，急攻其巢，必以全力援救，而后苏杭可图。愿任其难者。"（《曾国荃年谱》所载《覆国藩书》）原来，曾国荃认为，攻下南京才是平定太平天国的第一首功，既有此立大功的机会，自不愿东去上海，于是乃以"恐归他人节制，不能尽合机宜，从违两难"为借口，复书拒绝其兄之邀。由于曾国荃表示不愿，曾国藩乃改选李鸿章为援沪军的主帅，薛福成《庸庵文编》记此云：

会巡抚为言路所劾，朝廷密令曾公荐能胜抚苏任者……今伯相合肥李公，欲令创开淮军风气，以弥楚军之阙。

这其中并没有提到曾国藩最初欲令其弟曾国荃带湘军东援上海的构想，可见这一件未成熟的计划已经成了历史上的秘密，若非《湘乡曾氏文献》所保存的信函，势将无人知晓了。曾国荃不愿率军东援上海，使李鸿章有机会崛起政坛；而李鸿章所统率的则是他自行募练的淮军。湘、淮代兴，于此见其端倪，而其变化契机，则只在曾国荃的一念之间。历史变化的关键有时真是很微妙的。

李鸿章受曾国藩之命自募一军东援上海，由于他是安徽合肥人，曾在本乡办过多年的团练，与当地的地方团队多有往来，只需要招来几个较有名气的团练首领，以他们的基本武力为骨干，数千人的部队咄嗟可办。由于这些人都来自淮河流域一带，因此乃有"淮军"之名。淮军的特色是鸷悍勇猛而久经战阵，稍稍用湘军的规制加以部勒训练便可成军。最初的统兵将领计有张树声、张树珊与张树屏三兄弟，周盛波、周盛传两兄弟。张家兄弟所统的是"树"字营，周家兄弟所统的是"盛"字营。另外，则有刘铭传所统率的"铭"字营，以及潘鼎新所统率的"鼎"字营。这些都是纯粹安徽籍的淮军。由于人数太少，曾国藩又另外拨了杨鼎勋和郭松林二营加入淮军。以上各营，每营的人数均为五百人。加上李鸿章自己的亲兵营，和太平天国降将程学启所统率的降兵"开"字营，总数共为十三营，六千五百人。这一支兵力，就是李鸿章最初带到上海去打天下的淮军旧部。同治元年三月，这一支部队坐了上海官绅雇来的外国轮船，由安庆鼓轮东下，航行于宽阔的长江水面，穿越太平天国军的防线一千余里，毫无阻拦，一径来到上海扎营。上海方面的军事情势由此发生了剧烈的变化。

清人方朔所撰的《枕经堂文集》卷一《上李伯相师书》中，颇有若干关于淮军的掌故，为他书所未曾见，值得提出一说。

根据此书所说，当年的淮军被外国兵称为"大裤脚之蛮子兵"，其勇悍甚为洋人所畏。例如上海的洋泾浜街道向来不许行人小便，违者重罚。租界中的妓馆歌楼雇有把门之人，不许粗野鄙陋之恶客上门。

但若一遇到这些穿大裤脚的淮军，则一切都不敢计较。由此可见，当年初到上海的淮军必定是足蹬草履而身穿大脚之裤，状貌粗鄙，宛如乡下的种田农夫。所以，《清史稿·李鸿章传》中就说："抵上海，特起一军，是为淮军。外国人见其衣制朴陋，辄笑之。鸿章曰：'军贵能战，非徒饰观美，迨吾一试，笑未晚也。'"果然，隔了不久，淮军就有虹桥之捷，以三千人破太平天国军十余万之众，使得观战的洋兵为之抉舌惊叹，淮军的兵威亦自此而大张。清人方浚颐所撰的《梦园丛说》有关于此战的经过情形，记述甚详，录之如下：

> 合肥爵相抚吴时，沪上虹桥之捷，实有裨于东南全局。时淮军不过数千人，爵相之弟季荃，以候补郡丞统军驻浦东，诸统领分布苏、松要区。会贼以大股犯沪上前营，爵相督五成队出战，不利，星夜飞调浦东各营，密令前营坚守以拒之。次日，谍者探，前营三垒尽为敌所困。至三日，再往侦探，则营中军帐皆偃，贼围之数重，幸未溃。计浦东军将至，爵相命出三成队，冲其中坚，直达前营，登敌楼观贼。贼见大帅入营，围复四合，而爵相军之后队不得入，势危甚。瞥见贼军东南一角旗帜忽乱，爵相知援军至，亲执桴鼓立于军前，诸将勇气百倍，里外三面夹击，斩贼千余，追逐数十里。日晡微雨，三鼓后忽闻炮声震天，亟令出队。贼见我军，即狂奔，自相践踏，死者万余。盖贼之初败，未甚创，夜复冒雨而来。沪城南门外故有西洋兵木城，堵御严密，贼劫其营，炮火齐发，贼之前队已倒戈相向，进退不辨东西，复为我军所乘，遂大败之，浦东一带尸积如山。自此沪上军威大振，贼势日蹙。是役也，我军以三千人破贼十余万之众，诚东南一大转机也。

虹桥之战，李鸿章所部的淮军能够以寡敌众，苦战三日，终于以劣势之军力挫强敌,自然足以使养尊处优的外国兵自叹弗如。由此可见,淮军的昂扬战志与严格军纪实为制胜的要素。而李鸿章自到上海之后,日与洋兵相处,目睹他们所拥有的洋枪大炮犀利精良,远非湘、淮军所有的旧式枪炮所能及,因此在装备上力求进步改良,乃使淮军的作战力量日见强大,在对太平天国的战争中更能发挥以寡击众的优势。薛福成《庸庵文编》中的《书合肥伯相李公用沪平吴》一文,就说:

> 西洋诸国火器精利,亘古无匹。中国初不知讲习,诸军皆畏其锋,而未能得其用。李公既与洋人习,闻见渐稔,以英吉利人戈登领常胜军三千人,俾总兵程学启挟以攻战,精劲为诸军冠。又采用委员丁日昌条议,益购机器,募洋师,设局制造,颇渐窥西人奥妙。而淮军各营,皆颇自练洋枪队,助军锋。所用开花炮,大者可攻城,小者以击贼阵,破贼营,遂能下姑苏,拔常州,连克嘉、湖诸郡。设非借助利器,殆不能若是劲且捷也。

愈是近代的战争,武器的优劣与火力的强弱愈具有决定性的作用。清代末年的平定太平天国之战与平捻、平回诸役,武器的重要性更是彰彰在人耳目。湘军初起时,以刀矛为主要武器;虽有火器,亦只是极简单的前膛枪炮,与太平军所用无甚差别。所以,两军对战常常陷于极艰苦的浴血肉搏,所赖以制胜的只是湘军的严格训练与坚强斗志。淮军初起,情形与此相仿。但自从李鸿章师法洋人,改以新式枪炮装备所部各营之后,情势即刻发生显著的变化。由《清史稿》列传卷二百三,淮军名将程学启、刘铭传、张树珊、周盛波、周盛传、潘鼎新诸人的列传中便可看到,他们当时在苏、松、常、镇一带与大股太平军角逐时,全都是凭借了火力上的优势克敌制胜,所以常以数千之众斩敌首以万计。在这种情况之下,太平军在人数上纵使占有五倍、十倍的优势，亦势难抵挡无情的枪子与炮弹。而旧式的城垣守御虽坚，亦决计无法在开花大炮的轰击之下保持其完整不拔。加上李鸿章以及他所属各将领之善于指挥，与淮军官兵之勇悍向前，终于使李鸿章只费了两年零一个月的时间，就将南京以东的苏、松、常、镇各地之敌全部肃清，使得曾国荃围攻金陵的大军无后顾之忧，得以全力从事围城之战。曾国藩论述同治一、二两年间的双方战争形势，曾说：

> 凡军最忌暮气。当道（光）、咸（丰）之交，官军皆暮气，而贼军皆朝气。及同治初元，贼军皆暮气，而官军皆朝气。得失之林，皆在于是。

这一段话论述湘军何以能以少数军力击败数达百万之众的太平军，极有道理。其时淮军的火力虽占优势，而太平军的占地极为广袤，假使他们能以阵地战及街市巷战的办法全力消耗淮军的人力及火力，淮军虽能胜敌，亦必将胜得十分艰苦。只因太平天国到了末期之时，领军的高级将领暮气已深，享富贵而溺于佚乐，贪生畏死，遇到情势不利时动辄退遁投降，这才会使淮军的声势日盛一日，而太平军则日蹙地百里，非至于完全败亡不止。军气之朝暮对于军队作战力量的影响如此巨大，诚然值得警惕。但李鸿章的淮军此时虽称强劲善战，其后来的发展亦未能脱出此一覆辙，说来亦是很悲哀的。

李鸿章在同治元年三月带领新募的淮军到达上海之后不久，清政府就将江苏巡抚薛焕改调他职，命李鸿章署理。于是，李鸿章就可以自由运用上海的财赋，在接济曾国藩的湘军以外，尽量扩充他自己的部队及增购新式的装备。到了三吴平定之后，淮军的总兵力已达到七万余人，比起他初到上海时所带的六千五百之众增加了不止十倍。其中的主要统兵将领，除了程学启已在嘉兴之战中阵亡外，其余如张树声、潘鼎新、刘铭传、周盛传、周盛波、张树珊等，都已先后升至道员、提督、总兵等文武高阶，所部兵力亦由一营扩至数营。这些都是早期的淮军将领，其功名禄位都由百战中得来，不但战绩彪炳，宦绩亦颇有可称。只是淮军在平洪、杨及平捻之后未曾再经重大的征战，老一代的将领凋谢之后，继起的乃是由下级军官逐渐递升而来的新秀。这些人的素质不如他们的前辈，不但在数十年中安于富贵尊荣，而且更染上当时泄沓颓靡的政治风气，平时只知逢迎上司、贪污营私，一旦逢到战事便唯知苟且偷生，全无斗志可言。淮军至此，显然暮气已深，虽有最新式的外国枪炮，仍旧不堪一战，此即甲午战争时的淮军面目，与同治初年时发硎方新的早期淮军简直有天渊之别。李鸿章在同治初元时，以新建的淮军奠定其一生事业基础，到了光绪中叶，又再以暮气已深的淮军断送其一世勋名，回首当年，诚不免有无限沧桑之感。不过，这也是后话，在此可以暂且不提，下面应再叙述李鸿章所建功业的后半部分——平捻战功。

"捻匪"与太平天国的革命是清朝咸丰、同治年间的两大内乱。太平天国的活动范围在长江流域，"捻匪"则窜扰于黄河及淮河两流域。太平天国有固定的地域，进剿较为容易；"捻匪"则奔突无定，形同流寇，要消灭他们颇为困难。在太平天国的革命运动未被完全扑灭之前，湘、淮军都用来对付太平天国，剿捻的任务主要由蒙古亲王僧格林沁承担。僧格林沁在《清史》中简称为"僧王"，此人骁勇善战但不懂战略、战术。他统率强悍骑兵，跟在"捻匪"后面穷追猛打，虽然屡有胜捷，可是始终无法消灭捻军的主力部队。而蒙古骑兵的军纪极坏，所过之处，奸淫杀戮，其残酷过于盗贼。其结果是使得老百姓痛恨清兵而倾向于"捻匪"，所以"捻匪"也愈剿愈多。同治四年的四月二十四日，"捻匪"在山东曹州府以北的高庄预先设下埋伏，把僧王所统率的蒙古骑兵诱入伏中，一举歼灭。僧王逃到附近的吴家店，仍未能避免被杀身死的命运。至此，清政府始改派曾国藩为统率直隶、河南、山东三省兵力，负责剿捻的钦差大臣，又命江苏巡抚李鸿章署理两江总督，为曾国藩办理后路粮台。湘、淮代兴，曾、李更迭，本为曾国藩积久于怀的腹案，至此乃逐渐成为事实。

梁启超撰《李鸿章传》曾云：

> 先是，官军之剿捻也，惟事追蹑，劳而无功，间讲防堵，则弥缝一时耳。要之，无论为攻为守，非苟且姑息以养敌锋，则躁进无谋以钝兵力，未尝全盘打算，立一定之方略，以故劳师十五年而无所成。自曾国藩受事以后，始画长团圈制之法，谓必蹙敌一隅，然后可以聚歼。李鸿章禀承之，遂定中原。

又云：

> 鸿章剿捻方略，以为捻贼已成流寇，逼之不流，然后会师合剿，乃为上策。明孙传庭谓："剿流寇当驱之于必困之途，取之于垂死之日；如但一彼一此，争胜负于矢石之间，即胜亦无关于荡平。"鸿章即师此意。故四年十一月曾奏称："须蹙于山深水复之处，弃地以诱其入，然后合各省之兵力，三四面围困之。"后此大功之成，实由于是。

明朝的孙传庭在陕西征剿流寇多年，他所说的剿寇方略甚有卓见。同时的杨嗣昌以宰相出任督师，且曾订立"四正六隅"的十面围堵之法，虽未能成功，其战略原则却为后来的曾国藩所师法。但曾国藩虽然高瞻远瞩，深知剿捻非以长围圈制、蹙敌一隅而聚歼之不能成大功，他本人却又以为湘军暮气已深，不能再用，必欲虚此席以待李鸿章用淮军以竟其全功，则又分明是在预留退路，以为李鸿章谋进身之阶。所以，梁启超说：

鸿章之用兵也，谋定而后动，料敌如神，故在军中十五年，未尝有所挫，虽曰幸运，亦岂不以人事耶？其剿发也，以区区三城之立足地，仅二载而荡平全吴。其剿捻也，以十余年剽悍之劲敌，群帅所束手无策者，亦一岁而歼之，盖若有天授焉。其待属将也，皆以道义相交，亲爱如骨肉，故咸乐为用命，真将将之才哉！虽然，李鸿章兵事之生涯，实与曾国藩相终始，不徒荐主之感而已。其平吴也，由国藩统筹大局，肃清上流，曾军合围金陵，牵掣敌势，故能使李秀成疲于奔命，有隙可乘。其平捻也，一承国藩所定方略，而所以千里馈粮，士有宿饱者，又由有良江督在其后，无狼顾之忧也。不宁惟是，鸿章随曾军数年，砥砺道义，练习兵机，盖其一生立身行己、耐劳任怨、坚忍不拔之精神，与其治军驭将、推诚布公、团结士气之方略，无一不自国藩得之。故有曾国藩然后有李鸿章，其事之如父母，敬之如神明，不亦宜乎？

但话虽如此，曾国藩、李鸿章所设想的剿捻战略须筑长围以限制捻之奔突，须实行坚壁清野以断绝捻的粮食补给，既有赖朝廷决策之支持，尤必须各省疆吏之合作，其间所费的呼吁请求，极费周章。更有甚者，长围设定之后，作为驱捻入围的野战部队者，仍是李鸿章的淮军。为了往来抄袭，不使"捻匪"自由奔突，淮军追踪剿杀，往往数日夜驰驱不息。在李鸿章的奏疏中，屡次提到"军士之回老营休息者，皆饥惫劳苦，面无人色"云。正因为淮军在平捻之役中如此出死力征战，所以李鸿章在平捻之后，终身对他的当年袍泽感念不忘。胡思敬《国闻备乘》卷一，"李鸿章滥用乡人"一条说：

> 李鸿章待皖人，乡谊最厚。晚年坐镇北洋，凡乡人有求，无不应之。久之，闻风麕集，局所、军营，安置殆遍，外省

人几无容足之所。自谓率乡井子弟为国家杀贼、保疆土，今幸遇太平，当令积钱财、长子孙，一切小过，悉宽纵勿问。未几，中东事起，大东沟一战，海军尽毁，皖人治军者若丁汝昌、卫汝贵、龚照玙等俱误国获重咎，内外弹章蜂起，鸿章亦不自安，力求解任。

上文所说到的丁汝昌与卫汝贵，都在甲午战争中吃到败仗，而且都是出身淮军的将弁。丁汝昌在剿捻战争中积功至参将，卫汝贵副将。至于另一个在牙山战败逃回的叶志超，则是因剿捻有功而升的总兵。这些人因为在剿捻战争中立过汗马功劳，所以李鸿章在后来处处为之包庇含容，既任之为高级将领，复坐视其阘茸庸劣而不问，终至丧师辱国，贻笑中外。至于其他以淮军旧部身份而营求官职者，更不知凡几。这些人都以升官发财为其目的，而李鸿章则一味顾念旧日的袍泽情谊而悉予宽纵姑息，如之何不使纪纲大坏、政风扫地呢？然则，李鸿章之曲法徇情、公私不分，正是他此后政治事业的最大弱点，而在他的战功发展至最高顶点时已经种下了病根，实在是很不幸的事。

同治五年十月，曾国藩因剿捻无功而自请病假。有旨命曾国藩仍回两江总督原任，而以李鸿章署理曾国藩所遗的钦差大臣职务。曾、李换班，自此时始。梁启超在前文中所说，李任钦差大臣剿捻，而有"良江督"在后为之馈粮运饷，此"良江督"即指曾国藩。其时捻已分为东西二支，张总愚窜扰陕西，为西捻；任柱、赖文光窜山东，为东捻。至同治六年十二月，东捻平，山东、安徽、江苏、湖北、河南五省境内的捻患全部肃清。至同治七年五月，西捻亦平。李鸿章前此已被授为湖广总督，至此乃奉旨加太子太保衔，并以湖广总督之原官升授协办大学士，秩正一品。此为李鸿章前半生事业之最高点，其爵禄与名位悉由马上征战的辛苦搏斗中得来。清朝中国的局势发展至此，扰攘达二十年之久的内部叛乱，只留下西北诸省的回乱尚未全部底定，本部十八省的秩序则大致已经恢复。左宗棠在此时毅然担负起西征平回的大责重任，曾国藩与李鸿章的戎马生涯到此时都已暂时告一段落。这一年，曾国藩五十六岁，下距他的死亡，只有六年。而李鸿章在这年尚只有四十六岁，下距他的死亡，尚有三十二年。所以，李鸿章的勋业虽在此时已达高峰，他的政治生涯则正如日升月恒，远大未已。以后的变化正难以逆料也。

晚清时期，中国的政治活动中有所谓"洋务"。以现在的观点看来，"办洋务"就是办理对外交涉。但这实际上是较晚以后之人对"洋务"二字所下的界说，在较早时期的人来说，所谓洋务，事实上乃是效法西人的自强运动。

萌生于清代咸丰、同治年间的自强运动，最早的体认者是咸丰的亲弟恭亲王奕䜣，以及与其交谊甚笃的户部侍郎满人文祥。咸丰十年，英、法联军入侵北京之役，咸丰皇帝逃往热河，以后就在热河避暑山庄得病身死，京中的议和大事则由皇帝交付给奕䜣与文祥二人负责。其后和议告成，英、法军退出北京，奕䜣和文祥却在这一次的议和交涉中得到了三种宝贵的教训：第一，他们认清了西洋人的武器与军队的训练方法远在中国之上，知道要想打败洋人，便得师法洋人的长技。第二，他们发现，洋人的武器制造虽精，军队的训练虽好，然而洋人却愿意无保留地把制造武器的秘密和训练军队的方法教给自己。这更使他们认清，要师法洋人并非没有机会。第三，《北京条约》订立之后，英、法联军就根据和约规定交还北京，并无霸占不还之意。这使他们知道西洋人愿以信义和自己交涉往来，与他们和平相处，也是很可能的。

有了这三点教训，奕䜣和文祥深知，中国欲图自强正有良好机会。因此他们决定了几点内政、外交的方针。内政方面，便是设法延聘外国教官来训练中国的军队，购买洋枪、洋炮以充实自己的装备。外交方面，是希望改变从前仇视洋人的态度，谨守和约，避免和外国开战，以求争取时间来实行自强。他们的观念和思想恰和当时的一班中兴名臣不谋而合。由于内外一致，中枢的主持有人，因此乃促成了自强运动的实现。

薛福成《庸庵笔记》中有一条胡林翼的故事，题名"荩臣忧国"，原文说：

> 有合肥人刘姓，尝在胡文忠麾下为戈什哈，既而退居乡里。尝言，楚军之围安庆也，文忠曾往视师，策马登龙山，瞻盻形势，喜曰："此处俯视安庆，如在釜底，贼虽强，不足平也。"既复驰至江滨，忽见二洋船鼓轮西上，迅如奔马，疾如飘风。文忠变色不语，勒马回营，中途呕血，几至坠马。文忠前已得疾，至是益焉，不数月薨军中。盖粤贼之必灭，文忠已有成算，及见洋人之势力方炽，则膏肓之症，着手为难，虽欲不忧而不可得矣。

据说，胡林翼之所以见外国轮船而忧心呕血，几至坠马，是由于当时上海方面的外国商人常以轮船运输军火和粮食，出售给被围困于安庆城中的太平天国军。安庆城位于长江沿岸，清军三面围困，久不能克，原因就在临江的一面可得外国轮船的水上接济，不能使之坐毙。胡林翼当初虽然知道此一情形，但尚未得之目睹。及亲见外国轮船之体积庞大而行驶如风，顿时想到中国对此尚无克制之术，则将来之患不在内部变乱而在外来侵略。于是，他不禁忧心如焚，因此也使他加重了宿疾。

胡林翼当时的观感如此，相信凡属有识见的政治家都不会例外。"同光中兴"，名臣辈出，自曾国藩、左宗棠、李鸿章、沈葆桢、郭嵩焘，以至后来的张之洞、刘铭传等，大致相信非效法西人不能自强。晚清时期洋务运动之勃兴，便在这种情形之下蔚成风气。在前述这些人中，论起地位之重要与办理洋务时间之长，无逾于李鸿章。他从同治九年八月接替曾国藩的职位，以直隶总督兼北洋通商大臣的地位综缉对外交涉及举办各项自强新政，历时达二十五年之久。举凡购买新式军舰、成立北洋海军，购买新式枪炮装备北洋陆军，以至建立机器厂、织布局、矿务局、电报局、水师学堂、武备学堂、医学堂，兴修铁路，筹设轮船局、建筑船坞等一切效法西洋的建设事业，先后在他手中兴办起来。这些建设事业的项目多至二十余种，其主要目的则不外乎师法外人之长技，以为自强之本。这种思想可以在他同治三年写给恭亲王奕䜣与军机大臣文祥的信中明白地看出来。原信说：

> 鸿章窃以为天下事穷则变，变则通。中国士大夫常浸于章句、小楷之积习，武夫悍卒又多蠢而不加细心，以致所用非所学，所学非所用。无事则斥外国之利器为奇技淫巧，以为不必学；有事则惊外国之利器为变怪神奇，以为不能学。不知洋人视火器为身心性命之学者，已数百年，一旦豁然贯通，参阴阳而配造化，实有指挥如意、从心所欲之快。……前者英、法各国以日本为外府，肆意诛求。日本君臣发愤为雄，选宗室及大臣子弟之聪秀者，往西国制器厂师习各艺，又购制器之器，在本国制习，现在已能驾驶轮船，造放炸炮。去年英人虚声恫吓，以兵临之。然英人所恃为攻城之利者，彼已分擅其长，用是凝然不动，而英人固无如之何也。日本以海外区区小国，尚能及时改辙，知所取法，然则我中国深惟穷极而通之故，夫亦可以皇然变计矣。……杜挚有言曰：“利不百，不变法；功不十，不易器。”苏子瞻曰：“言之于无事之时，足以为名，而恒苦于不信；言之于有事之时，足以见信，而已苦于无及。”鸿章以为，中国欲自强，则莫如学习外国利器；欲学习外国利器，则莫如觅制器之器，师其法而不必尽用其人。欲觅制器之器与制器之人，则或专设一科取士，士终身悬以

为富贵功名之鹄，则业可成，艺可精，而才亦可集。

这一封信极得近代史学权威蒋廷黻先生之称道，誉为"中国十九世纪最大的政治家最具有历史价值的一篇文章"，由此可见李鸿章是对当时的时代环境认识得最清楚的人物。亦正因为如此，所以他是同、光年间自强运动的中心人物。我们在今日追溯这一段自强运动的历史，自当以李鸿章为其代表。

李鸿章与其同时代人物所推行的自强运动，其全盘建设的目标是巩固国防，所以其军事建设的项目最多。近代化的军队需要近代化的武器装备，江南制造局及天津机器局的设立，主要目的即在制造新式械弹。新式的军舰与轮船需要有驾驶人才，兴办武备学堂与水师学堂即为适应此一目的，其间曾派遣学生专往欧洲学习造船及驾驶。近代化的军队又必须有灵活的交通运输与迅捷的通信系统，轮船局、造船厂、铁路、电信之创办，又为此一目标而设。以上各种新的国防建设需要大量的资金，为了挽回利权和增加收益，开煤矿，开金矿，与兴建各种有利可图的工商业又是必要之途。将这些手段与目的凑在一起，就构成了李鸿章所创办的整个"洋务"计划。但这一切的构想虽然完美，中间却缺乏一样最基本的教育要素。因为近代化的国防固然需要近代化的军队，而近代化的军队却更需要近代化的精神教育。假如驾驶新式军舰的海军官兵只有最新的作战技能而没有昂扬的斗志，装备新式大炮的陆军部队只有精良的训练而没有高尚的爱国情操，即使拥有新式的武器装备又有何用？这种精神教育的疏忽，最后终于使李鸿章所主持的北洋海军与陆军在发生实际战争时都不堪一战，而李鸿章数十年辛苦经营的国防建设事业，最后也尽付流水。这一段往事说起来就太可痛心了。

李鸿章在同治四年八月奏上《购买上海洋人铁厂机器，以之改为江南制造局》一折，中间曾说：

中国文物制度迥异外洋獉狉之俗，所以郅治保邦，固丕基于勿坏者，固自有在。

照他的这种看法，中国的政治、教育、风俗、文物无一不优于野蛮的洋人，所不逮者只是外国的科技制造。只要学得这些外人的长技，便尽足以对付洋人，其他一切都不足道。殊不知，数千年来的专制制度和官僚政治体系，早已在根本上腐蚀了国民的道德观念，而落后保守的教育制度又蔽锢了人民的思想，以致造成了官贪民愚、事事不如外国的积弱之势，欲言振起，真是谈何容易。与曾国藩、李鸿章同时的郭嵩焘，曾经奉派出使英、法，对此认识最为清楚。他在欧洲留心观察英、法各国的政治、经济、社会等制度，深知不但洋人的科技制造值得我们学习，他们的政治制度和教育文化等更值得我们借鉴。所以，他在写给李鸿章的信中就主张，李鸿章派往英、法学习制造与驾驶的学生，不如让他们改学科学技术，以求实用。如果能像日本人的留学方针一样，从政治、经济、社会、法律等立国之本的制度学起当然更好。但是，李鸿章对于郭嵩焘的建议却表示不能接受。他说："鄙人职在主兵，亦不得不考求兵法。"且"兵乃立国之要端，欲舍此别图大者、远者，亦断不得一行其志"，所以"未便遽改别图"。究竟立国之要端是不是就只需国防建设这一项呢？从一百多年来中国努力从事现代化的艰辛过程看来，李鸿章的看法大概是错了。

梁启超撰《李鸿章传》，曾说：

李鸿章所办洋务，综其大纲不出二端：一曰军事，二曰商务，其间有兴学堂、派学生游学外国之事，大率皆为兵事起见，否则以供交涉翻译之用者也。海、陆军事，是其生平全力所注也。盖彼以善战立功名，而其所以成功，实由与西军杂处，亲睹其器械之利，取而用之，故事定之后，深有见夫中国之兵力，平内乱有余，御外侮不足，故兢兢焉以此为重，其眼光不可谓不加寻常人一等，而其心力之瘁于此者，亦至矣。何图一旦中日开战，艨艟楼舰，或创或夷，或以资敌；淮军练勇，屡战屡败，声名一旦扫地以尽。至其所以失败之故，由于群议之掣肘者半，由于鸿章之自取者亦半。其自取也，由于用人不当者半，由于见识不明者亦半。彼其当大功既立，功名鼎盛之时，自视甚高，觉天下事易易耳。又其裨将故吏，昔共患难，今共功名，徇其私情，转相汲引，布满要津，委以重任，不暇问其才之可用与否。以故临机偾事，贻误大局，此其一因也。又惟知练兵而不知有兵之本原，惟知筹饷而不知有饷之本原，故枝枝节节，终无所成，此又其一因也。

梁启超说李鸿章因用人不当而导致失败，除了前引胡思敬《国闻备乘》中所说的话可以与此参看外，下文将另有论列。至于所谓"见识不明"，则除了"惟知练兵而不知有兵之本原，惟知筹饷而不知有饷之本原"二点外，其最大的错误还是在甲午战争发生前他所主持的对日外交政策，总是以对日采取强硬态度为原则，而不知道强硬的外交政策须有强大的军事实力为后盾。在光绪十年前后，北洋的海、陆军力强于日本，尚有话说；而到了光绪二十年左右，中、日双方的军力对比已呈逆转之势，外交强硬而军事软弱，启衅势非招侮不可。李鸿章昧于此点，显然有见识不明之嫌。而甲午之战中国败绩对晚清历史的影响就太大了。

日本成为中国的外患是在明治维新之后，以中国的纪元而言，则是在清光绪一朝。在咸丰、同治二朝，成为中国外患的帝国主义国家乃是英国与法国。其时，中国备受英、法之侵凌，日本隔岸观火，深知如欲避免外国侵略，必须效法西方以求自强。因此，远在明治天皇即位以前，日本的藩侯就已派遣学生至西方留学。留学回国的学生不但以西方的船、炮制造技术来装备、训练本国的新式军队，更进而改革法制，废除封建，竭力从事现代化的建设。等到明治天皇即位，废藩侯，行新政，国势更是日见强盛。19世纪的"现代化"国家都靠着资本主义起家。资本主义发展到某一程度，就会要求向外发展，一以取得低廉的原料供应，一以销售本国工厂所大规模制造的产品，所以资本主义国家在早期常常存有军事及政治的侵略性。先进的资本主义国家如英、法、俄等国是如此，后来跟上的日本、德国等亦莫不皆然。但因日本在地理上最接近中国，日本一旦成为资本主义国家，中国首当其冲，在外交关系上自然要比别国更受影响。

日本本国的领土狭小而资源有限，要想向外发展，首先的目标是朝鲜和中国台湾，接下来的目标就是中国大陆。但朝鲜不仅与中国接壤，亦与俄国毗邻，俄人眈眈而视，殊使日本深怀戒心。所以，日本虽然有意染指朝鲜，却不希望从俄国人手中去夺取。因此，他们的外交政策是在表面上与中国及朝鲜和好，尽量与中国合作保持朝鲜现状的完整，然后伺机侵夺。假如清政府能够了解日本的用心，未尝不可设法操纵利用。但当时自李鸿章以至一班朝臣，无不以为俄国可畏而对日本则藐视之，所以对俄国退让而对日本强硬，最后终于造成两国之冲突，提早了日本侵略朝鲜及进军东北的日程表。光绪年间的中日交涉便是在这种情形之下发展起来的。

光绪五年，日本并吞琉球，将琉球废为冲绳县。清政府强调琉球素为我国藩属，日本岂可无理并吞，屡次交涉抗议，拖延年余，始无了局。到了光绪六年，中、俄之间又因伊犁问题而陈兵边界，将有用兵之势。朝臣中颇有人忧虑，日本可能利用中、俄紧张情势而与俄国勾结，借以从中取利，因此主张速结琉案，对日让步，以免多方树敌。李鸿章时为直隶总督，奉命筹议得失。因此，他于光绪六年十月初九日奏上《妥筹琉事折》，提出他对拒俄与拒日的看法。此折见于李鸿章的奏稿卷三十九，中云：

谨绎总理衙门及王大臣之意，原虑日本与俄要结，不得不揆时度势，联络邦交，洵属老成持重之见。然日本助俄之说，多出于香港日报及东人恫吓之语，议者不察，遂欲联日以拒俄，或欲暂许以商务，皆于事理未甚切当。查陈宝琛折内所指，日本饷绌兵单，债项累累，党人争权，自顾不暇。倭人畏俄如虎，性又贪狡，中国即结以甘言厚赂，一旦中、俄有衅，彼必背盟而趋利，均在意计之中。何如璋节次来函，亦屡称日本外强中干，内变将作，让之不能助我，不让亦不能难我，洵属确论。……是俄事之能了与否，实关全局。俄事了则日本与各国皆戢其戎心，俄事未了则日本与各国将萌其诡计。与其多让于倭而倭不能助我以拒俄，则我既失之于倭，而又将失之于俄；何如稍让于俄，而我因得借俄以慑倭？夫俄与日本，强弱之势，相去百倍。若论理之曲直，则日本之侮我，为尤甚矣。而议者之谋，若有相反者，此臣之所未喻也。

　　此奏之可注意处，全在上文所引的后面一段。这段话充分说明了李鸿章心目中的对日外交观念——俄强而日弱，中国既已在对俄外交上吃亏，便不能再在对日外交上吃亏。而且在予俄便宜之后，正可利用俄国来慑服日本，应可收东隅桑榆之效。这正是甲午战争以前中国对日的外交态度。既然中国不肯对日让步，而日本又认为中国非它之敌，这一场战争当然是迟早非打不可的了。

　　为了贯彻、执行他的对日外交强硬政策，李鸿章除了主张不能让步以外，还以他所兼北洋通商大臣的身份，请求清政府多购新式战舰，建立强大海军，以备一旦对日战争之用。清光绪八年七月，朝鲜乱党突围日本使馆滋事，王宫亦同日被袭。李鸿章当时方丁忧，署理直隶总督张树声当机立断，即刻派遣提督吴长庆率军东渡朝鲜王京，为之平定乱事，并将酿成祸乱的首脑人物大院君李昰应拘来保定幽禁。乱事既定，吴军留驻朝鲜。一般清议对此甚为兴奋，多主张乘此兵威以慑服日本，请旨饬令李鸿章带兵驻扎烟台，相机调度。李鸿章因此与署督张树声合词奏覆，中云：

> 查日本兵船在二十艘以外，而坚利可用者十余艘。以彼所有，与中国絜长较短，不甚相让。况华船分隶数省，畛域各判，号令不一，似不若日本兵船统归海军卿节制，可以呼应一气。万一中东有事，胜负之数尚难逆料。是欲制服日本，则于南北洋兵船整齐训练之法，联合布置之方，尤必宜豫为之计也。……从前日本初行西法，一得自矜，辄敢藐视中国。台湾一役，劫索恤款，后更废灭琉球。中国方以船械未齐，水师未练，姑稍含忍，以待其敝。然比年以来，臣鸿章与内外诸臣熟商御侮之要，力整武备，虽限于财力，格于浮议，而购船制械，选将练兵，随时设法，独具规模。……中国地大物博，能合力以图之，持久以困之，不患不操胜算。……中国战舰足用，统驭得人，则日本自服，琉案亦易结矣。

在这一件奏折中，李鸿章更明白地指出慑服日本的办法只有一个——多买兵舰，建设强大的海军，则届时日本自服，而琉球争议亦自结。由光绪初年以至光绪二十年，李鸿章确实是依据了此一构想而大事建设北洋海军的，但是结果如何呢？《李鸿章奏稿》卷七十八，载有光绪二十年七月二十九日中日甲午战争刚刚开始不久，李鸿章奏覆《海军统将丁汝昌暂时尚不宜遽予撤换》一折，其中说到北洋海军与日本海军的比较情形，云：

> 查北洋海军可用者，只"镇远""定远"铁甲船二艘，为倭船所不及，然质重行缓，吃水过深，不能入海汊内港。次

则"济远""经远""来远"三船，有水线甲、穿甲，而行驶不速。"致远""靖远"二船，前定造时号称一点钟十八海里，近因行用日久，仅十五六海里。此外各船，愈旧愈缓。海上交战，能否趋避，应以船行之迟速为准，速率快者，胜则易于追逐，败亦易于引避，若迟速悬殊，则利钝立判。西洋各大国讲求船政，以铁甲为主，必以极快船只为辅，胥是道也。详考各国刊行海军册籍内载，日本新旧快船推为可用者，共二十一艘，中有九艘自光绪十五年后分年购造，最快者每点钟行十五至十八海里，已为极速，今则至二十余海里矣。近年部议停购船械，自光绪十四年后，我军未购一船。丁汝昌及各将领屡求添购新式快船，臣仰体时艰款绌，未敢奏咨渎请，臣当躬任其咎。倭人心计谲深，乘我力难添购之际，逐年增置。臣前于《预筹战备》折内奏称，海上交锋，恐非胜算，即因快船不敌而言。倘与驰逐大洋，胜负实未可知。……盖今日海军力量，以之攻人则不足，以之自守尚有余。用兵之道，贵于知已知彼，舍短用长，此臣所为兢兢焉以保船制敌为要，不敢轻于一掷，以求谅于局外者也。

这一段话缕述北洋海军在光绪十四年以前本来要比日本海军占有优势，只因光绪十四年以后清政府不准北洋海军添购新船、新炮，所以到了光绪二十年甲午之战发生时，北洋海军所拥有的舰只，犹是光绪十四年以前所购入、在速度和火力方面都已比较落后的旧舰。相反，日本知道北洋海军停购新舰，乃在光绪十五年以后陆续增购新舰九艘，其速度与火力均远较北洋的旧舰为优。相形之下，到了光绪二十年时，双方海军的实力对比就呈现逆转之势。为北洋海军计，李鸿章只有尽量设法避免与日本海军作战，以求"保船制敌"了。他在前引疏中说："自光绪十四年后，我军未购一船。丁汝昌及各将领屡求添购新式快船，臣仰体时艰款绌，未敢奏咨渎请，臣当躬任其咎。"这一段话实在是皮里阳秋之笔，很可以看出李鸿章之哑子吃黄连，有苦说不出。原来北洋海军在光绪十四年以后之所以不添一船，并非由于"时艰款绌"，而是因为当时主管海军衙门及户部的王公大臣们为了献媚慈禧，把成百万两计的海军经费挪用到建造颐和园的工程上去了。但即使事实的真相如此，李鸿章却绝不能实话实说，他内心的难堪当然可想而知。

关于慈禧挪用海军经费建造颐和园一事，清末以来的私家笔记言之屡屡，但是官方的史书中对此却讳莫如深，所以始终无法从官方的数据中寻得正面的记录。但颐和园的全部修建费用多至银三千万两，当时清政府财政支绌，为了筹措这一笔巨大的经费，自中央以至十八行省，各方搜括，罗掘俱穷。海军经费虽有专款，一则出于各省的解缴，二则须经户部的拨发，为了应付"园工"的紧急支出，任何款项都会被提拨应用，海军经费又何能例外？海军购舰需款甚巨，动辄以百万计。处此情形之下，即使有添舰购械之必要，亦必然要因园工而遭受搁置。李鸿章所谓"臣仰体时艰款绌，未敢奏咨渎请"者，其真正的意义在此。胡思敬《国闻备乘》卷一"名流误国"一条，亦有关于这方面的记载，可以参看，引述如下：

　　甲午之战，由翁同龢一人主之。同龢旧傅德宗，德宗亲政后，以军机大臣兼毓庆宫行走。尝蒙独对，不同值诸大臣不尽闻其谋。通州张謇、瑞安黄绍箕、萍乡文廷式等，皆文士，梯缘出其门下，日夜磨励以须，思以功名自见。及东事发，咸起言兵。是时，鸿章为北洋大臣，陆海兵权尽在其手，自以海军弱，器械单，不敢开边衅。孝钦以旧勋倚之，謇等仅恃同龢之力，不能敌。于是廷式等结志锐，密通宫闱，使珍妃进言于上。妃日夜怂恿，上为所动，兵祸遂开。继而屡战不胜，敌逼榆关，孝钦大恐，召同龢切责，令即日驰赴天津诣鸿章问策。同龢见鸿章，即询北洋兵舰。鸿章怒目相视，半晌无一语。徐掉头曰："师傅总理度支，平时请款辄驳诘，临事而问兵舰，兵舰果可恃乎？"同龢曰："计臣以撙节为尽职，事诚急，何不覆请？"鸿章曰："政府疑我跋扈，台谏参我贪婪，我再哓哓不已，今日尚有李鸿章乎？"同龢语塞，归乃不敢言战。后卒派鸿章东渡，以二百兆议和。自是党祸渐兴，康梁乘之，而戊戌之难作矣。

胡思敬所说，慈禧在甲午兵败之后令翁同龢驰赴天津，诣李鸿章问战守策，翁同龢此行所奉的指示究竟如何，容后再加讨论。至于他所记翁、李相见时的态度及谈话内容，则十分值得注意。因为，翁同龢在此以前一直是以军机大臣掌户部，专门假借财政支绌之理由，处处限制北洋海军的经费支出。池仲佑所撰的《海军大事记》光绪十七年纪事云：

> 四月，户部奏《酌拟筹饷办法》一折，议以南北购买外洋枪炮、船只、机器暂停两年，即将所省价银解部充饷。海军右翼总兵刘步蟾屡向提督丁汝昌力陈，我国海军战斗力远逊日本，添船换炮不容稍缓，丁汝昌据以上陈。秋间，李鸿章奏称："北洋畿辅，环带大洋，近年创海军，防务尤重。北洋现有新旧大小船舰共只二十五艘，奏定海军章程声明，俟库款稍充，仍当续购多只，方能成队，而限于饷力，大愿未偿。本年五月钦奉上谕，方蒙激励之恩，忽有汰除之令，惧非所以慎重海防，作兴士气之至意也。"等语。然以饷力极绌，仍遵旨照议暂停。

其时，翁同龢不仅以部款支绌为理由，奏请海军停购船械两年，即是弹药的补充亦多方予以限制。据当时担任北洋海军顾问的英国海军军官泰乐尔的自传记述说，其时另有德国工程师汉纳根者，亦为北洋海军的顾问人员。他曾在甲午战争以前两年，建议李鸿章多买德国克虏伯厂所造的大开花弹，以供战舰上的大炮之用。李鸿章已经签发了命令，但最后却未曾实行，因为当时主持军需事务的大人物反对耗费巨款购买炮弹储藏，指为无用浪费云云。到了甲午战争发生，北洋最大的铁甲舰"定远""镇远"二船，"定远"舰的巨炮炮弹只有一枚，"镇远"舰亦只有二枚，其他较小口径的炮弹亦奇缺。等到中、日双方宣战，李鸿章急忙向英、德各国商购炮弹，各国皆以严守中立之故，拒绝出售。终于使海战发生时，北洋战舰的最大巨炮不能发挥作用，是为黄海海战败绩的一大原因。有这种种原因存在其间，北洋海军在开战时便自知处于不敌的地位而心存怯懦，未战已先成败形。究其原因，慈禧徇私害公、挪用海军军费以建造颐和园，固是罪魁祸首，翁同龢借事倾陷、乘机排挤，亦是国家民族的罪人。

翁同龢为什么要借掌握度支大权的便利来对李鸿章倾陷排挤？追溯其本源，还是因为其兄翁同书当年在安徽巡抚任内被曾国藩上疏严劾，以致自皇帝以至朝中群臣都无法为之缓颊，不得不远戍新疆的那一件旧事。曾国藩的奏疏义正词严，使那些想帮忙援救的人都开口不得。而曾国藩此疏之所以出语惊人、掷地有声，正是因为主稿的李鸿章文章做得太厉害，使人无隙可乘、无懈可击。然则追溯其本源，曾国藩固然是翁家的大仇人，李鸿章也可算作"帮凶"。现在翁同龢以帝师之尊而手握财政大权，遇有机会，岂有不对李鸿章报复、倾陷之理？吴永的《庚子西狩丛谈》一书中，载有翁、李仇隙的掌故一则，颇富趣味，亦甚有参考价值，可以参看，引录如下：

> 公任直督时，深受常熟（翁同龢，翁乃江苏常熟人）排挤，故怨之颇切。……在贤良祠时，一日，项城（袁世凯）来谒……

旋进言:"……不如暂时告归,养望林下,俟朝廷一旦有事,闻鼙鼓而思将帅,不能不倚重老臣,届时羽檄征驰,安车就道,方足见老成声价耳。"语未及已,公厉声诃之曰:"止止,慰庭,尔乃来为翁叔平做说客耶?他汲汲想要得协办,我开了缺,以次推升,腾出一个协办,他即可安然顶补。你告诉他,教他休想!旁人要是开缺,他得了协办,那是不干我事;他想补我的缺,万万不能!武侯言鞠躬尽瘁,死而后已,这两句话我还配说。我一息尚存,绝不无故告退,绝不奏请开缺。"……项城出后,公即呼予相告曰:"适才袁慰庭来,说得天花乱坠,要我乞休开缺,为翁叔平作成一个协办大学士,我偏不告退,教他想死!我老师的挺经,正用得着,我是要传他衣钵的。我决计与他挺着,看他们如何摆布。"

吴永所记的这一段翁、李故事发生在光绪二十一年。其时,李鸿章正因甲午战败而谤言丛集,失势无聊,忧谗畏讥,苦闷至极。只因他是"同光中兴"名臣的硕果仅存之人,且又勋业卓著,即使有甲午之败,慈禧太后笃念耆旧,还是不会对他有严厉处分的。以前他的头衔是文华殿大学士兼直隶总督,甲午战后,直督一职虽被开去,可是大学士的头衔尚在,而且在《马关条约》之后"入阁办事",依然是首辅之尊。他自己如不奏请开缺休致,慈禧也不会连这首辅的空名亦一并褫去。而翁同龢在军机多年,虽然以帝师而兼管户部,位尊权重,可是一直不能入阁拜相,原因是当时并无缺额可补。袁世凯夙为李鸿章所器重,朝鲜、甲午战争之发生,袁世凯之躁急鼓荡,实为酿衅之主因。至此深恐一生仕途从此不振,急图趋附权门,以为进身之计。而翁同龢既然有觊觎李鸿章缺位的想法,于是袁世凯便自告奋勇,想为翁同龢办成此事,以作为他自己的进身之路。却不曾想到李鸿章恨透了翁同龢当年的排挤倾陷,不但不肯答应,还声言要与翁同龢周旋到底,看他如何摆布！由此一故事不难看出翁、李仇隙之深，与李鸿章对翁同龢之痛心疾首。李鸿章所说的"老师"，就是曾国藩。曾国藩有他的一套"挺经"，想不到在这里居然被用上了。

追述慈禧挪用海军经费及翁同龢对李鸿章的排挤倾陷往事，足以使我们了解，北洋海军之败固有其内在原因。但话虽如此，甲午战争中北洋海军之败却不能完全归咎于船炮不如日本与弹药准备不足这两项原因。除此之外的致败原因尚可举出两大点：第一是北洋海军的军纪废弛，高级军官缺乏斗志；第二是统帅非人，指挥失当。以下试分别详述之。

罗惇曧《中日兵事本末》："初，光绪十年立海军衙门于京师，建旅顺、大连湾、威海卫炮台。十四年，定海军经制，以丁汝昌为海军提督。汝昌淮人陆将，孤寄其上，大为闽党所制，威令不行。左右翼总兵以下，争挈眷陆居，军士去船以嬉。每北洋封冻，海军例岁巡南洋，率淫赌于香港、上海，盖海军之废弛久矣。"这是本国人士关于北洋海军军纪废弛的记载。

包遵彭著《中国海军史》，引日人伊藤正得所撰《国防史》说："在明治二十四年，吴镇守府参谋长东乡平八郎，曾见停泊宫岛之清国军舰"镇远""定远"舰炮上，张晒衣裤，曾云：'以此类巨舰，纪律尚如此，其海军实不足畏，无怪欧美喻为睡狮。'因此，益增吾人之战胜信念。"这是外国人有关北洋海军纪律废弛的记载。

海军的军纪废弛，军官与士兵两方面都有责任。但如军官能对士兵做适当的管教与训练，士兵的纪律一定可以得到改善；只有在高级军官本身亦怯懦腐化时，官兵的纪律才会无法整饬。当时的情形不幸正是如此。前文已经有"左右翼总兵以下，争挈眷陆居，军士去船以嬉"的事实，由后面所引的资料见之，则北洋海军高级军官之纪律散漫、萎靡不振，尚有过于此者。

张荫麟撰《甲午中国海军战绩考》，引述当时北洋海军顾问泰乐尔的话，说："船面及机械室人员皆极优良，士兵皆活泼勇敢，下级将校大体尚善，惟上级者除少数外，盖远逊焉。彼等大抵染官僚习气，萎靡不振。"另据当时美籍炮术教官麦吉芬的观察，则"将官之怯者，无过福州人。自兵端初起，以迄末次之战，凡丁汝昌之欲左者，若辈共右之，欲右者，即共左之。视军令如儿戏，恒加虚词。有时为丁提督所视察，顿足怒詈，终无如之何"。上级军官可以不服最高指挥官的命令，可以视军令如儿戏，试问他们如何能整饬士兵的军纪？一到战事的情势不利时，势必会群情涣散，军无斗志。而后来情形的发展正是如此。

以上所述是北洋海军军纪废弛、高级军官缺乏斗志的客观记录。至于统帅不得其人、指挥不当的情形，则其原因全在于身为最高指挥官的海军提督丁汝昌本系陆将，于海军技术为门外汉，凡事偏信其属下的最高级军官右翼总兵刘步蟾，举凡战略之决定与号令之发施，都由刘步蟾从中主持。不幸的是海军提督刘步蟾缺乏坚毅之战志与忠贞之志节，于是就不免因统帅不得其人而致部署错误、指挥失当，所关系于作战胜败的因素就太大了。

包遵彭《中国海军史》叙甲午战争黄海海战的情形说：

先是，丁汝昌偕德员汉纳根、英员泰莱，同集"定远"旗舰之飞桥上，议应战之策，决分段纵列，以待敌舰之来。及起碇，发布展开队形之信旗。乃信旗所示者，为诸舰相并横列，与议决者相左，以主力舰居中，并非适所议决之阵形。议者有谓"定远"管带刘步蟾胆小，惧己船当头阵致此。时丁汝昌与汉纳根立飞桥上，惟泰莱觉之。但事急，势不及另变队形。乃两翼小艇觉其位置之危，又趑趄不前，舰队因成半月形。

甲午战争中日海战，北洋海军败绩。其所以失败，便是因为北洋海军采半月形的横列阵形，主力舰居中而辅助舰居外，日舰因此得以利用其较快捷的航速分左右夹攻。北洋海军居于队形外侧的，都是火力较弱而吨位较小的辅助船只，抵挡不住火力强而速度快的日本巡洋舰。"扬威""超勇"二舰首当其冲，中弹着火，日舰复左右环攻，北洋海军阵形大乱，完全处于被动地位而应付困难。最后，北洋军舰沉没五艘，轻重伤七艘，日舰则只有四艘受重伤，没有沉没的。追源祸始，丁汝昌固然不适于担任海军统帅，而刘步蟾出身海军学堂，素有儒将之风，临敌时居然怯懦无能，唯知以自身安全为事，置全军之胜败于不顾。这样的人也能跻身高级将领而代司指挥之责，则北洋海军之不免因战略错误与指挥失当而致败绩，也正是势所必至之事了。

　　甲午战争中北洋军海陆皆败。海军之败犹可以诿为舰只老旧与弹药不足，北洋陆军则具有新式大炮的配备，平素的操练演习又向来号称精良，如何也一败再败，甚至弃甲曳兵而走，连堆积在平壤城中的数十门新式大炮及上千的枪支都一概不要，唯以逃避奔走为能事呢？这一点李鸿章就实在无词可解了。梁启超说：

　　　　是役也，李鸿章二十余年所练之兵，以劲旅自夸者，略尽矣。中国军备之弛，固为外国所熟知，独淮军、奉军、正定练军等，素用洋操，鸿章所苦心经营者，故日军慑其威名，颇惮之。既战胜后，其将领犹言："非始愿所及也。"其所以致败之由，一由将帅阘冗非人。其甚者如卫汝贵克扣军饷，临阵先逃；如叶志超饰败为胜，欺君邀赏。以此等将帅临前敌，安得不败？一由统帅六人，官职权限皆相等，无所统摄，故军势涣散，呼应不灵。盖此役为李鸿章用兵败绩之始，而淮军声名，亦从此扫地以尽矣。

由于事实情形如此，所以梁启超以十二罪责备李鸿章，其中最使李鸿章无可诿卸的，莫如他所说的："身任北洋，整军经武二十年，何以不能一战？"其所以不能一战的原因，当然不能完全归咎于武器装备。光绪二十年九月初七日，翰林院侍讲学士文廷式等折参李鸿章，其中曾说：

> 朝廷倚李鸿章为长城，李鸿章广蓄私人，以欺罔朝廷。某某则为耳目，某某则为腹心，丁汝昌、卫汝贵为爪牙，龚照玙、刘含芳为羽翼。此数人者，皆天下所讪笑指目，而李鸿章以之分布于海军、粮台、电报、军械，各关系军国重要之区，窟穴深固，牢不可破。平时病民蠹国，事皆坠坏于冥冥之中。暨有事之秋，诪张为幻，不惟助李鸿章以欺罔朝廷，抑且卖李鸿章以邀利而有所不恤。

这一段话虽然不免有点言之过甚，但其中也很有若干道理。王芸生撰《六十年来中国与日本》一书，说：

> 李鸿章自曾幕脱颖而出，为清季之中兴名臣。既掌北洋，一切时务兵政，皆出其手，而晚清数十年之外交，尤一身当其冲，惟日孜孜，自是一代人才。惟以忽于为政之本，而又少重气节，不为一般士大夫所信任。迨经甲午一战，中国固陷于悲运，李鸿章之事业，亦全暴露其弱点。素练之兵，望风而溃，要塞之险，不战与人，甚且军械、弹药，亦发现赝鼎，类此之事，自有非李氏所尽知者。然此辈贪污之徒，固皆其所登用者也。蒋廷黻教授曾谓："李鸿章之人格，能入人之脑而不能入人之心。"又谓："一看李之全集，只见其做事而不见其为人。"此数语可为李之确评，亦正以见其德望不

足以副其才华也。

亦正因为李鸿章私心太重，而用非其人之故，北洋的海陆军及军需事务等重要工作，尽被视为有利可图之肥缺，一概用来安插他的淮军旧部及安徽同乡，所以在后来才会弄得一败涂地。这一层自是李鸿章的致命伤，亦即是梁启超论述李鸿章甲午战争功罪时所说的："其所以失败之故，由于群议之掣肘者半，由于李鸿章之自取者亦半。其自取也，由于用人失当者半，由于见识不明者亦半。"由甲午败绩而追论李鸿章之处置失当与人谋不臧，至此应可告一段落。下文所要接叙的，乃是李鸿章在甲午战争以后所主持的联俄外交，亦即他一生之中最为人所诟病的《中俄密约》。

由于《中俄密约》的签订，导致俄国势力侵入东三省，即所谓前门拒虎，而后门进狼。狼与虎都是噬人的凶兽，虎固凶暴，狼之狡诈险恶似尤过之。李鸿章签订《中俄密约》，被人喻为引狼入室，究竟这引狼拒虎的妙计是不是出于李鸿章的设计呢？要了解这个问题，还得从光绪十二年朝鲜的巨文岛为英国所占，中、俄两国就此事所进行的往来交涉说起。

巨文岛乃是朝鲜南海中之一小岛，孤峙海中，当济州海峡之航路要冲，为对马岛之门户，岛内的海湾水深可泊巨舰。清光绪十一年，英、俄两国因阿富汗的边界问题发生争执，俄国舰队在海参崴集结，有南下与英国用兵之势。英国为防俄舰南侵采取了先发制人之计，乃于这年的二月间派兵舰占领巨文岛，在岛上筑炮台、设军营、修码头、布水路，作为英国在此监视对马海峡俄舰动态的海军基地。英国此举虽为备俄而发，事实上却侵犯了第三者的主权——此岛本为朝鲜所有，朝鲜并未介入英、俄的冲突，英国怎可无故出兵加以占领？因此，朝鲜对英国提出抗议，要求将兵员及舰只撤出，交还巨文岛由朝鲜管理。中国既视朝鲜为属国，当然也帮同朝鲜向英国提出交涉。俄国知道英国理屈，乘机亦向负责交涉事务的李鸿章提出要求说，假如中国及朝鲜不能使英国撤出巨文岛，俄国亦将派兵占领朝鲜之一地，以维持俄国之利益。其时，阿富汗问题已趋缓和，英国乃答复清廷说："此岛之占领，并未损及中国及其属国之利益，英国亦无长久占有该岛之意。但如此岛为他国所有，则必使中、英两国蒙受不利。如中国能保证此岛不为外国所占，英国自然可以撤出。"这一照会的措辞甚为狡猾，虽未拒绝交还巨文岛，却出了一个难题给中国政府去解决。为了达成英国撤出巨文岛之目的，清朝政府乃不得不转而向俄国交涉。

俄国僻处北方荒原，早就对中国大陆及毗邻的朝鲜半岛存有染指之心，只是苦于力有未逮而已。如今李鸿章代表清朝政府向俄国提出交涉，要它答应不侵占朝鲜的土地，恰好给了它一个插手干涉的机会。因此，俄国公使拉德仁虽然口头允许李鸿章的要求，却不肯做书面的承诺。直到图穷匕见之后，拉德仁方才表明其真正态度，说："朝鲜介在中、日、俄三国之间，此三国中之任何一国如欲占取朝鲜，其余二国必不答应。"意思是要李鸿章先答应担保朝鲜之领土完整，然后俄国方肯做此承诺。此举无异于要将中国置于与俄国同等之地位，放弃对朝鲜的宗主国权利，然后可使俄国遂行其进一步的侵略企图。这在清政府来说，当然不合本身的政治利益。但因李鸿章深知日本政府对朝鲜怀有极大的野心，如能结合俄国的力量来共同担保朝鲜不为日本所侵，未始不是好办法。何况"借俄慑倭"的思想，很久以前就已存在于李鸿章及同时士大夫们的心中。所以，李鸿章后来就与拉德仁商定三点，由中、俄两国立约担保朝鲜之独立及领土完整，兼以表明俄国不取朝鲜土地之态度。但李鸿章及拉德仁间的协议，却不能为清政府所同意。照总理衙门的意见，若照此三条立约，"于将来措置属国事宜，恐多牵制"。而"俄不侵韩，乃其本分应尔，安能与我为上国者相提并论？设迁就立约，得巨文一时之虚名，失全韩日后之通局，堕其术中，自贻伊戚"，绝不可行。于是，李鸿章与拉德仁的交涉陷入了僵局。与此同时，总理衙门根据俄国公使对李鸿章所做的口头承诺要求英国退兵，英国亦居然同意。目的物既已消失，李鸿章与拉德仁之间的交涉也就不了了之。想不到十年之后，这一桩交涉旧案又重新被提了出来。于是乃有后来的中俄交涉。

王芸生所编的《六十年来中国与日本》收有李鸿章于光绪二十年七月十三日发致总理衙门的电报一件，内云：

> 顷俄喀使遣巴参赞持其国家训条，谓此语须秘密。译云："朝鲜之事，俄国已有激而起，毫无自利之心，惟有确照公历一八八六年即光绪十二年，拉德仁在津所订之约办理。此约准喀希尼本月十二日来电，李中堂依然承认，即将此意向中国政府声明为要。"等语。查拉署使前订节略，密致总署在案。现朝鲜局势大变，若能照前样办理，于国体旧制，尚无大损。看来俄似有动兵逐倭之意。该使谓："如何办法，该国尚未明谕。"而大要必不出此，请先代奏。

前文所说的"喀使"，即当时俄国的驻华公使喀希尼。看《李鸿章全集》所收的奏稿及电稿，自从光绪二十年四月朝鲜发生东学党之乱，中、日两国同时出兵朝鲜，至六月中，朝鲜乱事平定，中国要求日本撤兵，日本拒不依约履行，以致朝鲜局势日趋紧张之时起，即曾希望利用西方列强的势力逼迫日本自朝撤兵。六月二十日，喀希尼休假回国，道经天津，李鸿章便乘机要求俄国干涉，告以"昔时俄使拉德仁曾与中国订约互不侵犯朝鲜领土，今日本大兵驻韩，野心难测，俄为朝鲜近邻，岂能漠视？且中、日两国军队留朝，势必发生冲突，妨碍远东和平，望贵国外部转电驻日公使，劝导日本与中国同时撤兵，以免后患"。喀希尼当时似乎并不了解日本侵略之真正意图，以为俄国若出面干涉，不难使日本就范。而中、日两国如果不在朝鲜发生冲突，正合于俄国的利益，因此欣然允诺。俄国外交部接到喀希尼的电报后，颇以干涉之意为然，乃复电准其所请，令暂时留在天津与李鸿章保持接触，另由俄国政府致电驻日公使希德洛夫，劝请日本政府撤回在朝鲜的军队。自此时以至中、日两国宣战之日止，圣彼得堡、天津、东京三地之间，电报往来频繁，都是俄国实行干涉的事实。但其后来的发展却与李鸿章及喀希尼的构想并不一样。

喀希尼接到俄国外部的复电后，知道俄国决意干涉朝鲜问题，大为欣悦，再电转达李鸿章希望俄国压迫日本无条件撤兵，以避免军事冲突之意，并遣公使馆参赞通知李鸿章说："俄皇已电谕驻日俄使转达日本政府劝请撤兵，如果日本不肯遵办，俄国将以武力压服。"云云。鸿章大悦，即电袁世凯转达牙山方面的北洋陆军静以待命，不得轻举妄动。在李鸿章看来，俄国若肯出面干涉，日本必定不敢违抗；殊不知此只是喀希尼个人的看法，而俄国外交部的真正意图在后来却有了转变。其原因是俄国驻日公使希德洛夫的态度在这件事情上对俄国外交部发生了较大的影响。

照希德洛夫的看法，日本对侵朝具有坚强之决心，外国调停恐不能达到目的。如果俄国要以武力干涉，势将要卷入远东纠纷之旋涡，而这便是某些国家所希望之目的。言外之意，当然是说中国希望俄国卷入朝鲜战争的旋涡，俄国如果不打算介入这场纠纷，最好不要上中国人的当。俄国外长吉尔斯了解此一情况后，顿时降低了积极干涉的愿望。而当时对朝鲜问题密切关心的英、美各国，都表示无意以武力压迫日本撤兵，这就使得吉尔斯在处理朝鲜问题时必须更加慎重了。另一方面，李鸿章因得到喀希尼遣使馆参赞通知，称俄皇有以武力压迫日本退兵之决心，一心以为俄国的干涉必有成效，故而一再敦促喀希尼速催俄国采取有效行动。只因俄国政府已决心不介入朝鲜纠纷，其劝告日本撤兵的照会始终只是空言恫吓，而并无进一步的行动，所以对于日本之坚持不愿，并无其他有效的办法，虽经喀希尼迭电催促，终无结果。到了此时，朝鲜的局势已经急转直下，不但日本政府的态度蛮横，清政府亦认为日本的态度实在无法容忍，决不愿对之委屈容忍。于是，两国终于走上了兵戎相见之道。此虽是日本所迫切希望之事，清政府却是对整个局势缺乏全盘的了解，完全在被动的情况下决定对日作战的。俄国政府在后来决定不介入朝鲜纠纷，原因尚多。最主要的一项是由于清政府在光绪十年以后，对朝鲜采取了积极干预的政策，在外交、内政方面的力量都极为深入，不但引起日本之不满，也使俄国深怀猜忌。光绪二十年，中、日两国因朝鲜东学党之乱再起冲突，俄国最初颇有意压迫日本退兵，以为示好于中国之计。但日本之态度既如此强硬，俄国要正式卷入旋涡，则顾忌良多。照俄国的估计，日本虽强而国小，两国即使开战，中国未必败绩。喀希尼强调日本战胜之后，将乘胜入侵中国之东北，成为俄国之大患，似乎近于过虑。而且即使日本万一战胜，俄国亦不难乘其疲敝，加强其本身的地位，坐收渔人之利。俄国政府的这种打算可说完全符合其本国的利益，李鸿章不了解其中内情，一味希望俄国军事干涉，以致北洋海陆军均因疏于戒备而招致败绩，实在可说是失策之甚。而他在这年七月十三日发致总理衙门重提光绪十二年中、俄协议的这件电报，在后来也成了导致《中俄密约》的前奏，尤其可说是不幸之至。

中、日两国在光绪二十年的七月初一日正式宣战，其后中国的海陆军俱惨遭败衄。至这年八月，平壤败报又再传来，左宝贵血战阵亡，叶志超树旗投降，朝鲜境内已经没有了中国军队的踪迹。到了此时，显然已有日军由朝鲜渡鸭绿江西侵的危险。于是，当朝的慈禧太后也希望借助俄国的干涉来转圜了。《翁同龢日记》中曾记述当时的情形：

> 八月二十日，传庆亲王、军机、翁某、李某（李鸿藻），凡三起，在颐年殿东暖阁见起。……余与李公同入，皇太后上同坐。跪安毕，首言倭事。臣等即言：平壤既弃，义州已

危，鸭绿一水，不过里许，江西无险，若长驱平进，北距兴京六百余里，永陵在焉，虽南面有山，恐兵少难扼。次及淮军不振，并粮械无继，种种贻误状。皇太后曰："有一事，翁某可往天津，面告李某（李鸿章），此不可书廷寄、发电报者也。"臣问："何事？"曰："俄人喀希尼前有三条同保朝鲜语，今喀使将回津，李某能设法否？"臣对："此事有不可者五：最甚者，俄若索偿，将何畀之？且臣于此等事，始未与闻，乞别遣。"叩头辞者再，不允。最后谕曰："吾非欲议和也，欲暂缓兵耳。汝既不欲传此语，则径宣旨责李某何以贻误至此？朝廷不治以罪，此后做何收束？且退衄者淮军也，李某能置不问乎？"臣敬对："若然，敢不承？"则又谕曰："顷所言，作为汝意，从容询之。"臣又对曰："此节只有李某覆词，臣为传述，不加论断。臣为天子近臣，不敢以和局为举世唾骂也。"允之。既又谕："明日即行，往返不得过七日。"遂退。

翁同龢奉慈禧之谕前往天津晤见李鸿章，据翁之日记所载，是于九月初二日至天津，九月初六日回京复命。在津时对李鸿章面宣皇太后、皇帝的旨意，严词责备其败军误国之罪，李鸿章惶恐引咎，甚为狼狈。及道出慈禧命询喀希尼所提之事，则李鸿章说："喀以病未来，其国参赞巴维福先来，云俄廷深忌倭占朝鲜，中国若守十二年所议之约，俄亦不改前意。第闻中国议论参差，故竟中止。若能发一专使与商，则中俄之交固，必出为讲说。"云云。翁云："回京必照此覆奏。余未到译署，且此事未知利害所在，故不加论断。但俄连而英起，奈何？"李云："无虑也，必能保俄不占东三省。"翁的日记，只记翁、李对话及回京复命所奏的言辞，而未及慈禧对此事的态度。所以，慈禧当时对李鸿章的话究竟作何反应，在日记中未能看出，无法臆忖。不过，慈禧对翁同龢作此指示时并非只有翁同龢一人在场，此事又并非绝对机密之事，所以，慈禧的态度与李鸿章对俄使的交涉，必然会传播出来而影响及于朝中士大夫之言论与思想，当无可疑。这在清政府兵败求和而日人要索无餍之时的内外朝臣言论中，就可明白地看出来。

光绪二十一年正月，清政府以海陆军迭次败绩，日军深入东三省及山东省境，无法再战，决意遣李鸿章为全权大臣，东渡日本，与日本全权大臣伊藤博文等议和于马关之春帆楼。伊藤初提十款相要，限四日答复。其中最重要的三点是：一、朝鲜自主；二、割辽东半岛及台湾、澎湖予日；三、赔兵费银三万万两。磋商再四，只允于辽东割地内减去宽甸，赔款减至二万万两，此外不允再让。乃签订和约，定期在烟台互换。消息传至国内后，朝野大愤，中外诸臣章奏凡百十上，举人康有为等伏阙上书，所言尤激昂，朝意颇为所动，又重新考虑和战的问题。其时，国外舆论亦颇不直日本之恃胜要索，俄国且有联合德、法两国干涉和约之说，于是国内舆论亦因仇日而转向于亲俄。光绪三十一年四月初二日，署理两江总督张之洞上奏提出联结英、俄的意见，说：

此时欲废倭约，保京城、安中国，惟有乞援强国之一策。俄国已邀德、法阻倭占地，正可乘机恳之。乞援非可空言，必须予以界务、商务实利。窃思威、旅为北洋门户，台湾乃南洋咽喉，今朝廷既肯割此二处与倭，何不即以赂倭者转而赂英、俄乎？所失不及其半，即可转败为胜。惟有恳请饬总署及出使大臣，急与俄商订密约，如肯助我攻倭，胁倭尽废全约，即酌量分割新疆之地，或与南路回疆数城，或北路数城以酬之，并推广商务。如英肯助我，则酌分西藏之后藏一带地，让与若干以酬之，亦许推广商务。外洋通例，若有此联盟密约，有战事即可相助，不在局外之例。只须有一国相助，其兵船已足制敌而有余。倭极畏西洋，断不敢与英、俄开战。

若俄、英有一国相助，则兵不血刃而约自废，京城自安。

在清代末年的知识分子中，张之洞可说是较为开明的人物，他的思想反映出当时的所谓开明派知识分子，其心目中的外交政策与救国思想原来如此。他们以为，清政府既可割南北洋之门户要害辽东及台湾予日，则割新疆或西藏之一部分予英、俄，以换取英、俄之联盟密约又有何不可。他们并不明白，所谓攻守同盟与联盟密约，必须双方实力相当及利害相同，方有建立的可能。如果强弱不侔，而弱者希望借盟约以得到强者的保护，不但不能得庇护的实效，最后且将有被并吞的危险。第一次世界大战以前，西方列强借保护之名而遂行并吞之事实，斑斑可考，然而这却不是当时的中国知识分子所十分了解的事。为了达到抗日与仇日之目的，他们不思反躬求诸己，从自力更生的途径上去雪耻图强，却只知道饮鸩止渴，寄望外国强权的救援，其不致陷入引狼拒虎之危险者几希？而综观当时的清政府领导人物，自慈禧、李鸿章、张之洞以至其他大小官吏，很多都抱持这种观念，那问题就太大了。《中俄密约》之出现，正是这种环境之下的必然趋势。

在《马关条约》签订之前，德、法、俄三国的干涉虽未成为事实，但干涉的活动则已在酝酿之中。迨条约既定，割地赔款的条件完全公布，三国的态度顿趋强硬，相继由其驻日公使向日本外交部提出备忘录表示不满，要求日本放弃占领辽东半岛。此即是"三国干涉还辽"一事的由来。俄国此时正在建筑西伯利亚铁路，亟望在朝鲜或我国的东北取得不冻的海口；现在朝鲜已为日占，辽东又由清政府割予日本，对俄国的向东发展有重大威胁，必须设法加以制止。法国当时联俄以对德，对于俄国的干涉主张不便拒绝。德国则因法国附俄之故而不愿失去俄国的友谊，兼且知道干涉之后必可乘机索酬，所以三国联合一致对日本施以强大压力。果然，日本为三国干涉的压力所吓阻，不得不同意放弃辽东，但却要求增加赔款银三千万两。对于《马关条约》所定的赔款银二万万两，清政府已感为数过巨，现在再加三千万两，实在偿付困难。这时，俄国更表示了他们的对华"友谊"，自愿以低利贷借银一万万两，年息只需四厘。借款数目之大、利率之低，十足显示他们对中国的友好与同情的态度。这使得中国人在感激之余更加深了对俄国人的好感。于是，凡是俄国人的"善意"劝告，清政府都乐于听从，政府舆论亦日益倾向于联俄制日的主张。光绪二十一年闰五月十六日，两江总督刘坤一密陈《联俄拒日大计》一折，尤其可以作为这种主张的具体代表，录之于下：

> 此次与日议和，诸多迁就，益启外人窥伺之渐，虎视眈眈，皆思择肥而噬。我自度力不能及，不可不联邦交以资将伯之助。以臣愚见，各国之患犹缓，惟日本之患为急。盖其国与我逼近，若得台湾、辽东，则来路益便，直从枕席兴师，随在被其侵轶也。……第倭之强非俄所愿，倭之扰我东三省，尤为俄所忌。是以中、倭和约业经割予辽东，而俄与德、法勒令退还，讵专为我，兼自为耳！我趁此时与之深相结纳，互为声援，并稍予以便宜，俄必乐于从我。俄不能保我沿海各省，而东三省与俄毗连之地，倭必不敢生心。

其时，因赔款尚未付清，辽事尚未结束，刘坤一深恐俄意中变，不再援助，又上片请饬出使大臣许景澄与俄商定密约，愿割让新疆数城为酬，以坚俄人相助之心。虽然他的建议未被清政府当局所采纳，却可看出当时人为了仇日、畏日而愿以重大代价与俄缔结盟约，以期换得俄国"友谊"的热切心情。署理两江总督张之洞于闰五月二十七日所上一奏，其主张尤为积极，云：

> 今日救急要策，莫如立密约以结强援之一端。从古各国

角立之时，大率皆用远交近攻之道，而于今日中、倭情势尤切。今日中国之力，断不能兼与东西洋各国相抗。此时事机甚紧，变故甚多，即日夜汲汲征缮经营，仍恐不及，若不急谋一纾祸之方，恐无喘息自强之暇。查外洋近年风气，于各国泛交之中，必别有独加亲厚之一二国，平时预订密约，有战事时，凡兵饷、军火可以互相援助。……今欲立约结援，自惟以俄国最便。缘英以商胠中国之利，法以教诱中国之民，德不与我接壤，美不肯与人兵事，皆难议此。查俄与中国，乃二百年盟聘邻邦，从未开衅，本与他国之屡次构兵者不同。且其举动阔大磊落，亦非西洋之比。即如同治庚午天津教堂之案，各国争哄，而俄国不与其事。伊犁之约，我国家将十八条全行驳改，而俄国慨然允从。此次为我索还辽地，虽自为东方大局计，而中国已实受其益，倭人凶锋，借以稍挫，较之他国袖手旁观，隐图商利，相去远矣。正宜趁此力加联络，厚其交谊，与之订立密约，凡关系俄国之界务、商务，酌与通融。如俄国用兵于东方，水师则助其煤粮，陆路则许其假道，一切视其所资于我者，量为协济。而与之约定，若中国有事，则俄须助我以兵，水师尤要，并与议定若干酬报之法。中、俄相结，将来无论何国寻衅，数旬之内可以立发舰数十艘，游行东方海面，则我得以专陆路战守之计，而敌人亦断不能为深入内犯之谋矣。

张之洞此奏不但竭力强调俄援之可恃，而且对俄国的友好态度多方夸大饰美，俨若俄国之对华政策只有善意亲厚，而从来不存兼并侵略的企图。有如此仁厚友好的强国为中国北方的邻邦，自然应该"力加联络，厚其交谊"，以为缓急之助了。在这种情况之下，俄国既因切望向东方求取发展之故，而急谋借中日和约的大好机会争取中国的友谊，中国方面更因不了解俄国的亲善姿态完全只是暂时的伪装，而亟谋联俄制日，所以，双方一拍即合，并不需要李鸿章从中鼓吹策动。李鸿章在《中俄密约》一事中所以会成为万世诟骂的人物，只因他早年对联俄拒日的主张十分热心，而被俄国认为是亲俄派的有力人物，又在《中俄密约》的签订中，很不幸地扮演了一个被俄国人牵着鼻子走的玩偶，如此而已。

　　清光绪二十二年四月十四日，即公历一八九六年的五月二十六日，为俄皇尼古拉二世加冕之期，各国均派专使往俄致贺。清政府初时派定湖北布政使王之春为赴俄致贺专使，但俄国公使喀希尼却向清政府表示，目今中、俄两国关系如此友好，中国派往致贺的专使岂可只是一个像王之春这样的二三等人物呢？适在此时，御史胡孚震亦以王之春资望太浅，建议"宜派李鸿章前往，而以王之春辅之"。于是，清廷降旨派李鸿章为致贺俄皇加冕的正使，而以湖南巡抚邵友濂为副使。皇帝的上谕颁发后，李鸿章即日上疏恳辞，以年老衰暮及体弱多病为言，"倘隔越于礼仪，殊有伤于国体"，请求别简贤员，克期前往。但所奉到的上谕却是不准请辞，并由皇帝降旨慰勉，说：

　　　　李鸿章耆年远涉，本深眷念，惟赴俄致贺，应派威望重臣，
　　方能胜任。该大学士务当仰体朝廷慎重邦交之意，勉效驰驱，
　　以副委任，无得固辞。

　　于是，李鸿章终于以七十四岁的高龄远涉重洋，到俄国去充任致贺俄皇加冕的专使了。但李鸿章使俄，本专为致贺俄皇加冕而去，何以后来所奉到的敕书内，又加多了"前往英、法、德、美四国亲递国书，奉宣德意，联络邦交"这一项特殊任务，这其中的道理何在？亦颇费人猜忖。很可能，清政府当时决定派遣李鸿章前往俄国时，便曾谕知李鸿章视情况设法与俄国谈判订立盟约，以为他日之援助；为了

避免日本人的疑忌，所以才另外加上这出使四国的任务，以为掩饰之计。否则的话，李鸿章又何致一到俄国之后，就与俄皇尼古拉及财政大臣微德（维特）谈到军事援助的问题呢？

关于《中俄密约》的问题，当李鸿章在俄京与俄皇尼古拉二世、财政部长微德、外交部长罗拔诺夫进行谈判时，其经过情形极为秘密，外间无从得知其真相。但在交涉渐有端倪时，俄国公使喀希尼皆奉其本国指示，将密约内有关中东铁路及道胜银行诸事与总理衙门磋商细节时，消息终于逐渐泄露，因此引起了外国舆论的注意与国内舆论的反对。争议最多的当然是清政府允许俄国在东三省境内建筑中东铁路，及将铁路所经之地割让予俄一事，山东巡抚李秉衡上奏反对尤力，其中说：

> 反复观之，无非彼享其利，我罹其害。俄之所谓厚施于我者，不过返我辽南数州县之地耳，而我亦曾以三千万赎之于日矣。今复以修铁路允俄，铁路附属于土地，有土地而后有铁路，今我之土地而俄修之，是俄有之也。夫失之于日者，不过奉省数州县，乃德俄之居间排解，不独酬以奉天全省，并吉林、黑龙江二省之地而附益之，恐未有如此失计之甚者矣。且今之危，谋我大局者又不只一俄也。即以保辽一役言之，俄之外有法有德，酬德者不过扩充汉口、天津租界，酬法者不过于潞河、湄河两国轮船彼此通行，皆不及酬俄远甚。万一德、法援俄为口实，以肆其无餍之求，其徇之乎？否乎？至不与保辽之役而与俄为敌者，则又有英。夫英国阳昵我，阴袒日，而实则嫉俄者也。中、俄之合，英且以嫉俄者嫉我也。万一英与俄争霸而逞其捷足之谋，其徇之乎？否乎？不徇其请则立开兵衅，徇其请则无以立国，如之何其可也？且英、德、俄、法互谋兼并，皆非有爱于我而不为我害也，特彼此

牵制顾忌，欲观衅而动耳……

　　所谓《中俄密约》，乃是俄国人以订立军事同盟为饵，胁迫清政府同意割让东三省境内的迤长土地，以供其建造中东铁路，由俄境西伯利亚之伯力，贯穿吉、黑两省而至海参崴，从此可使俄国的势力，渗透中国的东三省。此即是李秉衡疏中所指的，俄借干涉还辽之名，使中国先费银三千万两从日本手中赎回辽东，然后又借口曾施惠于我，假订立盟约名义而尽数取去。由李秉衡此疏不难看出俄国人阴谋之深而设计之工。然而，当时的清政府，自慈禧太后以至李鸿章、刘坤一、张之洞等一班号称通晓洋务的开明人物，却都不惜以"厚赂俄人"的方式求取俄国盟约的保护，这又岂能仅仅责怪李鸿章之应付无术，以致堕入俄人的阴谋陷阱呢？当时的河南巡抚刘树棠，亦曾上奏说：

　　　　即使并无此约，而俄人之交亦不深恃。臣尝纵观各国大势，惟俄主权独重，专以开疆拓土为雄。其余诸国，利权皆主于商业，非万不得已，不遽兴戎。臣逆料此数十年内，俄不生心，可保他国无兵戈之事。若与俄人订立此密约，窃恐合纵之师，不旋踵而至。

　　我们常常以为清朝末年的官吏大都没有外交知识，更缺乏政治上的远大识见。若以李秉衡、刘树棠二人的奏疏而言，他们对当时政治情势的分析与判断，殊为正确而有识见。李秉衡以为《中俄密约》"酬俄过奢"，而恐德、法援为口实。果然，到了光绪二十三年，德国人就因为清政府厚俄薄德之故，借口曹州发生仇杀教士事件，而出兵强占山东胶州。俄国见德占胶州，即借口英国舰队在旅顺口巡逻，系对俄国之不利，竟完全不顾《中俄密约》订立后两国有攻守相助之义务，反向清廷强迫要求租借旅顺、大连及关东区域。到了此时，不但外国列强纷纷择肥而噬，即是三年之前俄国伪装其仗义执言的亲善面孔，迫使日本退还辽东半岛，又使中国偿付三千万赎金，然后方从日本人手中收回的旅顺、大连及关东要地，也被俄国人强迫占去了。俄国人的侵略阴谋至此暴露，我国人在认清狰狞面目之后，方才觉得俄之可畏，更甚于日。于是，昔日的联俄制日主张渐渐动摇了，李鸿章所一手签订的《中俄密约》也变成无数人的攻击目标，许多不利于李鸿章的谣言和传说也在此时纷纷传布开来了。

微德所写的回忆录中曾说，当李鸿章在俄京商订《中俄密约》时，俄国人为了争取李鸿章的协助，曾经在中东铁路的红利分配办法中，许给李鸿章三百万卢布的报酬。此款言明分三次付给，在签订条约时付一百万，余由中东铁路局逐次拨付，等语。另外，则当时在总理衙门商办此事的军机大臣张荫桓，亦曾由喀希尼经手付给贿款二十五万卢布。由于此事在当时就颇有流传，因此当《中俄密约》变成了丧权辱国的卖身契后，国人愤无可泄，就直指李鸿章之签订此约，乃是贪得俄人贿赂而不计后果的卖国行为。事实上李鸿章当时是否确实曾经接受俄国人的报酬，固然是一个极大的问题，而李鸿章本人不通俄文，一切文字及口语的交涉，悉由李鸿章的儿子李经方担任传译。李经方素有好货之名，是否李经方擅自允诺了俄人所提的条件，而使俄国方面误认为李鸿章本人亦曾同意，其中更有可以商榷之处。不过，俄国人后来违约背信，确实使李鸿章陷于狼狈不堪的地步。从前在中日甲午之战后，李鸿章以一身而为万矢之的，几于体无完肤，人皆欲杀；现在因俄国渝盟败约，而致李鸿章又成了举世诟骂的人物。李鸿章的遭遇实在是太不幸了。就事论事，《中俄密约》的签订应归因俄国人的谋划过深，而李鸿章及同时的一班士大夫未能及早洞察俄人之奸险，反为其外表的诚信所欺，以致误堕其术中，亦并非李鸿章一定厚爱于俄人。处身在当时的政治环境及民族感情中，如果把李鸿章换上了刘坤一或者张之洞，一样也会与俄国人签订此约。所以，《中俄密约》

之签订，既不能视为李鸿章的卖国行为，也不能认为李鸿章的外交知识不如他人。他只是很不幸地适逢其会，成为亲手订下此约的代表人而已。

俄国占据旅顺、大连之后，英国借口保持均势，而向清政府要求租借威海卫为海军根据地。李鸿章奉旨在总理各国事务衙门行走，与英使反复辩难。英国公使无词可答，乃以极难堪的态度对李鸿章说："中堂不必将这些理由对我辩论。阁下如能以你的辩才使俄国交还旅、大，则英国不要求租借威海卫；否则威海卫非租借给英国不可。"所谓弱国无外交，至此乃成了真理。继此之后，法国占广州湾，英国再援均势之说要求租借九龙以为抵制，清政府对此纷至沓来的无穷要求，毫无抗拒的办法。此时，光绪方亲裁大政，深恨李鸿章以联俄误国而召此瓜分之祸，大为愤怒，降旨命李鸿章毋庸在总理各国事务衙门行走。在此以前，李鸿章已被免去直隶总督的兼职，只以文华殿大学士的头衔在总理衙门专办外交，现在连总理衙门也不必去了，大学士的本职又没有什么事情可办，便成了一个投闲置散之身，萧闲孤寂地寄居在北京贤良祠中，甚为无聊。其后他又于光绪二十五年十月外简为两广总督，据说其事得力于慈禧宠臣军机大臣荣禄之帮助。《凌霄一士随笔》有关于此事的记述，说：

> 鸿章议和归国后，开直隶总督缺，入阁办事，遂以大学士留京，萧闲若老僧焉。旋赴俄贺加冕，历聘各国。比归，授总理衙门大臣。后又解职，居京无聊甚。且以戊戌变政后朝局杌陧，虑难相安，因思外简，谋之于荣禄。荣禄于奏对时称，鸿章旧勋宿望，不宜久置闲散。西后遂命为通商大臣，考察通商各埠。鸿章志在疆符，此不过虚面子耳。会后言及康、梁亡命事，荣禄乃奏，广东为康、梁原籍，闻将勾结党羽图乱，宜有威望大臣以镇之。两广总督谭钟麟恐难胜此，不如

代以李鸿章，责其镇慑康党，防遏乱萌，可纾朝廷南顾之忧。且鸿章长于外交，督粤尤便。后曰："尔言当。"遂拜两广之命。鸿章久督畿辅，为疆臣领袖者二十余年，昔所不屑一顾之粤督，今则受命欣然，所谓此一时、彼一时也。

李鸿章督粤，自光绪二十五年十月至二十六年六月，前后不过只有八个月，历时甚短。在这段时间之内，值得称道的事情只有两点：第一是以严刑峻法治理地方，缓服当地的盗风；第二是当"庚子拳乱"初起时，慈禧电谕各省仇外，鸿章抗不奉命，极能表现他守正不阿的大臣风节。此事关系中国南方各省的安危甚大，值得大书一笔。《凌霄一士随笔》记此云："庚子之变，因后谕各省仇外。时李鸿章以首辅督粤，资望最高。山东等省督抚电询其意见，鸿章复电谓：'此乱命也，粤不奉诏。'语至坚定。风声所树，关系时局甚大，其未至全国糜烂，此电实与有力。"

上文所说李鸿章不肯遵慈禧之乱命，在《李鸿章全集》中亦有相关的电报，但不如上文所说的明白直接而已。《李鸿章全集·电稿》卷二十二，光绪二十六年五月二十九日收盛宣怀来电，并即转致两江总督刘坤一，云：

> 千万秘密。二十三署文，勒限各使出京，至今无信，各国咸来问讯。以一敌众，理屈势穷，俄已踞榆关，日本万余人已出广岛，英、法、德亦必发兵。瓦解即在目前，已无挽救之法。初十以后，朝政皆为拳匪把持，文告恐有非两宫所自出者，将来必如咸丰十一年故事，乃能了事。今为疆臣计，各省集义团御侮，必同归于尽。欲全东南以保宗社，诸大帅须以权宜应之，以定各国之心，仍不背二十四旨，各督抚联络一气，以保疆土。乞裁示，速定办法。

在这一通电报中，盛宣怀一面报告北京近势及上海各国领事之动态，一面说明"拳匪"及主战派业已控制中央政府，为保全宗社，以免同归于尽计，各省似不可召集拳民仇外，并应联络一气，以保疆土。此电所提出的意见虽好，但盛宣怀不过只是主管全国电信的电报局总办，没有资格要求各省督抚赞同他的建议。所以，需要有一两位有力人士出来倡导。李鸿章得此电后，除转致刘坤一外，并复电云：

> 勘电悉。俄据榆关不确，吾方与俄廷密商了事方法，必俄不踞地，各国乃不生心。顷美兵官来商，愿以铁舰护送赴沽，俟电旨即行。二十五矫诏，粤断不奉，希将此电密致岘、香二帅。

此电中所说的"岘、香二帅"，"岘"即刘岘庄，亦即两江总督刘坤一；"香"即张香涛，亦即湖广总督张之洞。李鸿章将盛宣怀的前一电转达刘坤一，又再以此电表明他的态度，意思就是他拒绝接受朝廷所颁的仇外乱命。至于他所说的"二十五矫诏"，即指此年六月二十五日清廷所颁的宣战上谕而言。此上谕以一国而与世界列国为仇，就是盛宣怀电中所说的"以一敌众，理屈势穷"，"瓦解即在目前，已无挽救之法"。李鸿章指为"矫诏"，意在借否定此一上谕的真实性而后可加拒绝，否则李鸿章又何敢公然"抗旨"呢？由于李鸿章表现在这一件事上的态度如此坚定明白，所以才会影响及于其他各省的态度。后来，刘坤一与张之洞倡议东南互保，在"拳祸"弥漫的混乱局势中保全了南方各省的安定秩序，对当时及后来的影响都很深远。所以，《凌霄一士随笔》的作者才要对李鸿章的倡导之功备加赞誉。

此后不久，北方的局势迅速恶化。北京东交民巷的使馆区被"拳匪"及董福祥所统率的清军围攻，各国公使电请驻大沽口的兵舰派军入京救援，清政府乃与各国的救援部队正式开战，开始了八国联军入京的序幕。在清政府本身,慈禧及主战派分子更借乱事而大举杀戮异己,将许景澄、袁昶、徐用仪等一班头脑清楚的开明人物,都加上了"通敌"及"莠言乱政"的罪名,先后处死。"拳匪"的气焰日益嚣张,载漪、刚毅、徐桐、启秀等一班顽固分子更以为洋人的死期已到,欢欣鼓舞,高兴万分。殊不知,义和团的如意钩、九连环、电火扇、阴阳瓶及火牌、飞剑等法宝敌不过洋人的枪炮,各国援军所组成的八国联军,亦连破大沽、天津,慢慢地攻向北京来了。慈禧太后这才发觉事态严重,既将李鸿章调为直隶总督兼北洋大臣,又派他充任全权大臣,令与各国商议停战言和。但是,局势已经糜烂至此,李鸿章又怎有回天之力,可以阻止得了这一场空前的大灾难呢?

李鸿章在奉旨派为全权大臣,负责与各国商议停战言和后,理应在奉旨后立即起程北上,以期挽救局势,免致祸乱继续扩大,但他在奉旨之后却并不肯迅速赴京,反而逗留上海,迟迟不行。其时,八国联军已攻抵通州,北京形势岌岌,清廷连电催促李鸿章北上。九月初八日的电谕中,且以"该大学士此行,不特安危系之,抑且存亡系之。旋转乾坤,匪异人任,勉为其难,所厚望焉"为言,可知慈禧等人对他的期望之殷。但李鸿章之不能迅速北上,亦有他的苦衷。这可以分两方面来说。

第一,当时的局势虽然危急,但清朝的中央政府仍为顽固的主战分子所控制。慈禧因本身的安危而亟望停战言和,而乱事易发难收,嚣张作乱的声势已非慈禧之力所能平抑。李鸿章素被顽固派守旧分子目为通敌的汉奸和"二毛子",假如他在此时子身入京,无异羊入虎口。万一乱民群起而欲杀之,慈禧有何力量可以保护?所以,为了本身的安危着想,在北京局势未曾稳定以前他不敢入京。

第二,当清政府因"拳乱"而下诏与各国宣战时,一举而与清政府成为敌对的国家,多至十一国。其中的德国、俄国与日本三国,尤其包藏祸心,打算趁中国有此大乱之时,各自谋求发展,以遂其侵略野心。如俄国之乘机出兵占领东三省，德国之谋占烟台，均为其例。李鸿章未到北京之前，已在上海分电清廷驻外公使接洽和议，请求各派兵国家在达到保使目的之后，即便停战议和，迄无把握，而德国因驻华公使克林德被杀之故，反对尤为激烈。处此情势之下，李鸿章手无一兵，不但无法戡止各国之侵略野心，更有招怨贾祸、自取其辱的可能。所以，不能得到适当的安全保证，他也不敢轻身北上，致蹈不测。

在这种情形之下，俄国的态度足以发生影响作用。俄国在八国联军中出兵一万，比任何一个参战国的出兵人数为多。但是，俄国政府却表示他们无意取得联军的指挥权，可也不破坏其他各国军队的共同行动。俄国政府说，俄国出兵的目的只在保护使馆和侨民，其他别无企图。其实他们的真正企图是希望在占领东三省以后，借表面上的友好态度取悦中国，以求达到永久据有东北之目的。所以，他们不但竭力对中国表示友好，更全力争取亲俄派的李鸿章的好感，以期达成他们的愿望。所以，当俄国决定出兵以后，俄国外长穆拉维耶夫便向中国公使杨儒表示，俄皇主意专在保全中国，只要中国不对俄国开战，便绝不失和。杨儒除了电告总理衙门以外，又电达李鸿章说："英、德各国调兵不及，咸托俄国就近出兵保侨，故俄国方允出兵四千。"其时，李鸿章尚在两广，并未起程来沪。由于有此电报，李鸿章不但相信了俄国人的好意，还决定从联络俄国入手，设法劝请各国停战议和。前引李鸿章致盛宣怀电中，便可看出这一动向。其后李鸿章奉清廷电召北上，杨儒又有一电致李鸿章，说：

> 微德素佩吾师威望，喜闻入觐，谓非师不胜艰巨。又据吴克称，微向欲以信惠孚中国，际此时艰，颇思相助。师若作私交，密询了事之策，必乐借箸。

杨儒电文中的微德，就是《中俄密约》的当事人之一，俄国的财政部长。杨儒在这通电报中更说："刻下已成联俄之局，舍此恐无良策。"事实上的情形也是：与清政府为仇的国家多至十一国，大都揎拳努目，气势汹汹，俄国人恰在此时表现这异乎寻常的友好态度，怎不令杨儒及李鸿章等人为之感激涕零呢？当李鸿章继续与俄国进行交涉之后，俄国人的态度更加"友好"了：俄国公使愿意负责保护李鸿章的安全，李鸿章到达天津以后，总督衙门外面的卫兵，就是俄国所派的哥萨克骑兵。李鸿章到达北京以后，俄国公使首先向各国提出意见，谓应将占领北京的军队撤往天津，以便可以将北京交还中国，庶见各国欲与中国真心谋和之诚意。各国不允，俄国公使独首先为之倡率。其后因为没有一个国家肯效法俄国，俄国公使方始又回到北京。凡此种种，都是俄国政府"示好"清廷的虚伪表示。而这却触怒了德国，也使英国和日本大为警惕。德国本欲借"拳匪"戕杀德国公使克林德的机会肆其侵占掠夺，由于俄国人之大唱反调，力主对中国的报复应减轻至最低限度，更深悉此全是李鸿章与俄国人之间进行秘密外交的结果，因此对李鸿章甚为讨厌，不但反对他的全权代表身份，更不肯把他当作有权治理直隶全境的中国地方大吏。在日本方面，则因担心俄国人与清政府之进一步交往将危及日本在朝鲜之地位，因此亦竭力对中国表示友好态度，以求离间中、俄关系。英国与日本的利害关系大致相似，在这些问题上当然也不愿意看见俄国影响力的扩大和深入。所以，八国联军在作战时虽然是协同一致，一到进行议和时，各国之间的明争暗斗就加剧了。李鸿章处身在这一场复杂的外交斗争中，费尽唇舌，几经折冲，最后以并不十分刻薄的代价签订《辛丑条约》，把支离破碎的中国从瓜分豆剖的边缘中挽救过来，所费的心血也确实不少。慈禧太后在闯下这一场滔天大祸之后远遁西安，自己也知道她的行为实在很难得到各国的谅解。而后居然能够与各国订立和约，回銮北京，仍旧过她安富尊荣的皇太后生活，自然更得感谢李鸿章的谋和之功。所以，当慈禧太后在回京途中听说李鸿章在议和成功之后，因心力交瘁而病逝于北京贤良祠行馆时，也禁不住涕泪纵横，震悼极深。其饰终之典甚优，赠官予谥之外，并予晋封一等侯爵，及在安徽、江苏、直隶等省建立专祠，地方官岁时致祭。这些可说都是慈禧太后报答他议和之功的恩赉。而关于他在议和时因联俄而致的东三省被占一事则不加深咎了。

李鸿章在进行议和时所做的联俄外交，在后来贻害极大。原因是俄国人在议和时虽伪装亲善，但当各国一致公议，军事行动一经结束，各国所占的中国领土即应全部让还，并要俄国立即退出所占的东三省全境时，俄国人的凶暴态度即刻显露出来了。俄国陆军部长克鲁巴特金本欲借"庚子拳乱"占有东北，至此乃借口中东铁路在"拳乱"中受损甚重，必欲清政府同意俄国控制东三省的行政权及驻兵权，始允清政府派员接收。两江总督刘坤一在此时电奏清廷，力持不可，说：

> 各国眈眈虎视，此次允和而不占疆土，彼此猜忌，互相牵制。若允俄独得东三省政权、兵权，无异地为彼有，各国必将效尤，分裂之祸立见。与其允而失中国，何如坚持勿允，虽弱犹可图存。

然而，俄国却以毁弃《中俄密约》及不允即将开战作为威胁，强迫清政府接受其要求。处此时会，最感痛苦的莫如杨儒与李鸿章了。杨儒身为驻俄公使，奉旨与俄国进行交涉，费尽唇舌，徒劳无功。李鸿章则被俄国驻华公使格尔斯所胁迫，既不敢坚拒以触俄人之怒，又无法善后以为交代，内心之忧愁郁闷，更为难堪。以八十高龄之人而遭此煎迫，其何能堪？所以，议和的辛劳固足以使李鸿章致病，东北交涉问题之荆棘重重，更足以促成其死。李鸿章一生，以联俄外交而备遭中外之诟辱，至此更深受其害，以至于死。虽说李鸿章认识错误，咎由自取，而俄国人之阴险毒辣在这里也充分表现无遗，足可为后世之借镜。

李鸿章之死去今已百余年，他在历史上的功罪应该可说已"盖棺论定"。但时至今日，关于他的论评仍大有高下轩轾之分。誉之者称为"东方之俾斯麦"，毁之者直斥为汉奸。俾斯麦是促成德国统一的名相，助德国跻身于世界强国之地位，勋业彪炳，载在史册，如何可与汉奸之称相提并论？所以，李鸿章究竟是东方的俾斯麦还是汉奸，也还是需要澄清的问题。

《清史稿·李鸿章传》云：

> 光绪二十一年十二月，俄皇加冕。充专使致贺，兼聘德、法、英、美诸国。……外人夙仰鸿章威望，所至礼遇逾等，至称为东方毕士马克。

"毕士马克"即俾斯麦，音译之异耳。据徐一士所撰的《凌霄一士随笔》说，称李鸿章为"东方之俾斯麦"的，乃是当时的德皇威廉二世。而威廉二世之所以要如此"推崇"李鸿章，实有另外之目的。《凌霄一士随笔》论此，曰：

> 李鸿章访欧，德人款待最优异。其意盖以为中国以东亚大国而见挫于日本，必复兴军备，力谋雪耻，一切所需，德国可乘机供应，故于李加意联络，俾专其利。结果大失所望，则因不悉其时中国之情与李之真实地位也。

果如所说，则威廉二世之誉李鸿章为"东方俾斯麦"云者，不过只是取悦于李之谀辞而已，其真实的意义固并非如此。所以，梁启超论李鸿章，亦以为李鸿章断不能与俾斯麦相比。"此非以成败论人也，李鸿章之学问、智术、胆力，无一能如俾斯麦者。其成就之不能如彼，实优胜劣败之公例然也。"

然而，李鸿章虽然及不上德国名相俾斯麦，可也不致成为另一种极端不堪的人物——汉奸。这汉奸之说又从何而来呢？

清光绪二十年的甲午战争，北洋海陆军俱败，日军方由朝鲜进逼东三省，一时情势紧张，北京城中亦众说纷纭，谤言繁兴，群谓李鸿章昏庸误国，其甚者则直指李鸿章通敌卖国。九月初七日，翰林院学士文廷式等三十五人联名奏参李鸿章昏庸骄蹇，丧心误国，列举其大罪有五，请将李鸿章亟赐罢斥，以振军气，而安宗社。其第五条云：

> 尤有甚者，倭来船则放之，倭运开平煤则听之。倭谍被获，或明纵，或私放外，有海光寺傍居民王氏，经天津县获究，而李鸿章之子前出使日本大臣某为之说情。倭奸石川氏及军械所郑姓被获，供词牵涉李鸿章及军械所局员，而某观察述李鸿章之意，勒令天津县李振鹏改供，为李振鹏驳斥而止。台湾拿获倭船，又为之请旨释放。军械所历年所储枪炮，多被监守盗卖，及东事已起，犹检出不合用之前膛枪子，卖与日本，得银十四万两，局员朋分，而李鸿章为之补给领字。外间并有传闻，李鸿章有银数百万，寄存日本茶山煤矿公司，伊子又在日本各岛开设洋行三所。以致李鸿章利令智昏，为倭牵鼻，闻败则喜，闻胜则忧。虽道路之言，而万口流传，岂得无因而至？

这一条所列举的，简直就是李鸿章通敌谋国而不利本国的罪状，中间至以李鸿章在日本有存银数百万两，及其子李经方在日本开设洋行三所，以为即此便须"为倭牵鼻"，而"利令智昏"，看来似乎可笑至极。姑不论所说的是否属实，即使李鸿章在日本果有存款，李经方在日本果真有洋行三所，又何至因此而就希望日本战胜而中国落败呢？

存款与商业于战争之胜败又有何关系呢？凡此不经之谈，充分可见中国当时之民智落后情形。至于罗惇曧所撰《中日兵事本末》，则更有较此尤为荒诞的传说，云：

> 而鸿章意仍不欲失和。朝野益诋鸿章，谓鸿章贰心于日本。其子经方久旅日本，曾纳日妇，时论经方为日本驸马。鸿章与日本姻娅，乃始终言和。及战败赔款，犹谓鸿章有意卖国也。

此文指李鸿章之所以有二心于日本，乃是因为其子李经方曾娶日本女子为妻，有日本驸马之称，故李鸿章亦与日本有姻亲关系，所以不惜以国家利益为利敌之计，乃是有意卖国的行为云云。其推论之荒谬可笑，与存款及开洋行等俱属同一类型，由现代的眼光看来，简直不值一哂。然而，在当时则不但言者津津乐道，而听者更津津有味焉。由于李鸿章被指为通敌卖国，也就有了汉奸之称。当时最通行的一则传说，乃是北京伶界名丑杨三适在此时病故，有人将杨三与李鸿章连在一起作了一副对联，云：

> 杨三已死无苏丑，
> 李二先生是汉奸。

李鸿章行二，所谓"李二先生"就是李鸿章。此联在当时传诵甚广，可见李鸿章之被骂为汉奸，真是万口同声，有冤难伸。其实李鸿章何尝有二心？只看他在《马关条约》签订之后，亟亟以联俄制日的外交政策为报复甲午败绩之计，就可知道他对日本实在并无偏爱可言。而时人不听，偏偏要以他的不敢对日作战为通敌卖国之事实，未免短见之甚了。

李鸿章既非东方之俾斯麦，又非通敌卖国之汉奸，那么，他在历史上的评价究竟如何呢？梁启超说：

要而论之，李鸿章有才气而无学识之人也，有阅历而无血性之人也。彼非无鞠躬尽瘁死而后已之心，然彼弥缝偷安以待死者也。彼于未死之前，当责任而不辞，然亦未尝有立百年大计以遗后人之志，谚所谓："做一日和尚撞一日钟。"中国朝野上下之人心，莫不皆然，而李亦其代表人也。虽然，今日举朝二品以上之大员，五十以上之达官，无一人能及彼者，此则吾所敢断言也。嗟乎！李鸿章之败绩，既已屡见不鲜，后此内忧外患之风潮，将有甚于李鸿章时代数倍者，乃今也欲求一如李鸿章其人者，亦不可复睹也。

　　梁启超的文笔极富感情，上面这段话由李鸿章之有才无学，论及其未尝立百年大计以遗后人，求全之责，可谓春秋之笔，但他后来又由李鸿章之死而深慨于求一如李鸿章之人亦复不可得，则其意别有所指，而与论李鸿章之本义无关矣。梁启超论李鸿章有才气而无学识，所谓学识，当指19世纪以后之科学知识及政治、外交知识而言。李鸿章生长于闭塞落后的清代社会，由于社会环境的影响，使他没有机会接触到西方文明的新内涵，原无足怪。至于说他有阅历而无血性、弥缝苟安而无立百年大计以遗后人之志，亦可说是中国长时间处于封建社会所造成的官僚习性使然，唯有极少数禀赋特异之人如曾国藩、胡林翼等人，方足以打破此桎梏性灵之枷锁，中人以下的资质殊不足以语此。如李鸿章，亦不免是滔滔者流之一，若要希望他与曾、胡等不世出之人相比肩，自然办不到。所以，梁启超的责备虽苛，却也正可道出官僚主义与封建社会所孕育培养的中国知识分子，是如何不容易摆脱环境对人的思想与意识之束缚。下面的这些记载更可以比较具体地说明，李鸿章对于晚清末年的政治风气有着怎样的影响。

　　《凌霄一士随笔》中有一条说：

晚清官场风气之坏，李鸿章不能无责。以其偏重功利，所以倡率者有异师门也。

又一条说：

《铁笛亭琐记》云："李合肥帅北洋时，淮军旧部晋谒求位置者，合肥色霁礼恭，则其人绝无望；经合肥骂詈斥辱，大呼曰'滚'者，则明日檄下，得差委矣。因有人戏曰：'一字之滚，荣于华褒。'"谈李鸿章轶闻者每及此事，林纾所述，盖有所本。相传某副将谒鸿章求差委，久之不得。一日，忽大喜而语所亲曰："中堂厚我，行畀优差。"闻其所以，则曰："中堂今日詈我以滚矣。"

李鸿章对于无法给予差委之人则待之礼貌甚周，对于可予差委之人则故意加以粗暴恶劣的态度，也许就是某些领袖人物所谓的操纵驾驭之术，可以不论。但如求差之人但求得差而甘心以被骂为荣，则其结果必然将造成一些无廉耻而唯利是图之人。明知这些人乃是不顾廉耻而唯利是图的小人，而李鸿章仍然愿意畀以美差优缺，其流弊所至，必然使官品日趋卑下而政风日趋污浊。所谓"晚清官场风气之坏，李鸿章不能无责"者，诚然是不易之论了。同书另一条又说：

北洋官场风气之坏，鸿章不能无责。盖察吏用人，渐重华饰，国藩贞朴之风稍替矣。至其趋承西后（原注：以亟欲兴办海军，而听西后营颐和园，取给于海军经费，虽曰苦心从权，要难自解），逢迎李阉（原注：海军成军，鸿章奏请派重臣检阅。旨简奕𫍯赴津、沽校阅，而后私以李莲英随之。时李已晋慈宁总管，得后宠最专。既至津，鸿章倾心奉之，其供应少杀于奕谖，且馈以五万金。莲英深德鸿章，归即以其忠勤状告后，后愈倚信之，莲英揄扬力也），尤失元老大臣节概。委曲求全，无乃太甚，斯固国藩所绝不肯为者也。师门衣钵，于兹有愧。袁世凯、杨士骧继督畿辅，踵事增华，北洋官场，风气日趋浮靡，皆号为宗法鸿章焉。

这一段话直斥李鸿章之以趋承逢迎为委曲求全之计，恰好正是梁启超所说的，"弥缝苟安而无立百年大计以遗后人"一句的注脚。有"东方俾斯麦"之称的李鸿章，所为如此，诚然言之可愧。但如照胡思敬《国闻备乘》一书中所说的，则李鸿章在晚清政治上所开创的恶劣风气，其所遗后患之大，尚有过于此者，《国闻备乘》卷二，"报效"一条说：

> 凡奸臣善迎合者，多借言利以结主知。岁入有常经，不能过求于户部，民穷虑走险，不能苛责于闾阎，则报效之说以起。当光绪十三年兴海军报效时，革员杨宗濂、姚宝勋、马永修、陈木，各献多金，谋开复。主事延熙以五千金得郎中，郎中岑春荣以五千金得道员，道员周绶、沈永泉各以万金得记名简放。阳借海军为名，实用以给园工。在内醇亲王奕谖主之，在外李鸿章主之，罔非献媚宫闱，以为固宠求容之地。然当时利孔初开，内外稍知畏忌，受授之间不过如是而止。后练兵处袭海军故智，仍用报效之法罔利鬻官，辇金求进者自十万以至数十万不止。监司部郎，上下不甚贵重，动以京堂相答谢。然交通关说，必得要人指引取径而入。诸员报效海军时，副都统恩佑得贿独多。张振勋近二十万金报效练兵，擢太仆寺卿，私酬枢府，乃过其数。始作俑者无后，李鸿章盖不得辞其责矣。

我们看清代的稗官野史及谴责小说如《官场现形记》与《二十年目睹之怪现状》等，对于清代末年之官以价得、政以贿成的腐败情形，常常不甚了解：一个朝代到了晚年，何以会有这么多黑暗腐败的现象？看了胡思敬在上引文字中所说的，原来这种风气在清末出现，李鸿章实为始作俑者。上文尚未详述李鸿章何以为始作俑者的事实，参《国闻备乘》卷二"李鸿章徇私坏法"一条，则胡思敬之所以做此指责，实因李鸿章当时谋为其同年好友杨延俊之子革职御史杨宗濂图开复原官。而杨宗濂原来所受的处分是革职永不叙用，格于部例，苦于无可设法。适逢颐和园工程费筹措为难，李鸿章乃为醇王奕𬣙设计开源之法，假借报效海军为名，将所得之银用于园工。杨宗濂得李鸿章之指授，报效二万金，醇王大喜，回京后即取得慈禧之特旨，复宗濂原官，交北洋差委。而幸门既开，来者日多，清政府之仕途乃日见猥杂浮滥，吏治亦如江河之日下矣。追源祸始，则始作俑者实为李鸿章。看了这些记载，不由得使我们憬然了悟，李鸿章在清代末年何以会以一身而招毁谤丛集之故了。李鸿章的操守本来就不及他的老师曾国藩，偏偏又在很多地方都要出以曲法徇私的暮夜之行。立身不正，自无以正人，梁启超之所以要指他为有才无识，这也正是其事实之一端！

第八章

翁同龢

　　清光绪中叶，翁同龢以状元而做到宰相，并先后为同治、光绪两朝的帝师，官居协办大学士兼军机大臣、总理各国事务大臣等。但他的才具与学问都不足以担当重任，终致遭遇到重大的蹉跌，连国家民族的机运也因此而受到重大的影响。

翁同龢

◆

　　在科举考试时代，读书人最重"状元"的头衔，以为是数十万人之中独占鳌头的无上荣宠。这种观念自宋代以来即已如此。某宋人笔记曾说："每殿廷胪传第一，则公卿以下，无不耸观，虽至尊亦注视焉。自崇政门出东华门，传呼甚宠，观者拥塞通衢，人摩肩不可过，至有登屋而下瞰者。"其时的洛阳人尹洙，意气横溢，说："状元登第，虽将兵数十万恢复幽、蓟，凯歌荣旋，献捷太庙，其荣不可及也。"宋、明以来，中国社会习惯地重文轻武，武官顶多只能做到将军、元帅，到头来还得受文官的管辖；文官却可以入阁拜相，甚而至于成为皇帝的老师，比之武将，所得到的荣宠不知增加了多少倍。因此，读书则希望能中状元，做官则希望能入阁拜相；如果先中状元，再做宰相，极人世间的得意之事，自更无过于此了。但通观宋、明以来的历史，先中状元、后做宰相的读书人，为数并不算少，除了文天祥是耿耿精忠的伟大民族英雄之外，可以历数其功绩的人实在难得其选。这又是为什么呢？

　　要回答这个问题，便得着眼于科举考试时代的教育内容——科举考试以八股文取士，所考的全是古代流传下来的四书五经，与实际的政治事业、社会经济等学问无关。明代的大政治家张居正，清代平定洪、杨之乱的中兴名臣曾国藩、左宗棠、胡林翼，他们都不是状元，但是他们却能在八股时文之外，勤研实用经世之学问，所以终于能在时代潮流中脱颖而出，成为最具经世实学的有用之人才，最后更发挥了他们救国匡时的伟大长才。反观那些中过状元又做到宰相的文学俊彦，其所学所用，只能粉饰太平、坐享富贵，一旦国家社会遭逢空前剧变时，便束手无策、一筹莫展了。从前曾有人讥讽这些无用的状元宰相为"平时袖手谈心性，临危一死报君王"，语虽刻薄，却合事实。清光绪中叶，翁同龢亦以状元而做到了宰相。他不愿以无用的读书人自居，更兼目击时艰，力图匡救，所以也很希望能有一番展布。却不料他的才具与学问都不足，终于遭遇到重大的蹉跌，连国家民族的机运也因此而受到了重大影响。追溯往事，对于这一位状元宰相的伟大抱负，我们固然应该由衷地敬仰，而对于他的不幸失败却也无法十分原谅。这固然是翁同龢的不幸，说起来也是国家的不幸，而科举考试制度更应负其重大责任——以这种考试制度的落伍内容来为国求才，更将国家的命运托付其手，实在是太大的错误！

翁同龢是江苏苏州府属的常熟县人，出生于清宣宗道光十年庚辰。父名翁心存，乃是清文宗时的宰相，也做过穆宗同治帝的师傅。翁心存有子四人，长名同书，是道光二十年的进士，历官至安徽巡抚，因误对练首苗沛霖采取招抚政策以致失陷封疆，被两江总督曾国藩严劾，革职充军新疆，后死于戍所。次子音保，早死。三子同爵，以荫生补兵部员外郎，后亦升至湖北巡抚。第四子即同龢，先中状元，再做到宰相，在诸子中最为贵显。

尤其难得的是，翁心存是咸丰、同治朝的宰相而兼师傅，翁同龢亦先后做过同治、光绪两个皇帝的师傅，又在光绪朝做到宰相，父子相继入阁拜相，又都是皇帝的师傅。而翁同龢在咸丰六年中过状元，过了七年，即是同治二年癸亥，翁同书的儿子翁曾源亦中了状元。父子宰相，叔侄联魁，更成为清代政坛上的佳话。所以然之故，固然是翁同龢的文才出众，他父亲翁心存的人事渊源亦大有关系。

翁家的上代本是贫寒出身，到了翁心存得中进士以后，方才飞黄腾达起来。陈康祺《郎潜纪闻》卷三，有一条说：

> 翁文端公年二十四时，犹一贫诸生也。其《祀灶诗》有云："微禄但能邀主簿，浊醪何惜请比邻？"士当困阨无聊，易作短气语。当公为此诗，岂自料两朝宰相，再世帝师，三子公卿，四世翰苑，功名福泽，为本朝稀有人物哉？

翁文端是翁心存死后的谥号。看上面的记载，翁心存在未中进士以前，一心以为他并没有什么了不起的事业前途，充其量做个县衙门里的主簿（犹如今日的秘书），然后买些便宜的浊酒来请邻居分享他的快乐，就已很满足了，怎么也想不到他此后直上青云，居然做到两朝宰相、再世帝师，一子一孙先后得中状元，享尽人世间的荣华富贵。这虽然可说是翁家的"气运"，但也可看出翁家父子祖孙之俱能以学问及文章为立身处世的根本。所以，翁心存虽然富贵福泽，他的儿子与孙子也仍然能下帷攻苦，勤于举业，最后终于能在科举考试中夺取功名，自致富贵，不致成为一般的纨绔子弟。不过，科举考试毕竟不能鉴别真正的人才，一个人能够读书中举，并不表示他就具有治世应变之方略，尤其是在国家民族面临空前剧变的大时代里，这种关系更是明白可见。如翁同书、翁同龢兄弟，便是明显的实例。

翁同书做安徽巡抚是咸丰八年到十一年的事。其时，太平天国运动虽已逐渐趋向没落，长江下游与浙江、江西各地的军事行动仍在如火如荼地激烈进行，清军一时尚难获致决定性的胜利。而由于清政府正以全力对付太平天国之故，对于横行在河南、山东、皖北一带的"捻匪"与"练匪"等，就无法做有力的处置。咸丰九年，"捻匪"结合太平军大举进攻翁同书驻节所在的定远县城，翁同书无力抵御，转进到了寿州，定远失陷，部议将翁同书革职留任。咸丰十年，寿州又被太平军的英王陈玉成所攻，赖当地的团练竭力抵御，陈军退去，寿州始得保全。但因城内的团练首领孙家泰、蒙时中、徐立壮等与城外的团练首领苗沛霖相仇杀，苗沛霖因此叛变，纠众围攻寿州，纵兵四扰。清政府以苗沛霖所部素称劲旅，既降复叛，为患殆甚于"捻匪"及太平军，密令翁同书小心处置，以免事态扩大而致无法收拾。翁同书知道前任安徽按察使张学醇素为苗沛霖所信服，驰函招来寿州，令往劝谕投诚。苗沛霖表面上答应投诚，并提出要求：一是清政府应当宽恕其的作乱罪行，二是将杀害其侄苗景开的孙家泰、蒙时中的首级交付他祭灵雪仇。张学醇将这些条件转告了翁同书，翁表示可以答应，于是孙家泰闻信自杀，蒙时中则被翁同书抓来杀了，两个人的首级一并交与张学醇带去交给苗沛霖。

却不料这不过是苗沛霖借此达到报仇目的的手段，他本人并无投降之诚意。首级交付之后，为逆如故。于是，曾国藩上奏严劾翁同书，说他在定远被围之时弃城逃走，有失守封疆之罪，又不能妥善处置境内团练绅士之仇隙，以致彼此仇杀，激成大变，驯致寿州失守。劾疏中说："臣职分所在，例应纠参，不敢因翁同书之门第鼎盛，瞻顾迁就。"此一出于李鸿章手稿的劾疏，措辞如此严峻，终于使在位的同治皇帝及两宫皇太后，亦无法因翁同书乃是皇帝师傅翁心存的儿子而曲予宽贷，不得不将他褫职逮问，定拟大辟。后来还是因为翁心存病故，皇太后与皇帝借口眷念师傅，将翁同书从轻处罪，充军新疆，方得幸逃死罪。若照翁同书在安徽巡抚任内的表现情形而论，此人虽然读书有得，却未能具备应变定乱的匡济之才，所以一旦出膺疆寄，就会显得左支右绌，一筹莫展。科举考试取进的人才，大都是这一类只有文字之长的"书生"。翁同书是这样的一个人，看翁同龢后来出任宰相而兼帝师时的表现，亦可作如是观。

翁同龢中状元是在咸丰六年。这一年他才二十七岁。这一科的三鼎甲之中，第二名的榜眼是山东籍的孙毓汶。此人后来成为醇亲王奕譞的谋士，在光绪十年甲申朝局变革之后，与礼亲王世铎、大学士张之万等一起入军机，隐执朝柄，乃是光绪十年至二十年间的重要政坛人物，堪与翁同龢相提并论。

照清代的惯例，殿试得中状元，榜发之后，即授职翰林院修撰，俗称为"殿撰"，秩从六品。榜眼、探花同授翰林院编修，秩正七品。其余二、三甲的进士则需要再经过一次"朝考"，取中庶吉士之后方才有机会与一甲三名的状元、榜眼、探花一同入翰林院教习。等到三年教习期满，还有一次"散馆"的考试。一甲三名因为早已授职的缘故，散馆考试时照例会名居前列，仍在翰林院供职。至于其余的庶吉士，则需要考试成绩优良的，方能改官为翰林院编检；成绩不佳，就要以进士归班改选，出任为部曹或知县了。但即使是庶吉士散馆考试成绩优良，得以留在翰林院内任职编修、检讨，若以升迁而论，亦要比一甲三名慢得多。因为清代翰林院的修撰与编检，系专为安置新科翰林而设，并无一定的编制名额。以现在的情形打譬，差不多就是不占固定编制名额的额外人员。额外人员要升官，必先占得额内的编制缺分。以翰林院的修撰、编检而言，所要升的官职就是品秩稍高的"中允"与"赞善"，前者秩正六品，后者秩从六品。中允与赞善在明代都是属于詹事府的官员，乃是东宫太子的辅导官属。清代不预立太子，而以詹事府作为翰林院的迁转之地，所以继续保留这一官称。又因中允、赞善等官在詹事府内本来分属左、右春坊，所以修撰与编修升为中允、赞善之后，俗语就称为"开坊"，意思是从额外变为额内，占得固定编制，从此升迁就比较快了。编修升赞善与修撰升中允，照例要扣足年资整整六年，中间不能少一天。一甲三名在榜下即授职为修撰与编修，比较二三甲进士先点庶吉士再改编修的，在起步上就快了三年，在计算年资时，自然也占了极大的便宜。

由于有这一原因存在，所以虽是同一榜的进士，状元、榜眼、探花这三鼎甲的升迁速度一般总要比其余同年快。何况翰林院本为清华之地，学政主考尽出其中；其得以入值南书房与上书房者，更因与在位皇帝及未来皇帝的关系极为亲密之故，升迁更为容易。明、清两朝的制度，非进士不入翰林，非翰林不得拜相。中了状元，在做宰相的资格上就有了保障，更何况状元的头衔最为尊贵，又远胜于其他的翰林呢？因为有这种种的因素，所以读书人都希望中状元。而翁同龢既然中了状元，他未来的宰相事业因此也就有了很好的开始。

咸丰八年六月，就在翁同书受命为安徽巡抚之后第八天，翁同龢被派为陕西乡试副主考，与正主考潘祖荫一同受命前往西安，主持这一年的陕西乡试。这时，翁同龢在翰林院的教习尚未期满，亦未曾参加散馆考试。未散馆的翰林先派差使，这在从前当然是有过例子的，不过并不多见，一般则须等到散馆以后再派。翁同龢未到散馆就点放考差，其时间又恰好紧接在翁同书被任命为安徽巡抚之后的第八天，这中间的巧合如此，是否含有某种特别的意义在内？大可玩味。参以《清史·部院大臣年表》及《大学士年表》，翁心存此时正任吏部尚书。到了这年的十一月，就由吏部尚书调为户部尚书、协办大学士。他在皇帝跟前的圣眷，此时正是最隆盛的时候。由此看来，翁同书之升任巡抚，与翁同龢之点放考差，很可能都是咸丰皇帝对翁心存表示眷顾优遇之意。唯其因为翁心存的圣眷甚优，所以翁同书出任安徽巡抚以后，虽然屡因措置失当而致失误封疆，也没有人提出纠劾。只有曾国藩，在忍无可忍的情形下上了这一道奏折，才使翁同书丢掉了纱帽。至于翁同龢，则在陕西乡试刚刚举行完毕之后，就接到了新来的朝命，派他就在陕西接替下一任的学政。这种接踵而来的"恩命"，看起来更像是皇帝对翁家父子特别倚信的表示。

翰林官的生活清苦，向来视点学政与派考差为调剂的机会。到外省去担任乡试考官，虽能得些地方官的馈赠，然而为数究竟不多。至于学政，则一任三年，在任内须巡历全省，举行岁、科考试，考核各府州县学的秀才，视其成绩为升降黜革。俗语说："秀才怕岁考，翰林怕大考。"这岁考秀才的奖惩大权全操在学政之手。而各地的童生考秀才，三年两考，每学取中的新秀才，多则四五十，少亦一二十，这可否之权，亦在学政，看起来就比秀才的岁科二考更为隆重。清代的学政被称为柄持一省文衡的"文宗"，原因在此。无论是考童生与考秀才，所考之处，学政例有"棚费"可得，多者银数百两，少者数十两。三年学政考下来，单是这一项棚费收入，大的省份就可以有一二万两银子，数目极为可观。贪赃枉法者流如果再要借此为贿买敛财计，其所得更不可限量。翁家父子虽然两世宰相而叔侄状元，一门簪缨，科第蝉联，但他家的家风清白勤俭，不贪非分之财。所以，皇帝让翁同龢去当学政，当然不是叫他去发财贪污。他大概也晓得翁家父子清贫自守，境况并不宽裕，借此稍予调剂，未尝不是眷顾心膂大臣之意。而翁同龢以未散馆的翰林院修撰一再蒙此殊遇，看起来就不免使人觉得皇帝对待他确实太优厚了。而事实上的情形，也确是如此。

咸丰在位十一年。自咸丰五年以后，朝堂人事更迭，朝局颇有变化。其时恭亲王奕訢因生母康慈太妃死后追尊为皇太后之事，失欢于皇帝，奉旨退出军机，而郑亲王端华之弟肃顺时方任礼、户等部侍郎，渐见向用。肃顺得宠，其兄郑王端华及怡王载垣共相附和，渐渐地就需要排斥异己，以求巩固自己的势力。此时，与肃顺、端华等人相为表里的军机大臣是穆荫与杜翰；不愿附和肃、端等人的军机大臣，则是彭蕴章与柏葰。彭蕴章的态度比较温和，尚不致成为肃、端等人的眼中钉。柏葰则自恃清正，深恶肃顺、端华等人之结党把持，屡次与诸人不协，因此也甚为此诸人所厌恶，务必要设法将他除去。军机之外，与肃、端等人不谐的，则是以协办大学士而兼管户部的翁心存。自咸丰八年以后，肃顺、端华等人为求达到排除异己之目的，屡次借事兴狱，首当其冲的，便是柏葰与翁心存。

柏葰是满人，咸丰六年十一月以户部尚书的本职入军机，旋升协办大学士，咸丰八年九月再升大学士，仍在军机。咸丰八年十月，发生了顺天乡试舞弊的科场案。这一年的顺天乡试，柏葰以军机大臣、文渊阁大学士的身份充正主考，副主考则是户部尚书朱凤标和左副都御史程庭桂。其时，科场中的积弊已经很深，每逢举行乡试，送条子、通关节的情形极为普遍。身为考官的人，无法避免人情的包围与金钱的诱惑，每每借此为营私自肥之计，所以历次取中的举人大抵由关节、弊窦进身，真正有才学的寒门下士，反多向隅。咸丰八年以前的顺天乡试情形如此，咸丰八年的顺天乡试亦复如此，大家都已司空见惯，认为不足为奇。但因柏葰恰好担任这一年的正主考，而他的政敌肃顺、端华正欲设法排挤他，就借了御史孟传金的奏劾，建议皇帝应当秉公执法，以肃清贪污，整饬纪纲。据《清史·柏葰传》所说，此案审实之后，咸丰皇帝还希望能保全柏葰，但"为肃顺等所持"，不得不降旨将柏葰处斩。到了咸丰十一年辛酉政变之后，两宫皇太后垂帘听政，除掉了反对垂帘听政的顾命八大臣，也就是以肃顺为首的"肃党"，于是柏葰之死方得到昭雪。但那已经是后来的事，并无补于柏葰当时之死。

柏葰一死，军机大臣的遗缺，补了肃党人物之一的匡源，肃党的力量更强大了。到了咸丰十年，他们又策动了户部官钱局案，其目的亦与策动顺天科场案一样，是要排除他们的政敌。前一次被排除的是柏葰，这一次要排除的，则是以体仁阁大学士管户部的翁心存。

《清史·肃顺传》叙咸丰十年的户部官钱局案，说：

> 户部因军兴财匮行钞，置宝钞处，行大钱，置官钱总局，分领其事。又设官号，招商佐出纳，号"乾"字者四，"宇"字者五。钞币、大钱无信用，以法令强行之，官民交累，徒滋弊窦。肃顺察宝钞处所列"宇"字五号欠款，与官钱总局存档不符，奏请究治，得蒙混状，褫司员台斐音等职，与商人并论罪，籍没者数十家。又劾官票所官吏交通，褫关防员外郎景雯等职，籍没官吏亦数十家。大学士祁寯藻、翁心存皆因与意见不合，龃龉不安于位而去，心存且几被重罪。

翁心存如何被肃顺龃龉去位，以及"几被重罪"，这在《清史·翁心存传》中有较详细的记载，可以参看：

> 十年，户部迭兴大狱，肃顺主之，多所罗织。怡亲王载
> 垣等会鞫，谓司员忠麟、王熙震以短号钞兑换长号，曾面启
> 心存。心存回奏："部院事非一二人所能专政，断无立谈数语
> 改旧章之理。"载垣等遂请褫顶带归案讯质。文宗鉴其诬，仅
> 以失察议处，免传讯。议降五级，改俟补官革职留任。复以
> 五字商号添支经费，心存驳令议减，未陈奏，司员即列入奏销，
> 下严议，革职留任。

其时，翁心存先已因病屡请休致，未允，又再固请，方准告休去职，留居京寓，而肃党人物犹复穷究不止，必欲入之于重罪而后已。假使不是咸丰皇帝对翁心存向来眷倚甚深，而官钱钞的案子又不像科场舞弊案那样罪证确凿的话，说不定翁心存也会像柏葰一样地倒了大霉。不过，即使是这样，翁心存的宦途蹉跌也还是影响到了他的第四个儿子翁同龢。

翁同龢于咸丰八年十月初六日正式接任陕西学政，依任期年限计算，应至咸丰十一年九月届满。但他接任后只做了三个多月，就于咸丰九年正月借口因病，奏请开去陕西学政的差使，回京调理。这一请求旋经皇帝批准，咸丰九年四月初四日，他就由陕西交代回到京中。五月二十二日，翁心存亦因病奏请开缺，留京调理。父子二人先后告病开缺，不但时间十分接近，而且恰与肃顺图谋加害翁心存的时间相合，可知翁心存与翁同龢即使果真有病，亦不是促使他们辞卸政府公职的原因，其真正的原因还是在于政治环境的变迁。而翁心存既因肃顺对他的龃龉而致不能安于其位，翁同龢关切其父的处境安危，自亦不得不抛却学政的美差，急求回京就近照顾。《翁同龢日记》中有这年

三月二十二日"夜访祁春浦相国"的记事一则。祁春浦即祁寯藻，当时是与翁心存同被肃党排挤去位的大学士。祁寯藻与翁同龢谈到《易经》中的睽、蹇二卦之义，祁说："知进退存亡而不失其正者，其惟圣人乎？释、道二氏，则知之而不免失正耳。"这段话的意义分明就在赞赏翁同龢辞去陕西学政回京侍亲一事十分正当。然则，翁同龢在这件事情上的真正动机，自然也就更加明白可见了。

翁同龢在点试差与放学政之时，尚未应翰林院散馆考试。至是回京，乃在咸丰十年闰三月补应散馆试，获准仍留翰林院供职。这时，他的官衔亦仍旧是他早先的翰林院修撰本职。不久，新科翰林入庶常馆教习，翁同龢被派充分教。七月间，英、法联军攻陷天津，警报送至，有由通州入犯京师之讯。八月，皇帝率后宫妃嫔及军机大臣等北狩热河，和战事宜交由恭亲王奕䜣留京办理。九月，《北京条约》订立，议定中国应赔英、法二国军费一千八百万两，一俟赔款交清，联军即行退出中国。但是，战争虽已结束，在热河行宫中避难的咸丰皇帝却不肯就此回京。更因内忧外患之交相侵寻而自觉愧对祖先及天下臣民，日日纵情于声色逸乐之中，要以酒色自戕为解脱之计。果然，到了第二年的七月，咸丰就在热河驾崩。随之而来的，便是历史上有名的辛酉政变，两宫皇太后在恭王及留京王大臣的支持下取得政权，肃党人物或杀或贬，朝局一时变革。

九月底，两宫回銮北京，恭王奕䜣被任为议政王，再度出领军机。旧时被肃党人物所排挤倾陷的"先朝老臣"如翁心存等，也得到了翻身的机会。

清穆宗同治元年，翁心存已经再度以大学士起用，并与祁寯藻一同在弘德殿教小皇帝读书了。六月，翁同龢由翰林院修撰改官詹事府右赞善，官秩仍是从六品，与编修开坊所应得的升缺没有差别，而且年资也扣足了整整六年。这中间是否尚有其他原因，不得而知。不过，他在这年七月间又点放山西乡试的正考官，足证他此时的官运又因翁心存的复任大学士而好转了。这年十月，考毕山西乡试，回京复命，却不料他的父亲翁心存病已渐重，到十一月的初六日就病故了。按照旧时的制度，父母之丧须丁忧守制二十七个月。自此时以至同治四年二月服阕起复，翁同龢被开去詹事府的官职，在京守制（此时因苏常沦陷，无法回籍，所以改为在京守制）。

翁心存虽然死了，但是他对儿孙们的影响仍是很大的。第一个例子是翁同书，第二个例子是翁曾源，第三个例子就是翁同龢。

翁同书在同治元年正月被曾国藩上疏严劾，有旨拿问下狱，旋经王大臣会同审讯，问拟大辟。其时，翁心存已患病危笃，有旨命将同书暂行释放出狱，以便亲侍汤药。至翁心存卒，又有旨命先服丧百日后再入狱。到了这一案件拖到不能再拖的时候，两宫皇太后又关照恭王及有关王大臣说，翁同书的案子固然情罪俱当，但翁师傅新丧未久，为眷念两朝老臣起见，似乎应该酌量给予恩典。于是翁同书被免去死罪，从轻发往新疆军台效力赎罪。这也就是一般所谓的"充军"。充军比死刑虽然只差一等，但充军可以有机会得到赦免，死刑却须身首异处，一死不能复生，其间的差别太大了。翁同书由死刑得到减罪充军，固然出自皇太后的恩典，也还是沾了他父亲的余荫。

至于翁曾源，乃是翁同书的长子，本来只是一名监生，因为有羊痫风而且常常发作，所以连举人都不曾考中。翁心存一死，得到皇帝的许多恩典，在加赠太保、赐谥文端，及恩准入祠京师贤良祠之外，更有另外一项特殊的恩典——特赐翁曾源为举人，准许他以未曾参加礼部会试的身份，与新科贡士一体参与殿试。等到殿试发榜，独占鳌头的状元公，赫然竟是这个以钦赐举人参加殿试的翁曾源。翁曾源以一个患羊痫风的钦赐举人，居然能够冠冕多士而大魁天下，这是否也是出于皇太后及皇帝的恩遇？实在很使人置疑。

按照明、清以来的惯例，殿试卷照例只糊名而不易书，交卷之后，由钦派之读卷大臣读卷，依成绩评定次第，仍将取中前十名的考卷进呈御览。对于读卷大臣排定的次第，皇帝有时也加以抽阅、更改，但大致是照原定填榜揭晓的。这种制度发展到了后来，前十名的次第，又以阅卷大臣的次第为序，不得搀越。如果阅卷大臣是八人，则序次第一的人可以取中状元，序次二、三的可以取中榜眼、探花，俟前八名的名次都决定了以后，第九名以后，就不再考虑读卷大臣的次序了。同治二年癸亥科的读卷大臣共计八人，以官位及翰林的科分定次序，前三人分别是大学士倭仁、协办大学士瑞常、吏部尚书宝鋆。

翁曾源中状元，照例应该是由倭仁决定的。按，倭仁乃是清朝末年有名的"理学名臣"，个性甚为迂执，他应当不会以取中翁曾源为状元的方式来迎合两宫太后对翁心存的恩遇。但如是两宫皇太后变更了进呈十卷的次序，而将翁曾源越次取中为状元，稗官野史及私家笔记中何以又没有这样的记载？所以，这实在是使人很难索解的问题，若谓翁曾源确实才学出众，有资格压倒群英，则《清稗类钞》偏偏有这么一条记载，说：

> 同治癸亥，状元翁曾源以监生赐举人贡士，应廷试，胪唱遂第一。盖其时文勤方以剿寇失律论大辟，系请室，文端再起入阁，以子罪不测，居恒辄戚戚。故孝贞、孝钦两后特沛殊恩，以慰其心也。

上文所说的"文勤"，即翁同书，文勤是其后来的赐谥。这一段话的错误很明显，因为进士考试例在春间，俗称为"春闱"。同治二年翁曾源中状元，翁心存已在前一年的冬间死了，皇太后"特沛殊恩，以慰其心"的说法，是不能成立的。但当时既有此说，翁曾源之中状元，就很有人情关照的意味存在其间了。《翁同龢日记》记此，云：

> 曾源侄近年为病所苦，深虑不能成名。今邀先人余荫，

得与廷试，从容挥洒而出，意者其有天佑乎？得报，源侄得一甲第一名，悲喜交集，涕泪满衣。得此科名，足仰答先人未竟之志，稍伸吾兄不白之冤乎？

曰"稍伸吾兄不白之冤"，也不免有皇太后存心优礼之意，但也可以看作翁同书蒙冤遣戍而上天特予殊恩以为补偿之意。究竟如何，也只有存疑了。翁同龢说，翁曾源中状元，足以"仰答先人未竟之志"。翁心存官至宰相帝师，还有什么未竟之志呢？是不是他自恨年寿不长，不能亲身及见他所教导的同治皇帝学业有成，日后成为清皇室的中兴令主，以致含恨没地呢？关于这一点，皇太后不久就有新的恩遇，要让翁同龢来继承这一遗志了。

《清史·翁同龢传》叙同治四年翁同龢丁忧期满以后的情形说："服阕，转中允，命在弘德殿行走，五日一进讲，于帝前说《治平宝鉴》。"又，《常昭合志·翁同龢传》云："丁父忧服阕，同治四年，以右中允弘德殿授读，有勉承先人未竟之志温谕。"按，弘德殿乃是穆宗同治皇帝的读书之地，同治元年翁心存、祁儁藻等担任穆宗的"师傅"，就是在弘德殿教读的。现在两宫皇太后再把翁心存遗下的"师傅"之任交给了翁同龢，谕旨中还叫他"勉承先人未竟之志"，这一份异常的恩礼，真可说是难得的"殊遇"。《翁同龢日记》中亦有关于此事的记载，说："朝廷眷念旧臣，推及后裔，不肖何以称此？"说来说去，自翁同书之免死充军、翁曾源之中状元，以至翁同龢之接替皇帝师傅之职，都是翁心存的余荫使然。从前曾国藩参劾翁同书时，李鸿章为他拟稿，奏疏内曾用翁家"门第鼎盛"的话来形容翁氏一门的声势，由此可见，曾国藩所说确是实情。翁家门第鼎盛，是因为有翁心存这一个帝师元老作为中心人物，更有翁同书、翁同龢等一班进士翰林为之烘托渲染，所以才能集结成为政治上的一股雄厚力量，轻易摇撼不动。

二十几年之后，翁同龢也成了光绪朝的宰相、帝师，其得君之专，似又胜于他父亲翁心存当年在世之时。只可惜翁同龢从小便是"天阉"，没有一个儿子可以作为自己的羽翼，他的侄儿翁曾源虽中状元，也因羊痫风之故而不能出仕，所以一经蹉跌，便告倾覆。比较起来，翁心存的相业虽然一无足称，他的福泽似乎远胜于翁同龢。

同治五年二月十二日的《翁同龢日记》说："皇太后谕李兰荪曰：'闻翁同龢讲帝鉴，甚明畅，上颇乐闻。'"李兰荪即李鸿藻，此时正与翁同龢同任皇帝的教读。同年四月二十三日的日记又说："上在书房，李兰荪侍则读遂勤，非他人所能及。兰荪至诚悱恻，其口才亦非吾所及。"当时一同担任教读的，翁、李之外，尚有倭仁、徐桐这两个道学先生。倭、徐迂执而时生龃龉，非皇帝所喜；翁与李则循循善诱，颇能使皇帝乐于向学。这种情形就奠定了翁同龢此后政治前途的有利发展。

穆宗以前的清朝历代皇帝对于自小教读的师傅总有特别亲切的好感，一旦即位为帝，无不多方照顾提拔，务使其及身得享富贵福泽。翁同龢与李鸿藻能使同治皇帝乐于向学，这种情形看在皇太后的眼里，自然高兴，而翁、李二人之能得不次之擢升，当然亦是意料中之事了。据翁之日记所载，翁同龢在同治四年以后的迁擢情形如下表所示。

时间	职位	迁擢情形
同治五年二月	升翰林院侍讲	由正六品升从五品
同治七年十一月	升国子监祭酒	从四品
同治九年六月	升太仆寺卿	从三品
同治十年七月	升内阁学士	从二品

自同治四年六月至十年七月，即自翁同龢升授詹事府右中允之日算起，前后不过六年，他就已从正六品官升至从二品，速度之快，远超过他中状元以后九年之中所升的半品之官。而且，内阁学士官居二品，已与六部侍郎同阶，向为翰林官转任卿贰大员的必经之路，一旦到此

地步,此后的出路就宽了。但是,他在升到内阁学士之后,一时尚不能"大用",原因是穆宗年已渐长而其个性甚为刚强,既不乐向学,又不愿接受王公大臣的遇事谏净,而翁同龢偏偏就是这么一个随时喜欢"匡弼帝德"的好老师,就不免要使皇帝感到头痛了。《清史·翁同龢传》说:

> 同龢居讲席,每以忧勤惕励启沃圣心。当八年武英殿之灾也,恭录康熙、嘉庆两次遇灾修省圣训进御,疏言:"变不虚生,遇灾而惧,宜停不急之工,息无名之费,开直臣忠谏之门,杜小人幸进之门。"上览奏动容。又圆明园方兴工,商人李光昭朦报木价,为李鸿章所劾论罪,廷臣等多执此入谏,恭亲王等尤力诤,上不怿。同龢面陈江南舆论,中外人心浮惑,请圣意先定,待时兴修。乃议定停园工,并有停工程、罢浮费、求直言之谕。

由这段文字的叙述可知,翁同龢日侍讲席,天天都有与皇帝谈论经史学问与兴衰治乱之理的便利,因此每每遇事规谏,很能克尽他做老师的责任。无奈这位清穆宗同治皇帝,与后来的德宗光绪皇帝性格完全不同。光绪柔懦,同治则任性而使气。他久已对皇太后的严格管教起了深厚的反感,对于这些师保大臣的忠言谠论,也早已十分厌烦。翁同龢的忠忱固然可嘉,所得的结果其实只是"言者谆谆,听者藐藐",所谓"览奏动容"也者,只不过是修史者的饰美之词而已。当时这个少年皇帝所最乐于亲近的臣僚,乃是引导他去微服冶游的翰林院侍读王庆祺,以及与他一样是纨绔恶少的恭王奕䜣之子贝勒载澄等人。他之所以还能够容忍翁同龢的遇事喋哜,无非因为他是皇太后所信赖的师傅,在表面上不得不尽量含容优礼,随时敷衍,若要说他对翁同龢的耿耿忠忱会有所欣赏,事实上大概是不会有此可能的。郭则沄所撰的《十朝诗乘》有一条关于福建林锡三学士的记述,便是很明白的证据。

《十朝诗乘》卷二十：

> 长乐林锡三学士，以文端（倭仁）荐，直上斋。翁文恭乞养，举以自代，遂直弘德殿。每进讲，多所规戒。方穆宗亲政，疏陈十事，其大者为勤圣学、保圣躬、罢土木。王庆祺辈入直，既不相容，又尝入对东朝，密劾贝勒载澂，以是忤枢邸，将出为九江道。枢臣言非故事，乃命督江学。学臣向不停升转，林且预保前列，数载不迁，卒于任。其视学出都，有"三载讲幄惭无补，但愿群公辅圣明"之句。学士里居时，尝与先王父按察公结社唱酬，称"南社十子"。杉疏方伯，其第三子也。故先文安公寿方伯诗，追述遗直，云："缅昔毅皇初登极，讲幄妙选儒臣充。道南一脉承遗绪，梁村以后惟文恭。汲直不容坐斥外，攀号竟殉轩湖弓。易名得请归告墓，天章亲勒穹碑崇。"学士卒于光绪戊寅，逊政后与翁公并追谥文恭。

林锡三因直言诤谏而致不能容于朝列，翁同龢又如何能得同治皇帝的赞赏呢？何况他在同治十年十二月以后适值母丧守制，至十三年六月起复回京，虽则仍在讲幄，而皇帝已于十二年正月亲裁大政。皇太后退居深宫颐养，在名义上已不再过问政治，皇帝对他的倚信程度既然远不如皇太后之深，翁同龢的官运当然也要暂时停滞一下。这种情况一直要到同治末年朝局发生剧变之后，才有新的变化。

同治末年的朝局剧变，是因为皇帝亲政之后时时与王庆祺及亲信太监等人微服出宫，私往娼寮、酒馆等处去做狭邪冶游，以致得染风流病症而不治身死。慈禧太后以醇亲王奕𫍽之子载湉入继咸丰为子，继嗣大统，是为新即位的德宗光绪皇帝。光绪即位时年方四岁，比同治初立时还要小两岁，因此皇太后再度垂帘听政，政权亦由亲政不久的皇帝再归于皇太后之手。小皇帝需要受教育，翁同龢当年曾经教过同治，对此深有经验，又甚为两宫皇太后所信赖，因此又将新皇帝的师傅之任交付给了他。当年同治新立，在弘德殿授读的师傅先后有祁寯藻、翁心存、倭仁、徐桐等人，都是一二品的尚书师保，翁同龢与李鸿藻虽然也参与其间，不过是末学后进而已。十三年之后，翁同龢也已官居二品，这一次再度出任新皇帝的师傅，已经不再是仅供使令奔走的后生晚辈了。其时，与翁同龢一同被派为皇帝师傅的，尚有他的咸丰丙辰科进士同年夏同善。《翁同龢日记》光绪元年十二月十二、十四二日记云：

> 十二月十二日。本日奉懿旨，派臣及夏同善于毓庆宫授皇帝读。闻命感涕，不觉失声。夏子松来，午后始勉强属辞，恳请收回恩命。

> 十二月十四日。与醇邸、劻贝勒、景额驸、夏侍郎同召对东暖阁，仍将前意一一陈说。皇太后挥涕不止，臣亦不禁感恸。语极多，不悉记。三刻许出，大略责臣龢尽心竭力，济此艰难，并谕臣一人授书，夏同善承值写仿等事。

上文所说的夏子松，即夏同善，浙江杭州人，时官兵部右侍郎。至于翁同龢，则是在光绪元年的八月间受命署理刑部右侍郎，与奉派毓庆宫教读的新命，同出于两宫皇太后的懿旨。这可以证明前面所说的不错——对翁同龢倚畀信赖的人是皇太后而非同治。同治亲政时，翁同龢不免被冷落，一旦皇太后再握政柄，翁同龢就有了再被重用的机会。更因光绪不是同治那样的纨绔恶少，师生之间的感情深厚，翁同龢居中应付于太后与皇帝之间，也就更易融洽和睦。这本已使他奠定了此后仕途顺遂的条件，加上他在当时的政坛倾轧中还曾为当权的恭王奕䜣一派人物出过一些力量，因此使得恭王一派亦将他视为同志而乐于汲引，于是，他在光绪初元以后的仕宦生涯也就一天天地腾踔而起，直上青云了。

翁同龢在当时的政坛倾轧中，究竟曾替当权的恭王一派出过一些什么力量？这可以参看下面所引的记录。

罗惇曧《宾退随笔》中"翁同龢荣禄交恶"一条说：

> 光绪初，李文正鸿藻、沈文定桂芬，同在枢府。文定以熟谙掌故称上旨，权颇重，汉人在枢府类当国者，自文定始也。荣禄方为步军统领，年甚少，不慊于文定。值晋抚出缺，是日文定方乞假，荣禄入见，乃力保文定授晋抚。命下，举朝皆诧。枢臣既未进言，则言者必为外臣；是日，除荣禄入见外，皆疏远小臣，则言者必为荣禄。翁同龢与荣禄，盟兄弟也，同辈使侦荣禄。时方有试差，同龢不预，与荣禄语，甚憾文定，并揭其阴私，荣禄信之。翁问："沈外任，何意也？"荣言："吾言诸太后，遂有是命。"翁归告李文正，谋有以报之。数日而西安将军出缺，文正力保荣禄，遂外任西安。迄翁继秉政，而荣禄十年不迁，怨翁极深。戊戌四月，翁以导景皇帝行新政得罪，废于家，谕旨以为居心险诈者戒，盖指前事也。

荣禄在戊戌政变之后入领军机，至光绪二十九年卒于位，共计做了五年之久的军机领袖，极得慈禧太后的信任。一些野史的记述中说他与慈禧太后之间颇有不寻常的关系。以他排挤沈桂芬的情形来看，他既然有资格在慈禧面前作军机人事调动的建议，当然他的地位不同于一般的部院大臣了。而荣禄排挤沈桂芬不成，又被翁同龢打听出了其中的实情泄露予荣禄的政敌，使荣禄搁置闲曹，十年不迁，在荣禄不免怨翁极深，在翁同龢也未必得计。就因为荣禄乃慈禧的宠臣，虽因一时失算而致蹉跌，但却仍有随时再起的机会，一旦翁同龢亦有可乘之隙，便不免招致荣禄的报复了。至于翁同龢当时为何要出卖好友，想来还是因为荣禄之排挤沈桂芬颇为翁同龢所不直之故。

因为沈桂芬在当时的军机大臣中颇有清正廉能之称，荣禄以私害公，借事排陷，其行为有似小人，翁同龢基于公愤而协力排斥，其动机亦颇能为人所原谅。而李鸿藻在当时号为"清流"领袖，翁同龢与之协力，自然可以使他视为同调而乐于汲引了。于是，翁同龢的政治地位在各方面看来都日见稳固了。《清史·翁同龢传》叙次他在光绪初元以后的仕途经历，说：

> 光绪元年，署刑部右侍郎。明年，迁户部。充经筵讲官，晋都察院左都御史，迁刑部尚书，调工部。六年，廷臣争俄约，久不决，懿旨派惇亲王、醇亲王，及同龢与潘祖荫，每日在南书房看折件电报，拟片进呈，取进止，至俄约改定始止。八年，命充军机大臣。

清朝的军机处乃是国家大政所出之地。当时的俗语说，内阁大学士如果不兼军机大臣，不能称为真宰相。其原因就是清朝的内阁已经不过问国家大政，内阁大学士虽有宰相之名，不兼军机大臣则无宰相之实，所以不能称为真宰相。至于军机大臣，虽无宰相之名，却实操宰相之权。尤其是在光绪二十年前后，翁同龢以协办大学士兼军机大臣的身份独操政柄，隐然是前朝的真宰相。所以，翁同龢之入赞军机，应当可说是他此后的宰相事业的开始。而翁同龢之能够入赞军机，在恭王柄政时期，无疑当出于恭王一派人物之汲引。然则，他与荣禄之间的关系虽然在后来会导致他的事业失败，在一开始之时，倒还真是帮助他成为政坛领袖的关键。

翁同龢赞襄军机，凡两入两出。其第一次入军机，自然是前引《清史·翁同龢传》所说，于光绪八年充为军机大臣。如照《清史·军机大臣年表》所记，则翁同龢这一次进军机处，是以工部尚书本职"在军机大臣上行走"。这样的词汇在现在读起来当然很别扭。但如我们想到清代的军机处自始至终只是一个名不正、言不顺的临时组织，自军机领袖以至一般军机大臣，都只是奉皇帝之命，带着本身的官职在军机处"办理军机事务"或"在军机处行走"，积一百数十年之久而不能变更，那么，我们对于翁同龢之奉命以工部尚书在"军机大臣上行走"，也就可以释然了。翁同龢这一次入军机，前后不过两年，到了光绪十年甲申政变，恭王被解除政柄，军机全班尽撤，翁同龢也就与恭工及李鸿藻等人一起退出军机。不过，这时他的工部尚书本职并未解除，只是不复参与最高政务而已。其第二次入军机，时间在光绪二十年之十月，亦与恭王及李鸿藻同入，其当时的本职则已改为户部尚书。至光绪二十三年七月，李鸿藻卒。因为李鸿藻的本官是协办大学士，出缺之后，由翁同龢顶补，所以翁同龢也就成了"相国"——不但是内阁协办大学士，而且是军机大臣，成了实至名归的宰相。自此以至光绪二十四年四月，恭王先卒，翁同龢亦遭严旨斥逐，放归田里。这一回，不但他的军机大臣之位不保，连协办大学士的本职亦遭革去，从此结束了他的政治生涯。以他两次入军机的实际情形来说，则前一次之入军机，不过随班进退，叩头承旨，在实际政治上并未发生重要的影响。至于第二次之入军机，虽然亦未曾居有军机领袖之名，但其发言及决策均有影响全局的力量，其地位极为重要。所以，若要论到翁同龢在光绪一朝的实际影响，自当以他第二次入军机的实际施为为定。

要知道翁同龢柄政时期对国家政治究竟有些什么重大的影响，应当先从了解翁同龢之性格、学问，以及他应付实际政治事务的能力等方面入手。下面先抄录一段当时人对翁同龢的性格批评，借以了解他的性格如何。

王伯恭《蜷庐随笔》，"潘、翁两尚书"一条云：

光绪中，吴县潘伯寅、常熟翁叔平两尚书皆以好士名。潘公断断无他，尤为恳到，翁则不免客气。潘公不好诡人，客至无不接见，设非端人正士，则严气正性待之；或甫入座，即请出。翁则一味蔼然，虽门下士无不答拜，且多下舆深谈者。此两公之异也。潘公尝向言曰："叔平虽为君之座师，其人专以巧妙用事，未可全信之也。"已而笑曰："吾与彼皆同时贵公子，总角之交，对我犹用巧妙，他可知矣。将来必以巧妙败，君姑验之。"后又曰："叔平实无知人之才，而欲博公卿好士之名，实亦愚不可及。"庚寅冬，潘公薨于位，翁旋为军机大臣。戊戌罢官，潘公之言竟验。

　　上文所说的潘伯寅，即潘祖荫，道光朝宰相潘世恩之孙，故云，与翁叔平同为贵公子；叔平，则同龢之字也。王伯恭的这一段文字，不但详细描述潘、翁二人待人接物之态度，对二人的不同性格也有很重要的记述，尤其重要的是，他记录了潘祖荫对翁同龢的性格批评。以潘、翁二人的交谊及关系而言，潘对翁的观察必定很深入，他的论点必定有根据。何况潘祖荫之观人的确有很多特别之处，这尤其可以证明潘对翁的观察具有价值。潘祖荫能有知人之名，这可以举出他对张之洞的批评为证。王伯恭《蜷庐随笔》说：

　　余初见潘公时，固未尝有所干乞。而公知吾家计窘乏，必欲为吾谋一善地，以营甘旨，高义深情，实足衔感。偶与公言："今南皮张香涛总制两湖，号能延揽。张与家叔父子同年，又素相识，公若推挽，似较他为善。"潘公大笑曰："君误矣。香涛为人，诞而愎，其爱士也，叶公之好龙耳。君能为谐臣媚子，持吾书往，必大得意；否则以水投石，且将败名，亦何为哉！"吾未敢置对。复笑曰："君疑吾言之过乎？

他日当知之。"公薨后十余年,余服官湖北,适为张之属吏。乃知张之为人,鄙俗夸诞,有非意所及者,益信潘公知人之明矣。香翁非特诞愎,其势利亦复过人。当"戊戌变法"之前,梁启超过武昌投谒,张命开中门及暖阁迎之,且问巡捕官曰:"可鸣炮否?"巡捕以恐骇听闻对,乃已。定制:钦差及敌体官往见督抚者,始鸣炮开中门相迎,若卿贰来见,但开中门而不鸣炮;余自两司以下,皆由角门出入。梁启超一举人耳,何以有是礼节?盖是时已有康、梁柄国之消息,香翁特预为媚之耳。启超惶恐不安,因著籍称弟子。

潘祖荫知张之洞为诞妄而刚愎之人,王伯恭后官湖北,亲见其种种鄙俗夸诞之事,因而证实了潘祖荫对张的观察甚为正确。

关于张之洞的为人,笔者前在讲述张之洞的章节内容一文中亦曾列举证据,证明他是一个对上柔媚善趋附而对下则夸诞骄妄之人,王伯恭的笔记更是最好的脚注。这一事实足证王伯恭所说,"益信潘公知人之明矣",是不错的。潘祖荫既有知人之明,那么,他对翁同龢的观察,应该也错不到哪里去。他以为翁同龢好以巧妙用事,又无知人之才而欲博公卿好士之名,无疑将成为翁一生事业的致命伤。而凡此所云,以我们现在所能看到的资料而言,又恰都有具体的事实可证。然则,翁同龢之所以失败,他的性格行事应当居有极重要的因素。

潘祖荫以为,翁同龢好以巧妙用事,又无知人之才而欲博公卿好士之名,究竟有哪些具体证明呢?王伯恭《蜷庐随笔》记翁同龢保举康有为一事云:

> 康有为未捷前,伏阙上万言书,大谈时政,又著《伪经考》以惊鄙儒,一时王公大人群震其名,以为宣尼复生,遂呼为"康圣人"。礼闱既捷,声名愈大,虚声所播,圣上亦颇闻之,将

为不次之擢。常熟窥上意，因具折力保，谓康有为之才实胜臣十倍。既又虑其人他日或有越规，乃又加"人之心术，能否初终异辙，臣亦未敢深知"等语，以为此等言词，可以不致受过矣。孰意大谬不然，斯亦巧妙太过之一误也。

王伯恭说，翁同龢因窥知康有为将被光绪所擢用而先上折保荐，以为两面讨好之计，又因顾虑康有为日后或有不测之举而为己之累，复于折后加注"康之心术未敢深知"云云，以为事后卸责之计，其用心不可说不巧妙。丁国钧所撰的《荷香馆琐言》中亦有类此记载，云：

> 世皆谓翁相国保荐康某，相国得罪后，上谕中亦及之。赵文次侯，相国至友也，曾面质以此事。相国谓："皇上一日问及康某，我对以'才胜臣十倍，恐其心叵测'。恐皇上不解'叵'字，又申言：'叵测者，不可测也。'余未及康某一字云。"

以两说相较，王伯恭说，翁之保康系由折奏，丁国钧说只是口头保奏，是为二说之差异外，其余并无不同。而翁同龢在戊戌政变之前得罪放逐，后来几乎为西太后所杀，他对于这一段往事必定尽可能地避重就轻，以资隐饰。所以，具折力保之说应该是很可能的。只是，翁同龢的用心太为巧妙，他在折后所加的一段话，自以为可以预先留下卸责的地步，却不料反为他自己带来很多的麻烦。王伯恭说：

> 常熟既深结主知，断无骤发雷霆之事。而康有为经常熟切保后，屡蒙褒奖，谓可畀以钧衡之任矣，不意故我依然，仍是浮沉郎署。又诇知保折后加之词，引为大恨，疑常熟从旁沮之，不去此老，终难放手做事。乃于上前任意倾轧，极口诬罔。德宗忠厚仁弱，虽明知其所许过甚，竟不能正色折之。

照这一段话所说，翁同龢后来之所以获罪，便是种因于他在保荐康有为的奏折后所加的这一段话，造成了康有为对他的大不满，所以屡次在皇帝面前肆口诋谤，必欲去之而后已。关于翁同龢后来之被逐，究竟是否出于康有为排挤倾轧的结果，由于别无其他佐证，殊难断言。以下且再举证说明翁同龢如何缺乏知人之明而欲博公卿好士之名的性格缺点。

翁同龢生平最欣赏"名士"。经由他一力提拔而得占鼎甲的名士，前有文廷式，后有张謇。前者在光绪十六年庚寅科以一甲第二名及第，即俗称之榜眼；后者在光绪二十年甲午科以一甲第一名及第，即是俗称之状元。关于文、张二人先后得掇巍科的故事，清末的私家笔记中甚多记述。先引述文廷式中榜眼的部分如下。

王嵩儒《掌故零拾》卷三：

> 萍乡文芸阁学士廷式，博学多闻，才名藉甚。自光绪壬午乡荐后，屡踬会场，至庚寅始成进士。廷试策中，有"留元气于闾阎，而后邦本可以固"两语，误脱"阎"字，因接写重"而"，欲俟交卷时遇熟人倩其剜补。讵以平日恃才傲物，同试者咸嫉之，所至辄为人注目，又虑交接之际，或将持其短长，遂于"而"字上漫加三画，成一"面"字，匆匆交卷。出场后懊丧异常，以为此番庶常无望矣。常熟翁文恭公爱才重士，于文本夙契，适派阅卷，必欲得之以置大魁。而卷在满洲某尚书手，已被摈置三甲。物色得之，谓此为文某卷无疑，其"闾面"字容有出典。某尚书持之甚力，不敢拟元，以第二人及第。

文廷式的殿试卷中，将"闾阎"误写成"闾面"，而居然仍能中榜眼，这固然可以看出翁同龢爱才之切，亦可以看出翁同龢当时的势力之大。

因为，我们在张謇中状元一事中可以知道，殿试卷名次之排定并非由于试卷文字之好坏，而是由于阅卷大臣本身的名次高下。以下续引张謇中状元的有关资料。

顾恩瀚撰《竹素园丛谈》云：

> 南通张季直殿撰謇，乙酉顺天南元，为翁文恭、潘文勤所赏识，名重公车。壬辰，翁主会试，得一卷，以为张謇，置第一，揭晓则吾郡刘葆真可毅也。甲午，汪柳门侍郎主会试，得一卷，又以为张謇，以示同考官翁太史斌孙。翁曰："首二场皆佳，五策似稍短。"汪曰："此为季直闱中抱病耳。"遂置第一。揭晓则吾邑陶端翼世凤也。刘之学问，陶之品格，实出张謇上。张亦于甲午中式，殿试卷出翁手，力争于张文达，竟得大魁。张工于标榜，晚节颇不协人望，比之华歆龙头。

这一段文字是说翁同龢两次欲中张謇而未能成功，叙事虽略具梗概，而于翁同龢如何一力成全张謇为状元，则未得其详。王伯恭《蜷庐随笔》记此，云：

> 殿试之制，新进士对策已毕，交收卷官封送阅卷八大臣阅之。收卷官由掌院学士点派，皆翰院诸公也。光绪甲午所派收卷有黄修撰思永。比张季直交卷时，黄以旧识，迎而受之。张交卷出，黄展阅其卷，乃中有空白一字，待挖补错误，后遂忘填者。黄取怀中笔墨为之补书，此收卷诸公，例携笔墨，以备成全修改者，由来久矣。张卷又抬头错误，"恩"字误做单抬，黄复为于"恩"字上补一"圣"字，补成后送翁叔平相国阅定，盖知张为翁所极赏之门生也。以此，张遂大魁天下。使此卷不遇黄君成全，则置三甲末矣。甲午阅卷，张子

青居首，次为麟芝庵，次为李兰荪，翁叔平居第四，志伯愚则第八也。向来八大臣阅卷，各以其人之次序，所谓"公同阅定"者，虚语耳。是科，翁师傅得张季直卷，必欲置第一，张子青不许，几欲忿争。麟芝庵曰："吾序次第二，榜眼卷吾绝不让，状元吾亦不争。"高阳相国助翁公与南皮相争，谓："吾所阅定之沈卫一卷，通场所无。今亦愿让状元与张，幸公俯从。"南皮无可如何，乃勉如翁意。其所定之状元，改作探花，以麟公不让榜眼也。

上文所说的张子青，即张之万，时方以东阁大学士兼军机大臣，在阅卷八人中官阶最高，故序次第一；人或称之为南皮相国，则因他是直隶南皮县人，乃是另一个南皮相国张之洞的堂兄。麟芝庵，即麟书，时为协办大学士，故序第二。李兰荪即李鸿藻，与翁同龢均为尚书，故一序第三而一序第四。翁同龢以一个序次第四的阅卷大臣而必欲中张謇为状元，至于能邀集李鸿藻一同向序次第一的大学士兼军机大臣张之万压迫，非要他答应让出状元来不可，这固然可以表示翁同龢的"爱才如命，求贤若渴"，另一方面却也等于说明，他颇有挟"帝师"之尊而凌轹同寅之处。按，金梁所撰的《四朝佚闻》中颇有这方面的记载，说：

> 翁文恭公以帝师而兼枢密，预闻军国，实隐操大权。而周旋帝后，同见宠信，亦颇不易。光初朝局，系翁一言。同僚议事偶有不合，翁辄怫然，常入报帝，必伸己意，众已侧目。

此所云"光初朝局，系翁一言"，其时间当已在光绪十五年以后。因为光绪十五年以前皇帝尚未亲政，慈禧太后总揽大柄，光绪皇帝根本不可能表示自己的意见。至光绪十五年皇帝大婚，慈禧太后由专政改为训政，稍稍将一部分政治权力让予光绪，翁同龢这才能够以帝师之尊，借毓庆宫讲读时的"独对"之便，在皇帝面前提供政治方面的意见。亦正因为翁同龢的"独对"之权是其他同僚所没有的，所以即使张之万是大学士兼军机大臣的真宰相，也不得不对他敬让三分了。如果张謇、文廷式等人都是当时中国的出色人才，翁同龢基于为国求贤的心理而不避嫌怨，后人自然能够对他充分谅解。问题就在这些号称"名士"的人物，实际上只是长于文学而不谙政事，又好放言高论以博取浮名的标准文人而已。翁同龢不察实际，误采虚名，不但竭力为之拔擢，更以他们所一致鼓吹的对日强硬论作为他自己的政治主张，全力以求贯彻，终于导致了中日"甲午战争"的全面败绩。潘祖荫说，翁同龢"无知人之才而欲博公卿好士之名"，实为"愚不可及"云云，由这些地方看来，他的观察实在是很不错的。

胡思敬《国闻备乘》卷一，"名流误国"一条说：

> 甲午之战，由翁同龢一人主之。同龢旧傅德宗，德宗亲政后，以军机大臣兼毓庆宫行走，常蒙独对，不同值诸大臣不尽闻其谋。通州张謇、瑞安黄绍箕、萍乡文廷式等，皆文士，梯缘出其门下，日夜磨励以须，思以功名自见。及东事发，咸起言兵。是时，鸿章为北洋大臣，海陆兵权尽在其手，自以海军弱、器械单，不敢开边衅。孝钦以旧勋倚之，謇等仅恃同龢之力，不能敌。于是廷式等结志锐密通宫闱，使珍妃进言上。妃日夜怂恿，上为所动，兵祸遂开。

这一段话，笔者此前在《李鸿章》一文中已引述，又在这里复述一次的缘故，无非在加强说明翁同龢误信名流，所造成的恶劣后果为如何。文廷式与张謇等人如何使翁同龢铸成此一大错？在文廷式固然是言大而夸，名不副实，在张謇就不免有认识不清、判断错误之病了。刘声木《苌楚斋随笔》记此云：

甲午以前，孝钦与德宗意见甚深，德宗困于孝钦尊严之下，久思出人头地。迨至甲午与日本构怨，意欲耀武国外，凭凌母后，轻视日本，颇欲灭此而后朝食。时常熟秉政，误入殿撰之言，亦谓日本不足平，迎合上意，极力主战。后来不克以功名终，未尝不由于此。实则光绪八年六月间，吴武壮公长庆率登州驻防之师以援高丽，即先文庄公当年剿平粤捻时亲兵五营，后号"庆"字军者。事平后，将佐老兵仍有从先文庄公入蜀者。"甲午战争"初起，尚有谓必胜日本，可操券。殿撰当年从武壮入鲜，其误亦同于老兵。不知彼一时，此一时，日本崛起东方，国势浸盛，几欲凌驾欧美，执亚洲牛耳，有一日千里之势，固非光绪八年之见闻所能囿。惜殿撰未喻此旨，以致丧师辱国，国势不振，深为可惜。信乎知人则哲，能官人之难也。

上文所说的"殿撰"，即甲午年的状元公张謇；"先文庄公"，则是刘声木之父，曾官四川总督的淮系将领刘秉璋。刘声木说，张謇因为曾在光绪八年随吴长庆由登州东渡朝鲜平定乱事，深知日本陆军不足畏，所以竭力赞成对日本强硬，卒致酿成大错，所论甚为正确。如以王伯恭《蜷庐随笔》所记与此参看，则翁同龢之所以赞同对日作战，除了张謇给予他的心理保障，尚有另一种不很光明的心理状态存在，即是欲借此以与李鸿章为难。王伯恭说：

甲午夏，合肥以朝鲜新、旧两党相争为乱，汉城岌岌，奏派直隶提督叶志超率众赴之。日本闻叶提督率兵入其国，以为轻背前约，是必将夷为郡县也，因议大出师与中国争，事为合肥所闻，亟奏请撤戍。而是时张季直新状元及第，言于常熟，以日本蕞尔小国，何足以抗天兵？非大创之，不足以示威而免患。常熟韪之，力主战。合肥奏言不可轻开衅端，奉旨切责。余往见常熟，力谏主战之非，盖常熟亦我之座主，向承奖借者也。乃常熟不以为然，且笑吾书生胆小。余谓："临事而惧，古有明训，岂可放胆尝试？且器械、阵法，百不如人，似未宜率尔从事。"常熟言："合肥治军数十年，屡平大憨。今北洋海陆两军，如火如荼，岂不堪一战耶？"余谓："知己知彼者，乃可望百战百胜。今确知己不如彼，安可望胜？"常熟言："吾正欲试其良楛，以为整顿地也。"余见其意不可回，遂亦不复与语，兴辞而出。到津晤吾友秋樵，举以告之。秋樵笑曰："君一孝廉，而欲与两状元相争，其凿枘也，固宜。"

王伯恭虽然只是一名举人，但他却深明大势，知道此时的中国军力并非日本之敌，启衅适足以致败，所以力劝翁同龢不可轻启战端。但翁同龢一则已先入张謇之言，以为日本不足畏；二则他与李鸿章之间久怀宿怨，屡谋报复，李鸿章不欲战而迫之使战，在他看来，正是所以挫抑之而困顿之的良好机会，又岂可轻易放过？至于万一试而不效，淮军挫败，私怨虽报而国事已坏，届时又将何策以善其后？则就不是翁同龢当时所曾考虑到的问题了。以一个秉持国政之人而谋国如此，即使不是有心贻误，亦难辞疏忽溺职之咎。可怪的是，翁同龢、张謇二人都是状元出身，以情理而言，他们的识见应该超越侪辈。然而，在这些地方的表现竟然如此浅薄愚昧而自私，则所谓大魁天下的状元头衔，实在也是不足道的了。

晚清以来的很多记载，都说中、日甲午之战虽由朝鲜问题而起，其内在的根因则由于翁、李二人之仇隙。李鸿章当年居曾国藩幕中，曾国藩上疏严劾安徽巡抚翁同书失误封疆，翁同书卒以此遣戍新疆，在翁同龢而言，视为深仇大恨，不报不休。但因曾国藩早已功成身死，而曾国藩此疏又是出于李鸿章之手笔，所以又将仇曾之心转而仇李，除了对李鸿章所一手创办的北洋海军多方刁难掣肘之外，更在战端将启之时，竭力反对李鸿章的和议主张，以为打击李鸿章之计。凡此种种虽然没有十分明显的证据，但却踪迹显然。悠悠之口，众论一词，翁同龢实在无法逃此千载公论。光绪年间的清流党重要人物之一，后来成为逊清宣统帝溥仪师傅的陈宝琛，于光绪二十一年乙未和议成时，曾作《感春》四律诗，感怀时局，于当时主战派之误国及慈禧太后之以海军经费滥用于颐和园诸事，均多指斥，传诵一时。其中的第一首对翁同龢便甚有不慊之词。诗云：

> 一春无日可开眉，未及飞红已暗悲。
> 雨甚犹思吹笛验，风来始悔树幡连。
> 蜂衙撩乱声无准，鸟使逡巡事可知。
> 输却玉尘三万斛，天公不语对枯棋。

此诗中的五六两句，指战败之后的朝议纷纭，空争和议。七八两句则言赔款亿万，全局皆输。至于三四句，则分明在指斥翁同龢不当战而冒昧主战，明知雨声已甚，犹驾言不知吹笛有否效验，必欲使大局一败涂地而后已。这一论调与王伯恭《蜷庐随笔》中所说，翁同龢借口欲试验北洋海陆军是否堪以一战，不至陷李鸿章于摧折挫败不止，正是彼此如一。然则，翁同龢之因认识不清及挟怨报复之故，而至中国有甲午战败之惨，正可说是历史上的大罪人了。

由这些地方，我们不但可以看出翁同龢的识见之陋，亦可知道他的器量甚隘，驯至于公私不分，是非不明。王伯恭《蜷庐随笔》与徐一士的《凌霄一士随笔》中，还有两条记载，可以加深我们对于这方面的认识。王伯恭说：

> 甲午之事，始于项城（指袁世凯），成于通州（指张謇），

而主之者常熟也，此自通国皆知，无可为讳。合肥力言不可开衅，大为盈廷所诃。比战时，日本合全国之力相向，而吾国以叶志超乳臭小儿游戏当之，遂至一败涂地。后吴大澂以文弱书生自告奋勇，而举止谬妄，贻误戎机。刘坤一身为大帅，又久历戎行，似应稍有方略，而畏葸无能，亦复望风先遁。所恃以应敌者，惟宋庆一军。当时归宋庆节制者，有一百数十营，大率不听调遣。而宋庆之毅军三十二营，能战者只五营一哨，以敌日本之劲兵十余万，虽孙吴复生，亦不能幸胜矣。是时，张中丞汝梅在京，言宋庆虽勇敢善战，而年将八十，独当大敌，恐有疏误，莫若以前安徽藩司张学醇为宋帮办。张固宋之旧日上司，且毅军自宋得胜、马玉昆外，所有将领，皆张之旧部也。汝梅以此说恭亲王，王亦以为然。而念张公前以议抚苗逆（沛霖）得罪，虑孙寿州（指孙家鼐，即孙家泰之弟，因苗沛霖而死）挟前恨不肯赞成。汝梅乃往见孙家鼐，婉词说之。孙公慨然曰："张小浦（张学醇）治军之能，我所深知。诚用其人，当于国事有济。吾岂敢以私憾害公义哉？惟须与常熟言之。常熟为人，好蓄小怨也。"汝梅因见常熟，纵论及此。常熟变色曰："若用张学醇者，吾必拂袖让之。"汝梅愕然而退。自是小翁遂永无出山之望，而吾国竟亦割地求和矣。

孙家鼐不肯"以私憾而害公义"，翁同龢与他恰好相反，于是张学醇不能被起用，而前敌主帅宋庆亦因无得力臂助之故而致独力难支，中日之战，终致败北。这是翁同龢以私怨而害公义的第二件事例。至于第三件，则是他因与李鸿章积怨而并及刘铭传之事。徐一士所撰的《凌霄一士随笔》论此，云：

李鸿章淮军诸将，程学启卒后，刘铭传功最高，望最隆，同治三年官至直隶提督，年甫二十九岁也。迨捻匪肃清，封一等男，即称病开缺。旋奉命督办陕西军务，莅事未久，复称病回籍，不愿再出。盖以文武待遇轩轾，薄提督而不为。光绪十年，中、法衅作，乃以巡抚衔起之，督办台湾事务，未几补授台湾巡抚，抚台数年而归。甲午中日之役，时议颇主以铭传为大将，督前敌诸军，诏令鸿章传旨，促入都。铭传自以曾任封疆，加太子少保、兵部尚书衔，分为重臣，而政府犹以提镇列将视之，不以特旨征召，仅令直督传谕，礼数太薄，遂辞不赴。说者谓翁同龢当国，不慊于鸿章，兼憝铭传，故阴沮之，殆非无因。使铭传受命督师，于大势究能裨益几何，固难确断；而总统前敌诸军偾事之叶志超，其人物自远不逮铭传耳。

在甲午战争发生之后，慈禧太后以内外群臣交章奏请起用恭王，不得已而将恭王及光绪甲申政变中并遭罢黜的李鸿藻、翁同龢等三人一并任为军机大臣。此时恭王名义上虽为军机领袖，而翁同龢的地位与权势已远出恭王之上，恭王不得不遇事谦让，所以翁同龢反倒成为事实上的执政者了。此一事实，只要看前引王伯恭《蜷庐随笔》所记有关起用张学醇的事情，恭王于此未置可否，而翁同龢怫然不悦，事即中辍一点，便可知道握有决定性权力的人，乃是翁同龢而非恭王了。翁同龢一则因私怨而不欲张学醇东山再起，再则因与李鸿章构怨之故而有意薄其礼数，使刘铭传不愿出总前敌军事，可以充分看出他对私人间的恩怨看得太重，而对于国事之成败利钝反置于其次。一个手握政柄而直接对国家民族负有实际大责之人，其所作所为如此，诚然太使人惊异了。历史上中兴国族而振衰起敝的圣帝贤臣，他们在这种情形之下，大都能捐弃宿怨，为国求贤，公而忘私，而绝不肯以私害公。

翁同龢与此相比，不如远矣。这是他性格方面的缺点造成他事业失败的重要表现之一。虽然潘祖荫对他的批评中未曾论及，却需要特别加以指出。至于另一项造成他事业失败的原因，而亦未曾为潘祖荫所提及的，则是他在实际政治方面的学识太差，遇事不能出之以正确的判断与适当的处置。作为一个柄持国政的领袖人物而言，此更为其致命的缺点。

关于这一个问题，我们可以翁同龢在出任总理各国事务大臣后，奉命与德国公使海靖交涉胶澳事件的前后情形为例，借以觇知其一斑。

清代末年的"总理各国事务衙门"专司对外交涉事件，后来改称为外务部。总理衙门与外务部不同的地方是，后者乃是国家的正式机构，由尚书、侍郎为其主官，以下另设各级办事人员。而总理衙门则有如军机处一样，只是为了办理对外交涉的需要而设立的临时机构而已。临时机构当然没有正式的编制，办事人员由各衙门调来，称为"章京"；衙门中没有主官，所有的只是奉派在衙门"行走"的王公大臣，其性质亦如军机处。翁同龢素来自负为守旧派的元老重臣。他看不起当时那些借"洋务"起家的新派人物，甚至不愿接近一切与洋务有关的事务，如当时的总理各国事务衙门。但是，他在光绪二十一年的六月间却奉旨派往总理各国事务衙门行走，要亲自参与跟洋人打交道的工作，说来实在使人十分意外。至于他何以会得到这样一个差使的缘故，说起来就话长了。

光绪二十年甲午战争中国战败，日本陆军由朝鲜入侵东北，海军则登陆山东，分南北两路威胁津、京，形势甚为岌岌。中国战既不胜，唯有希望停战言和，以免战祸继续蔓延。而日本则挟战胜之余威，要挟割地赔款，以致朝议纷纭，莫衷一是。翁同龢虽不反对议和，但却反对割地，以致主和的李鸿章、孙毓汶、徐用仪等人大感头痛。《翁同龢日记》光绪二十一年正月二十八日有关于此事的记载，说：

是日，李鸿章到京，先晤于报房，召见乾清宫，与军机同起。合肥碰头讫，上温语询途间安稳，遂及议约事。合肥奏言："割地之说，不敢担承，假如占地索银，亦殊难措，户部恐无此款。"余奏言："但得办到不割地，则多偿当努力。"孙、徐则但言："不应割地，便不能开办。"问海防，合肥对以"实无把握，不敢粉饰"。合肥先退，余等奏日行事毕退，不过三刻耳。……李相、庆邸及枢臣集传心殿议事，李欲要余同往议和。余曰："若余曾办过洋务，此行必不辞。今以生手办重事，胡可哉？'合肥云："割地不可行，议不成则归耳。"语甚坚决。而孙、徐怵以危语，意在撮合。群公默默，余独主前议，谓偿胜于割。合肥欲使英、俄出力，孙、徐以为办不到，余又力赞之，遂罢去。

　　翁同龢在皇帝召对及枢廷会议时均力持己见，坚决反对割地议和，这使奉命充任全权大臣前往日本议和的李鸿章大为难堪。因为，割地之说并非出于李鸿章的主张，只是日本人挟此以为停战议和的条件，不允割地则不肯停战，而战争继续进行一日，中国必多受一日之害，身负其责者苦无良策可以善后，对于翁同龢之一意作梗，便大感进退两难。李鸿章在此时提议让翁同龢同往日本议和，以便使翁知道日本人之强横态度非口舌所能理喻。而翁同龢却以生平未曾办过洋务为推诿之词，一任他人焦头烂额，他自己始终置身于清凉之地。这种放言高论而不负责任的态度实在教人不平。之后，李鸿章及恭王又一再在太后及皇帝面前陈说，非割地无法得到日本之允和，而翁同龢犹复与之竭力撑拒，使得皇太后与皇帝之间亦发生了意见——太后主张割地求和，皇帝则与翁同龢采取相同的立场，只允赔款而不肯割地。这事到了后来，虽因太后之坚决主张割地而得到解决，而恭王及同在军机诸人却由此得到一个教训：要想翁同龢此后不致在外交事务上处处作梗，最好的办法是把他也拉到总理衙门里来，让他亲自尝尝与外国人打交道的滋味。《翁同龢日记》中有关于此事的记载，说：

> 光绪二十一年六月十日。恭邸屡在上前奏请，欲余至总署，余力辞，今日仍责余畏难。余与辩论，不觉其词之激。仲华亦与邸相首尾，余并斥之（荣仲华即荣禄）。

> 六月十四日。恭邸以译署事有所举荐，恐吾侪不免矣（译署，亦名总署，亦即总理各国事务衙门）。

> 六月十六日。恭闻恩命，臣与李鸿藻均在总理各国事务衙门行走。前此固尝一辞再辞，语已罄竭，无可说也。

恭王在太后及皇帝面前一再举荐，终于在翁同龢本人十分不愿意的情形下，把他拉进了总理衙门。恭王之所以这样做，意思十分明显：翁同龢平时既然好在对外交涉事务上放言高论，全不顾及办事诸人的实际困难，如今就以"请君入瓮"的方式让他自己也来挑挑这个担子，以免他老是"看人挑担不吃力"，以为对外国人的交涉容易办得很。对外国人的交涉究竟是不是很容易办？看《翁同龢日记》所记，他到了总理各国事务衙门之后的情形，屡有"日伍犬羊，殆非人境"，"犬豕为徒，人生不幸"之类的文字，可知他对于与外国人打交道的事，实在是深恶痛绝，甚不甘愿。何况当时的清朝中国正当积弱之势，西方列强环伺而图我，东起西落，此呼彼应，究竟如何应付，实在难处之至。翁同龢在这种情形之下日日周旋于这些如狼似虎的外国公使之间，如之何不使他痛心疾首、苦闷难堪呢？而对外交涉所着重的是知己知彼，然后方能洞见对方的底里，察其阴谋所在，而筹议抵制之方。据费行简所撰的《近代名人小传·翁同龢传》所说，翁之为人，"性情疏阔而不达情伪，动为人欺"。以这样的性格，连一般的人际关系都不易妥帖，要他去办外交事务，岂不更是茫然不知所以吗？这一点，在他受命担任胶澳事件的对德交涉中，便可以明显地看出来。

胶澳事件的发生，时间在清光绪二十三年的十月。在此以前，德国因与俄、法两国共同压迫日本归还辽东半岛，以为大有惠于中国，亟盼能在中国沿海得一港口，以为发展东方势力之用。当时的德国驻华公使巴兰德，曾一再向总理衙门提出交涉。总署诸大臣以为此事万万不能许，因为倘经许与德国，则其他各国将有援例要求的可能，后患无穷。故一面拒绝巴兰德的要求，一面电饬中国驻德公使许景澄，向德国外交部说明中国的立场。但德国的外交部长答复许使说，俄、英、法诸国在东方均已各有海港，不致再有另外要求，必欲中国允租一港。许使将德国外交部长的意见转达总署，双方屡经磋商，迄无要领。其时，德国方面就有采取武力压迫、强制租借的意图，其目标则选定为山东的胶州湾。到了光绪二十二年，德国驻华公使换了海靖，他所奉到的训令乃是务必要与中国交涉达成租借胶州湾之事。光绪二十二年的十二月，海靖就向总理衙门正式提出要求租借胶州湾，租期十五年，其所据引的理由，便是德国有干涉还辽之功，而中国未有酬劳。事势发展至此，德国有必租之心，而中国无允诺之意，其以后的事态发展，当然只有更为激烈而困难。

光绪二十三年正月，海靖再向总理衙门提出要求，仍为总署所拒。海靖将交涉经过报告政府，德皇威廉二世欲以武力强占，一则由于俄国之反对，再则中、德两国并无衅端，师出无名，因此只得暂时作罢。到了光绪二十三年的十月间，德国已从俄国方面取得占据胶州湾的谅解，而山东曹州府巨野县恰好发生土匪戕杀德国传教士二人之事，德皇认为出兵的时机已到，电令德舰驶往胶州湾，于十月十四日登岸，向驻在当地的清军提督章高元提出最后通牒，限他将所属的防军在三小时后撤出胶州湾，四十八小时内撤尽。山东巡抚李秉衡及直隶总督王文韶即刻将德国的这种强占行为电报清政府，皇帝及军机大臣们所决定的初步办法是：不与德国开衅，但亦电令守将章高元不得听其恫吓，任意撤退。实际上，这个办法根本不是办法，因为章高元既奉令不得与德兵开仗，又不得擅自撤退，则除了被缴械俘虏之外，还有什么办法？而胶州湾还不就此被德国占领了吗？地方已被外国人强迫占去，然后再要由外交交涉中收回主权，这在清代末年国势陵夷的积弱状态下，又是轻易办得到的事吗？

　　光绪皇帝和当时的军机大臣们既已决定采取不抵抗而和平交涉的政策，这对德交涉的责任便落在总理各国事务衙门的头上了。更因翁同龢是新入总署而且是皇帝所亲信的师傅，有旨命翁同龢与侍郎张荫桓同办此一交涉，于是，翁同龢便成了直接与德国公使交涉胶澳事件之人。

　　由《翁同龢日记》所见，翁于光绪二十三年十一月初四日奉旨派往德国公使馆与海靖进行交涉以来，所谈的一直都是表面上的问题，而未曾触及问题的核心。因为德之图占胶州湾以扩张其东方的势力，乃是其既定的国策，假如中国方面无法改变此一决策，尽管费尽唇舌与之反复辩论，亦只是白费力气。德国方面，图穷匕见，即使理屈词穷，也还是不会放弃胶州湾的。翁同龢不明此理，几次与德国公使海靖展开口舌辩论，的确也曾使海靖无可遁饰，而不得不在表面上与之照会往还，同意教案之和平了结。《翁同龢日记》中关于这方面的记述甚多，如光绪二十三年十一月十四日记云：

　　　　谈至此，因问，以前照会内另案再商一节，另案者，谓别指一岛抵换胶澳也。伊云："不能退。"再三磋磨，始允登岸兵皆撤回船。复予大磨，则允将船退出胶口，俟另案开讲时再索，则与教案不相涉矣。

又，同月十八日记：

> 德今日所允，后日即翻，此非口舌所能了也。……遣人
> 往告海靖，余等即往。伊推却云："有要事，不能候。"然则，
> 变卦显然矣。

又，同月二十二日记云：

> 访德馆，与海靖密谈，云得回电，教案前五条可了，第
> 六条胶澳退兵，德国面子太不好看，断办不到，并敛兵入船，
> 亦游移。再三驳诘，舌敝唇焦，始称，敛兵或可商。

翁同龢正在北京与德国公使海靖进行马拉松式的口舌谈判，事实
上关键性的外交活动，却正在莫斯科与柏林间秘密进行。原来清政府
以为中国既在前一年与俄国订立密约，规定两国之间有互相援助之义
务，则根据条约精神，俄国应于此时出面相助，压迫德国退出胶州湾。
此是李鸿章及联俄一派的主张，慈禧太后亦甚赞同，而俄国亦颇有行
动表示，如派舰监视德舰动向等。但德国人应付俄国的办法更为高明。
德政府于此时向俄国提出条件，承认中国的东北及朝鲜为其势力范围，
以交换俄国之不干涉德占胶澳。俄国表示将派其舰队至旅顺港过冬，
通知其事于英、日诸国，德国首先表示赞同。于是，德、俄两国有了
默契，俄国可以借德国之合作，在中国的东北自由行动，而俄国亦不
反对德占胶澳。两国间的秘密外交既已得到协议，德国的态度遂转趋
坚决，不仅不肯再谈撤出胶澳的问题，而且更节外生枝，在要求取得
青岛至济南的胶济铁路筑路权之外，更要将此路伸展至山东省的南境，
借以将山东全省悉置于德国的势力范围之内。据翁同龢的日记，双方
间的谈判交涉至十一月底为止，一直都很顺利，到了十二月初五日，

翁同龢在谈到铁路问题时说，筑路的权利应该归入另案，不可并在教案交涉之内，以免他国之助我还辽者又将援例提出要索。此时海靖忽说："俄国已经得了旅顺，何至再有别的要索？"至此，翁同龢方才恍然大悟，原来俄国兵舰于上月内借口借地过冬而入旅顺港，早有久据不去之心，而俄、德两国之互相勾结以谋我，其心迹亦就昭然若揭了。然则，清政府希望俄国人能够出来仗义执言，压迫德国退出胶州湾，岂不是缘木求鱼吗？果然，此后的交涉一日比一日困难，德国人不但不肯退出胶澳，还提出其他许多要求，交涉事件亦改由李鸿章接办。最后双方签订条约，同意德国租借胶州湾九十九年，并在山东境内享有筑路及开矿之权。条约签订之后，俄国更借口德国得利太多，要求租借旅顺、大连以为补偿。俄、德两国秘密勾结的行为至此亦完全暴露。

俄国觊觎旅、大，乃是很早的事。只因英、日、法、德等列强环伺，俄国不敢冒昧行动，所以拖延到了此时。德占胶澳事件发生之后，假如清廷只以德国为交涉对象，原不致为俄国制造机会。但因清政府在交涉开始之时，一方面既峻拒德国的要求，一方面又希望循《中俄密约》得到俄国的保护，终于使俄国人得到从中渔利的大好机会——德国转向俄国谋取友谊，在这种情形之下，正是势所必至之事；而清政府一再力拒德占胶澳，反而促成了俄、德两国间的进一步勾结，可谓不智之甚。这种情势之造成，是由于什么人的错误呢？第一，当然是恭王及翁同龢等人之竭力反对德占胶澳；第二，则是李鸿章及亲俄一派人物之求援于俄。俄国人把握住此一千载难逢的好机会，一方面假意示好我，一方面又与德国人秘密谈判，以互惠之法得到德国人不反对俄占旅、大的许诺，于是，中国的灾祸变成了俄国人得利的机会。当时的总理衙门中，自恭王、李鸿章，以至翁同龢等一班王大臣们，都不曾看出这一潜在的危险，能够看到这一点的，是当时的户部侍郎兼在总理各国事务衙门行走的张荫桓。《翁同龢日记》中曾有关于这方面的记载，见于光绪二十三年十一月十六日日记，云：

樵发许电，详告源委，令转电杨使告外部，"中国不欲俄为华事与德失欢。若议不成，再电告，此时勿调船"云云，我二人名发之。樵又拟旨谓，"已派某二人与海商办，此后如非该大臣之电，国家不承认"云云。恐太讦直，明日酌之。（此句下另有小字注云："此件未用。"）

张荫桓字樵野，上文所说的"樵"，即指张荫桓；许与杨，则是当时的中国驻德公使许景澄与驻俄公使杨儒。张荫桓在中、德胶澳交涉正在热烈进行时拟此一电一旨，其用意极为深远。电报之目的在拒绝俄国借口帮助而在此时调船东来，以免俄国借口助我而图谋其本身的利益；至于所拟的旨稿，更在明白告知杨、许二使，主持对德交涉的只有翁同龢与张荫桓二人，如果翁、张不曾请求俄国相助，任何人致电杨使嘱向俄廷提出请俄相助的电报，均属无效。张荫桓之所以要这样做，分明表示他已预见到俄国人可能在中、德交涉中两面讨好，从中渔利，为了防范这种可能性，所以他要采取预防措施，及早阻断这种事情的发生。诚如前文所说，恭王是军机领袖，翁同龢是实际掌握大权之人，光绪中期的国家大政实际上是由此二人在执掌。翁同龢假如能见到张荫桓此一举措的真正用意，则联俄的行动可以及时中止，对德交涉亦可做适当的让步，德国既不必争取俄国的友谊而支持俄国占我旅、大，俄国的外交形势处于孤立，亦就不会有后来的强租旅、大事件发生了。然而，张荫桓的见识虽然远大，翁同龢却以为他的举措太过激烈，因"恐太讦直"而不敢采用，坐使大好机会平白失去。外交的先机既已失去，翁同龢虽然口敝唇焦地日日与德使海靖往复交涉，结果仍不免因把握不到外交重点而一无所成。由这一件事情就可知道，翁同龢的政治学识与外交技巧实在太拙劣浅薄，不足以担当国家大任。他从前屡次在对外交涉事件中放言高论，说话毫不负责，现在轮到他自己来进行交涉，才知道他所办的交涉比起他人来还不逮远甚。

说到这里，或许不免会使读者产生疑问：翁同龢既不肯采信张荫桓的行事措施，是不是因为他对张荫桓的种种作为俱不甚欣赏，而张荫桓事事皆不高明，只有在这件事情上才显得他的识见高卓呢？要回答这些问题，可以先看看当时人所记，有关翁、张二人的交谊契合情形。吴永所撰的《庚子西狩丛谈》说：

> 　张公在总署多年，尤练达外势。翁常熟当国时，倚之直如左右手，凡事必咨而后行。每日手函往复，动至三五次。翁名辈远在张上，而函中乃署称"吾兄""我兄"，有时竟称"吾师"，其推崇倾倒，殆已臻于极地。今张氏哀辑此项手札，多至数十巨册，现尚有八册存予处，其当时之亲密可想。每至晚间，则以专足送一巨封来，凡是日经办奏疏文牍，均在其内，必一一经其寓目审定而后发布。张公好为押宝之戏，每晚间饭罢，则招集亲知傫幕，围坐合局，而自为囊主。置匣于案，听人下注，人占一门，视其内之向背以为胜负。翁宅包封，往往以此时送达。有时宝匣已出，则以手作势令勿开，即就案角启封检阅。封中文件杂沓，多或至数十通。一家人秉烛侍其左，一人自右进濡笔，随阅随改，涂抹勾勒。有原稿数千字而仅存百余字者，亦有添改至数十百字者，如疾风扫叶，顷刻都尽。亟推付左右曰："开宝，开宝！"检视各注输赢出入，仍一一亲自核计，锱铢不爽，于适才处分如许大事，似毫不置之胸中。然次日常熟每有手函致谢，谓某事一言破的，某字点铁成金，感佩之词，淋漓满纸，足见其仓猝涂窜，固大有精思伟识，足以决谋定计，绝非草草搪塞者。而当时众目环视，但见其手挥目送，意到笔随，毫不觉其有惨淡经营

之迹。此真所谓举重若轻、才大心细者,宜常熟之服膺不置也。

这一段话,叙述翁同龢与张荫桓二人间之往来关系,其时间应当已是翁同龢以户部尚书兼军机大臣而奉命在总理衙门行走之后。而亦因为张荫桓同样是以户部左侍郎并在总理衙门行走之故,凡是户部所管的全国财赋,及总理衙门所管的对外交涉事宜,两个人都同有参与谋议的责任,所以对其间的大概情形及应付事宜,彼此都有概念。只因翁同龢在很多重要问题上都有"不达情伪"及遇事难辨是非的毛病,所以对于张荫桓之果断明敏,便有极多的仰仗之处。而由吴永所述张荫桓治事能力之强,可知翁同龢对张荫桓倚畀之深,正自有故,所谓"倚之直如左右手,凡事必咨而后行"者,诚非过甚之词。但如由上引《翁同龢日记》所述对德交涉中的情形看来,翁同龢对张荫桓之果敢措施,有时竟不敢完全赞成。在这些地方,翁同龢之畏葸怯懦就很误事了。

就清末的外交情势而论,对中国具有最大侵略野心而又为害最大的,莫过于帝俄。但是,他们却惯能以伪装的亲善态度掩饰其狼子野心,即使中国在无形中已经遭受到极大的损害,还相信俄国人才是诚意相助的朋友。当德占胶澳事件发生后,俄国最初也很不愿看到山东沿海成为德国人的势力范围,所以亦颇有意协力压迫德国退出胶澳。但不久之后,俄国人就有了更好的主意,即是一面与中国敷衍推托,一方面与德国人进行秘密交涉,以追求俄国的更大利益。等到俄、德已有协议,德国人已经同意俄国在我国东北享有特殊权利之后,为了顾虑损害《中俄密约》的友好精神,俄国人又开始以贿赂方法在北京进行秘密活动,以期一旦俄占旅、大的事实公开以后,中国的反对力量可以减至最轻程度。他们的这种阴谋手投当然很容易收效,因为清朝末年的清政府,自皇太后以至大小官吏,都很容易为金钱所收买。一旦银弹攻势奏效,可以说话的人都变成了钳口结舌的哑子,再大的问题也可以不了了之。张荫桓当时大概早已看出俄国阴谋的可怕,所以他希望得到翁同龢的支持，预先堵塞俄国人秘密活动的径窦，以期朝中的亲俄派力量发生不了作用。以翁同龢当时的地位与权力，他如果采取张荫桓的办法，必可得到皇帝的支持。外交不致陷于多头，俄国人的阴谋便无隙可乘。却不料翁同龢不敢开罪亲俄派的势力，不敢承担此一外交决策，于是使得俄国人得以透过朝中亲俄派的关系，在中、德胶澳事件的外交交涉中坐收渔人之利，说来实在可叹之至。自胶澳事件结束之后，俄国借口中国对德国的优惠太多，接踵而强租旅、大。于是，英国亦向清政府要求租借大鹏、深州二湾，以扩充九龙租借地，法国亦租借广州湾，其租借期与胶澳同为九十九年。沿海形胜，拱手让人，中国政府空怀愤恨，毫无抗拒之能力，瓜分的危机日迫。后来的变法维新运动亦直接由此促成，追溯其源起，可说都是由于中、德胶澳事件交涉错误，予俄人可乘之隙，以致其他列强随而效尤的。

在翁同龢与张荫桓最初受命与德国公使海靖进行胶澳事件的外交交涉时，张荫桓确实全力协助翁同龢，以求能把这一外交交涉办理圆满，期使中国方面所受的损害可以减少到最低程度。当时，他为翁同龢所设计的各种交涉措施也都很为高明。但因翁同龢之过分畏蒽怯懦，以致失去了外交的先机。这使张荫桓有了两点认识：第一，他确信翁同龢是没有识见的无用之人，不可能倚赖他建立功名事业。第二，翁同龢如此没有识见，胶澳事件的交涉必将招致难堪的失败。而他自己既是与翁同负交涉责任之人，将来亦难免因此而受牵累。由于张荫桓在心理上已经存有这样的想法，所以他虽然最初对翁同龢很热心协助，到后来却显然改变了态度。光绪二十三年十一月十九日，亦即翁同龢搁置了张荫桓所拟的旨稿之后的第四日，翁的日记中记道：

> 张君与余同办一事，而忽合忽离。每至彼馆，则偃卧谈笑，
> 余所不喻也。

张荫桓此时的态度，所以会由积极地支持变成若即若离地全无热诚，其关键就在翁同龢不同意张荫桓所拟的旨稿一事上。翁同龢对这件事情的重要性如此麻木不仁，亦充分可知他这个人的性格，也实在太呆板迂执，不足以适应机诈谲变的外交活动了。而张荫桓既然对支持翁同龢失掉信心，他当然也可能转而采取比较现实的做法与亲俄分子合作，从而得到实际的利益。俄国革命之后，苏俄政府所刊行的《赤档》杂志，曾将当时负责与清政府进行秘密活动的财政大臣微德的回忆录予以刊载公布，其中载有胶澳租借条约签字后，俄国公使在北京所进行的贿赂事实。根据微德的记述，其时被俄国贿赂收买的清廷要员，除了李鸿章，就是张荫桓，二人各得俄国的贿款五十万两，其条件则是在俄占旅、大之后，设法弥缝两国间的外交紧张局势，以便俄国人能够始终借《中俄密约》向中国谋取政治利益。李鸿章是否已经接受俄国人贿款？因别无佐证之故，殊难轻易确定；至于张荫桓，则因他在俄国银行中秘密存有大笔款项，颇可以使人相信，微德所说，或是事实。

魏元旷所撰的《光宣金载》一书，载有张荫桓存金俄国银行的一条记事，说：

> 张荫桓早贫无赖，后附诸名士致通显，官户部侍郎兼总理各国事务衙门大臣。存金华俄银行，立折外复存一照片，人照不符，虽有折不得取，人符照，无折亦不得取，所约家人不知也。"戊戌政变"，其子垲征虑及祸，先窃其折归粤。及荫桓遣戍，速垲征不至，恨而就道。既行，垲征潜以折至。行出照与约示之，始知父所为之密，然无如何。荫桓既戮，其金遂为华俄银行有矣。

张荫桓有钱可存银行，并不使人意外，因为清代末年的高官显宦差不多人人有钱，除非是翁同龢这样不事苞苴的廉介之士，然而这样的人却又太少。使人感到意外的是：张荫桓的钱，何以必须存在俄国人所开的华俄银行？我们已经知道，张荫桓最初与李鸿章的关系不洽，并且他反对过分信赖俄国人，所以他最初绝不是亲俄派。然而，他后来却有钱存在华俄银行，不但使他的政治背景涂上了亲俄派的色彩，更使人怀疑其中的存款便是来自俄国人的贿赂！事实的真相如此明显，足见俄国人为了达成他们的两面外交，确曾花费了许多心力，而且进行得非常成功。相形之下，正足以显示翁同龢主持下的中、德胶澳事件交涉如何失败！而其失败的根源，主因在翁同龢的怯懦无识，坐使中国在丧失胶澳之后，还须一连串地丧失旅顺、大连、大鹏湾、广州湾等一大批沿海险要之地。后来光绪皇帝追究这一时期的外交失败，曾经痛斥"翁师傅"之丧权辱国，说来实在令人慨叹！而张荫桓之倒戈亲俄正是翁同龢外交失策的明显标志，只是他自己还懵然不知而已。

由张荫桓与翁同龢之逐渐走向貌合神离，足以证明一件事实，就是翁同龢既无知人善任的能力，又没有足够的识见来应付当前的复杂政治情势。作为一个成功的政治领袖，如果他本人没有卓越的政治学识，就得礼贤下士，择天下之英才而善用之。前者犹如明太祖，后者便是汉高祖之倚信张良、陈平与韩信。可惜翁同龢自己既没有高卓的本领，遇到张荫桓这样的人才，又不能虚心倚信，终于使他的政治事业一开始就在外交活动方面遭到了重大的挫折，对于清代中国的前途更具有十分不利的影响。由此可见，一个国家的政治领袖是否得人，其关系是何等的重要！翁同龢无此才能而滥竽高位，不但注定他自己的失败命运，更连累了国家的命运亦复灾祸连连，这固然是他自己的不幸，亦是中国的不幸。一个国家在走向衰败没落的道路上时，每每有这种情况出现，可知命运之说不但适用于个人，有时也颇能适用于国家。

光绪二十四年三月初二日，亦即中、德胶澳租借协议签字以后的半月，俄国强迫要求租借旅、大问题接踵又起之后数日，翁同龢的日记中记有他此时与光绪皇帝的应对语言，说：

> 见起三刻，沥陈现在危迫情形，请作各海口已失想，庶几策厉，力图自立，旅、大事无可回矣。上云："璇闱忧劳之深，转未将此事论及，则蕴结可知矣。"

列强环而谋我，瓜分之祸日急，当时的朝野上下，大致都有这种危迫之感，光绪二十四年的戊戌政变，便是在这种情况之下发生的。黄鸿寿所撰的《清史纪事本末》记其事云：

> 光绪二十四年夏闰月，下诏定国是，宣示中外。自咸丰、同治以来，中国迭经外患，三次劫盟，当事者始渐知西人之长技，思所以效法而自强，创行新政，不一而足。如设制造局以制新械，方言馆以养真才，招商局以争航利，派学生出洋以游学外国，用客卿美人蒲安臣为大使以联邦交。其他如练兵、通商、造路、开矿诸大端，皆次第举行。然变法不知其本，故行之已数十年，于国势之屡弱，仍莫克振救。及甲午败于日本，各国租港湾之事，相逼而来，瓜分支那之说，腾沸于全球。于是国人大哗，志士愤起，痛论变法之不可缓，帝亦知非实行变法不能立国。时翁同龢辅政，赞成其说尤力。御史杨深秀、侍读徐致靖又相继上书请定国是。帝乃赴颐和园白太后，召军机全堂，于是月二十三日下定国是之诏，以宣示中外。

所谓"定国是"的诏书，据原书所说，其实即宣布变法维新，与天下臣民共赴时艰，以期发愤为雄、救国匡时的公告。历史上所谓的戊戌维新运动，亦即以此诏书颁布之时为开始。但光绪皇帝于此时所推行的变法维新运动，所倚仗的主要帮手只有两个人，其一是变法维新运动的主要策划人康有为，另一个即维新运动的赞助者翁同龢。而就在这一道"定国是"的诏书颁布之后的第四天，皇帝忽然另有一道旨意，罢黜翁同龢的一应官职，将他逐回江苏常熟县原籍居住，旨云：

> 协办大学士翁同龢，近来办事多不允协，以致舆论不服，屡经有人参奏。且每于召对时咨询事件，任意可否，喜怒见于辞色，渐露揽权狂悖情状，断难胜枢机之任。本应察明究办，予以重惩，姑念其毓庆宫行走有年，不忍遽加严谴。翁同龢着即开缺回籍，以资保全！

这里所说的开缺回籍，意思就是将他的本兼各职一并撤去，着令回至常熟原籍，不许再在京中居住。翁同龢此时的本职是户部尚书协办大学士，兼职则是军机大臣及总理各国事务大臣。户部权重而军机大臣地位重要，一旦悉遭褫革，与所谓"不忍遽加严谴"，亦不过只是一间之隔了。翁同龢之突遭罢黜，甚为意外，当时的举朝臣僚，包括他自己在内，都不知道何以忽然会有此晴天霹雳。王伯恭《蜷庐随笔》记此云：

> 戊戌四月二十七日，常熟六十九岁生辰，宗族亲友、门生故吏，争来庆贺，常熟亦欣然置酒相款，特于是日乞假，在寓酬客，盖前一日尚在内廷行走，上意固鱼水契洽如常也。忽清晨奉严旨，以"翁同龢在上前语言狂悖，渐露跋扈，本应严谴，姑念平时尚无大过，加恩仅予褫职，以示保全"云云。中外哗骇，以为天威诚不可测也。

照王伯恭的说法，当时翁同龢的"圣眷之隆，在廷无与为比"。醇亲王奕譞虽为皇帝的本生父，而在他生前，因为没有机会与皇帝天天见面之故，至于"往往向常熟问官家起居"，可见当时君臣关系情形之一斑。二人之间的交契如此，在翁同龢突遭罢黜之前，皇帝又始终与翁同龢亲密无间，对于这突如其来的斥革之举，究竟其原因何在，便极费人之猜忖了。关于这一件疑莫能解的事情，综合当时及后来的各种说法，大都认为这是出自慈禧的意旨，光绪皇帝只是在慈禧的严威逼迫之下，不得不将之黜革而已。但慈禧太后对翁同龢的"慈眷"向来也很不错，何以在此时忽然有此"天威不测"的震怒呢？则综合诸家的记述，大致可以归纳为三种说法。

第一种说法，以为是翁同龢不肯希慈禧之旨，在慈禧寿诞期近之时，拨巨款搭建颐和园排云殿的华丽彩棚，以致慈禧恨之切齿。此说见于小横香室主人所辑的《清朝野史大观》，转录如下：

> 翁常熟去官，言人人殊。其实，甲午战役慈眷尚隆，其失眷在丁酉（光绪二十三年）秋冬之间。是年九月间，有旨交户部提款百万，搭建排云殿彩棚，以万寿期近也。常熟持不可，内务府某大臣希后旨，遽拨百万与之，后意甚怒。逾月，太后召见内务府大臣时，尚申申詈常熟不置也。未几，常熟竟开缺，或谓为刚毅所龃龉，南海（康有为）所牵累，事诚有之，然其远因实在于此。颐和园一彩棚之费，何致须百万之巨？缘排云殿为颐和园内最宏廊之处，殿前方广数十丈，以四大柱支棚，上用金线织成之缎，扎奇花异卉，珍禽奇兽，四周以金玉寿字相间络系，即使从实报销，亦须三四十万。官中兴作，以三成到工为正例，此棚尤为实用实销也。清季宫闱之豪侈，实出人想象之外。然常熟世家恂谨，宦京多年，何以锋芒毕露如此？盖亦有激而然。甲午之役，常熟主战，合

肥主和，其事世人之所知也。战败乞和，常熟党人颇以丧师失律究合肥。合肥党人谓："战败乞和，由于海军覆败，由于筹备未周。连年海军经费，竭大半助修颐和园，予则伤义，不予则伤恩，是以难也。"当时事实本如此，常熟无以难之，自是心中恒不直孝钦所为。其门人若文道希（文廷式）之流，又怂恿之，是以有此急激之举。一念之萌，几至杀身，然其心事则昭然可揭日月也。

第二种说法，以为翁同龢之罢黜，其时间紧接光绪下诏实行维新变法之后的第四天，其意义是慈禧欲借此剪除光绪之羽翼，以便她此后对光绪之进一步干涉控制。这又可以陈恭禄《中国近代史》所述为代表，亦摘叙如下：

> 光绪聪明好学，博闻强记，自幼育于宫中。宫中礼节琐繁，习之既久，失其勇敢果决之气。师傅平日讲说传统之道德，自不敢以下犯上，及其年长，惟有服从后命。慈禧自信力强，专断朝政凡三十余年，尝自诩其地位，远非英国女王维多利亚之所能及。其专横之甚，心目中固无光绪，机密大事往往独断。及光绪年长，懿旨竟谓归政后仍问朝政。中日战起，太后、皇帝意见不协，明年，和约成立，十二月，光绪诏曰："朕敬奉皇太后，宫闱侍养，夙夜无违。仰蒙慈训殷拳，大而军国机宜，细而起居服御，凡所以裨益朕躬者，无微不至。"据此，光绪毫无自由，直为儿童耳。太后且欲使之孤立。帝于大婚后，宠爱瑾妃、珍妃。珍妃颇有才能，偶因家庭琐事不为太后所喜，积隙日深。中日战时，太后借端称其骄纵、肆无忌惮，降其姐妹为贵人，扑杀其亲信内监高万枝，惩罚其兄志锐。中日战争期内，御史有以太后干涉朝政，无以对

祖宗天下者，侍郎汪鸣銮、长麟，于召对时奏说皇帝振作独断。一八九五年（光绪二十一年）十二月三日，帝忽宣谕二人离间两宫，厥咎难逭，着革职永不叙用。光绪之意如此，盖太后之影响而然。旨称二人罪状曰："上年屡次召对，信口妄言，迹近离间。"二人所说既为妄言，何必屡次召见？谕文之重要，则钳制臣下之口，而惟皇太后之意志是从耳。二十七日，谨、珍二妃奉太后之命复位，无奈嫌疑已成。太后仍欲去帝亲臣。明年二月，汉书房竟奉懿旨撤去。三月，侍读学士文廷式又奉懿旨革职。六月，光绪生母醇王福晋死。福晋者，慈禧之胞妹也，由是无人调停其间，而光绪之境遇愈苦。在朝掌权之大臣，多慈禧之亲信；光绪之亲臣，独其师傅翁同龢一人而已。翁氏小心谨慎，畏首畏尾，不敢有为，其心实有变法之倾向，光绪信之极深。翁氏固欲富国强民以报皇上也，满人嫉之，尤以太后之亲臣荣禄、刚毅等为甚。朝廷上满、汉大臣既不同心合作，各立于仇视敌对之地位，而光绪孑然孤立，名义上虽曰亲政总揽万几，实际上用人行政之权，仍握于太后之手。臣下奏疏，皇帝看后移送颐和园，由太后决定。其干预政事者，一则好揽政权，一则不信皇帝也。光绪于胶变之后深受刺激，大改旧制。会恭亲王病殁。王自再出，身弱多病，小心谨慎，多所顾忌，朝中门户之见日深，新、旧两派暗斗益烈。（阳历）六月十一日，光绪诏定国是，十五日，翁同龢奉朱谕免职。翁氏之免职，为新、旧两派暗斗之结果，帝奉懿旨，无可奈何者也。翁氏免职之日，诏令二品以上大臣授职者，京官谢恩陛见，并诣皇太后前谢恩，外官一体奏谢。又命直督王文韶入京，直督之缺，改以荣禄充任。直隶驻有三军：董福祥之甘军、聂士成之武毅军、袁世凯之新建军，均归直督节制。军权归于荣禄，其党可得从容指挥，为所欲为。

其深思远虑，计划之周到，光绪之危险，改革之失败，已定于此，而竟莫之奈何。光绪殆非慈禧之敌，抑其地位使之然耶？

上文所说的新党与旧党，就是一般野史中所说的帝党与后党。以光绪二十年前后的情形来说，所谓"帝党"，不过是在观念上比较同情光绪的境遇，在思想与行为上比较倾向于拥戴皇帝，如此而已。这些人既没有明显的政治主张，又没有团结一致的组织，称之为"党"，是不很正确的说法。至于他们的实际人数，则可由王伯恭《蜷庐随笔》所记中考见之。引叙如下：

> 同、光以来，内外重臣皆孝钦所亲拔，德宗虽亲政，实未敢私用一人，其势固已孤矣。惟翁同龢以东宫旧恩，极力保护，汪鸣銮与同龢同乡相亲昵，张謇出同龢之门，志锐为珍妃亲兄，文廷式与志锐为旧交，数人相比，虽公私不同，皆以保皇自任，附之者只贝勒载澍，户部侍郎长麟而已，余皆孝钦耳目也。孝钦更变多，有事辄先为所觉。丙申逐长麟、鸣銮，丁酉逐廷式、志锐，戊戌逐同龢，幽载澍于高墙，謇大惧，弃官还江南，托商务自隐，而保皇党无一能自存者矣。康有为后起，因廷式以通珍妃，因同龢以见德宗。是时，德宗羽翼已尽为孝钦所翦，有为败，孝钦手无一兵，潜至宫中，制德宗如孤雏，居之瀛台，在廷诸臣，无敢为德宗进一言者。

王伯恭所记，与陈恭禄《中国近代史》中的说法大致相似，不过陈书较为详尽，而王说较为扼要。帝、后二党的名义既空，所谓新旧之争，亦就是拥帝派与拥后派之争了。但也有第三种说法，以为同龢之被黜，并非由于慈禧之有意剪除光绪之羽翼，而是后党人物荣禄、刚毅等人之挟私怨以为报复。其说见于费行简所撰《慈禧传信录》等书，亦为引叙如下。

费行简《慈禧传信录》：

> 丁酉，奕䜣、李鸿藻相继殁，荣禄遂赞密勿，然事皆同
> 龢主之。适德人假细故攘我胶澳，举朝无一策，帝泣告后，
> 谓不欲为亡国之君。后曰："苟可以致富强者，儿自为之，吾
> 不内制也。"于是纳严修议，开特科，定岁举，更议改武科制，
> 置文武学校。荣禄嘱莲英言丁后，谓同龢专横，且劝帝游历
> 外洋。后闻大骇，召帝诘之。帝辩无是事。后弗信，竟自为旨，
> 逐同龢。

荣禄与翁同龢早年夙为交好，后来因为翁同龢有出卖荣禄之事，以致荣禄由工部尚书兼步军统领降为西安将军的闲职，历十年不调，二人之间亦由至好变为仇敌，前文亦曾述及。及奕䜣再度出领军机，荣禄透过了奕䜣的关系，再度起用，因此就有了挟怨报复的机会。据上文所引，则荣禄所借以谗构翁同龢的理由，一是专横，二是导使光绪出洋游历。这两种罪状都是慈禧所不乐听闻的，如此则翁同龢在太后心目中的"慈眷"显然要日见减退了。再加上另一个慈禧所宠信的人物亦在一旁构煽，于是其情况乃更加不乐观。这另一个人物，就是在戊戌政变至"拳乱"时一直甚得慈禧倚信的军机大臣满人刚毅。

陈夔龙《梦蕉亭杂记》说：

> 常熟翁协揆，学问、家世，冠绝班行，两充帝师，名高望重，
> 而祸亦随之。当戊戌廷试后，德宗御太和殿传胪，礼成，驾还宫，
> 召见军机，谓协揆曰："今科状元夏同龢与师傅同名，诚为佳
> 话，足见君臣一德，遭际休隆。"翼日为公揆辰，两宫先期赏
> 赉，亦极优渥。讵公入直谢恩，忽奉严旨驱逐回籍，即日出

京，不准逗留，霹雳一声，朝野同为震骇。公到籍后，闭门谢客，日在山中养疴。迨八月政变，康、梁获罪，刚相时在枢府，首先奏言："翁同龢曾经面保康有为，谓其才胜臣百倍，此而不严惩，何以服牵连获咎诸臣？"维时上怒不测，幸荣文忠（荣禄）造膝婉陈，谓："康、梁如此横决，恐非翁同龢所能逆料。同龢世受国恩，两朝师傅，乞援议贵之典，罪疑惟轻。"上恻然，仅传旨交地方官严加管束。协揆奉严旨后，始知夏间获谴，系由刚相构成，因谓人曰："子良（刚毅）前充刑部司员，由余保列一等，得以外简，厥后以粤抚入京祝嘏，适额相奉旨退出军机，余即力保子良继入枢垣，虽不敢市恩，实亦未曾开罪，不知渠乘人之危，从井下石如此。"嗟叹久之。客有告协揆曰："刚相识汉字无多，闻在直时每称大舜为舜王，读皋陶之'陶'字从本音，并于外省奏折中指道员刘鼐为刘鼒，经公当面呵斥，渠隐恨思报复久矣。"公熟思良久，曰："是吾之过也。"

陈夔龙乃是荣禄的党羽，所以他的书中多为荣禄回护，只有对刚毅的构怨才据实直书。刚毅构陷翁同龢，由于他常读别字而为翁同龢所斥，丁国钧所撰的《荷香馆琐言》中亦有记述，云：

> 刚毅尝读"刚愎"为"刚福"，为吾邑翁相国笑斥，积不相能。翁之得罪，实刚所构成。

就事论事，假如翁同龢在皇太后面前的"慈眷"不衰，而慈禧对光绪又不致有甚深之猜防的话，即使荣禄与刚毅有心构怨，最多亦只能使翁同龢不复能如往日之见向用，断不致遽加严谴，即予罢黜驱逐。所以，荣禄与刚毅等人的构怨，必先以翁同龢之失眷及光绪之见忌于慈禧为前提，然后二人的谗构方得以乘间而入。然则，以上三种说法虽似各不相关，其实却应该并合起来看，认为是三种事实所各别酝酿的综合结果。这就是说，第一种事实使翁同龢失掉慈禧对他的信任，第三种事实使慈禧对翁同龢的印象变得恶劣，至于第二种事实，则是慈禧把翁同龢也归入了光绪的党羽之列，在逐步推行的剪除计划之下；一并予以罢黜革斥了。不过，以上这三种说法，只提供了慈禧太后在罢黜翁同龢一事上的推动力量，而翁同龢既为光绪皇帝的师傅，皇帝本身对这件事情的态度又如何呢？这也是一个很值得探究的问题。

《翁同龢日记》光绪二十四年四月二十八日记其罢黜辞朝的情形说：

> 午正二，驾出，余急趋赴宫门，在道右碰头。上回顾无言，臣亦黯然如梦，遂行。

二十四年的师徒而兼君臣，感情又素来融洽，一朝忽被突如其来的打击力量拆散二人间的关系，彼此一定会有难堪的痛苦。乍看翁同龢的日记，好像皇帝和他都有同样的感觉。果真如此，那么，光绪皇帝在罢黜翁同龢一事上，想必真是完全被逼而出此的了。然而，据维新党人王照的记述，当时光绪之对翁同龢似乎并非如此。王照所撰的《方家园杂咏纪事诗》中，有一诗云："当年炀灶坏长城，曾赖东朝恤老成。岂有臣心蓄恩怨，到头因果自分明。"其下有注云：

> 溯甲午之役，翁同龢延揽伪清流之浅躁书生文廷式、志锐等，蒙蔽圣聪，多方掣李文忠公之肘，军政出于多门，而责胜败之效于一人。七十老翁，蒙汉奸之恶名，几有求生不得、求死不能之势。赖太后干预，变计倚文忠求和，始收残局。而翁党仍百端诿过，无识之清议，仍暗地潜煽。丙申，文忠归自欧美，翁氏仍以私游颐和园之细故，张大其词，使皇上

明发上谕，斥辱甫息征骖之老臣。此当亦戊戌以后之景皇帝所痛悔者也。及翁之死，庆王为之请恤，上盛怒，历数翁误国之罪，首举甲午主战，次举割青岛。太后不语，庆王不敢再言，故翁无恤典。至宣统初，无识之某王始为追恤焉。世人以光绪变法与翁同龢并为一谈，误矣。

王照是维新党人，他应该没有理由袒护慈禧与李鸿章。然而，他对翁同龢的批评却十分严厉，可知翁同龢之举措，当时确有十分不惬人心之处。而且照上文所说，光绪后来对翁同龢的误国亦已了然于心，所以他在庆王为翁请恤时大发雷霆，至于历数其罪而痛斥之。此时，既然没有翁的政敌荣禄、刚毅等人从旁构陷，慈禧又未发一言，则光绪之历数翁罪，自当是他本人的真正感情了。翁同龢之死是在他被黜之后的第六年，亦即光绪三十年。在光绪三十年时光绪对翁同龢的观感如此，在翁同龢罢黜之时又如何呢？据当时的新闻报道，似乎颇有相近的地方。

光绪二十四年五月初九日的《申报》，有"圣怒有由"的新闻报道一则，云：

天津采访友人云，户部尚书翁叔平大司农开缺回籍，已将电谕恭列报端。按大司农在毓庆宫行走有年，圣眷优隆，固非百僚之所可比拟。此次恭忠亲王抱疾之时，皇上亲临省视，询以朝中人物，谁可大用者？恭忠亲王奏称，除合肥相国积毁销骨外，京中惟荣协揆禄，京外惟张制军之洞及裕军帅禄，可任艰危。皇上问："户部尚书翁同龢如何？"奏称："是所谓聚九州岛之铁不能铸此错者。"甲午之役，当轴者力主和议，曾建三策：一、收高丽为行省，封韩王如衍圣公，优给俸禄，世袭罔替。二、遴派重兵，代守其国，以备不虞。三、以高丽为各国公共之地，俾互相钳制，以免强邻得所措手。时翁大司农已入军机，均格不得行，唯一味夸张，力主开战。以致十数年之教育，数千万之海军，覆于旦夕，不得已割地求和。外洋趁此机会，德踞胶澳，俄租旅、大，英索威海、九龙，法贯广州湾，此后相率效尤，不知何所底止？此皆大司农阶之厉也。于是向之不满意于大司农者，至此咸不甘以仗马贻讥，交章劾奏。皇上保全晚节，遂令解组归田。

这一条新闻报道，与王照所谓翁同龢之被黜与戊戌变法无关云云，若合符节，似乎正是当时之真相。而金梁所撰的《四朝佚闻》中亦说：

> 光初朝局，系翁一言。同僚议事偶有不合，翁辄怫然，常入报帝，必伸己意，众已侧目。而恭久受挫，积憾尤深。病笃临视，太后问以遗言，泣奏翁心叵测，并及怙权，遂骤下罢斥之谕。

以此与《申报》所报道的新闻互相对照，则翁同龢之罢黜，远因虽多，恭亲王临终之奏诉，似为直接促成其事的导火线。按，恭王之薨是在光绪二十四年之四月十一日，其先因病势沉重而致慈禧及光绪屡往探视，则自三月以至四月均有之，所谓临终奏对究竟是哪一天的事，已经无法考知。所可以知道的是，自此年三月恭王病重及皇帝奉太后前往临视以来，朝中舆论即对翁同龢渐多不利，皇帝对他的态度亦大异从前。《翁同龢日记》中记有此年闰三月初八日安徽藩司于荫霖《奏陈时政》一折，折中曾痛斥翁同龢、张荫桓之误国无状，并谓同龢之先人廉正传四海，而同龢不肖如此，其词甚为严厉。四月初十日，御史王鹏运复劾奏翁同龢、张荫桓朋谋纳贿。至四月二十一日，又有高燮曾上封事，意在指斥翁同龢而未曾明言。凡此种种，是否由于传闻恭亲王曾对翁同龢做极为不利之指责，而致引起这些敌对人士的连锁反应，固然不得而知，但在这一段时间之内，皇帝对翁同龢的态度突然由亲昵而变得不耐烦，则是极可注意的事。翁的日记中记此，三月十三日有一条说：

> 上云："十五日巴使进见，着上纳陛亲递国电。"臣对："此次该使并无格外请索，似不必加礼。"上不谓然，谓："此等小节何妨先允，若待请而允，便后着矣。"并有欲尽用西礼之语。又云："德亲王进见，在园不便，恐其请见慈圣，懿旨着在宫内。"又云："着在毓庆宫，开前星门，于东配殿赐食，准其乘轿入东华门。"臣对："优礼极矣，然有窒碍。"上皆驳之。并盛怒责刚毅，谓："尔总不以为然，试问尔条陈者，能行乎否乎？"……前后语不能悉记，记之者知圣意焦劳，臣等因循，一事不办，为可愧憾也。

以上所记，乃是光绪因俄国代办公使巴布罗福及德国亲王亨利的接待礼节问题，不耐翁同龢等人之因循拘执而致发怒诘责之事。当时皇帝怒责刚毅，谓其凡事总不以为然，而所上条陈又无一能行，虽似指斥刚毅，其实又何尝不是兼指翁同龢？只是未曾明说而已。而翁同龢虽然凡事因循拘执，皇帝对之似乎已不肯再事事听从。即以接见外使一事而言，翁日记中所见情形即是如此。日记是三月十五日记云：

> 巴使入见如仪。宣谕用汉语，此皆从前所未有也。此项仪节，庆邸不知，臣等亦不知，真辟门达聪之意矣。

又十八日记云：

> 皇太后见于乐寿堂，详论洋务。拟先召见德王于乐寿堂，然后上召见于玉澜堂，仍赐游、赐食，以尽邦交之礼。

皇帝与太后后来所商定的接待德国亲王亨利的礼节，都已大大越出翁同龢等一班大臣所拟定的范围，足见翁之墨守成规在此时已大拂皇帝之意了。至四月间，又有了康有为之事。四月初七日翁的日记记云：

> 上命臣索康有为所进书，令再写一份递进。臣对以与康不往来。上问："何也？"对以"此人居心叵测"。曰："前此何以不说？"对："臣见其《孔子改制考》知之。"

又，初八日云：

> 上又问康书，臣对如昨。上发怒诘责，臣对："传总署令进。"上不允，必欲臣诣张荫桓传知。臣曰："张某日日进见，何不面谕？"上仍不允，退乃传知张君。

看这两条记载中翁同龢与皇帝之间的应对之语，似乎皇帝明明知道翁同龢与康有为之间的关系甚为密切，而翁同龢乃一力否认。翁之否认，在皇帝看来，正足以说明其言词诡诈、应对不诚，所以在发怒诘责之外，至于必欲翁同龢传谕张荫桓转知康有为呈进，即使翁一再推辞，仍坚执不允。皇帝的这种态度此前不曾有过，可知其意义甚不寻常。此不但足以看出皇帝对翁同龢之信任已经大不如前，这一番对答甚至可能出于光绪之有意试探，借以测定翁同龢是否果如恭王所说之居心叵测、怙势弄权。至四月二十三日，光绪降旨实行维新变法之后，情势又有了新的转变。翁的日记中，四月二十四日记云：

是日见起，上欲于宫内见外使，臣以为不可，颇被诘责。又以张荫桓被劾，疑臣与彼有隙，欲臣推重力保之。臣据理力陈，不敢阿附也。语特长，不悉记。

又，四月二十六日记云：

奏对毕，因将张侍郎(荫桓)请给宝星语代奏，声明只代奏，不敢代请。上曰："张某可赏一等第三宝星。"又云："李某（指李鸿章）亦可赏。"

这些记录表面上看来，似乎只是翁同龢与张荫桓二人在皇帝心目中的地位升降有了变化，其实又何尝不可证明，皇帝正怀疑张之被劾是由于翁之嫉妒。果真如此，则皇帝对翁同龢之品格自然亦就更加要看低一层了；由于这种变化都紧接奕䜣之病重及死亡而来，因此亦很可以证明，野史传闻及新闻报道所说，恭王对翁同龢极度不满，以致在临终遗言中极力申诉其误国之罪及怙宠跋扈之状，从而使慈禧及光绪彻底改变了他们对翁的观感，正是十分可能的事。至于罢黜的时间，何以恰恰定在翁同龢六十九岁生日的那一天，有人说这是刚毅的有意安排，借以加强此举对翁的打击。揆之事实，正复有此可能。

走笔至此，我们对于翁同龢之被黜，应该可以得到一个结论，即是说，翁同龢虽然是以帝党人物而致招来后党人物之排挤倾陷，慈禧对他复因某种特殊原因而渐生怒恨，而恭王奕䜣的临终遗言却是造成他失官罢斥的直接原因。至于恭王对翁同龢的攻讦，自误国以至怙宠弄权，都有事实可证。加以他的因循固执，导致求变、求新的皇帝对他渐生不满，终于引发了这突如其来的晴天霹雳。但如要说此举全是出自慈禧的压迫，光绪完全处于无可奈何的被动地位，则亦未合实情。这只要看光绪后来因翁死请恤一事对庆王奕劻的诟责，便可知道了。

综括起来说，翁同龢在中日甲午战争时误信文廷式、张謇诸人的言论，竭力对日主战，乃是造成他一生事业失败的主因。而他后来主持对德交涉中的畏蒽无识，更足以证明他不是一个可以担当国家领导大责的人。文廷式与张謇等人被讥为"名流误国"，如翁同龢，则简直就是"书生误国"。所谓"状元宰相"也者，其结果只是造成了一个无识而误国的书生。科举取士的弊害，在这里也就充分暴露无遗了。

翁同龢死于光绪三十年之五月二十日，享年七十五岁。上距光绪二十四年之罢职家居，则已有六年之久。唐文治《茹经堂文集》载有王文韶为大学士时，力救翁同龢的一条记事，云：

> 我师翁文恭公之被诬也，满员刚毅与之有宿怨，持之急，必欲置公于死地。康、梁案起，朝议将以公戍边。当是时，人人阿刚意旨，无敢言者。浙江王文勤公夔石，时为大学士，争之曰："我朝待大臣自有体制，列圣向从宽典。翁某罪在莫须有之间，今若此，则我辈皆自危矣。"乃得解。人皆为文恭公庆，而传述文勤公之言，以为深知大体也。

此云当戊戌政变，康、梁亡命后，刚毅力主将翁同龢遣戍，那就是说要将翁同龢定以充军边方之罪了。白首戍边，去死一间，果属如此，则翁同龢的遭遇已很不堪。而据现在所能看到的翁同龢亲笔函，其当时情形似乎尚较此尤为严重，抄附于后，以资参考。

> 今日，太后临朝，问康、梁事甚急，略有怒容。弟之举康、梁也，衷心无一毫不能告人处，足下所知，而世人所共见也。康、梁有其经世之才，救国之方，此弟之所以冒万死而不辞，必欲其才能得所用而后已也。今遭时忌，必欲抑之，使不能行其素，究何为哉？是何心耶？太后且有"不得康、梁，翁

某亦有罪咎"之语，呜呼！翁某岂畏罪之人哉？徒以有鲠在喉，不吐不快耳！足下知我最深，将何以教之耶？方才已乱，书不成句，惟知我者谅之耳。敬颂尊安，弟同龢上书。阅后乞付丙丁。

这封信的写作时间由信件的内容推测，当是在戊戌政变发生之后，康、梁出亡，而慈禧太后发怒追究康、梁同党，并进一步根究翁同龢当年保荐康有为，因而欲一并处以重罪，其时间可能在光绪二十四年的八、九月间。看信中的措辞，不但承认了他保荐康有为系实有其事，亦正因为如此，所以慈禧的意向甚为不测，杀头、赐死都有可能。因此，某一些野史又说，当时刚毅假称慈禧的旨意欲杀翁同龢，赖王文韶跪求慈禧始得开恩宽免，事实如何，亦颇耐人寻味。据史书所载，到了光绪二十四年的十月二十一日，又有朱笔上谕一道加重翁同龢的原来处分，说：

> 翁同龢授读以来，辅导无方，从未将经史大义剀切敷陈，但以怡情适性之书画古玩等物不时陈说，往往巧借事端，刺探朕意。自甲午年中东之役，主战主和，甚至议及迁避，信口侈陈，任意怂恿，办理诸务，种种乖谬，以至不可收拾。今春力陈变法，密保康有为谓其才胜伊百倍，意在举国以听。朕以时局艰难，亟图自强，于变法一事，不惮屈己以从。乃康有为趁变法之际阴行其悖逆之谋，是翁同龢滥保匪人，已属罪无可逭。其余重大陈奏事件，朕间有驳诘，翁同龢辄怫然不悦，恫吓要挟，无所不至，辞色甚为狂悖。其任性跋扈情形，事后追维，殊堪痛恨。前令开缺回籍，实不足以蔽辜。翁同龢着即行革职，永不叙用，交地方官严加管束，不准滋生事端，以为大臣居心险诈者戒。

曾为两朝帝师，官居协办大学士兼军机大臣、总理各国事务大臣、户部尚书，位至一品的状元宰相翁同龢，在革职家居之后，竟然会落到"着地方官严加管束，不准滋生事端"的地步，实在是清代历史上前所未见的事。到了这种地步，翁同龢自然亦只好含垢忍辱，除了往来于城乡之间外，不敢离开常熟县境一步了。由《翁同龢日记》及《瓶庐诗钞》等有关著作中可以见到，他晚年的放逐生活大抵只是在读书、作诗与写字中度过。他的字写得很好，书法遒媚，体兼苏、赵，中年以后能日写百联而腕力不疲。到了归田里居之后，则因事闲而专心勤习之故，更能达到批却导窾、官止神行的境界。因此，人称清代末年的书法家，当以翁同龢为冠冕一世。政治失意而能在艺术上得到伟大的成就，上天对他的造就不能说不厚。但由此亦不难知道，翁同龢毕竟只是一个作诗写字的读书人。这样的一个人，如果让他生在乾、嘉盛世，使他居文学侍从之官而以文章名世，庶几可以尽其才用。如今忽然要他居宰相之位，在时事艰难之时发挥其救世匡时之才，毋宁是用违其所长了。从前明太祖要刘基纵论宰相人才，历举胡惟庸、杨宪、汪广洋诸人，刘基均以为不可。照他的看法，这些人都不足胜宰相之任，"譬之驾，惧其偾辕也"。人的才能本是各有短长的，非其才而误置于位，必难免偾事。如翁同龢，便只是文学侍从之才而误居宰相之位。用违其才，其责任不应完全由他自己来担负。在发生严重错误之后再来追究他的责任，不公平了一点。对于翁同龢晚年的遭遇，我们大致只可作如是观。

　　翁同龢的《瓶庐诗集》中，有他晚年居家时追记当年在朝的除夕、元旦故事二律，云：

　　　　　　赐貂温厚服章身，桐酒甘芳饮几巡。
　　　　　　祀灶黄羊肥似马，堆盘白面细如尘。
　　　　　　荷囊预卜丰年谷，鹓序先推帝室姻。

手捧御书春帖子，凤城留钥待归人。

万门千户总是春，银花火树殿前陈。
七重凤阙温如玉，五色鸾笺福满身。
布阁先从畿辅始，献箴每及履端新。
是谁补撰金銮记，应问钧天梦里人。

　　这两首诗中所流露的江湖魏阙之感十分浓厚，可知翁同龢虽遭废黜，仍时时难忘他当年居高位而蒙殊宠的光荣往事，只可惜那已是一去不复返的旧事了。不知翁同龢在追维这些难忘的往事之时，是否会联想到因为他的错误无知而使国家民族遭受到的创痛与损害。